www.ingramcontent.com/pod-product-compliance
Lightning Source LLC
LaVergne TN
LVHW010639051026
849532LV00001B/113
9798898982102

المصارعة رغم الصعاب

إعداد الأطفال والمراهقين والشباب من أجل حياة ناجحة

د/ كريستين م. سيلفرشتاين

المصارعة رغم الصعاب: إعداد الأطفال والمراهقين والشباب من أجل حياة ناجحة

كريستين م. سيلفرشتاين
مركز القمة للأداء المثالي
أوكلاند، نيوجيرسي 07436
Summitcenter@optonline.net

معلومات إجراء الطلب:
نقدم خصومات خاصة على الكميات للمؤسسات والجمعيات والهيئات التعليمية؛ لمزيد من المعلومات، يُرجى التواصل مع كريستين سيلفرشتاين.
تمت الطباعة في الولايات المتحدة الأمريكية
الطبعة الأولى
رقم النسخة الورقية حسب النظام القياسي الدولي لترقيم الكتب: 979-8-89898-210-2
رقم الكتاب الإلكتروني حسب النظام القياسي الدولي لترقيم الكتب: 979-8-89898-207-2
رقم تصنيف مكتبة الكونغرس الأمريكي: LCCN 2023938300
الناشر: Dreamwave Press an imprint of Winsome Entertainment Group LLC Sandy, UT

إهداء:

إلى أبي، مالكوم بودينلوس، الذي علمني كل شيء عن الرياضة والشجاعة في الدفاع عن الحق، مهما كانت الظروف.

إلى أمي، ماري غوشر بودنلوس، التي شجعتني بنصائحها الحكيمة لأصبح الممرضة والأم التي أنا عليها اليوم.

إلى مرشدتي الروحية، الأخت/ باسكال موفيت
شكرًا لك على تشجيعك لي على الكتابة والاستفادة من مواهبي.

إلى عملائي المميزين في هذا الكتاب، من الأطفال والمراهقين والشباب والبالغين، لقد علمتوني من خلال شجاعتكم كيف نصبح أبطالًا وننجح في الحياة.

في الكتاب المتميز "المصارعة رغم الصعاب"، تجمع د/ كريستين بين خبرتها الواسعة ومهاراتها كمدربة في مجال تحسين الأداء، لتقدم دليلًا فريدًا يعتمد على أسس علمية. يكشف الكتاب عن طرق مبتكرة لتقوية العقل، تشمل: التنويم المغناطيسي الذاتي، وأساليب الاسترخاء المتقدمة، والحوار الذاتي البناء، والتمارين الذهنية المتطورة، التي تساعد الشباب على بلوغ أهدافهم وتعزيز صلابتهم العاطفية.

يوضح الكتاب أهمية الدعم المبكر من الأسرة والمعلمين والمدربين والمشرفين في تنمية هذه المهارات لضمان النجاح؛ كما أنه لا يقتصر على كونه مرجعًا تعليميًا، بل هو مصدر إلهام وتحفيز للأشخاص في جميع المراحل العمرية وللرياضيين من مختلف التخصصات، حيث يدعو القارئ إلى استكشاف أغواره واستخلاص الجواهر المعرفية الثمينة التي يزخر بها.

– آن ليغوري: مقدمة برامج رياضية، ومؤلفة، ورئيسة شركة "آن ليغوري برودكشنز"، ومؤسسة ورئيسة "مؤسسة آن ليغوري".

يمثل هذا الكتاب مرجعًا ضروريًا لكل من يُعنى برعاية المراهقين، لأنه يقدم إرشادات فعّالة لتحويل التحديات التي تواجه الشباب إلى فرص تساهم في نموهم وتقدمهم.

– نان نيلسون: طبيبة متخصصة في علم النفس للأطفال والمراهقين.

في كتابها المحفز "المصارعة رغم الصعاب"، تشارك د/ سيلفرشتاين تجاربها الشخصية ومعرفتها العميقة في مجال التنويم المغناطيسي لتوجيه القراء نحو تنمية القوة الداخلية والمرونة. يوضح الكتاب للقراء مجموعة من الأساليب العملية، تشمل: التنويم المغناطيسي الذاتي، وتمارين التنفس العميق، والتمارين

الذهنية المنشطة واستحضار الذكريات الإيجابية، والحوار الذاتي المحفز، التي تُعد أدوات مثمرة لتحسين جودة الحياة.

- ران د. أنبار: طبيب، ومؤلف كتاب "تغيير حياة الأطفال بالتنويم المغناطيسي: رحلة إلى المركز".

"*المصارعة رغم الصعاب*" هو أكثر من مجرد كتاب تحفيزي؛ إنه دليل عملي يجمع بين الخبرات الشخصية للمؤلفة والبحوث الطبية والأكاديمية الموسعة. يعرض الكتاب مجموعة من التقنيات العملية مثل: التصور الذهني والتنويم المغناطيسي الذاتي، التي تهدف إلى مساعدتك على تجاوز العقبات التي واجهتها في الطفولة، وبناء صلابة ذهنية، وتحقيق النجاح في الحياة الرياضية والمهنية والشخصية.

- إريك سيفيرسن: مؤلف كتاب "من العادي إلى الاستثنائي" ومدرب ومتحدث في TEDx.

"*المصارعة رغم الصعاب*" هو كتاب ضروري للآباء والمعلمين والمدربين الذين يتعاملون مع الأطفال والشباب، تقدمه د/ سيلفرشتاين بأسلوب ملهم. يُعرِّف الكتاب بمفهوم "التنويم المغناطيسي" وأهميته، ويستعرض التطورات التاريخية في مجال الصحة العقلية؛ كما تحكي د/ سيلفرستين قصص نجاح مرضاها، وتروي تجربتها الشخصية والمهنية، مُبينة كيف استفادت من التنويم المغناطيسي والذاتي لتحقيق أهدافها.

- د/ جاك سزالوتا: أستاذ فخري في أكاديمية البحرية التجارية الأمريكية ومؤلف كتاب "*التاريخ النفسي: النظرية والتطبيق*".

إخلاء المسؤولية

هذا الكتاب مصمم ليكون مرشدًا عمليًا ومصدر إلهام للآباء والأمهات والأوصياء والأطفال والمراهقين والشباب، بالإضافة إلى الأطباء النفسيين والمعلمين وكل من يعمل في مجال رعاية الشباب.

ملاحظة هامة: على الرغم من أن هذا الكتاب يغطي الجوانب الأساسية للتدريب من أجل الوصول إلى أفضل أداء، فإنه ليس بديلًا للاستشارة الطبية المتخصصة للتشخيص أو العلاج.

يشتمل الكتاب على مجموعة من تمارين الاسترخاء والإرشادات لتطبيق التنويم الذاتي بأمان. تحذير: يُمنع منعًا باتًا ممارسة التنويم الذاتي أثناء القيادة أو التعامل مع الآلات أو أي نشاط يتطلب التركيز الكامل.

يُذكر أن الأحداث والأماكن والحوارات المذكورة في هذا الكتاب هي نتاج تجارب المؤلف الشخصية، وقد تم تعديل الأسماء والتفاصيل الشخصية للأفراد المعنيين لمراعاة خصوصياتهم.

الفهرس

مقدمة

مواجهة تحديات الحياة ______ 1

الفصل الأول

المرونة في مواجهة الصعاب ______ 7

الفصل الثاني

شقوق في جدار المؤسسة ______ 27

الفصل الثالث

إدراك الذات بأكملها ______ 53

الفصل الرابع

الرياضات الشبابية: إكسيرٌ أم سم؟ ______ 81

الفصل الخامس

عقلك مكانٌ مُذهل للعيش ______ 113

الفصل السادس

لنلعب الكرة ______ 149

الفصل السابع

ضغط الأداء العالي: هل هو صديق أم عدو؟ ______ 187

الفصل الثامن

اضطراب فرط الحركة ونقص الانتباه: كيف تغلبت على النشاط الزائد؟ 233

الفصل التاسع

الوصول إلى قوة الموسيقى في الشفاء الداخلي ______ 279

الفصل العاشر

دعم طلاب الكلية الرياضية المتفوقين لنقل جهودهم من الفوز بالرياضة
إلى الفوز في ميدان الحياة ____________________ 327

الفصل الحادي عشر

الخطة البديلة "ب": الحياة على طريق النجاح ____________ 383

الفصل الثاني عشر

حُماة الأشجار ______________________________ 431

الخاتمة

الفروع الوهمية ____________________________ 455

شكر وتقدير ______________________________ 461

مقدمة

مواجهة تحديات الحياة

"في الساعة الثامنة وست وأربعين دقيقة صباحًا، دوى صوت انفجار عظيم من الجحيم، كما لو أن الإله يقرع طبولًا بحجم الجبال، وملأ الدوي المرعب المكان، يتردد كالأمواج العاتية، محملًا بصدى الغضب الكوني العميق".

~فيل نويك: مصارعة الحياة في حدث تدمير مركز التجارة العالمي في الحادي عشر من سبتمبر.

تعلمنا أغنية "Everyday People" لفرقة Sly & The Family Stone، التي أُصدرت في عام 1968، درسًا قيمًا؛ وهو أنه بغض النظر عن ألواننا -أصفر أو أسود أو بني أو أحمر أو أبيض- يجب أن نتشارك الحياة معًا في أسرنا ووظائفنا وأماكن عملنا ومجتمعاتنا.

ومع ذلك، قد نواجه أوقات نشعر فيها بالعزلة؛ قد تكون تحت وطأة تحديات شخصية تؤثر على الصحة النفسية لمن تتعامل معهم من أطفال ومراهقين وشباب، خاصةً خلال الأزمات، مثل: الهجمات الإرهابية والحروب وحوادث إطلاق النار في المدارس والأوبئة التي تعيق تقدمهم ونموهم.

لعلك قد استمعت إلى الخطابات الرئاسية المعروفة بـ"أحاديث الطاولة"، التي تناقش تداعيات جائحة كوفيد-19 على ارتفاع أسعار البنزين والمواد الغذائية. يبدو أن التحديات تتفاقم يومًا بعد يوم، ولا بدّ من اتخاذ إجراءات فورية قبل أن تصل الأمور إلى نقطة اللاعودة.

قد تشعر بالضغط والتوتر، لكن هل تعلم أنه بإمكانك تفريغ هذا الضغط النفسي كي تتفتح لك آفاق الأمل والتطور؟ بالطريقة ذاتها التي اتبعتُها، يمكنك أنت أيضًا اكتساب مهارات "القوة العقلية" التي يتناولها هذا الكتاب، والتي أطبقها في تدريب الرياضيين للوصول إلى أعلى أداء؛ بهذه الطريقة، تستطيع دعم نفسك وعائلتك لتعزيز المرونة والتكيف من مرحلة الطفولة حتى الشباب.

أحيانًا، قد تجد نفسك وسط ظروف لم تصنعها أنت. يجسد فيل نويك، الذي بدأ حياته كمصارع وأصبح لاحقًا مدربًا، هذه الحقيقة؛ فقد واجه تحديات جمّة، بما في ذلك أحداث الحادي عشر من سبتمبر التي استهدفت مركز التجارة العالمي، والتي كانت بمثابة رمز لصراعاتنا جميعًا، ولقي حتفه في النهاية.

في مذكراته، يروي فيل بأسلوب مؤثر كيف جرى بكل قوته للهروب من الأبراج المحترقة، متحديًا ضيق التنفس الناجم عن دخان الحريق الكثيف؛ تعلمنا منه كيفية مواجهة الخوف والتغلب عليه في أحلك الظروف، لنجد طريقنا وسط الدخان الكثيف إلى بر الأمان.

فيل، الذي كان يعمل مصرفيًا استثماريًا مبتدئًا في شركة ميريل لينش في الحادي عشر من سبتمبر، كان يشاركنا الطموح نحو التقدم الوظيفي، لكنه واجه تحديات بسبب خصائصه الفريدة التي جعلته محط سخرية زملائه الخريجين؛ وعلى الرغم من أن قامته القصيرة وبنيته الجسدية التي تحمل آثار ماضيه كمصارع، بالإضافة إلى اتهامه باللطف الزائد وعدم الأنانية، وهو ما لا يتماشى مع الصورة التقليدية للمصرفي الناجح، إلا أنه كان يتمتع بمهارة تحليلية حادة وصدق في التعبير عن الحقيقة.

وقد كانت هذه الصفات الأخيرة هي التي دفعتني إلى تأليف هذا الكتاب، ليستفيد منه الجميع، من كل المهن والأعمار. إنه دليل يعلم القراء كيفية مواجهة التحديات والصعاب بشجاعة وصراحة.

ما ستتعلمه من هذا الكتاب

استوحيت فكرة كل فصل من فصول هذا الكتاب من رائعة المؤلف الموسيقي الروسي الشهير/ موديست موسورجسكي، "صور في معرض" (Pictures at an Exhibition)؛ حيث كتب مجموعة من النغمات أو الصور الصوتية التي وصفت بأنها موسيقى عابرة للثقافات، حيث تخيل نفسه يسير بين لوحات المعرض الفني. من خلال هذا الكتاب، سأقودك في جولة عبر مذكراتي الشخصية والمهنية، كما ستجد في سردي ترابطًا بين موضوعات كل فصل، وستقرأ قصصًا واقعية عن بعض عملائي، ومنهم مصارعون محترفون؛ هؤلاء العملاء هم نماذج حية لجهودي في دعم الشباب لاستكشاف وتحقيق أقصى إمكاناتهم.

يُعتبر الفصل الأول دعوة ملحة للتحرك نحو معالجة الأزمة المتفاقمة في الصحة النفسية لشبابنا. يتناول الفصل تجاربي الشخصية، مستعرضًا الماضي ومتطلعًا إلى المستقبل، ويبرز كيف تغلبت على العقبات التي اعترضت طريقي والتي نتشابه فيها جميعًا. الآن، يتوجب علينا اعتماد نهج جديد وجذري في تعاملنا مع الصحة النفسية.

بفضل خبرتي التي تمتد لأكثر من عشرين عامًا في مجال الطب النفسي والتمريض النفسي، سيقودكم الفصل الثاني في جولة زمنية متعمقة عبر تاريخ الطب النفسي. سنتعمق في استكشاف كيف نما وتطور هذا العلم من أصوله الأولى إلى وضعه الراهن، وسنتأمل في الاتجاهات التي قد يأخذها في القرن الحادي والعشرين.

يأخذنا الفصل الثالث في رحلة عبر التاريخ، حيث نستكشف تطور مفهوم العلاقة بين العقل والجسد؛ سنتتبع هذه المسيرة من الأفكار الأولى إلى المفاهيم الحديثة، بما في ذلك علم الأعصاب المناعي النفسي (PNI) وكيف يساهم في تعزيز صحتنا العقلية والبدنية.

في الفصل الرابع؛ سأستخدم الألعاب الأولمبية كنموذج لتحليل ظاهرة تراجع أداء بعض الرياضيين البارزين تحت ضغط المنافسة، كما سنستقصي تأثير العنف في البيئة الرياضية وتداعياته؛ بالإضافة إلى ذلك، سنبحث في الدور الحيوي الذي تلعبه الأنشطة الرياضية في دعم الصحة النفسية للناشئين، مع التركيز على الفوائد العقلية والاجتماعية للمشاركة الرياضية، واستكشاف العوامل المؤثرة في هذا السياق.

يكشف الفصل الخامس عن أساليبي الفريدة في العمل مع الشباب؛ وذلك من خلال برامج مبتكرة قمت بتطويرها تعتمد على التنويم الإرشادي، هذه البرامج مصممة وفقًا لنموذج متخصص يسعى إلى تحفيز القدرة على التحمل والتطور الشخصي لدى الشباب، من خلال التواصل مع اللاوعي في أوقات حرجة من نموهم؛ سنتعلم معًا كيفية التركيز باستخدام أساليب التنويم الذاتي والتنفس العميق والتمارين البدنية والتأمل والحوار الإيجابي مع الذات، كما ستتاح لك الفرصة لاكتساب مهارات "القوة الذهنية الواعية" وتعلم كيفية وضع الأهداف لتحقيق الأداء الأمثل لك ولأبنائك.

يتناول الفصل السادس الآثار الضارة للعوامل البيولوجية والنفسية والاجتماعية ، وكذلك التأثيرات السلبية للتجارب الصعبة خلال الطفولة (ACEs) في الأحياء الفقيرة على الصحة النفسية للأطفال؛ كما يُبرز الفصل الحاجة الملحة لإدخال الأنشطة الرياضية كاستراتيجية وقائية أساسية لحماية الشباب من مخاطر الاضطرابات العقلية.

في الفصل السابع، اهتممت بتوضيح دور محور الهيبوثالاموس - الغدة النخامية - الغدة الكظرية (HPA Axis) في حالات القلق؛ ويبرز كيف يمكن للرياضيين التغلب على الخوف والتركيز، مما يمكّنهم من تحقيق الانتصارات.

يوضح الفصل الثامن كيف يمكن توجيه طاقة اضطراب فرط النشاط ونقص الانتباه (ADHD) نحو تحقيق الإنجازات والانتصارات؛ مع الاستعانة بقصة السباح الأولمبي مايكل فيلبس كنموذج محفز وملهم.

يدعوكم الفصل التاسع للغوص في عالم الموسيقى واستكشاف تأثيرها العميق على الإنجاز والعلاج النفسي؛ بينما يقدم الفصل العاشر للشباب، وخصوصًا أولئك من جيل Z الذين يواجهون تحديات نفسية، مجموعة من الاستراتيجيات المؤثرة تمكنهم من تحقيق نتائج إيجابية في مراحل التغيير في حياتهم. في الفصل الحادي عشر، سنسلط الضوء على الدور الحاسم لتطوير خطة بديلة (خطة ب)، كأداة داعمة لتحقيق الأهداف؛ وفي ختام الرحلة، يأخذنا الفصل الثاني عشر إلى تأملات في مفهوم "حراس الأشجار"، مستلهمين منه الدروس حول الارتباط العميق بيننا وبين الطبيعة، وكيف يمكننا أن نتعلم من التحديات، وننمو، ونتواصل لبناء صمودنا وتحقيق النصر في مسيرة الحياة.

الفصل الأول

المرونة في مواجهة الصعاب

"الحياة مسرح كبير، ولكل إنسان دور فيه"

~ وليام شكسبير

لا تستسلم لصالحك

كان والدي يشغل منصب المشرف على البرامج الرياضية لدى رابطة شرطة الهوايات في مركز شرطة فار روكاواي بكوينز، نيويورك؛ خلال النهار، كان يؤدي مهامه كساعي بريد، وبحلول المساء، يتحول إلى مدير نشط ومتفانٍ للرابطة، حيث يبذل جهودًا مضنية طوال الأسبوع لدعم عائلتنا؛ وكانت والدتي تقدم يد العون في الأعمال الإدارية كمتطوعة.

في صباح أحد أيام الأحد خلال الصيف، كان والدي يولي اهتمامًا خاصًا لملعب البيسبول، حيث يقوم برسم خطوطه بدقة باستخدام الطباشير الأبيض، وتسوية الأرض، وملء الحفر، ووضع القواعد في مكانها الصحيح؛ وكانت سيارتنا العائلية الوحيدة تعج بمعدات البيسبول وأدوات صيانة الملعب، وكانت المقاعد مغطاة بطبقة من الطين البرتقالي المحروق والغبار؛ أحيانًا كان يطلب مني المساعدة، ولكن، كوني فتاة صغيرة، لم يكن مسموحًا لي باللعب في الملعب الذي كنت أساهم في صيانته، على النقيض من أخي الأصغر؛ كان ذلك قبل سنوات من تطبيق قانون الحقوق المتساوية في التعليم (التعديل التاسع)، حيث لم تكن هناك فرق رياضية للفتيات في برامج والدي في ذلك الوقت.

في الأيام المشمسة؛ كان والدي يمضي وقته في الملعب، يدرب الشباب ويحكم في المباريات، متجاوزًا أي فوارق اجتماعية أو اقتصادية أو عرقية، وعند عودته مساءً؛ كانت آثار الشمس بادية على بشرته، فيلجأ إلى بيرة باردة أو كوب عصير الليمون للتخفيف من حرارة اليوم؛ وكانت رقبته شديدة الحمرة من أشعة الشمس، وإذا ما أمطرت السماء في الليلة السابقة؛ كان يسعى جاهدًا لتجفيف الملعب بالطين لاستئناف اللعب.

كنت أتمنى أنا وأخي سرًا أن تُلغى المباريات بسبب الأحوال الجوية، لنحظى بفرصة الذهاب في رحلة إلى جزيرة Coney Island أو شاطئ Jones Beach أوBear Mountain، وكنا نأمل أن تظهر الشمس بعد الظهر لنستمتع بالأنشطة في حديقة Steeple Chase Park؛ حيث كانت رائحة حلوى غزل البنات وطعم النقانق والبطاطس المقلية من مطعم Nathan's تضفي على اليوم مزيدًا من البهجة.

ساهم والدي، طوال عمله مدربًا رياضيًا على مدار 25 عامًا، في تحسين حياة العديد من الشباب من خلال إشراكهم في الرياضة، وقد كان إرثه ملهمًا لي في مسيرتي المهنية كمدربة تسعى للارتقاء بالأداء إلى أعلى المستويات؛ ويتميز أسلوبي بتوظيف قوة الذهن والتخيل في تحقيق الغايات التي طمح إليها والدي، معززًا المهارات الأساسية لدى اللاعبين الناشئين.

إن الذكريات العذبة لأيام الطفولة تملؤني بالبهجة؛ بينما تُذكرني التجارب الصعبة بالعقبات التي تغلبت عليها لأحقق النجاح، كما هو الحال مع كل فرد يواجه تحديات الحياة.

نتيجة للألم الذي عانيته، اضطررت لدفن بعض الصدمات في عقلي الباطن؛ بسبب ما سببته لي من ألم، ولأنني لم أكن بالنضج الكافي للتعامل معها وقتها؛ ومع ذلك، كانت هذه التجارب الطفولية السلبية (ACEs) تظهر بين الحين والآخر، مما يثير قلقي مجددًا. بمرور الوقت، وبفضل مواجهتي لهذه التحديات وتحويل الصعاب

إلى فرص للتطور، لم تعد الجروح تؤلمني كما كانت؛ فقد ساعدني التأمل العميق على الصمود والتنمية الشخصية وفهم ذاتي بشكل أعمق، مما أسس لمستقبل ناجح.

خبرتي الحياتية

عندما كنت في الثامنة من عمري، زرت صديقتي جودي التي كانت تعيش بالقرب مني في مجتمعنا الساحلي الهادئ؛ جودي، التي كانت أكبر مني بعام وتبنتها دار أيتام كاثوليكية، كانت والدتها تحاول وضع أربطة مطاطية صغيرة على تقويم أسنان بنتها، وكانت المهمة صعبة؛ فقد كانت جودي تقاوم وتصرخ محاولةً الإفلات من قبضة والدتها؛ لذا طلبت مني والدتها المساعدة، كانت العملية اليومية تبدو مزعجة للغاية بالنسبة لهما، ولم تكن جودي تدرك كيف سيساهم هذا التقويم في تحسين ابتسامتها مستقبلًا؛ وفي نهاية اليوم، طلبت مني والدتها مرافقة جودي إلى عيادة تقويم الأسنان في مدينة مجاورة، فسرنا سويًا كما كنا نفعل كل يوم في طريقنا إلى المدرسة، إذ لم تكن لدى أمهاتنا سيارات يقدنها.

في نفس العمر، كنت أذهب إلى عيادة الأسنان بمفردي بعد الدروس المدرسية، وكان ذلك يتطلب شجاعة كبيرة؛ وفي أحد الأيام، استدعتني مساعدة الطبيب إلى غرفة الفحص وأغلقت الباب، ثم أخبرتني بأن والدتي، التي كانت تعمل نادلة في مطعم محلي، لم تقم بدفع الفاتورة بعد؛ وأوضحت أنه لا يمكنني العودة إلى العيادة إلى أن يتم السداد؛ شعرت بالرعب من فكرة ما قد يفعله الطبيب بأسناني، وكانت مخاوفي تتمحور حول إمكانية قيامه بإجراءات مؤلمة مثل النقب والخلع، وللأسف، عندما بلغت السابعة عشر، احتجت إلى علاج مكثف لأسناني بسبب عدم مهارة الطبيب، مما أدى إلى تجارب مؤلمة.

لقد تركت تجربة طبيب الأسنان في طفولتي بصماتها السلبية في نفسي لفترة طويلة؛ ولكن بالإصرار والعزيمة، استطعت التغلب عليها؛ وفي وقت لاحق من حياتي، وأثناء عملي كممرضة مبتدئة، صادفت طبيب الأسنان هذا في المستشفى

وهو يعاني من آلام حادة بسبب حصوات الكلى؛ لست متأكدة مما إذا كنت قد قمت بذلك، لكن فكرة الانتقام لنفسي خطرت ببالي عندما أعطيته حقنة عضلية.

من الجوانب الإيجابية التي استخلصتها من تلك الصدمة الطفولية هي تعلمي التحمل والمثابرة لتحقيق أهدافي، خاصةً عند زيارة طبيب الأسنان. في إحدى المرات، عندما لم يكن التخدير الموضعي كافيًا، لجأت إلى التنويم المغناطيسي الذاتي وتخيلت نفسي أحقق إنجازًا كبيرًا؛ تخيلتُ نفسي أتلقى شهادة جامعية، وعندما فتحت عيني، سألني طبيب الأسنان عن حالي، فأجبته بحماس: "ممتاز! لقد رأيت نفسي للتو وأنا أحضر حفل تكريمي برسالة دكتوراه من جامعة كولومبيا"؛ فرد متسائلًا: "ماذا؟ كنت أسأل عن إحساسك بالعلاج، لا عن دراستك".

بعد أربع سنوات من تلك الزيارة عميقة الأثر لعيادة الأسنان، نجحت في تخطي التحديات الأكاديمية بتفوق، وتحولت رؤيتي إلى واقع ملموس؛ تجسد حلمي في حفل التخرج الرائع الذي أقيم في ساحة جامعة كولومبيا فان آم، حيث جلست تحت المطر، مرتديةً ثوب التخرج وقبعة التخرج المبللة؛ وكانت مايا أنجيلو، الشاعرة والكاتبة والناشطة البارزة في مجال الحقوق المدنية، هي المتحدثة الرئيسية، وقد ألهمتني بكلماتها؛ كان يوم التخرج هذا من أروع أيام حياتي، وكنت فخورة وسعيدةً لتحقيق حلم الدكتوراه.

وضع أهداف الطفولة وتحقيقها

منذ نعومة أظافري، كنت أحرص دائمًا على وضع أهدافي أمام عيني؛ أذكر أننا في أحد الأيام، بينما كنا في طريقنا إلى البيت بعد موعد تقويم أسنان جودي، مررنا بجانب كنيسة مشيخية حجرية ذات هيبة، تقف شامخة بالقرب من كنيستنا الكاثوليكية الصغيرة؛ ربما كانت قصص ديزني الساحرة، حيث يُنقذ الأمير البطل سندريلا أو يُوقظ سنو وايت من نومها العميق، هي ما أثر فينا؛ في ذلك اليوم، تحدثتُ أنا وجودي عن أحلام الزفاف في تلك الكنيسة العريقة؛ تخيلت نفسي عروسًا بثوب أبيض من الدانتيل، وإلى جانبي عريس طويل القامة ووسيم يرتدي

بدلة أنيقة؛ وأعلنت بكل حماس عن رغبتي في إنجاب ثمانية أطفال، فكرة كانت شائعة ومقبولة في مجتمعنا آنذاك؛ فقد رزقت أمي بخمسة أبناء، وكنت أنا الرابعة بينهم.

تحقق حلمي أخيرًا بتكوين عائلة حتى بعد تشخيصي بالعقم مجهول السبب؛ بعد أربع حالات إجهاض، رزقت بأربعة أطفال أصحاء مكتملي النمو، واضطررت للخضوع لعمليات قيصرية صعبة لم يفلح فيها التخدير بشكل كامل؛ واضطررت إلى إيجاد طرق لأهدئ نفسي وأخفف الألم بنفسي خلال فترة الحمل والولادة؛ تعلمت التأمل والتنويم المغناطيسي الذاتي لإنجاح الحمل وتحسين نظامي الغذائي؛ كان من المهم بعدها أن أطور "عقلية إيجابية" للنجاح، وقد كللت جهودي بالنجاح بالفعل.

خلال مسيرتي المهنية كمدربة أداء وممرضة جراحة، ومعالجة بالتنويم المغناطيسي، استلهمت من تجاربي الشخصية مع العقم والولادة فكرة برنامج "التحول: تدريب تعزيز الخصوبة"؛ وهو برنامج يركز على تنمية الوعي بالخصوبة كوسيلة طبيعية للحمل، ويعلِّم العملاء كيفية استغلال قوة العقل لدعم نجاح عمليات التلقيح الاصطناعي؛ استنادًا إلى تجربتي مع التخدير غير الفعال وألم الولادة القيصرية، طورت أيضًا برنامج "عملية الشفاء" في فترة الجراحة، حيث أقدم إرشادات عملية للعملاء للتحضير للجراحة والتعافي بعدها بطريقة تقلل من التوتر وتسرع الشفاء، دون الاعتماد على الأدوية المسكنة التي قد تسبب الإدمان.

رؤية العالم من منظور مختلف

بينما أدون مذكراتي، تطفو على سطح ذاكرتي من عقلي اللاواعي ذكرى مؤلمة من مرحلة ما قبل المراهقة، حين كنت في الثانية عشر من عمري؛ أذكر أنني كنت أرتدي نظارة طبية منذ أن كان عمري خمس سنوات، حيث كنت أعاني من كسل إحدى عينيّ؛ لا يزال صدى النقاشات بين والديّ عن ضرورة زيارة طبيب العيون يرن في أذني.

في طفولتي، تعرضت للسخرية بسبب مشكلة عيني، حيث أطلقوا عليّ لقب "ذات الأربع عيون"؛ أذكر أنني أثناء لعب الغميضة بشوارع الحي حاولت التغلب على السخرية بالمزاح، قائلةً إن لدي القدرة على رؤية ما خلفي، لكن تعليقاتهم الجارحة كان لها تأثير سلبي عميق.

خلال زيارة لطبيب العيون، اكتشفت أمي أنني بحاجة إلى جراحة تصحيح العين قبل أن أكبر؛ أتذكر القلق الذي شعر به والديّ بشأن التكاليف، حيث اضطرا للاقتراض من البنك لتمويل العملية؛ وفي الصف الثامن، رافقتني أمي إلى المستشفى محملين بالأمل والحقائب، وتوقفنا لنستمتع بالآيس كريم في محل الحلوى، محاولين تخفيف التوتر قبل الجراحة.

عندما دخلت قسم الأطفال بالمستشفى، كنت متوترة للغاية؛ لم يُسمح لأصدقائي أو إخوتي بزيارتي، وغاب والدي بسبب التزاماته المهنية المضاعفة؛ وبما أنني كنت الطفلة الأكبر سنًا هناك، وجدت نفسي محاطة بالأطفال الأصغر سنًا. في صباح اليوم التالي، وأثناء الاستعداد للجراحة، شعرت بالإحراج الشديد عندما قامت الممرضات بإجراءات التخدير الشرجي، وكان الأطفال ينظرون من الباب؛ وزاد شعوري بالخجل عندما حاولت تغطية نفسي وسط ضحكاتهم.

على طاولة الجراحة، استخدموا الأثير للتخدير، وقد جعلتني رائحته الكريهة أقاوم بخوف، مما استدعى تدخل الموظفين لتثبيتي؛ بعد العملية، لم تكن هناك غرفة للإفاقة، واستيقظت في سريري بالغرفة، متسخة بالقيء وبدون جرس لطلب المساعدة؛ كنت أرتدي حفاضة وحاولت النهوض للذهاب إلى الحمام، لكن الدوار الشديد أجبرني على الصراخ طلبًا للمساعدة دون جدوى؛ كانت عيناي تغطيهما الضمادات، مما حال دون رؤيتي؛ وفي اليوم التالي، قدموا لي حساء البازلاء للغداء، وأطعموني إياه رغم طعمه السيئ.

عندما عدت إلى المنزل بعد الجراحة، قالت لي أختي إن عيني تبدو كعين وحش من مسلسل تلفزيوني؛ عندما نظرت في المرآة، لاحظت غرزة سوداء بارزة؛ استفسرت من والدتي، التي طمأنتني بأن الغرزة ستزول من تلقاء نفسها.

في زيارتي اللاحقة لطبيب العيون، استخدم أداة تشبه ملقطًا كبيرًا وحركها أمام عيني لإزالة الغرزة، مما جعلني أتراجع بخوف واضطر الطاقم لتثبيتي؛ بعد ذلك، أجرى الطبيب بعض التمارين للعين لتعزيز قدرتي البصرية؛ لأول مرة، بدأت أرى العالم بوضوح، وكأن ضبابًا كان يخفي الحقيقة قد انقشع، وشعرت بأن عيني قد فُتحت لترى الجمال الحقيقي للعالم (بالمعنى الحرفي والمجازي).

كانت جراحة العيون التي خضعت لها بمثابة محطة مهمة في مساري المهني؛ لأنني بعد أربع سنوات، بدأت دراستي في مجال التمريض وأنا في السادسة عشر من عمري، مدفوعةً برغبة قوية في تقديم العون للأطفال والمرضى خلال ما يمرون به من رحلات علاجية وعمليات جراحية، وقد نجحت في تحقيق هذا الطموح؛ لكني لم أسمح لنفسي بتأمل الماضي، خاصةً تلك التجربة الجراحية المؤلمة التي مررت بها في سن الثانية عشر؛ وبذلك، لم أتمكن من مواجهة تلك المشاعر السلبية المدفونة في أعماقي، ولم أستخلص دروسًا منها لتعزيز فهمي ونموي الشخصي.

بقعة عمياء

كأشخاص بالغين، قد نجد أنفسنا عاجزين عن تذكر التجارب المؤلمة التي مررنا بها في فترة طفولتنا؛ وقد نظل غافلين عن الأثر العميق الذي تركته تلك الصدمات في نفوسنا. من المحتمل أن نكون قد أنشأنا، دون وعي، بقعًا عمياء نفسية كآلية للدفاع، مما يجعلنا لا نستجيب لها بشكل فوري؛ بالنسبة لطبيب العيون والوالدين، كان التحسن الجسدي في البصر بعد الجراحة هو الهدف الأساسي والغرض النهائي. لم يكن هناك داعٍ للنظر إلى ما وراء ذلك، حيث كان التركيز منصبًا على

الشفاء البدني، دون الاعتبار للتأثيرات العاطفية أو النفسية التي قد تكون قد خلّفتها العملية على طفلة في مقتبل العمر.

إننا نأمل دائمًا أن تكون ذكرياتنا الإيجابية والمفرحة هي مصدر إلهامنا؛ وأن تخفت آثار الذكريات السلبية مع الزمن؛ لكن الحقيقة هي أننا جميعًا نمر بتجارب صعبة تتخللها لحظات الفرح؛ ولا بُدّ أن نتعلم كيفية مواجهتها لنحقق أهدافنا ونزداد قوة ومرونة. إن التعامل مع هذه التجارب يكون أيسر إذا تم مبكرًا؛ فالتأخير قد يجعل التغلب على الذكريات العميقة أمرًا صعبًا، خاصة تلك المدفونة في اللاوعي، التي قد تصبح فجأة عوائق تحول دون تقدمنا.

مررت مؤخرًا بتجربة ألقت الضوء على مفهوم "العائق" الذي ذكرته سابقًا؛ زرت طبيب العيون الموثوق الذي سبق له أن أنقذ بصري من الزرق متضيق الزاوية بإجراء جراحة الليزر، والذي صمم لي عدسات لاصقة ساهمت في تحسين نظري بشكل ملحوظ؛ لكن خلال الفحص الروتيني، فوجئت بعدم قدرتي على رؤية حرف E الكبير في أعلى لوحة الفحص، مما أثار قلقي بشأن إمكانية فقدان البصر؛ بدأت أعاني من نقطة عمياء، وفقدت الرؤية تمامًا، مما أعادني فورًا إلى ذكريات صدمة الطفولة؛ كانت عيني جافة بشكل غير عادي، مما تسبب في تشويش الرؤية؛ وفي عجلة من أمري للوصول إلى الموعد، خرجت دون أي استعداد ذهني ونسيت حتى أن أحمل قطرة العين؛ شعرت بالصدمة عندما أخبرني الطبيب بأن بصري في كلتا العينين قد تدهور بشكل ملحوظ وأنه لا يمكنه الموافقة على تجديد رخصة القيادة لي إلا إذا تحسن الوضع؛ واقترح عليّ إجراء جراحة لإزالة المياه البيضاء للتخلص من الغشاء المعتم الذي قد يكون السبب في ذلك؛ وقد تم تحديد موعد لإجراء المزيد من الفحوصات لاستبعاد أي تنكس بقعي خلال الأسبوعين القادمين.

بعد عودتي إلى المنزل واستعادة هدوئي، تذكرت أن الثقب الذي أحدثه الليزر في عيني اليسرى كان على شكل قلب؛ مما دفعني لتذكير نفسي بأهمية حب عيني

وتقدير قدرتي على الرؤية؛ كما أنني استفدت من المعرفة والخبرة التي اكتسبتها من تجربة الطفولة التي أثرت على عيني، والتي علمتني طرق تحسين النظر؛ فشرعت في تطبيق تمارين تقوية البصر مجددًا؛ كما أنني لجأت إلى تقنيات الاسترخاء لتخفيف الضغط على عيني استعدادًا للموعد القادم.

قبل موعدي مع طبيب العيون، درّبت نفسي ذهنيًا؛ حيث تخيلت نفسي مسترخية ومركزة خلال الفحص، واستعنت بتقنيات مثل استرجاع الذكريات الإيجابية والحوار الذاتي المحفز والتنويم المغناطيسي الذاتي لتهيئة نفسي للوصول إلى الحالة العقلية الأمثل؛ وبفضل هذه الاستعدادات، نجحت في اجتياز الاختبارات كلها ولاحظت تحسنًا كبيرًا في البصر دون الحاجة إلى تدخل جراحي. كنت أواصل تمارين تقوية البصر يوميًا وأنا متفائلة بتحسن مستمر في قدراتي البصرية.

تعد تجربتي هذه دليلًا على المرونة ودورها في التغلب على العقبات واستخلاص الدروس من الماضي لصياغة مستقبل أفضل، وهي جزء من الطبيعة البشرية. أدركت أنني قادرة على تحقيق ما تراه عيني ويتصوره خيالي، بغض النظر عن عمري، وينطبق ذلك على الجميع؛ فإن لدينا جميعًا عقولًا قوية وقدرات عقلية هائلة، ويصبح ذلك أكثر وضوحًا عندما نتعلم وندمج مهارات الأداء المتميز، التي أطلق عليها "مهارات قوة العقل الواعي"، في حياتنا، ليس فقط للنجاة ولكن للتألق والازدهار.

لدينا جميعًا تجارب مؤلمة من صدمات الماضي

أشارك معكم قصتي حول الصدمات التي تعرضت لها في طفولتي وكيف تجاوزتها، لأنني أعلم أنني لست الوحيدة التي واجهت مثل هذه التحديات، وقد يجد بعض القراء أنفسهم يتماهون مع تجربتي، وقد يدركون للمرة الأولى أن لديهم صدمات مؤلمة من طفولتهم لا تزال تلقي بظلالها على حياتهم وتحد من إمكانياتهم حتى بعد البلوغ. يشير د/ بروس ليبتون، عالم الأحياء الخلوية، في

كتابه "بيولوجيا الاعتقاد: إطلاق العنان لقوة الوعي، مسألة ومعجزات" الصادر عام 2005، إلى إمكانية تعرضنا لصدمات لا نكون واعين بها حتى قبل ولادتنا.

قد تبرز هذه الصدمات فجأة في أي لحظة، سواء أثناء لعب الجولف، أو في عيادة طبيب الأسنان، أو خلال الفحوصات الطبية، أو حتى في الامتحانات، أو أثناء العمليات الجراحية، أو عندما نشعر بالتوتر أو العجز في مواقف مثل الخضوع لاختبار أكاديمي، أو الأداء على المسرح، أو في حلبة المصارعة، أو على ملعب البيسبول. لذا، من الضروري معالجة هذه الصدمات في أقرب وقت ممكن بعد حدوثها، وإلا فإنها قد تستمر في التأثير علينا بطريقة سلبية.

خلال الألعاب الأولمبية الصيفية والشتوية لعامي 2020 و2022، التي أُقيمت وسط تحديات جائحة فيروس كورونا؛ برزت التحديات النفسية التي يواجهها الرياضيون بوضوح، حيث واجهوا ضغوطات شديدة خلال المنافسات؛ ولم تكن الانهيارات التي تعرضوا لها نتيجة للقلق من الأداء فحسب، خاصة وأنهم قد فازوا بميداليات وجوائز في سن صغيرة، بل كانت تعكس أيضًا صدمات نفسية سابقة، وقد عانى رياضيون مثل: سيمون بايلز في الجمباز، ونعومي أوساكا في التنس، وميكايلا شيفرين في التزحلق على الثلج، من ضغوط نفسية أثناء المنافسات نتيجة صدمات سابقة، مما أثر على قدرتهم على الأداء والثقة بأنفسهم كرياضيين وكأفراد؛ وقد كانوا يبحثون جاهدين عن طريقة للوصول إلى صحة نفسية جيدة.

من رحم المعاناة إلى النصر: قصة لاعبي التنس الذين تغلّبوا على صدماتهم

إثر قراءتكم لما عشته من تجارب، قد تجدون أن الصدمات التي عرضتها أقل قسوة من تلك التي عانيتم منها، كما هو الحال مع لاعب التنس الأسترالي، نيك كيريوس، الذي صرَّح بأن معاناته النفسية ومحاولاته لإيذاء نفسه كانت أشد عشرين مرة من امتناع نعومي أوساكا عن الحضور للمقابلات الصحفية بعد البطولات بسبب صدمة نفسية. وفي مقابلة صحفية مع "تينيس نيوز"، تحدث

كيريوس عن تجربته مع الاكتئاب والأفكار الانتحارية التي واجهها في سن الثامنة عشر، نتيجة للتمييز العنصري والكراهية التي عانى منها، بالإضافة إلى العقوبات المالية الثقيلة، مع شعوره بأن الإعلام يستهدفه بشكل غير مبرر بسبب شخصيته المميزة، بخلاف غيره من المشاهير الذين تتم الإشادة بهم بسبب تحدثهم عن احتياجاتهم النفسية. وفي سن السادسة والعشرين، شرح كيريوس كيف تغلب على هذه التحديات بفضل الدعم النفسي والمعنوي من عائلته وأصدقائه، مما ساعده على تحسين حياته والفوز ببطولة الزوجي في بطولة أستراليا المفتوحة؛ ومع ذلك يجب أن لا نغفل الألم النفسي والجسدي والروحي الذي يعاني منه الكثيرون حول العالم، والذي يفوق مجرد الفوز في بطولات التنس، ويسهم في تراكم التجارب المؤلمة لدى الأشخاص.

مصير أوكرانيا بعد انتهاء الحرب

يمثل الغزو الروسي لأوكرانيا لحظة فارقة في تاريخ العلاقات الدولية، ويضع الحضارة المعاصرة أمام تحديات جسيمة، حيث يهدد أوكرانيا خطر نووي محتمل، خاصة بعد إثارة الغبار المشع في محطة تشيرنوبيل، حيث توجد أسوأ كارثة نووية في التاريخ الروسي؛ وبينما تنتهي الحرب، فإن الأمر لا يقتصر على تهديد الحقوق المدنية والديمقراطية للشعب الأوكراني، بل يمتد ليشمل حياة كل فرد على هذا الكوكب. أصبحت حياة الإنسان في نظر قوى العالم سلعة يمكن التفريط فيها؛ ومع ذلك، فإن هذه الأزمة قد دفعت العديد من الدول على مستوى العالم إلى الدفاع عن نفسها، وتكوين تحالفات ومجتمعات قوية، تجمعها قضية مشتركة تتمثل في أن يدافع بعضهم عن بعض ضد الطغيان.

في ظل التحديات العالمية الراهنة، ينادي قادة العالم، بما فيهم رئيس الولايات المتحدة ورؤساء الدول والخبراء العسكريون والهيئات الحكومية والعلماء النوويون، بضرورة تبني منهج دبلوماسي جديد وابتكار وسائل خلاقة للتواصل

بين المجتمعات، بحيث تلائم العصر الحديث؛ فلم تعد الأساليب التقليدية كافية للحماية، خاصة بعد الغزو الروسي لأوكرانيا.

تعمل الأمم المتحدة ودول حلف الناتو بشكل مشترك لصياغة إطار عمل استراتيجي يتناسب مع متطلبات القرن الحادي والعشرين، بهدف منع حدوث كوارث نووية. وأثناء أحداث الحرب المروعة، والجائحة والعالمية والكوارث الطبيعية، تسعى منظمة الصحة العالمية إلى تطوير استراتيجية شاملة للصحة النفسية العالمية، تتناسب مع تحديات الحروب والأوبئة والكوارث الطبيعية؛ وتركز هذه الاستراتيجية على الوقاية من الأمراض النفسية وتعزيز الصحة النفسية وتطوير مهارات التأقلم وحماية الشباب وتعزيز القدرة على مواجهة الأزمات، وهي عناصر حيوية تحظى بأهمية قصوى على الساحة الدولية، فهي بنفس أهمية إجراء تدابير دبلوماسية فورية وفعّالة.

القلق يهيمن على المجتمع الأمريكي ويُلقي بظلاله على الشباب

على الرغم من التطورات الحضارية التي شهدناها، لا تزال مشكلة إساءة معاملة الأطفال والمراهقين قائمة في المجتمعات حول العالم، بما في ذلك الولايات المتحدة؛ حيث يتم عزل الأطفال المهاجرين عن أسرهم واحتجازهم في ظروف صعبة، وفي بعض الأحيان، يتم الاتجار بهم واستغلالهم جنسيًا، بالإضافة إلى التحرش بالمراهقين الذين يعيشون في الشوارع بلا مأوى وتخديرهم. وتحدث هذه الانتهاكات في وقت حاسم من نموهم أثناء نموهم وتشكُّل قدراتهم.

أدت جائحة كورونا إلى تفاقم الأوضاع في الولايات المتحدة؛ حيث يواجه الشباب، بما في ذلك الأطفال والمراهقين والبالغين، تحديات مثل التأخر الدراسي والعزلة الاجتماعية؛ وتُظهر التقارير الإعلامية زيادة كبيرة في معدلات الاكتئاب والقلق والانتحار وإدمان المخدرات بين الشباب من سن 8 إلى 24 عامًا، وتزداد الأرقام كل يوم لتجهض الأمل في إجراء تحسينات هيكلية أو تغيرات منظمة في

المستقبل القريب، مما يثير الشكوك حول فاعلية التقدم الذي تم إحرازه في مجال الصحة النفسية، خاصةً فيما يخص حماية الشباب وتلبية احتياجاتهم الأساسية.

هل يُحرز الطب النفسي تقدمًا حقيقيًا؟

من وجهة نظر تاريخية؛ فإن ما يبدو تقدمًا في مجال الصحة النفسية في الولايات المتحدة الأمريكية في القرن الحادي والعشرين، هو في واقع الأمر تأخر أكثر منه تقدم.

نجد أن الأزمنة التي كان يُعامل فيها المرضى النفسيون بقسوة قد انتهت، لكن العزل بأشكاله المتنوعة لا يزال مستمرًا؛ ففي غرف الطوارئ الأمريكية، مثلًا، يُحتجز الشباب المصابون بأزمات نفسية حادة في انتظار الحصول على العلاج المناسب.

تخلت الولايات المتحدة عن عهد المستشفيات النفسية المكتظة التي كانت تفتقر إلى الطواقم الطبية المؤهلة، حيث كانت تُجرى جراحات الفصوص الجبهية بأدوات بدائية مثل مخرز الثلج دون موافقة المرضى، وكان يتم ذلك على يد أطباء تحت ستار التدخلات العلمية، حيث قدم هؤلاء الأطباء ادعاءات خاطئة عن سبل العلاج؛ أما اليوم، فإن شركات الأدوية الكبرى والمؤسسات الطبية تضلل العديد من الأشخاص، من بينهم أولياء الأمور، وتدفعهم إلى الاعتماد على الأدوية النفسية القوية كحل وحيد للمشكلات النفسية، وهو ما يُشبه البحث عن "الحل السحري"، ويؤدي هذا الاتجاه إلى احتمالية إحداث تأثيرات سلبية على الفصوص الجبهية على المدى الطويل.

على الرغم من التقدم الذي أحرزه الطب النفسي بعد العصر المظلم لليوجينيا في القرن العشرين، حيث كان يتم تعقيم الأقليات والمصابين بأمراض عقلية دون إذن تحت دعاوى تحسين النسل، حتى لا يختلطوا بالمواطنين القوقازيين في المجتمع الأمريكي، إلا أنه لا يزال أمام الطب النفسي تحديات كبيرة؛ ففي الولايات المتحدة اليوم، تواجه الأقليات، بما في ذلك اليهود والمجتمع المثلي والأمريكيين

من أصل أفريقي، تهديدات عنيفة ناجمة عن الإرهاب المحلي؛ وفي الوقت نفسه، أظهر الاعتماد السابق على المستشفيات العقلية وحدها عدم فعاليته، وهو نظام لم يعد يلبي احتياجات مجتمع القرن الحادي والعشرين؛ ويُعد التدهور الملحوظ في الصحة العقلية للشباب الأمريكي دليلًا على ذلك.

تفتقر الاستشارات الحكومية إلى الشعور بالمسؤولية

في خضم الأزمة النفسية الطارئة التي أثرت على شبابنا في عام 2021، التي كانت الجائحة سببًا من أسبابها، قدم الجراح العام الأمريكي، نائب الأميرال فيفيك هـ. مورثي، الحاصل على دكتوراه في الطب، وماجستير في إدارة الأعمال، مجموعة من التوجيهات؛ وتضمنت هذه التوجيهات سلسلة من الإجراءات المقترحة لتحفيز التعاون بين أفراد المجتمع.

على الرغم من دعوة الحكومة الأمريكية المجتمع إلى التفاعل والمشاركة، فإنني أرى أن هناك نقصًا في الإحساس بالمسؤولية نحو دعم شبابنا، حيث يبدو الأمر أشبه بتعليق كلود راينز الساخر في فيلم "كازابلانكا" عندما قال: "اعتقلوا المشتبه بهم المعتادين"، على النقيض للدعوة المحفزة التي أطلقها وينستون تشرشل، رئيس الوزراء البريطاني، الذي أعلن بقوة: "سنقاتل على الشواطئ، وسنقاتل على ميادين الإنزال، وسنقاتل في الحقول والشوارع، وسنقاتل في التلال، ولن نستسلم أبدًا..."؛ فقد عاب استشارات الجراح العام غياب خطة عمل محددة، وغياب الخطاب الإيجابي المحفز للقوى العقلية، والإحساس العميق بالأهمية الذي يتعدى مجرد صياغة تقرير، وهذا ما جعلني كأم ومهنية في مجال الصحة، أشعر بالإحباط والغضب، وهذا ما حفزني لتأليف هذا الكتاب.

ما الذي يدفعني إلى الكتابة؟

تستثير قصص العناء التي يعيشها الشباب حول العالم، بسبب الجوائح أو الحروب، مشاعري العميقة وتدفعني إلى توثيق هذه المآسي بالكلمات، ويعتصرني

الأسى عند رؤية شباب فقدوا حياتهم قبل أن تتسنى لهم فرصة تعلم كيفية مصارعة التحديات وتحقيق النجاح. هؤلاء الشباب، الذين حُرموا من الفرص وتُركوا في عزلة، يواجهون قد أعيق نموهم الطبيعي الذي يحدث خلال مرحلة المراهقة الحرجة حتى سن 25 عامًا، وهم يتركون منعزلين مع أجهزتهم ويلجأ بعضهم إلى الانتحار، كما حدث مع كاتي ماير، لاعبة كرة القدم الجامعية الموهوبة التي أنهت حياتها في غرفة نومها في جامعة ستانفورد عام 2022؛ لقد كان أمامها مستقبل باهر، ولم يظهر عليها علامات تحذيرية، والآن تحتفظ والدتها بقميصها الأحمر كوسيلة للشعور بقربها منها.

خلال رحلتي المهنية التي استمرت لأكثر من ربع قرن، نجحت في تمكين الأطفال والمراهقين والشباب من استخدام قدراتهم العقلية لتحقيق إمكاناتهم الكاملة، وأرشدتهم إلى استخدام التنويم المغناطيسي الذاتي للتواصل مع العقل الباطن، وعلمتهم تقنيات العلاج السلوكي المعرفي لتعزيز الحوار الإيجابي مع الذات، وكذلك مهارات القوة الذهنية لديهم؛ والآن أشعر بمسؤوليتي عن نقل خبراتي للآخرين، حتى يتمكنوا من الاستفادة من دليل عملي يوضح كيفية تطبيق هذه الممارسات، ويستفيدوا من برامج الصحة النفسية التي أقدمها، مثل "طرق الفوز للمراهقين".

أعتقد أنه من الضروري إجراء المزيد من الأبحاث عن الوقاية من الأمراض النفسية ودعم نمو وتطور الشباب باستخدام القدرات الطبيعية للعقل والخيال، وأرى أن ذلك سيساهم في تعزيز السلوكيات الإيجابية وغرسها داخل شخصياتهم للأبد.

أهدف من خلال هذا الكتاب إلى إثراء المكتبة المعرفية وتوسيع نطاق الفهم للعلاقة بين العقل والجسد وتعزيز الصحة النفسية للجميع.

تحول نموذجي رئيسي في نظام الرعاية الصحية النفسية في الولايات المتحدة

لفترة طويلة، كان النموذج الطبي الحيوي الذي يعود إلى فلسفة رينيه ديكارت في القرن السابع عشر، والذي يفصل بين العقل والجسد، هو المعيار المتبع في الصحة العقلية؛ ومع ذلك، لم يعد هذا النموذج معبرًا عن احتياجاتنا العاطفية والنفسية المعاصرة. تمثل الأزمة الحالية في الصحة النفسية، رغم شدتها، فرصة لإعادة التفكير والتحرك نحو التغيير؛ فنحن الآن أمام انهيار شامل لنظام الرعاية الصحية العقلية، مما يؤثر على الاستقرار النفسي للشباب وباقي فئات المجتمع؛ ويكمن الحل في تبني نموذج رعاية صحية يحظى باهتمام كبير في عصرنا على الرغم من أنه ليس جديدًا، هذا النموذج، الذي وضعه آرون أنتونوفسكي في كتابه "الصحة والضغط والتكيف" عام 1979، يركز على تعزيز الصحة العقلية والعاطفية بدلًا من التركيز فقط على علاج الأمراض العضوية والعقلية فحسب، فيما عرف بالمنهج السالوتوجيني.

النماذج الفعالة الحالية لاكتساب المرونة

تُطبق اليوم نماذج رعاية صحية سالوتوجينية تهدف إلى تعزيز الصحة العقلية وتمكين الشباب من مواجهة التحديات، وتستند هذه النماذج إلى نظرية فرويد حول "التطهير النفسي" [Cathartic Method] لمساعدة الشباب على معالجة التجارب المؤلمة التي عاشوها وتجاوزها، وبذلك تحميهم من المشاكل النفسية المستقبلية وتحد من تأثيراتها السلبية على الصحة العقلية على المدى الطويل.

على سبيل المثال، يُسلط البرنامج الذي يُنفذ في ويلز الضوء على أهمية العمل المجتمعي وتقوية قدرات الشباب على الصمود في وجه الصدمات النفسية، وذلك من خلال تفعيل دور الرياضة في حياة الشباب الذين يعانون من الصدمات. يستند هذا البرنامج إلى مبادئ قانون الصحة النفسية والأجيال المستقبلية لعام 2015، الذي يشجع على التخطيط الاستراتيجي والوقاية والتكامل الاجتماعي والتعاون

ومشاركة المواطنين بفاعلية. في نيوجيرسي، تهدف مبادرتان ضمن خطة العمل الخاصة بالصدمات إلى تقليل تأثير الصدمات على الأجيال القادمة، وتطوير حلول مبنية على المدخلات المجتمعية التي تعالج جذور المشكلات النفسية بدلًا من الاكتفاء بمعالجة الأعراض؛ كما وضعت شعبة الوقاية من العنف في مراكز السيطرة على الأمراض استراتيجيات مبتكرة للوقاية من الصدمات والحد من آثارها السلبية.

بدأ متخصصو الرعاية الصحية والمجتمعات تتفهم أهمية الصحة النفسية وأنها جزء لا يتجزأ من الصحة العامة، وأنها تنطوي على ما هو أكبر من مجرد غياب أعراض الضغط النفسي؛ وقد قُدمت هذه الفكرة في كتاب د/ ستانلي جرينسبان الصادر في عام 1997، "نمو العقل وأصول الذكاء المهددة"، الذي يصف الصحة العقلية كتطوير متواصل لمجموعة مهارات متنوعة.

وتتضمن المهارات النفسية الأساسية، مثل: القدرة على التفكير النقدي، والتواصل العاطفي الفعّال والتعاطف خلال الأوقات العصيبة. وتظهر الأبحاث أن الشباب الذين يتمتعون بمرونة نفسية ويملكون هذه الخصائص، والقدرة مواجهة التحديات عندما يكتسبون المهارات اللازمة لفعل ذلك، ينجحون في حياتهم عندما يعلمون كيف يحولون السلبيات إلى إيجابيات.

مهارات القوة العقلية: مفتاح النجاح في الحياة

إنني أعلّم عملائي مهارات القوة الذهنية والوعي؛ وهي أساسية لتمكين الأطفال والشباب من تحقيق النجاح. يتميز منهجي عن مناهج بقية مدربي الأداء بتطبيق التنويم الإرشادي قصير المدى، الذي يستغرق من 9 إلى 12 جلسة، كل جلسة تدوم ساعة واحدة؛ أعلمهم أيضًا التنويم الذاتي لاستكشاف وتسخير قوة العقل الباطن؛ حيث تخزّن كل المعارف، كما أستخدم تقنيات مثل: جسر التأثير في العلاج بالتنويم المغناطيسي لمساعدتهم على التغلب على الصدمات النفسية

والتجارب السلبية. خلال عملي كممرضة، لا أقوم بتشخيص الحالات النفسية أو وصف الأدوية، لكني أتعاون مع متخصصين عند الضرورة.

بصفتي معالجة محترفة في التنويم الإيحائي الإكلينيكي ومعلمة، لدي خبرة غنية في استخدام الصور العلاجية والقصص والاستعارات الرمزية؛ وكوني ممرضة مسجلة، فإنني أعي جيدًا أهمية تلك الصلة بين العقل والجسد، وأستخدم هذه المعرفة لدعم الشباب في مختلف مراحل نموهم، وأستعين بخبرتي لإقامة علاقات متينة مبنية على الثقة مع عملائي، وأقدم لهم تدريبات عملية مستندة إلى مبادئ علمية لتطوير مهارات المرونة الواعية، وتشمل هذه المهارات التنفس الواعي والتنويم الذاتي وتمارين الاسترخاء والتدريب الذهني واسترجاع الذكريات والحوار الإيجابي مع الذات وتحليل دورة التغذية الراجعة. تمكّن هذه التقنيات عملائي من الوصول إلى أقصى إمكاناتهم وتحقيق الأداء الأمثل بفضل قوة العقل.

فوائد العمل معًا بشكل شامل

يحمل التعاون المشترك بين الأفراد والجماعات في طياته فوائد عديدة للصحة الشاملة؛ فبالنسبة للشباب الذين أرشدهم، يتمثل الأثر الإيجابي في معاملتهم ككائنات متكاملة، مع الاهتمام بجوانب الشفاء الأربعة: العقلية والجسدية والروحية والعاطفية. نعمل معًا لتحقيق طموحاتهم وأهدافهم، مستفيدين من قوة عقولهم الفطرية لتنمية المرونة.

أسعى من خلال منهجي العملي والشمولي إلى تقوية الصمود والثقة بالنفس لدى الأطفال والمراهقين والشباب البالغين؛ حيث أساعدهم على استكشاف اهتماماتهم واحتياجاتهم الفردية، ومواجهة المخاوف، وتحقيق الأهداف في مجالات متنوعة مثل الرياضة والفنون والهوايات والتعليم. هدفنا هو دعمهم لتحرير إمكاناتهم الكاملة ونموهم كأفراد يتمتعون بصحة نفسية متوازنة، وهو أمر حاسم للنجاح في الحياة.

تتجلى الحاجة إلى التعاون المجتمعي العالمي بشكل أكثر وضوحًا في ظل التحديات الحالية مثل الوباء والحروب وأزمات الصحة العقلية. يكابد العديد من الأشخاص حول العالم الجوع وغياب الكهرباء والتدفئة، ويتعرض الأطفال للضغوط النفسية المستمرة؛ كما عملنا على نزع السلاح النووي وصياغة معاهدات سلام، لا بُدَّ أن نشيد دفاعاتنا ضد الإصابات النفسية الناتجة عن الكوارث العالمية. تحظى هذه الإجراءات بأهمية قصوى في الولايات المتحدة اليوم، حيث يعاني الأطفال والشباب من ضغوط نفسية، وهذه فرصة للتصدي لهذه المشكلات وتعزيز الصحة النفسية.

مسؤولية المجتمع في التصدي للأزمات النفسية

في هذه الأوقات المضطربة؛ يُطلب من الأفراد العمل على تحويل التحديات إلى فرص لتحقيق النجاح. يواجه نظامنا الحكومي ونظام الرعاية الصحية النفسية صعوبات جمة؛ مما يعيق قدرتهما على التعامل مع مشكلات الصحة النفسية، ويرجع ذلك جزئيًا إلى نقص في العاملين والموارد. ويعلمنا التاريخ أن مثل هذه الأوضاع قد تؤدي إلى مزيد من الأزمات؛ لقد واجهنا في الماضي مغالطات في الطب النفسي بشأن العلاجات التي زُعم أنها "علمية" وتلقينا وعودًا بالشفاء لم تتحقق. تعرضنا نحن المواطنين، وبشكل خاص الذين يعانون من اضطرابات نفسية حادة، للتعذيب والوصم والسخرية؛ علاوة على ذلك، يعاني الطب النفسي في الولايات المتحدة من نظرة قديمة لمفهوم الصحة النفسية والمرض النفسي، دون توفر تعريفات واضحة ومحددة لهما.

لتحقيق هذا الهدف الأساسي؛ يتحتم علينا جميعًا، وبشكل خاص على البالغين الذين يمثلون نماذج يُحتذى بها للأجيال الصاعدة، أن نتحلى بمسؤولية أعمق تجاه فهم ذواتنا. يجب علينا الكشف عن العقبات النفسية والتجارب المؤلمة التي مررنا بها خلال مراحل حياتنا المبكرة والتي قد تعيق تطورنا؛ لا بُدَّ أيضًا من الاطلاع على أحدث أساليب تربية الأطفال وفقًا لتوجيهات الخبراء في هذا

المجال، وتقديم الدعم لشبابنا لينموا ويكتسبوا مرونة تمكنهم من مواجهة تحديات الحياة؛ وهو أمر ضروري لضمان عدم ترك مقاليد صحتنا العقلية بيد الآخرين كما حدث في الماضي مع المؤسسات النفسية. إننا مزودون بقدرات طبيعية وقوة ذهنية منحنا إياها الخالق، وهي متاحة لنا بلا مقابل مثل الهواء الذي نستنشقه، ويمكن للجميع معرفتها واستغلالها بسهولة، حتى الأطفال في سن الروضة؛ وذلك من خلال البرامج الابتكارية التي سأقدمها لكم.

لمن يوجه هذا الكتاب؟

صدق شكسبير حين قال: "الحياة مسرح كبير، ولكل إنسان دور فيه". تنطبق هذه المقولة على الجميع، فالحياة عبارة عن مسرح نقوم فيه بأدوار مختلفة. قد ألّفت هذا الكتاب ليكون منارة توجيه وإرشاد للشباب والمراهقين والبالغين، وكذلك للآباء والأجداد والمدربين والمعلمين، ولكل من يسعى لتعلم فن التركيز وتجاوز العقبات النفسية التي تحول دون تقدمه. إن العمل على تطوير الذات قد يكون مصدر إلهام للأطفال ليحذوا حذوكم، كما فعل عميلي، البطل المتميز في المصارعة، الذي استفاد من برنامجي وحقق إنجازات ملحوظة في سن السابعة عشرة، وها هو يشاركنا تجربته:

"لقد غيرت نظرتي للحياة إلى الأفضل بفضل ما تعلمته منكِ. أشعر بقوة عقلية هائلة، وأصبحت إيجابيًا للغاية؛ وأنا الآن قادر على مواجهة تحديات الحياة وتحقيق النجاح في أي مجال أسعى إليه".

نحث المتخصصين في الرعاية الصحية ومنسقي البرامج العاملين مع الشباب على قراءة هذا الكتاب؛ لتعميق فهمهم لكيفية استخدام قوة العقل وتطوير القدرة على التكيف دون الاعتماد على الأدوية. بإتقان مهارات المرونة الذهنية البسيطة والعملية، لن تحصل على أدوات لتخفيف التوتر فحسب، بل ستمتلك أيضًا الوسائل لإضفاء قيمة أكبر على الحياة في عالم مليء بالصعاب.

الفصل الثاني

شقوق في جدار المؤسسة

"إذا كنت مجنونًا، فعليك أن تحصل على مقابل لذلك، وإلا فسوف يتم حبسك."

~ إ. س. طومسون

مرحبًا بكم في دار المجانين!

مع انحسار حرارة الصيف، كنت أنتظر بلهفة استقبال الخريف؛ حيث تكتسي الطبيعة بألوانها الخلابة التي تزين رحلتي الأسبوعية من نيو جيرسي إلى لونغ آيلاند. هناك، أقوم بزيارة والدتي التي تعيش في دار رعاية المسنين؛ والدتي، المصابة بمرض باركنسون، تعاني من تراجع في صحتها وتورم في أطرافها، مما جعلها غير قادرة على رعاية نفسها أو القيام بأنشطتها اليومية.

في أحد الأسابيع، أوقفت سيارتي لشراء وجبة غداء لوالدتي في طريقي إلى نيويورك؛ ولكن، عندما اقتربت من جسر جورج واشنطن، وبدأ الدخان ينبعث من السيارة، التي اشتريتها من والدتي عندما توقفت عن القيادة، ودفعني ذلك إلى البحث عن محطة وقود بالقرب من المخرج الأخير قبل الجسر؛ لم أكن أعرف الطرق في مدينة فورت لي جيدًا، لكنني اتخذت منعطفًا يمينًا عند الإشارة المؤدية للخروج من الطريق السريع.

كنت متفاجئة برؤية محطة وقود تعمل على الشارع الرئيسي المزدحم؛ فأوقفت السيارة لأطلب المساعدة. كان العامل هناك متعاونًا ودلني على الميكانيكي الذي في الورشة، وعندما شرحت للميكانيكي أنني في طريقي لزيارة والدتي المريضة،

لم يتردد وقام بفحص السيارة على الفور، حيث اكتشف أن غطاء الرادياتير مفقود، وبكرم ولطف، وجد غطاءً بديلًا وثبته بنفسه دون أن يطلب أي مقابل، متمنيًا الشفاء العاجل لوالدتي.

وفي دار الرعاية، بينما كنت أساعد والدتي في تناول وجبتها، طرحت عليها سؤالًا: "لو كان بإمكانك الذهاب إلى أي مكان، إلى أين تودين الذهاب؟" فأجابت بكل بساطة، معبرة عن رغبتها في أن تستعيد القدرة على المشي إلى الحمام بمفردها. كانت تشعر بالحزن لفقدانها استقلاليتها ولحاجتها إلى استخدام المرحاض السريري، مما يجعلها تشعر بأنها مقيدة.

وجدت والدتي نفسها مجبرة على التخلي عن العديد من الأشياء التي تحبها وعن استقلاليتها؛ بما في ذلك صندوق الخياطة الذي كانت تحتفظ به بكل فخر ومقصاتها القيمة. في دار الرعاية، واجهت أمي بعض الصعوبات بعد أن عبرت عن رفضها لبعض الأمور؛ مما أدى إلى وصفها بأنها شخصية صعبة التعامل. كانت تخشى أن تفقد ذاكرتها، تلك الذاكرة التي كانت تفخر بقدرتها على ترديد خطاب جيتيسبيرغ كاملاً منذ صغرها. كانت تستمتع بسرد قصص عائلتنا الغنية بالتاريخ وأصولنا التي تمتد إلى ركاب سفينة مايفلاور. لإحياء ذكرياتها، تحدثنا عن عشاء عيد الشكر الذي كانت تعده بحب، واسترجعت بالتفصيل كيفية تحضير كل طبق، من المكونات إلى أوقات الطهي والتوابل المستخدمة، كانت تلك المحادثة بالغة الأهمية بالنسبة لنا، فقد كانت آخر مرة نتشارك فيها الحديث معًا.

في الأسبوع التالي، انطلقت مجددًا لزيارة والدتي في دار الرعاية، محملةً بغدائها المفضل؛ في ذلك الصباح، شعرت بحدس غير معتاد يحثني على عدم شرب القهوة، مما يخالف عادتي اليومية، وأثناء توجهي إلى دار الرعاية، واجهت ازدحامًا مفاجئًا على طريق لونغ آيلاند السريع، المعروف بكثافة حركته.

ظللتُ عالقة في سيارتي لمدة خمس ساعات، واكتشفتُ لاحقًا أن سبب التأخير كان تسربًا نفطيًا كبيرًا نتيجة حادث انقلاب شاحنة وقود؛ وفي صمت الانتظار،

كأنني استمعتُ إلى صوت والدتي تناديني من بعيد: "كريستين، كريستين..." ولكن لم يكن بمقدوري رؤيتها أو التحدث إليها مرة أخرى، فقد دخلَتْ في غيبوبة لم تستفق منها وتوفيَتْ في وقت لاحق من ذلك الأسبوع؛ وفي لحظة مؤثرة، لاحظتُ أن ساعة الحائط في غرفتها توقفَتْ عن العمل في اليوم الذي سبق وفاتها.

في الوقت الذي أجبرني فيه الازدحام المروري على التوقف على الطريق السريع، وجدت فرصة للتفكير في حياة والدتي ومساري الشخصي؛ بينما كنت أنتظر في سيارتي، لاحظت بعض الأشخاص يتركون سياراتهم لقضاء الحاجة على جانب الطريق، وشعرت بالامتنان لذلك الحدس الصباحي الذي دفعني لتجنب شرب السوائل.

تذكرت اللحظة التي تعرض فيها أحد السائقين لنوبة قلبية، مما استلزم وصول سيارة الإسعاف لإسعافه؛ استغليت الوقت لصياغة مقال أرغب في كتابته حول أهمية العلاقات العلاجية الشخصية في دور الرعاية، مستوحى من تجربة والدتي؛ وأثناء التأمل خلف زجاج سيارتي، رأيت لافتة لبلدة كينجز بارك، مما أعاد إلى ذاكرتي أيام تدريبي كطالبة تمريض في المستشفى النفسي هناك، وصدى أصوات الأطفال الذين كنت أرعاهم، وهو ما أعادني إلى بداياتي في مجال التمريض النفسي.

في يوم سبتٍ مشرق من شهر أبريل؛ كان والدي ينتظرني خارج سكن الممرضات في بروكلين، جاهزًا ليصحبني إلى مهمتي التدريبية الجديدة في مستشفى الأمراض النفسية بلونغ آيلاند. نقلت حقائبي وصناديقي وكتبي وزيي المهني إلى سيارته، وعندما جلست في مقعد الراكب، سألني والدي مازحًا: "كريستين، هل أنت مستعدة للذهاب إلى المصحة العقلية؟"

أجبته بابتسامة: "نعم، أنا مستعدة تمامًا؛ لقد أنهيت تدريبي في غرفة العمليات بالأمس وكان يومًا مليئًا بالتحديات. أتطلع قدمًا لقسط من الهدوء والسكينة"،

فضحك والدي مخففًا الجو: "حسنًا، لا تتوقعي أن يكون المستشفى النفسي بمثابة منتجع استرخاء!"

بالإضافة إلى رغبتي في الهروب من الطاقة السلبية لمهمتي السابقة؛ كنت متحمسة لاستغلال الفرصة لتطوير مهاراتي في التواصل مع المرضى. كنت أرغب في تعلم الكلمات الصحيحة لمواساة المرضى الذين يواجهون الموت بسبب السرطان، أو أولئك الذين يخضعون لبتر أطرافهم بسبب الغرغرينة دون تخدير كامل؛ وفي حالات مأساوية مثل وفاة أم جديدة على طاولة الولادة، كنت أريد أن أعرف كيف أقدم العزاء لزوجها المفجوع. كانت تلك هي المواقف القاسية التي واجهتها بالفعل كممرضة متدربة منذ كنت في السادسة عشر من عمري، وكنت أجهل كيفية التعامل معها بشكل صحيح.

في صباح يوم أحد من الأسابيع التالية، اصطحبني والدي إلى كينجز بارك عبر طريق لونغ آيلاند السريع، متجهين إلى سكن مدرسة التمريض الذي يقع ضمن حدود المستشفى النفسي؛ وبينما كنا نعبر المدخل الرئيسي المحاط بالأشجار الخضراء التي تشبه حديقة، طمأنني والدي بأن الجمال الطبيعي لبداية الربيع سيكون بمثابة تجربة أكثر سلاسة مقارنةً بمهمتي في غرفة العمليات؛ كانت الأشجار تزهر والشمس تشرق بدفء، والعشب يتلألأ باللون الأخضر؛ شعرت بالسكينة وأطلقت زفرة من الراحة.

لم يدم هدوئي الأولى طويلاً؛ حيث مررنا بسيارة تُقل مجموعة من المرضى جالسين على كراسي في الحديقة، كانوا في أوضاع ملتوية وغريبة، وسألني والدي: "ما الذي يجعل هؤلاء الناس على هذه الحالة؟" لم أكن أعرف حينها، ولكن علمت لاحقًا أنهم كانوا يعانون من مرض الفصام المتخشب، حيث حافظوا على وضعيات جامدة لفترة طويلة.

واصلنا السفر عبر "المجمع" للعثور على السكن الداخلي؛ دخل والدي لمساعدتي في تفريغ أمتعتي والاستقرار في غرفتي بالطابق الأرضي في نهاية الممر؛ ولأن

غرفتي تطل على نافذتين، قام والدي على الفور بفتحهما للتهوية، ولكن أثناء تفريغ الأمتعة، كنت أقف بالقرب من النافذة المفتوحة، عندما قفز مريض ذكر يُلقب بـ "فلاش جوردون" من الشجيرات الخارجية، وأدخل رأسه من النافذة، وصاح مباشرة في وجهي بصوت عميق: "مرحبًا يا ممرضة!"

أفزعنا الظهور المفاجئ للمريض؛ وارتسم الخوف على وجه والدي الذي كان قلقًا للغاية على سلامتي، وطلب مني على الفور إغلاق النوافذ وقفلها طوال فترة إقامتي هناك، قلت: "ولكن يا أبي، لقد طلبت للتو فتحها من أجل التهوية"، فحذرني بلهجة جادة: "كريستين، ألا ترين أن هناك مرضى نفسيين هنا؟".

كانت مهمتي الأولى في جناح الأطفال؛ لا تزال رائحة الحمام والوحدة الكريهة عالقة في ذهني، كما أتذكر صبيًا يبلغ من العمر 10 أعوام مصابًا بالتوحد يرتدي خوذة كرة قدم (أمريكية) ويضرب رأسه بالجدار بشكل متكرر؛ كانت والدته، وهي ممرضة، تزوره يوميًا، أتذكر الممرضات في الوحدة يتحدثن عن كونها سببًا في حالة ابنها، وهو اعتقاد خاطئ كان سائدًا في ذلك الوقت حيث كان يُلام الآباء على إصابة أطفالهم بالتوحد؛ رأيت أيضًا صبيًا آخر يبلغ من العمر 4 سنوات كان والداه المطلقان يتنازعان على حضانته وكان يتصرف بعدوانية ويبكي كثيرًا، لذلك تم إعطاؤه مهدئات. تساءلت في نفسي: "لماذا يعاني كل هؤلاء الأطفال من أمراض نفسية في سن صغيرة جدًا؟" بدا لي الأمر غريبًا أن يكون الجناح مليئًا بهم.

في جناح للبالغين، كانت هناك امرأة مسنة مصابة بالخرف (مرض الزهايمر) لم تتحدث منذ خمس سنوات؛ كانت معزولة عن العالم الخارجي، وكأنها في سجن جزيرة رايكرز. حذرني الموظفون من أنني أضيع وقتي باختيارها كمريضة؛ جلست معها لساعات طويلة وتبعتها لمدة أسبوعين، لم نتبادل كلمة، إلى أن قالت ذات يوم: "أنا أرتدي نظارة طبية مثلك تمامًا". أبدت الممرضات شكوكهن عندما شرحت لهن كيف فتحت حاجز الصمت.

مشيت إلى أطراف أرضية المستشفى إلى المباني التي تضم المجرمين المصابين بأمراض نفسية؛ في الجناح "الخلفي" المخفي عن العامة، أجريت مقابلة مع مريض ذكر في منتصف العمر مصاب بالجنون الجنائي، معزول عن المجتمع منذ أن كان مراهقًا؛ لم يتعلم أبدًا الاعتماد على نفسه وفقد كل أمل في العودة إلى العالم الخارجي وهو يستند إلى جدار المؤسسة؛ كان المرافقون الرجال في الجناح يمزحون حول إصابتهم بحشرات العانة. كنت أخشى استخدام المرحاض؛ وعندما أخبرت والدتي عن الأمر، أصيبت بالفزع وقامت بتعقيم جميع ملابسي التي تركتها لها للغسيل.

في أروقة الأقسام، كنت أشعر وكأنني سجّانة؛ إذ كانت مفاتيح الجناح تتدلى من حبل طويل موثوق بإحكام حول خصري، تبعًا للتعليمات، لضمان عدم فقدانها. أُسندت إليّ مهمة العناية بفتاة تقاربني عمرًا، تعاني من الوسواس القهري؛ حيث كلفت بتنظيف أرضية الجناح، لتلبية احتياجاتها الملحة للنظافة. كنت أراقبها وهي تعيد عصر الماء العكر من الممسحة في دلو الخدمات مرة تلو الأخرى، دون أن تستبدله قط.

وعندما حان وقت علاجها بالصدمات الكهربائية، كانت مهمتي مرافقتها أو جرها إلى غرفة العلاج؛ تمسكت بالحائط بأظافرها وهي تتحجج وتصرخ. حاولَت انتزاع مفاتيحي للفرار؛ قام الموظفون بتقييدها على طاولة العلاج، ووضعوا مجرى هوائي في فمها، وأعطوها مهدئات، ووضعوا أقطاب الصدمات الكهربائية، ثم نفذوا الصدمات وهي ترتعد. لقد كان مشهدًا مرعبًا للغاية بالنسبة لي؛ أعدتها إلى غرفتها وهي تشبه الجثة الهامدة؛ كان وجهها خاليًا من التعابير، وخاليًا من المشاعر، ولم تتذكر شيئًا. كان والدي محقًا؛ كنت في مصحة مجانين، وتساءلت عن مدى صحة هذا العلاج.

حكايتي

في هذا الفصل، أسرد قصصي وتجاربي الشخصية التي عشتها في نهاية القرن العشرين؛ والتي تلقي الضوء على دوري كمراقبة نشطة في التطور التاريخي للطب النفسي والتمريض النفسي؛ هذه التجارب هي مصدر الإلهام الذي يحرك هذا الفصل. من خلال سرد هذه الأحداث ضمن سياق زمني يتزامن مع فترة تدريبي الأولى في مؤسسة نفسية كطالبة تمريض في الثامنة عشر من عمري، أقدم لكم نافذة على عالم المرضى والطلاب في تلك الحقبة من خلال منظوري الخاص. على الرغم من أن فترة التدريب استمرت ثلاثة أشهر فقط، إلا أنها كانت كافية لإدراكي بأن الطب النفسي أعمق وأكثر تعقيدًا مما تعلمته، وأن هناك نواقص كبيرة في نظام المؤسسة.

أثناء وجودي في المؤسسة النفسية، اكتشفت عالمًا جديدًا - عالمًا غير مألوف كان خارج نطاق معرفتي السابقة - وتعلمت تقدير الحياة والحريات التي كنت أتجاهلها سابقًا. هناك، بدأت مسيرتي في اكتساب مهارات التواصل العلاجي؛ وعند النظر إلى الماضي، وعلى الرغم من الأسى الذي شعرت به، أشعر بالامتنان لأنني حصلت على فرصة تطبيق هذه المهارات لمساعدة والدتي على الرحيل بسلام.

في ظل الظروف المؤلمة لوفاة والدتي، كان هناك شيء ايجابي وحيد؛ أثناء ترتيب متعلقاتها، اكتشفنا مقصها الغالي الذي استرجعته بدهاء من قسم التمريض. ربما استعانت بمشاية أو كرسي متحرك لتحقيق ذلك؛ لقد أبدت مهارة فائقة في إخفائه داخل غرفتها، متحدية محاولات المصادرة؛ هذا الفعل الصغير يعكس روحها المستقلة والمتمردة التي لا تزال تعيش بيننا.

الآن، وبعد مرور سنوات، أجد نفسي مدفوعة لمشاركة قصتها، ليس فقط كابنتها، بل كممرضة مسجلة ومحترفة، مدربة على التميز، وكمؤرخة لها إسهاماتها

المنشورة في مجال الطب النفسي والتمريض النفسي؛ هذه القصة هي تكريم لإرثها وشجاعتها، وتعبير عن الدروس القيمة التي تعلمتها منها.

الطب النفسي: ابن الطب غير الشرعي

في كتابهما "تاريخ الطب النفسي" الصادر عام 1966؛ استكشف فرانز ألكسندر وشيلدون سيليسنيك تطور الفكر النفسي والممارسات العلاجية منذ العصور البدائية حتى العصر الحديث. يتجاوز الكتاب مجرد سرد للأحداث التاريخية، مُقدمًا بدلاً من ذلك رؤية شاملة للأمل والخوف الإنساني؛ يُظهر الكتاب كيف تشكلت الأساليب البدنية والاجتماعية والنفسية والثقافية والاقتصادية والفلسفية لتُسهم في نشأة الطب النفسي المعاصر. يُبرز المؤلفان أن الطب النفسي قد قطع شوطًا طويلًا نحو الاندماج في علوم الطب الحيوي، مُعرجًا عن المسار العقلاني "المادي-الآلي" الذي يُعالج الأمراض العضوية بناءً على نتائج المختبر والأشعة السينية.

يُعزى هذا الانفصال جزئيًا إلى الارتباطات القديمة بمفاهيم الشياطين؛ حيث كان يُنظر إلى المرض على أنه نتيجة لتأثير الأرواح الشريرة، وكان العلاج يتم بطرق ميتافيزيقية ونفسية تشبه تلك المستخدمة في العصور البدائية؛ وعلى الرغم من اعتبار الطب النفسي جزءًا من الطب، إلا أن ألكسندر وسيليسنيك يُشيران إلى أنه كان يُعامل كفرع ثانوي؛ حيث كان الأطباء النفسيون يُنظر إليهم كحراس للمرضى النفسيين أكثر من كونهم معالجين؛ ورغم أن الطب النفسي قد تحالف في بعض الأحيان مع العلوم الزائفة، فإنه لم يصل إلى "سن النضج" كما توقع المؤلفان في ذلك الوقت؛ خصوصًا مع تراجع التحليل النفسي، الذي أسسه فرويد، كخيار علاجي مُفضل.

في الوقت الذي واجه فيه الطب النفسي تحديات جمة من قبل نظريات منافسة، شهدنا تراجعًا في استخدام الحوار العلاجي مع المرضى والغوص في تجارب الطفولة المؤلمة كوسيلة للشفاء؛ وبذلك، أُهملت نظريات فرويد التي كانت تُعتبر

أساسية في السابق؛ وعلى الرغم من أننا قد نتتبع جذور الطب النفسي إلى العصور البدائية ونعتقد بأنه حقق تقدمًا ملحوظًا، يُشير أندرو سكول، المؤرخ الاجتماعي ومؤلف "الطب النفسي وسخطه"، إلى أن هذا التقدم ليس إلا وهمًا جزئيًا بسبب فشل الطب النفسي في تحديد الحدود الواضحة بين الجنون والعقلانية بثقة.

كباحثة في تاريخ الطب النفسي، أجد نفسي متفقَة مع تحليل سكول وآراء العديد من الخبراء الآخرين؛ أرى أن هذا المجال لا يزال في مرحلة نمو، يُشبه إلى حد كبير المراهقة، حيث يتخبط بين النضج والتحديات العاطفية والسلوكية التي تُميز هذه الفترة من التطور.

بالنظر إلى الوراء، ومن منظور القرن الحادي والعشرين، يبدو لي أن الطب النفسي الأمريكي كان يحمل في طياته إمكانات عظيمة لمساعدة الناس على التعافي؛ لكن الطب النفسي واجه تحديات في التكيف مع المعوقات والتغلب عليها. بدلاً من توسيع أفقه نحو تحسين الصحة العقلية وجودة الحياة اليومية للأفراد، انغمس العديد من المتخصصين في الطب النفسي في الانعزال داخل أروقة المؤسسات التقليدية؛ ومع تطور الزمن، تحولت بعض جوانب هذا المجال إلى الاعتماد المفرط على الصناعات الدوائية، مما أسهم في تراجع بعض جوانب الطب النفسي.

تذكرني هذه المرحلة من تطور الطب النفسي برحلة قمت بها إلى الصحراء الكبرى في المغرب، حيث ركبت جملًا شابًا يتناسب مع قامتي القصيرة؛ خلال مسيرنا نحو الكثبان الرملية لمشاهدة غروب الشمس الخلاب، كان جملي يمرح مع الجمال الأكبر سنًا، غافلًا عن الطريق المقصود؛ وعندما حان الوقت للعودة إلى الركوب، حاولت الجلوس على الجمل الهادئ؛ لكنه فسر إشارات قائد القافلة بشكل خاطئ وقام بشكل مفاجئ، مما أدى إلى اختلال توازني بسبب وزنه.

نتيجة لذلك، انزلقت للخلف وتدحرجت على الكثبان الرملية، مما أدى إلى السقوط على عَجُزي وأسفل ظهري؛ أحد المشاركين في الجولة قد يكون وجد في سقوطي

موضوعًا للسخرية، لكن الواقع كان بعيدًا عن الكوميديا؛ فالرمال البرتقالية الحارقة للصحراء، على عكس التوقعات، ليست لينة كالوسادة. شعرت بألم حاد في منطقة الحوض والظهر عند محاولة الوقوف أو الجلوس، مما اضطرني للنهوض بسرعة، ونفض الرمال عني، والعودة لركوب الجمل نحو الحافلة؛ وبما أنني وقعت على إقرار بإخلاء المسؤولية قبل الجولة، لم يكن بوسعي مطالبة قائد القافلة أو الجمل بتعويض عن الحادث الذي تعرضت له؛ أما بالنسبة للربط بين ركوب الجمل وحوادث إطلاق النار في المدارس، فلا يبدو أن هناك علاقة مباشرة بين الحادثتين.

القشة التي قصمت ظهر البعير

من المهم الإشارة إلى أن القادة في المجتمع يحملون مسؤولية كبيرة في توجيه الأحداث الكبرى والتصدي للتحديات الجماعية مثل الحروب والأوبئة وحوادث العنف؛ ومع ذلك، يُلاحظ أحيانًا أن هناك نقصًا في الاستجابة الفعّالة لهذه القضايا، مما قد يؤدي إلى تأثيرات سلبية على الشباب، الذين قد يجدون أنفسهم ضحايا للصراعات دون إرادتهم. هذا ينطبق على مختلف القطاعات بما في ذلك الصحة العامة والصحة العقلية والوكالات الحكومية.

يُعتبر تأثير القدوة البالغة على الأجيال الصاعدة عاملاً مهمًا؛ حيث لا يتخذ الأطفال والمراهقون قرارات مثل شراء الأسلحة واستخدامها في أعمال عنف دون تأثيرات خارجية. الأحداث المأساوية مثل الحادث الذي وقع في يوفالدي، تكساس، في 24 مايو 2022، تُسلط الضوء على الحاجة الماسة لمعالجة القضايا الأساسية وتوفير الدعم اللازم للشباب.

في مقال نُشر بتاريخ 25 مايو 2022 بعنوان "هذه المرة، لدى الحاكم جريج أبوت اقتراحات قليلة حول كيفية منع حوادث إطلاق النار الجماعية المستقبلية"؛ طرح الصحفي زاك ديسبارت سؤالاً حاسماً على الحاكم أبوت حول الإجراءات المقترحة لمنع الحوادث المأساوية المماثلة. أكد الحاكم على الحاجة الملحة لمعالجة

مشكلات الصحة العقلية في المجتمع، وهو ما يتطلب توفير دعم أكبر لهذا القطاع؛ ومع ذلك، أشار المقال إلى أن الحاكم قد قام بتخفيض ميزانية الصحة العقلية بمقدار 211 مليون دولار قبل شهر من ذلك، مما يثير تساؤلات حول التزام الإدارة بتحسين خدمات الصحة العقلية، خاصةً وأن تكساس كانت قد صُنفت في المرتبة الأخيرة بين الولايات الأمريكية من حيث الوصول إلى الدعم النفسي والعقلي وفقًا لاستطلاع عام 2021. وفي تعليقه على الحادث، لفت أبوت الانتباه إلى أن مطلق النار لم يكن لديه تاريخ معروف بالجريمة أو المرض العقلي؛ لكنه أضاف أن أي فرد يقدم على إطلاق النار على الآخرين يعاني بالضرورة من مشكلات في الصحة العقلية.

في مواجهة النقد، رد الحاكم أبوت بتهكم على المرشح بيتو أورورك، الذي طالب بمساءلته عن تقليله من أهمية وفاة الأطفال؛ أشار أبوت إلى أن عدد الوفيات كان ضئيلاً بالمقارنة مع حوادث إطلاق النار الأسبوعية في شيكاغو، مما يوحي بأنه لم يعتبر وفيات الأطفال في المدرسة ذات أهمية كبيرة. لم يتحمل أي من المسؤولين المسؤولية عن هذه الكارثة؛ في حين أظهرت فتاة صغيرة شجاعة بتغطية نفسها بدماء صديقتها والتظاهر بالموت.

وفي موقف يعكس القوة والعزيمة، تمكن والدان - أم تم تحريرها من الأصفاد بواسطة الشرطة وأب يعمل مدربًا لفريق البيسبول للأطفال - من التغلب على الظروف الصعبة؛ وصفا الهجوم بأنه "القشة التي قصمت ظهر البعير"، وقاما بإنقاذ أطفالهما وأطفال آخرين من المدرسة، في ظل تردد وعدم تنسيق من قبل الشرطة.

يبدو أن توفير التعليم لأطفالنا في المدارس أصبح يتضمن، بشكل غير مباشر، قبولًا بتحميل المسؤولية للضحايا بدلاً من الجناة، كما لو كنا نوقع على بيان براءة للمذنبين. وقد أصبحت حوادث إطلاق النار في المدارس، للأسف، حدثًا مألوفًا، يُشار إليه باستخفاف على أنه "حادث إطلاق نار آخر"، حتى أن هوية إحدى

الطالبات لم تُعرف إلا من خلال حذائها الرياضي - الشاهد الوحيد على وجودها بعد هذخ الفاجعة.

التاريخ يعيد نفسه

كيف سيُسطر التاريخ ذكرى المأساة في مدرسة يوفالدي بتكساس؟ ما الدروس التي سيستخلصها الأطفال من هذا الحدث الأليم؟ هل ستُطوى صفحات الحقيقة مجددًا، أم ستُكشف للعيان؟ المؤرخون يبحثون عن الحقائق ويذكّروننا بأن التاريخ يميل لتكرار نفسه؛ وقد شهدنا هذا من خلال تكرار حاكم ولاية تكساس، أبوت، للوعود التي لم تُفلح في تحقيق الأمان للمواطنين، مما يعكس مقولة الفيلسوف جورج سانتايانا: "أولئك الذين لا يتعلمون من الماضي محكوم عليهم بإعادة أخطائه". كمؤرخة، أنا ملتزمة بالاستماع إلى هذا التحذير. هل أنت مستعد للانضمام إلى هذا الوعي؟ هل نحن مستعدون لوضع حد لهذه المآسي؟ هل سنرى نهاية لهذا الصبر المُتآكل؟

أدعوك للانضمام إلى رحلة استكشافية في تاريخ الطب النفسي لنستلهم العبر من ماضينا، أرحب بك لمشاركتي هذه الرحلة المعرفية، حيث سنتناول موضوع وصمة العار المرتبطة بالأمراض النفسية، التي كانت سائدة في الماضي وما زالت موجودة حتى اليوم.

بالإضافة إلى ذلك، سأقدم لكم نظرة على الطرق التي تم بها تطبيق العلاجات في عصر الطب النفسي الجسدي (Somatic Era)؛ حيث لم تكن الأولوية لشفاء المرضى أو إعادة تأهيلهم للمجتمع، بل كان الهدف منها فرض السيطرة والحجز على الأفراد الذين يعانون من مشاكل نفسية؛ ومع الأسف، لا تزال بعض هذه الممارسات مستمرة حتى يومنا هذا؛ وقد تجدونه مثيرًا للدهشة أن تعلموا خلال استكشافنا للماضي أن بعض الأحداث التي تم تصويرها في أفلام هوليوود قد وقعت بالفعل على أرض الواقع.

الطب النفسي: بين الماضي والحاضر والمستقبل

في كتابه "الجنون والحضارة" الصادر عام 1965؛ يسلط ميشيل فوكو الضوء على الممارسات القديمة حيث كان يُعرض الأشخاص ذوي الاضطرابات العقلية أمام الجمهور كمصدر للتسلية، بطريقة تشبه عروض السيرك؛ هذه العروض لم تنتهِ بإغلاق المصحات، بل استمرت كجزء من الثقافة المؤسسية حتى عام 1850 في لندن، حيث كان يُسمح للجمهور بمشاهدة المرضى النفسيين مقابل مبلغ زهيد؛ وفي باريس، استمرت هذه العروض حتى الثورة الفرنسية، حيث كانت تُعتبر نوعًا من الترفيه للطبقة الثرية.

طوال تاريخ الطب النفسي، شهدنا تكرارًا للمفاهيم القديمة؛ ففي العصور البدائية، كان يُعتقد أن الأمراض العقلية ناجمة عن الأرواح الشريرة، وكان يُستخدم السحر والطقوس لمحاولة شفاء المصابين؛ الخرف، كمصطلح يُستخدم لوصف الجنون، يعود إلى العصور البدائية؛ الأشخاص المصابون بالأمراض العقلية كانوا دائمًا بيننا – نخافهم ونعذبهم ونوصمهم بالعار وأحيانًا نشفق عليهم؛ وفي بعض الأحيان، كنا نضحك عليهم، لكن العلاج الحقيقي كان نادرًا ما يُقدم لهم.

لا تزال بعض الممارسات التي تشبه طرد الأرواح الشريرة قائمة حتى اليوم؛ ويستمر البعض في التقليل من شأن ومضايقة الأشخاص المصابين بالاضطرابات العقلية، مما يفاقم من معاناتهم. على سبيل المثال، واجه حاكم ولاية تكساس، أبوت، انتقادات لاذعة بعد أن استخف بأولئك الذين طالبوا بمساءلة حول عنف السلاح إثر حادثة إطلاق النار في مدرسة يوفالدي، واصفًا الجناة بأنهم يرتكبون أفعالًا "شريرة" وعنيفة بلا معنى؛ مما أدى إلى وصمة عار للأشخاص الذين يُزعم إصابتهم بأمراض عقلية ويُنظر إليهم على أنهم خطر على المجتمع. وقد أدلى بتصريحاته دون التحقق الكافي من صحة المعلومات.

في مقالة نُشرت في عام 2011 بعنوان "مضطرب وخطير؟" في مجلة *Scientific American Mind*، أوضح المؤلفان هال أركويتز وسكوت

ليلبينفيلد أن الصورة النمطية للشخص المضطرب عقليًا الذي يقتل الغرباء بشكل عشوائي لا تتوافق مع الواقع العلمي. وعلى الرغم من وجود حوادث مأساوية تتماشى مع هذا الوصف، إلا أنها تعتبر نادرة. والواقع هو أن نسبة قليلة من الأشخاص المصابين بالاضطرابات النفسية تصبح عنيفة، وغالبًا ما يكون الأشخاص المصابون بأمراض نفسية شديدة هم الضحايا بدلًا من أن يكونوا مرتكبي العنف.

في عصر النهضة؛ تعرضت الكنيسة لتحديات جمة بسبب سياسة العزوبة المفروضة على الرهبان، والتي استمرت لقرون؛ هذا الوضع أدى إلى نشوء حركة تنظر بعين الشك للرغبات الجنسية، وتميل إلى النظر إلى النساء كمصدر للسحر والشعوذة؛ وقد ارتبطت مخاوف المجتمع من القوى الإنجابية للنساء بظهور السحر، مما أدى إلى تفشي ظاهرة صيد الساحرات.

في العصور الاستعمارية الأمريكية؛ كان هناك اعتقاد بأن الجنون يرتبط بالخطيئة والإثم؛ وخلال فترة الهستيريا التي شهدتها محاكمات الساحرات في سالم عام 1692؛ تعرض الكثيرون للسجن والإعدام؛ وقد لاحظ المؤرخون أن العديد من المتهمين بالسحر كانوا يعانون من مشاكل نفسية، وفقًا لسجلات المحاكم؛ ومع ذلك، يشير جيفري راسل في كتابه "السحر والشعوذة في العصور الوسطى" الصادر عام 1972؛ إلى أنه ليس كل من اتُهم بالسحر كان يعاني من اضطرابات نفسية، موضحًا أن الأفكار التي قد تبدو غير عقلانية في مجتمع معين قد لا تكون كذلك بالنسبة للأشخاص الذين يؤمنون بها.

لا تزال الأفكار التي تلقي باللوم على المرأة في الخطيئة موجودة؛ كما يتضح من مسودة الرأي التي أعدها القاضي صمويل أليتو في عام 2022 بشأن قضية الإجهاض في "رو ضد ويد"، حيث استشهد بماثيو هيل، قاضٍ من القرن السابع عشر معروف بإدانته للنساء بتهمة السحر؛ وفي القرن الحادي والعشرين، يُمكن للسلطات القانونية في بعض الولايات الأمريكية أن تسجن الأطباء الذين يجرون

عمليات الإجهاض، والأشخاص الذين يساعدون النساء على الإجهاض، والنساء اللواتي يخضعن للإجهاض، متهمين إياهم بارتكاب جريمة.

في عام 2001، كتبت الصحفية كيت جينجيل مقالاً في مجلة "The Psychiatrist" عن الأطفال الذين تم إيداعهم في دور الأيتام بمقاطعة بويك في إنجلترا بين عامي 1854 و1900؛ ورغم أن استراتيجية شاملة للرعاية الصحية العقلية للأطفال والمراهقين لم تُطور حتى نهاية القرن العشرين، إلا أن قانون المجانين لعام 1845 كان قد فرض بالفعل على المقاطعات الإنجليزية توفير مأوى للأطفال، مما أثقل كاهل المجتمع مالياً؛ وكانت طرق علاج الأطفال مماثلة لتلك المستخدمة مع البالغين، حيث كان يُطلب منهم العمل في البستنة والزراعة لتغطية تكاليف إقامتهم.

في الدراسة التي أجرتها جينجيل؛ كان الاعتقاد السائد في منتصف القرن التاسع عشر أن الأطفال لا يمكن أن يعانوا من الأمراض العقلية قبل بلوغهم سن النضج؛ في المقابل، في الولايات المتحدة الحديثة، يُعالج الأطفال في سن السنتين لاضطرابات مثل نقص الانتباه وفرط الحركة؛ وبالمثل، يُعد الاكتئاب تشخيصًا شائعًا للفتيات في سن المراهقة، كما هو الحال في الوقت الحالي.

عند إدخالهم إلى دور الأيتام، كان يُشخص للأطفال أمراض جسدية مثل الحمى القرمزية والملاريا وضربة الشمس والحصبة، بالإضافة إلى الأمراض العصبية مثل الصرع؛ وتُظهر السجلات أن الأطفال الذين يعانون من مخاوف شديدة، مثل الخوف من الغرق أو الكلاب أو البقر، كانوا يُقبلون في الملجأ؛ وعلى عكس ممارسات القرن التاسع عشر في إنجلترا، لا توجد في الولايات المتحدة اليوم قوانين إلزامية لرعاية الأطفال المصابين بالاضطرابات النفسية؛ ونجد الآن العديد من الأطفال والمراهقين والشباب الذين يعانون من الضغوط النفسية ينتظرون في أقسام الطوارئ لأسابيع وهم يحملون أفكارًا انتحارية، بسبب نقص الموارد وبرامج الرعاية والمتخصصين في الصحة العقلية.

علاجات الطب النفسي الجسدية في القرن الماضي

في كتابه "مجانين أمريكا" الصادر عام 2002؛ يستعرض روبرت ويتاكر توجه أطباء الطب النفسي نحو العلاجات الجسدية في ثلاثينيات القرن العشرين، وذلك كردة فعل للنقد اللاذع من قبل أطباء الأعصاب الذي أثر على صورتهم أمام العامة؛ دفعتهم الرغبة في إثبات مصداقيتهم العلمية إلى اتخاذ طرق مختصرة في بحوثهم.

على الرغم من الشكوك التي أحاطت بفعالية هذه العلاجات منذ البداية، إلا أنها قدمت بارقة أمل للمصابين بالاضطرابات العقلية الشديدة؛ يُذكر أن هذه العلاجات، في الوقت الحاضر، تُعد غير قانونية في أغلب الأحيان، خصوصًا إذا أُجريت دون موافقة المريض أو ولي أمره.

العلاج بغيبوبة السكر: في عام 1933 قدم الطبيب النفسي الفييني مانفريد ساكيل طريقة علاجية جديدة تُعرف بغيبوبة الانسولين. واجه ساكيل صعوبات في تبرير فائدة هذه الغيبوبات المتكررة لمرضى الفصام، خاصةً وأنه كان معلومًا أن انخفاض مستويات السكر في الدم يمكن أن يؤدي إلى أضرار دماغية، لا سيما في القشرة الدماغية؛ كان المرضى يُدخلون في غيبوبات عميقة تشبه حالة الموت لفترات تتراوح بين 20 دقيقة وساعتين، وكانوا يستفيقون دون وعي كامل بمحيطهم، في حالة تشبه الطفولة. نظرًا لأن الغيبوبة لم تُحدث تغييرًا دائمًا، كان يُعتقد أن العلاج المتكرر ضروري، مما يستلزم فترات تعافٍ أطول.

المستشفيات التي أدخلت أقسامًا للعلاج بالانسولين كانت تُشير إلى نجاحاتها كبرهان على تقديمها لعلاج حديث يستند إلى البحث العلمي؛ وقد لوحظ تغير في الحالة العاطفية للمرضى الذين كانوا يعانون من العزلة، وهو ما اعتبره ساكيل تحولًا إيجابيًا، مُشيرًا إلى أن المرضى أصبحوا أكثر اجتماعية وودًا بعد العلاج.

شهد الأطباء والممرضون في الأقسام الطبية أجواءً أكثر هدوءًا، مع انخفاض في الحاجة للتعامل مع المرضى الصعبين، مما ساهم في تيسير سير العمل؛ كان الأطباء النفسيون يعتقدون أنهم يحققون تقدمًا ملحوظًا مع المرضى، وتباهى البعض بإنجازاتهم، مدعين أن علاجاتهم كانت فعّالة؛ رغم ذلك، كانت هناك مبالغة في تقدير معدلات النجاح، وعاد العديد من المرضى الذين خضعوا للعلاج إلى المستشفى؛ بشكل مثير للدهشة، كانت حالة المرضى الذين لم يتلقوا علاجًا أفضل.

كشف تشريح جثث المرضى الذين توفوا عن نقص في الأكسجين الواصل للدماغ، مع ظهور علامات ضمور وتليين الدماغ، مما قد يفسر اللقب الدارج "السّكاكين" الذي كان يُطلق على الأطباء النفسيين؛ استُخدم العلاج بغيبوبة الإنسولين خلال الحرب العالمية الثانية لعلاج الجنود المصابين باضطراب ما بعد الصدمة، واستمر استخدامه لعلاج الفصام حتى منتصف الخمسينيات.

على الرغم من إيمان بعض الأطباء النفسيين بفوائد علاج الصدمة بالإنسولين (العلاج بغيبوبة الإنسولين)؛ فإن هذا النوع من العلاج كان يُخفي أضرارًا دماغية طويلة الأمد تحت مظهر الشفاء؛ تم تجسيد استخدام هذا العلاج في فيلم "عقل جميل" الصادر في عام 2001، والذي يروي قصة حياة جون ناش، عالم الرياضيات الحاصل على جائزة نوبل، ومعاناته مع الفصام.

الصدمة الكهربائية: العلاج بالصدمات الكهربائية (ECT)، الذي ظهر في الولايات المتحدة عام 1940، كان يُعتبر وسيلة علاجية مثيرة للجدل؛ فكرة استخدام الأقطاب الكهربائية على الصدغين، التي استلهمها المخترع أوغو كارليتي من مسلخ خنازير، أصبحت شائعة في المصحات العقلية نظرًا لكونها طريقة سريعة وغير مكلفة؛ ومع ذلك، كانت هناك مخاوف جدية بشأن عدم الحصول على موافقة المرضى قبل إجراء العلاج.

الصدمات الكهربائية كانت تُفقد المرضى وعيهم فورًا وتُوقف نشاط موجات الدماغ، مما يؤدي إلى تغييرات جذرية في الشخصية والسلوك؛ كان يتطلب الأمر

أسابيع لكي يتعافى المرضى ويعودوا إلى حالتهم الطبيعية، وغالبًا ما كانت تحدث إصابات جسدية مثل كسور العظام نتيجة العلاج.

من وجهة نظري كطالبة تمريض، بدا أن التحسن الذي يحدث بعد العلاج بالصدمات الكهربائية يعود إلى "صدم" الدماغ وتقليل وظائفه العليا والذاكرة، مما يؤدي إلى نسيان المرضى لحالتهم المرضية؛ ولكن، بعد تعافيهم من الصدمة الجسدية، كان المرض العقلي يعود في كثير من الأحيان؛ كان الخوف من العلاج شائعًا بين المرضى، الذين كانوا يتوسلون لرفضه وحتى يحاولون الهرب منه؛ إحدى المريضات وصفت تجربتها بأنها كانت مثل "كسر قيح"، مما يعني أنها شعرت بأن العلاج كان يكسر حاجزًا داخليًا ويُخرج ما هو مؤلم ومكبوت.

في كتابهما "ولاية دانفرز: مذكرات ممرضة في الملجأ" الصادر في عام 2004؛ تشارك أنجلينا سزوت وباربرا ستيلويل تجاربهما المؤثرة كممرضات في مستشفى الولاية، حيث كانتا شاهدتين على الخوف العميق الذي يعتري المرضى أثناء إجراء علاج الصدمات الكهربائية (ECT)؛ تصفان مشاعر الشفقة التي كانتا تحملانها تجاه المرضى الذين كانوا يُجبرون على دخول غرفة العلاج، والجهود الكبيرة التي كانت تُبذل للسيطرة عليهم، مما يتطلب تدخل ست ممرضات؛ يُظهر الكتاب كيف تم تدريب الموظفين على التحلي بالصرامة تحت مظلة مساعدة المرضى، وهو ما يُذكر بطريقة "فرانكنشتاين" في التعامل.

وعلى الرغم من الإقرار بأن علاج الصدمات الكهربائية قد يؤدي إلى أضرار دماغية، إلا أنه ما زال يُستخدم في الحالات الشديدة من الاكتئاب كوسيلة علاجية أخيرة.

الفص الجبهي: عملية الفص الجبهي، التي طُورت في الثلاثينيات، كانت تُعد إجراءً جراحيًا عصبيًا يقطع الروابط العصبية للفص الجبهي من الدماغ؛ كانت تُجرى عبر إدخال أداة حادة مثل موسى جليدي من خلال محجر العين.

رغم الجدل الذي أثارته، قُدمت هذه العملية كبارقة أمل في العالم ما بعد الحرب العالمية الثانية، واستُخدمت لأكثر من ثلاثة عقود في الولايات المتحدة؛

في عام 1949، حصل الطبيب إيجاس مونيز على جائزة نوبل لإسهامه في تطوير هذه التقنية؛ وقتها، كانت عمليات الفص الجبهي تحظى بدعم من الجمعيات الطبية والنفسية وتمويل فيدرالي، إذ كان يُنظر إليها على أنها تقدم علاجًا فعالًا؛ وفي عام 1955، أشار الدكتور ميلتون غرينبلات وزملاؤه في كتابهم إلى أن الإجراء كان يكتسب القبول تدريجيًا في المجتمع الطبي النفسي، معتقدين أنه يُحسن حالة نصف المرضى الذين لا يستجيبون للعلاجات الأخرى، رغم الادعاءات المضللة من الأطباء الذين أجروا العمليات.

كشفت الرسائل المحفوظة لهيلدغارد بيبلاو، الممرضة المتميزة والمنظرة في مجال الطب النفسي؛ عن التناقض الصارخ بين الهدوء الظاهري والجمال الخارجي لمستشفى الأمراض العقلية في ولاية أوهايو والمعاناة الشديدة التي تخفيها جدرانه. وصفت بيبلاو شعورها بالصدمة والغثيان عند زيارتها للأقسام المعتمة حيث كان يسود الصمت المطبق مع أصوات بكاء خافتة لمرضى تعرضوا لعملية الفص الجبهي، والذين كانوا يعانون من فقدان البصر وتشوهات جسدية، وظهرت على وجوههم حالة من الذهول العميق؛ وهي الصورة التي جسدها فيلم "رحلة طائر الوقواق فوق عش المجانين" الصادر في عام 1975.

غالبًا ما كان ضحايا عمليات الفص الجبهي من النساء اللواتي تُركن من قبل أزواجهن أو من المهمشين اجتماعيًا مثل مرضى الفصام والمثليين؛ ومن الشخصيات البارزة التي خضعت لهذه العملية الشديدة القسوة كانت روزماري كينيدي، التي لم تتعافى أبدًا بعد الجراحة وأصبحت معاقة بشكل دائم؛ كما ورد في السيرة الذاتية لكيت لارسون "روزماري: ابنة كينيدي المخفية" التي صدرت في عام 2015؛ وفي السنوات التالية، طالب أقارب الضحايا بإلغاء جائزة نوبل التي منحت للدكتور مونيز، معترضين على تكريمه لتطويره هذا الإجراء.

رمزية الحل السريع والتاريخ النفسي لطريق لونغ آيلاند السريع (LIE)

لقد بدأنا رحلتنا الشاقة في بداية هذا الفصل عندما رويت لك تفاصيل زيارتي لوالدتي لأُطعمها غداءها وهي طريحة الفراش في دار رعاية المسنين، وفي كلتا الزيارتين الأخيرتين لها قبل وفاتها، واجهتُ مشكلة وتغلبت عليها. في الزيارة الأولى، كانت المشكلة هي استبدال غطاء المبرد المفكوك في سيارتي؛ أما التحدي الثاني فهو أنني علقت في بقعة زيتية على طريق لونغ آيلاند السريع (LIE).

إن رمزية هذين الحدثين لا تغيب عن ذهني عندما أراجع التاريخ النفسي للطب النفسي وأربطها به، حيث كان الأطباء والعلماء "بنوايا فرانكنشتاينية حسنة" يبحثون عن "حلٍ سريع" لاستبدال غطاء المبرد لتقليل الدخان الكثيف المنبعث من سيارتي ولكنني لم أجد واحدًا مناسبًا؛ فبدلًا من سلوك الطريق السريع نحو النجاح، حاول الطب النفسي أن يسلك طريق لونغ آيلاند السريع LIE، وهو طريق متوقف، فيما يُشبه القيادة على طريقٍ سريع يؤدي إلى لا مكان.

بالنسبة لي، إنها رمزية ملحوظة أنه في نهاية حياة والدتي عندما استنفدت طاقتها ووقودها وتوقفت بطارية ساعتها عن العمل، كان الحديث معها يعتمد على ما يحدث في محطة الوقود؛ وفي الأسبوع التالي، كان الطريق السريع الزلق هو ما أعاق ذهابي إليها قبل وفاتها.

النظر إلى مستقبل الرعاية النفسية المجتمعية

في قصتي التي رويتها بعنوان «مرحبًا بكم في مستشفى المجانين»، رويت تجربتي الحياتية كممرضة وطالبة بعمر الثامنة عشر. في ذلك الوقت كان إلغاء مؤسسات المرضى العقليين جاريًا، حيث كانوا ينقلون المرضى إلى مراكز رعاية الطب النفسي المجتمعية ويُعيدونهم إلى "منازلهم" المزعومة.

كوني مراقبة مشاركة، عرفت بالبَداهة أن معلمي وأطباء المؤسسة لم يُخبروني بالقصة بأكملها، لأنني رأيت شقوقًا في جدار المؤسسة تبدو وكأنها تُعيق تقدم المرضى نحو الصحة العقلية بدلًا من تسهيل الوصول إليها، وتحدثتُ في روايتي عن ملاحظاتي لجناح الأطفال، متسائلةً لماذا الكثير من الأطفال المصابين بأمراض نفسية يملأون الأسِرَّة؛ لم أكن أعلم ذلك حينها، لكن بعض الشخصيات البارزة المعروفة بـ"مناهضة الطب النفسي" مثل توماس ساز الذي ألف كتابًا عام 1974 بعنوان «أسطورة الأمراض العقلية» طرح نفس التساؤل.

رويت في مذكراتي قصة امرأة مسنة بكماء جلست معها لمدة أسبوعين، وتحدثت لأول مرة منذ خمس سنوات، ومن هنا في فترة التدريب في كينجز بارك، بدأتُ رحلتي لتعلم كيفية التحدث إلى الناس بطريقة علاجية.

ي الماضي، أُودع العديد من المرضى كبار السن المصابين بالخرف في مؤسسات عقلية مكتظة بالمرضى وتلقوا رعاية وصائية على أفضل تقدير؛ واليوم نفس الظروف موجودة. في 29 مايو 2022، كتبت كاتي كينغ من صحيفة The Virginian-Pilot أن مئات المرضى المصابين بالخرف يُرسلون إلى مستشفيات الطب النفسي المزدحمة حيث لا توجد علاجات موجهة لتلبية احتياجاتهم الخاصة؛ وذلك لأن تكلفة الخيارات الأخرى مثل مرافق العناية بالذاكرة باهظة الثمن، خاصةً بالنسبة للأسر الفقيرة.

حينما كنت أستعرض شريط أحداث تجربتي الطلابية، تذكرت فتاة كانت في نفس عمري، وكانت مُصابةً بالوسواس القهري وكيف دفعتْها إلى العلاج بالصدمات الكهربائية. لقد كانت تجربة مروعة، وهو ما يبدو حقيقيًا من شهادات المرضى في سجلات تاريخ الطب النفسي وبالنسبة للممرضات أمثالي اللاتي اعتنوا بهن. نعلم الآن أن العلاج بالصدمات الكهربائية يسبب تلفًا دائمًا في الدماغ وفقدانًا كليًا للذاكرة، وليس لذكريات وصدمات الطفولة السلبية فقط، وصدمات الماضي فقط، بل لذكرياتهم اليومية كذلك، فجميعها تُمحى من ذاكرتهم.

منذ القدم إلى الحداثة: ما يُحكى من القصص يُسمع

أخبرني مريضٌ في منتصف العمر كنت قد أجريت معه مقابلة عندما كنت ممرضةً طالبةً في جناح خلفي بمؤسسة للأمراض العقلية، أنه ظن أنه لن يُغادر المُستشفى أبدًا بعد أن ظل محتجزًا هناك منذ أن كان مراهقًا، والسبب في ذلك هو أنه لم يتعلم أبدًا كيف يساعد نفسه من خلال التعليم أو التكيف السلوكي، حيث سقط في شقوق الجدار المؤسسي.

روى إرفنج جوفمان في كتابه الصادر عام 1961 بعنوان «المصحات» قصصًا عن دخول النزلاء إلى المؤسسات بثقافاتٍ مُستمدة من «عالمهم» تمثل أسلوب حياة كان يُنظر إليه كأمرٍ مُسلم به قبل دخولهم المستشفى. إذا مكث هؤلاء النزلاء لفترةٍ كافية سيبدأون في "التفكك" وفقدان الأهلية، مما يجعلهم غير قادرين على التحكم في معطيات حياتهم اليومية خارج المؤسسة التي أعاقت فرصهم في التحرر والتعافي.

كتب "أندرو سكول" كتاب "مادهاوس" عام 2005 الذي تحدث فيه عن جنون العظمة الذي اتسم به الطب الحديث وكان ظاهرة من ثلاثينيات إلى خمسينيات العقد الماضي؛ حيث اعتقد طبيب في مستشفى ولاية ترينتون في نيوجيرسي يُدعى "هنري كوتون" أن "تعفن الدم"، وهو في الأساس عدوى جسدية، يسبب أمراضًا نفسية، ولم يشكك الخبراء والعلماء آنذاك في فاعلية علاجات "كوتون" أو مدى أخلاقية استخدامها.

ذكر "سكول" دراسة حالة لامرأة تُدعى "مارثا هورويتز"، ظلت محتجزة في مستشفى الولاية لمدة 54 عامًا أثناء خضوعها "لعلاجات" جسدية مختلفة وكأنها فأر تجارب، وقد تضمنت تلك العلاجات قلع الأسنان بصورة متكررة وجراحات في الجهاز الهضمي واستئصال اللوزتين وعلاج حمى الملاريا وغيبوبات الأنسولين والعلاج بالصدمات الكهربائية وجرعات كبيرة من الأدوية المضادة للذهان.

كانت "مارتا" تُقاومهم أثناء فترة العلاج، فاعتبروها متمردة عندما حاولت الهرب، وهو ما كان يُنظر إليه على أنه أحد أعراض مرضها حتى أُعلنت في لحظة معينة أنها كانت بصحة جيدة، وأن الأطباء كانوا يحاولون إمراضها وقتلها.

وفي نهاية السنوات التي قضتها في الحجز أصبحت بكماء وكُسر وركها وأصيبت بالتهاب رئوي، وكانت تعاني من تقرحات الفراش المقاومة وماتت بسبب ذلك، وليس بسبب مرض نفسي؛ ونظرًا لبسالتها وشجاعتها وروحها القتالية، أعتقد أن مارثا تستحق أن تُعلن بعد وفاتها بطلة المصارعة لولاية نيوجيرسي. ما رأيك؟

إجراء التجارب بدون تعهد

لقد ذكّرنا "سكول" بأنه لا ينبغي لنا أن نتجاهل تاريخ الطب النفسي المضطرب والمتهور أحيانًا أو أن نخفي الحقائق والوقائع عن الناس، ولكن ينبغي علينا أن نتعلم منه، ونكف عن تجاهل بعض تفاصيله عم

قد تتساءل الآن: "ما علاقة التاريخ النفسي للطب النفسي بي أو بأطفالي؟ ما هي أهميته في حياتي في القرن الحادي والعشرين؟" ليس عليك أن تتسأل أكثر من ذلك عندما تفكر في عصر جورج فلويد، الذي خُنق حتى الموت عندما قاوم الاعتقال بتهمة بسيطة وهي محاولة صرف ورقة نقدية مزورة بقيمة عشرين دولارًا.

فكر في مدى احتقار علماء تحسين النسل في عصر جمعية تحسين النسل الأمريكية في القرن العشرين من قيمة المهاجرين والحط من قدرهم، سواء اليهود أو الإيطاليين أو السلاف أو الألمان أو الأيرلنديين، الذين شُخصوا بأمراضٍ عقلية وتم تعقيمهم دون موافقتهم، كنا كمجتمع مقتنعين أن هؤلاء الأشخاص بلا قيمة وصدقنا ما قالته لنا السلطات.

اليوم في أمريكا، حبسنا الأطفال المهاجرين في أقفاص وفصلناهم عن آبائهم وأمهاتهم، وجلدنا المهاجرين الهايتيين الذين حاولوا الهروب من الظلم على حدودنا ثم أنكرنا ذلك.

وفي مجتمعنا، وبدعمٍ من حكومة الولايات المتحدة، أجرينا تجربة توسكيجي، حيث طُلب من السجناء السود المشاركة في تجربة دراسية لتحسين صحتهم، في حين حرموا من العلاج بالبنسلين، وتوفي العديد منهم بسبب مرض الزهري من المرحلة الثالثة، وأصيبت زوجاتهم وأطفالهم بالعدوى مما تسبب في مضاعفات مرضية خطيرة مثل الإجهاض ووفاة الأجنة، بالإضافة إلى مرض الزهري الخلقي الذي كان له آثار صحية خطيرة على الأطفال. كيف عاد عصر تحسين النسل مرة أخرى في القرن الحادي والعشرين؟ تعرض السكان السود في أمريكا لخطر مقاومة لقاحات فيروس كورونا، مما تسبب في ارتفاع معدلات الوفيات بينهم.

كل الطرق تؤدي إلى المنزل

الآن قد تظن أننا سننجو في آخر لحظة من سوداوية علاجات المرض العقلي، ولكن في الحقيقة لم يحدد العلم أو الطب النفسي التعريف الأصح للصحة العقلية أو المرض العقلي، باستثناء الدليل التشخيصي والإحصائي للاضطرابات العقلية *(DSM-5)* الصادر عام 2013 الذي يُقارب الألف صفحة والمفتقر إلى معايير الدقة والموثوقية. تناول "ويتيكر" فكرة عدم تقديم معلومات كافية للأمريكيين من قبل شركات الأدوية الكبرى التي تبلغ قيمتها مليارات الدولارات منذ عام 1952 عندما طُرح عقار ثورازين، والتعتيم على الآثار الجانبية التي تُسبب خلل الحركة المتأخر (TD) واليوم، تُسوق الإعلانات التليفزيونية لأدوية جديدة لتقليل الحركات الغريبة التي هي من أعراض مرض خلل الحركة المتأخر (TD)، قد تساعد في علاج الأعراض أو تؤدي إلى تفاقمها.

توجد حاليًا أدلة علمية على أن الأدوية العقلية الحديثة التي نمتلكها قد تسبب فصل الفص الأمامي في الدماغ عن بقية الأجزاء بصورة كيميائية لمساعدتنا في

علاج الاضطرابات العقلية. أصبحت العلاجات الجسدية القديمة التي قيدتنا نحن وأطفالنا، في الأزمنة المعاصرة، شقوقًا في جدار "المؤسسة العقلية" التي صنعناها لعقولنا، وفي خزائن الأدوية في منازلنا، خاصةً إذا لم تكن هناك تدخلات بعلاجات سلوكية ونفسية في آنٍ واحد.

في الماضي، كنا نعتمد كمجتمع على الادعاءات الكاذبة لد/ فريمان، ود/ واتس، اللذين سافرا على متن "لوبوتوموبيل" إلى مستشفيات الأمراض العقلية في جميع أنحاء أمريكا لإجراء جراحات فصية. تناول "ويتيكر" أفكارهما وأهدافهما وكيف نظرا إلى الإجراء الخاص بالبالغين كونه "طفولة مستحثة جراحيًا". تعليمات ما قبل الجراحة التي وصفها الأطباء لأفراد الأسرة كانت تتمحور في إحضار الدمى وأقلام التلوين وكتب التلوين للمساعدة في إبقاء عقولهم التائهة البسيطة مشغولة بعد الجراحة؛ وإذا ظهرت على المرضى أي علامات على التحرك من السبات، أو أعراض قلق بعد العملية الجراحية، فإنهم يلجؤون إلى العلاج بالصدمات الكهربائية بشكلٍ متكرر لقمع نشاطهم، وسَعِد الأطباء للغاية بتغيير سلوكيات المرضى بالصدمات الكهربائية بعد أن ألحقوا الضرر بأدمغتهم.

قد تظن أن هذا جنون، بل إنه محض الجنون! كيف يمكن للأطباء أن يفكروا بهذه الطريقة ويكونوا بهذه القسوة؟! كيف صدق الناس هؤلاء الأطباء؟! سأشير هنا إلى أن هذا السيناريو من عدم الإنسانية لم يحدث في غرفة العمليات في الماضي فحسب، بل في حلبة المصارعة حاليًا.

في 31 أغسطس 2022، أصدر إريك جيرهاردت وستيفاني كوزيديم من قناة WKRC تقريرًا إخباريًا عن مصارع جامعي يُدعى "جرانت برايس" أراد أن يكون بطلًا ولكن انتهى به الأمر في النعش؛ ففي أثناء التدريب الأول في الطقس الحار طُلب من الفريق وضع زجاجات المياه جانبًا، وأُجبر الأعضاء الذين لم يستوفوا متطلبات جمع التبرعات على صعود منحدر حاد في "تل العقاب"، وتوسل

"برايس" للحصول على الماء لكن توسلاته قوبلت بالرفض، وبعد سبع جولات من صعود التل، بدأ يترنح من التعب ولم يتحمل.

توفي برايس في وقتٍ لاحق بسبب القيء أثناء تشبثه بأوراق العشب أمام نافورة مياه فارغة مغلقة في حرمٍ جامعي كان مغلقًا بسبب سياسات فيروس كورونا. في هذه الحالة، أنشأ المدربون "ثقافة سامة" لجعل مصارعيهم أشد، لكن مات "برايس" بسببها؛ وهذا ما يحدث مع الملايين في مجتمعنا الذين يجعلون من أصحاب السلطة والخبراء محل ثقة لتوجيههم في الطريق الصحيح، ولكن لأنهم لم يمتلكوا المهارات الحياتية التي تمكنهم من تحقيق أفضل أداء أو مهارات تحمل الظروف القاسية اللازمة للتغلب على أخصامهم والفوز، استسلموا.

في كل الحالات التي ذكرتها في هذا الفصل، قل التركيز على البشر ككل عقلًا وجسدًا وروحًا. جميعنا نعيش في بيئاتٍ سامة ليس لدينا أي سيطرة عليها، ولكن يمكننا الهروب من كوننا في الوضع السفلي على بساط المصارعة، وأن نسيطر على تفكيرنا وما نشعر به وما نعرفه وما نريد تحقيقه، بما في ذلك الصحة العقلية، باستخدام القوة العقلية الفطرية.

الفصل الثالث

إدراك الذات بأكملها

"لا يوجد شيء جيد أو سيئ، ولكن التفكير هو ما يجعله كذلك"
~وليام شكسبير

اجلبه إلى حلبة المُصارعة

في خريف عام 1997، بعد مرور عام على عملي كمدربة في مجال تحسين الأداء، عندما وصلت إلى فندق في ولاية بنسلفانيا لتقديم ورشة عمل لمجموعة من مدربي المصارعة في المدارس الثانوية عن كيفية تهيئة الطلاب الرياضيين نفسيًا للمنافسة باستخدام مهارات القوة الذهنية مثل التنويم المغناطيسي الذاتي والتنفس بهدوء والعلاج بالاسترخاء والعلاج المعرفي السلوكي والتدريب الذهني، شعرت بالإثارة والخوف في آنٍ واحد عندما شاركت في الحضور مع البطل الأولمبي "كيرت أنجل". في العام الماضي خلال دورة الألعاب لعام 1996 في أتلانتا، جورجيا، فاز "كيرت" بميدالية ذهبية وسط انفجار عنيف لقنبلة محلية الصنع في حديقة سينتينيال الأولمبية؛ مما أسفر عن مقتل شخصين وإصابة 111 شخصًا.

بعد وصولي إلى غرفتي في الفندق، حضرت بوفيه عشاء برعاية الرابطة الوطنية لمدربي المصارعة في المدارس الثانوية، وعند دخولي إلى غرفة الطعام المليئة بالمدربين الذكور، شعرت بأن كل الأنظار موجهة إليّ كوني المرأة الوحيدة بين الحضور. سُئلت عما إذا كنت طبيبةً نفسية بسبب العرض التقديمي الذي قدمته عن تحسين الأداء بعنوان "الفوز بالمعركة النفسية بداخلك".

عندما أجبت بأنني ممرضة، سألني أحد المدربين: "لماذا أنت هنا إذًا؟ إننا لسنا مرضى أو مصابين". تُعد هذه الملاحظة بالنسبة لي مؤشرًا على "الفصل بين العقل والجسد" السائد في النموذج التقليدي للطب والرعاية الصحية منذ القرن السابع عشر، حيث يعامل العقل والجسد على نحو منفصل، ويعود ذاك الفكر إلى الوقت الذي كانت فيه الممرضات يعملن في التمريض "الجسدي" في المستشفيات العامة، وفي التمريض "العقلي" في المصحات ككياناتٍ منفصلة.

تحدثت مع الحضور على العشاء، وطرح أحدهم سؤالًا يتعلق بتربية الأطفال قائلًا: "ألا يولد الأطفال سلبيين، وعلينا كأهل ومدربين أن نعلمهم كيف يصبحون إيجابيين؟"، أجبتُه قائلةً إن الأطفال يعكسون سلوكيات الكبار ويولدون بعقلية إيجابية بالفطرة ولكنهم يتعلمون السلبية من آبائهم ومعلميهم ومدربيهم وغيرهم، وبالطبع فاجأه رأيي.

ذلك المساء، عُدت معتقدةً أن اليوم التالي سيشكل تحديًا بالنسبة لي عند تقديم نهجي الجديد عن تهيئة العقل والجسد للمصارعة لهؤلاء المدربين المتشككين؛ في صباح اليوم التالي، كان من المُفترض أن يقدم كورت العرض الأول لحركات المصارعة في "العيادة" التي أقيمت في الفندق، اقترب من المجموعة وسأل عما إذا كان هناك من يرغب في التطوع كشريك في التمرين، وحتى بعد حث المدربين قائلًا: "هيا. لا. لا أستطيع عرض الحركات بمفردي" لم يتطوع أحد، لأنه البطل الأولمبي الأول وكان يتمتع بعضلات ضخمة لدرجة أن فخذه كان يبدو في حجم وقوة جذوع أشجار البلوط؛ كنت جالسةً بين الجمهور على جانب حلبة المصارعة وحاولت تشجيع أحد المدربين الخمسين على التطوع فقلت: "أود أن أصارعك اليوم يا كيرت، لكنني أرتدي تنورة".

ضحك المدربون على ما قلت، ثم ألقوا مصارعًا من بين الحضور إلى الحلبة كما لو كان مصارعًا يُلقى إلى الأسود في الكولوسيوم الروماني، أذعن المصارع لضغط أقرانه وبدأ يتصارع مع كيرت بينما كان يوضح حركات الإيقاع والتثبيت والهروب

من الوضع السفلي، وأوضح كيرت للمدربين أنه اختار أن يُظهر نقاط القوة مثل القوة العضلية، مما فضح ضعف مرونته؛ ومن خلال عرض تلك الحركات، أوضح لهم كيرت كيفية الاستعداد عن طريق عرض نقاط قوتهم وفضح نقاط ضعف خصومهم.

بعد أن أنهى كيرت "عيادة المصارعة"، جاء دوري للتحدث؛ أقل ما يمكن قوله هو أنني شعرت بالخوف بعد أداء كورت "الأولمبي" مع المدربين، لقد تم تقديمي إلى المجموعة باسم "السيدة سيلفرستين" والدة المصارع البطل؛ حيث إنني لم أكن قد حصلت على الدكتوراه بعد؛ ولم يساهم هذا التقديم كثيرًا في تعزيز ثقتي بنفسي كخبيرة عندما بدأت عرضي التقديمي على الحلبة. لكن تدريبي الذهني على الأداء في الليلة السابقة إلى جانب الحديث الإيجابي الذاتي والاستدعاء الذهني، وهي تقنيات تحسين الأداء التي أدرسها، هي التي ساعدتني على التركيز على ما كان علي فعله لأنجح في ورشة العمل هذه.

استلهمتُ من العرض الذي قدمه كيرت ومن تنفيذه لحركاته على الحلبة وأشرتُ إليها باسم "الإيقاع الحركي"، وذكرت استخدامه للخيال والحديث الإيجابي مع النفس أثناء أدائه قائلًا "رأسك مرفوع، يداك مرفوعان" أثناء استعراض حركات الإيقاع؛ وتحدثت عن كيفية استخدام الصور والتخيلات، وأنها طريقة طبيعية يستخدمها الإنسان لسرد قصصه منذ بداية الزمن تدل عليها الرسومات الهيروغليفية القديمة المنحوتة على جدران الكهوف قبل تطور اللغة.

ولكن يعود الفضل إلى تشارلي تشان محقق شرطة هونولولو الخيالي؛ لأنه هو من أنقذني من الموقف، لأنني شاهدت أحد أفلام الغموض خاصته على شاشة التلفزيون في وقتٍ سابق هذا الصباح، واستخدمت الحكمة الصينية القديمة في مقدمتي بقولي: "حدس المرأة مثل الريش على السهم؛ فهو ما يوجه المرء نحو الحقيقة؛ اليوم، سأخبركم بحقيقة المصارعة كما أراها."

تحدثت عن فوائد استخدام مهارات القوة الذهنية - إلى جانب الحركات الجسدية من صندوق الأدوات الخيالي - والتركيز باستخدام التنويم المغناطيسي الذاتي، ومن بين الفوائد الأخرى التي ناقشتها تعزيز الوعي الحسي والتركيز والتحفيز، وذكرت أهمية تحسين التحكم في العضلات وزيادة القدرة على التحمل مع الحفاظ على الطاقة؛ كما أوضحت أن التكيف ومجموعات المهارات تلك ستساعد في تقليل انفعالات الغضب والقلق والانتقام والعادات السلبية الأخرى التي تحبط الجهود المبذولة للفوز في المباريات.

من خلال الرسم التوضيحي الأول، قدمَت استعارة أسميتها "متلازمة هامبتي دمبتي" (انظر شكل 1)، التي تصور القطاع العرضي للبيضة المسلوقة – ترمز البيضة للأمل والنقاء -، حيث تمثل رياضة المصارعة في العقل والجسد والروح؛ وشرحث أن قشر البيض هو الجسم الذي يعرض المهارات البدنية. أما الزلال أو بياض البيض فهو العقل الذي يحمل

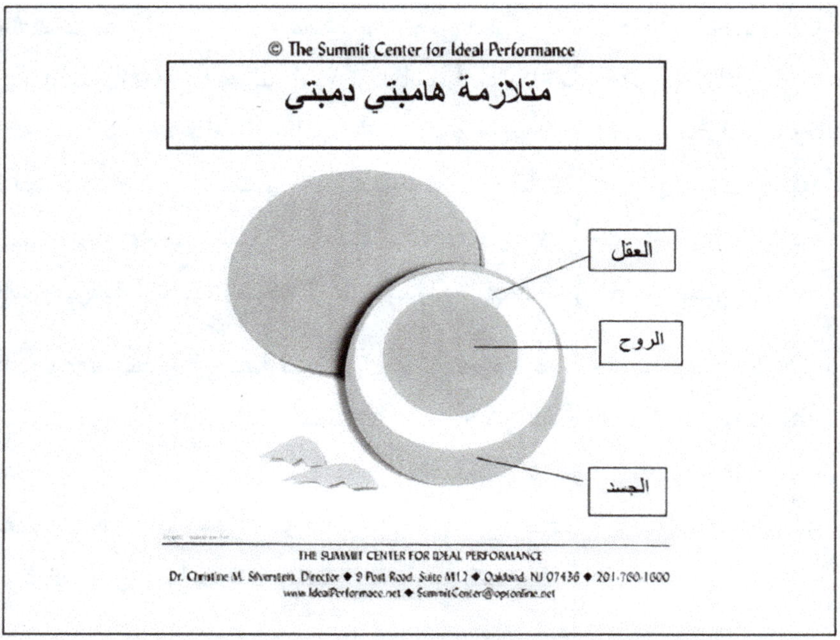

شكل 1. متلازمة هامبتي دمبتي

المهارات العقلية، والصفار هو الروح التي تحمل الطاقة الروحية والمعتقدات الأساسية، وشرحت للمدربين أن ثلاثي العقل والجسد والروح عند استخدامهم معًا بشكل منسجم من شأنه أن يساعد المصارعين على التركيز والفوز من الداخل، ولكن إذا تم استخدامهم بشكل منفصل، أي استخدام المهارات البدنية وحدها مثلًا، فقد يتسبب ذلك في إصابة أو خسارة، كما في حالة هامبتي دمبتي عندما سقط من على الحائط وانكسر ولم يتمكن أحد من إعادة تجميعه مرة أخرى.

أما في الرسم التوضيحي التالي، فقد قدمتُ أداة عقلية تسمى "عرض بندول شيفرول" (انظر شكل 2) لأشرح كيفية تحكم العقل في الجسم، وليس العكس؛ فلقد شرحت أنه عندما تمسك بالبندول فوق المركز حيث تتقاطع الخطوط داخل الدائرة، فإن الاتجاه الذي يتحرك فيه من النقطة A إلى النقطة B أو من النقطة C إلى النقطة D هو استجابة تلقائية ووظيفة لا واعية، وبيّنتُ أنه وفقًا لقانون الجذب، فإننا نتحرك في اتجاه أفكارنا وتصوراتنا السائدة، سواء كانت سلبية أو إيجابية؛ لأن العقل الباطن لا يصدر أحكامًا؛ وقلت إن ما يفكر فيه المرء وما يشعر به هو الحَكَم النهائي الذي يقرر من سيفوز ومن سيخسر في الحلبة، بغض النظر عن الحركات البدنية المكتسبة أو موهبة الرياضيين.

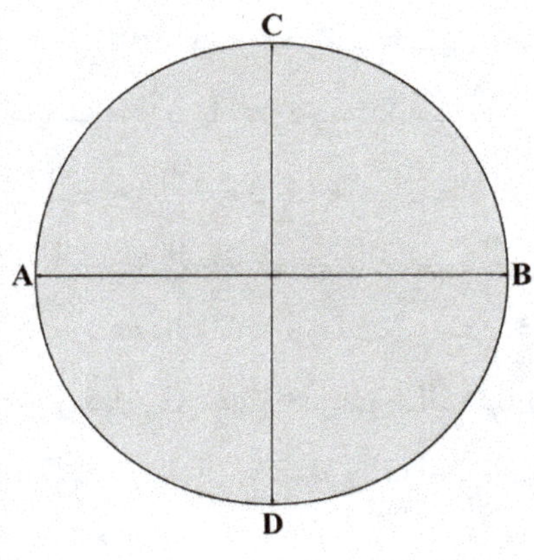

شكل 2. بندول شيفرول

لقد اخترت "الطريق السريع إلى النجاح" للرسم التوضيحي الثالث الذي صممته على غرار طريق سريع حقيقي في ولاية كارولينا الشمالية (انظر شكل 3)، وساعدني ذاك التمثيل الرمزي في أن أُظهر كيف أستخدم "نهج الاعتماد الكامل على العقل" لتعلم مهارات الصلابة الذهنية باستخدام جانبي الدماغ المرتبطين بالعقل الباطن والعقل الواعي.

تُظهر الصورة طريقين يحيطان بالمدينة ولكنهما يؤديان إلى نفس الموقع ونفس الهدف؛ حيث يمثل الطريق الداخلي الموجود على اليمين العقل الباطن الذي لا يصدر أحكامًا حيث تُخزن جميع مهارات المصارعة، وللوصول إلى المهارات الموجودة هناك يجب على المرء أن يخترق الحواجز، مثل: الخوف من النجاح أو الخوف من الفشل.

ويمثل الطريق السريع على اليسار الذي أسميته الطريق الخارجي العقل الواعي. بدأت في شرح كيف يمكن للحواجز الموجودة على هذا الطريق السريع أن تقود المرء إلى خسارة مباراة أو مسابقة إذا لم يكسر عقبة النقد الذاتي الذي يحبط جهود الفوز، وأن العقل الواعي تحليلي، لكن العقل الباطن حرفي، لكنهما يعملان في تناغم مع الدماغ بأكمله لتحقيق الفوز.

تحدثت عن أهمية تحديد الأهداف وكيفية تحقيقها، كما شرحت للمدربين آلية عمل البروفة الذهنية وكيف يمارسها المرء ولماذا، كما أوضحت الأسلوب السلوكي المعرفي المتمثل في إيقاف التفكير واستبدال الكلمات الإيجابية بالكلمات السلبية، وناقشت أهمية التنويم المغناطيسي الذاتي والاسترخاء والتنفس بهدوء والحد من التوتر وكيفية دعم الطلاب الرياضيين عن طريق تعليمهم التحدث الإيجابي مع النفس وغير ذلك من مهارات القوة الذهنية، حتى يتمكنوا من نقل هذه المهارات من حلبة المصارعة إلى الفصل الدراسي، ثم إلى قاعة الاجتماعات فيما بعد.

كان الجزء الثاني من ورشة العمل خلال جلسة التدريب على التنويم المغناطيسي تجريبيًا، حيث طلبت من المدربين أن

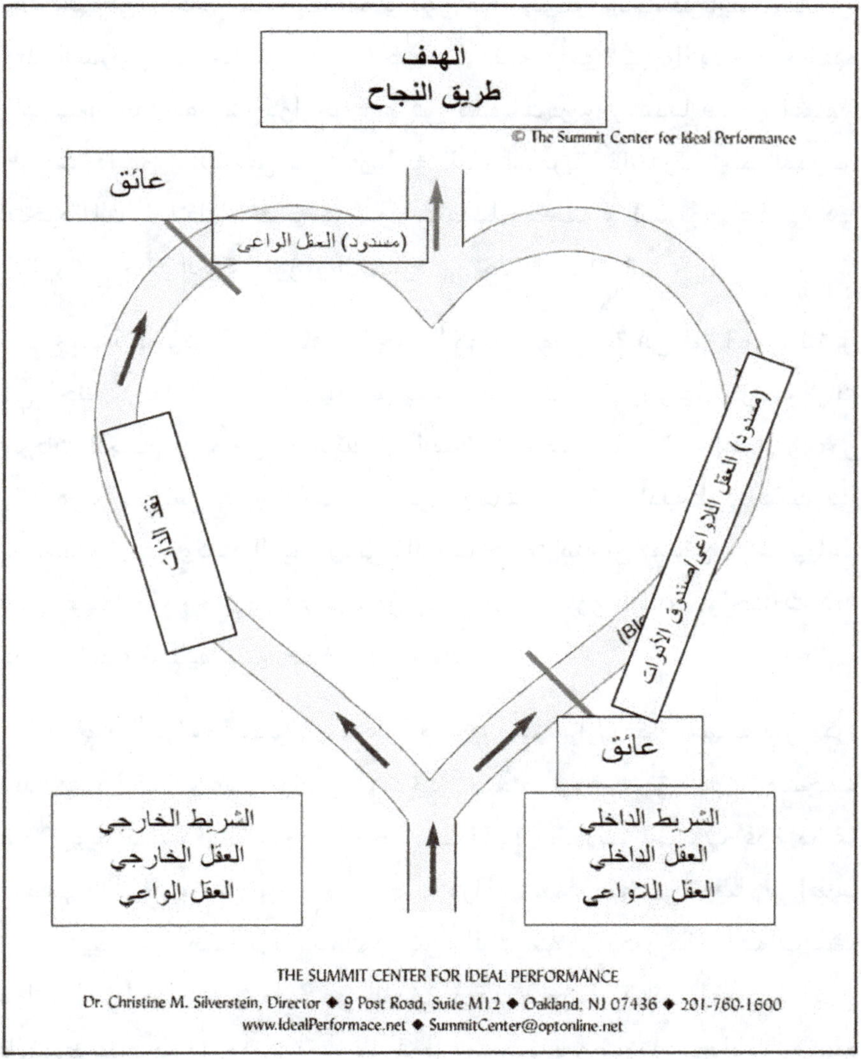

شكل 3. الطريق السريع للنجاح

يتخيلوا أنهم يحملون ليمونة في أيديهم، وأنهم في مخيلتهم يحملون سكينًا لقطع الليمون، وطلبت منهم أن يعصروه ويشعروا برذاذ العصير يتناثر على وجوههم، وقلت لهم إن بإمكانهم ضم شفاههم وتذوق طعم الليمون الحامض أيضًا؛ وكان رد فعل المدربين واضحًا من خلال تحريك أيديهم وأفواههم والإيماء بوجوههم وأعينهم مغلقة؛ لقد شاركوا جميعهم في هذه التجربة؛ وعندما فتحوا أعينهم، طرحت عليهم أسئلة عن ما شعروا به أثناء التجربة، واخترت أحد المدربين للتجربة التالية لإظهار أهمية ما نقوله لأنفسنا وما يقوله المدربون لطلابهم في التأثير في خطة اللعبة للفوز أو الخسارة في حلبة المصارعة.

تطوع مدرب طويل القامة يُدعى "جرير" مؤهل للمصارعة في فئة الوزن الثقيل في الحلبة لإجراء التجربة التالية المبنية على علم الحركة، وهو علم دراسة آليات حركات الجسم. ضع في حسبانك أن المتطوع متفوق عليّ في الطول والوزن والقوة، وقد جلس على كرسي بجانبي، وسألته إذا كان لديه أي مشكلة في استخدام ذراعه وكتفه الأيمن ونفى ذلك؛ ثم طلبت منه أن يغمض عينيه ويأخذ نفسًا عميقًا ويُخرجه، ويرفع ذراعه اليمنى إلى مستوى الكتف، واختبرت قوة ذراعه بالضغط عليها لكنه حافظ على وضعه.

وضع "جرير" ذراعه اليمنى ويده على حجره، وأمرته أن يغمض عينيه وأن يكرر بعدي هذه الكلمات عشر مرات: "أنا شخص ضعيف ولا أستحق الفوز"، وشجعته على رؤية كلماته والشعور بها وحتى سماعها؛ بعد ذلك اختبرت قوة ذراعه ودفعتها للأسفل بكامل وزني، فانخفضت ذراعه بسبب ضغطتي، وقبل أن أطلب منه أن يعود إلى مقعده جددت قوته بأن طلبت منه أن يكرر هذه الكلمات عشر مرات: "أنا إنسان قوي وأستحق الفوز"، وأعدت اختبار قوة ذراعه مرة أخرى بالضغط عليها بكامل وزني، لكنه ظل قويًا ومتمسكًا بموضع يده، وعاد إلى مقعده مبتسمًا وصفق له الجمهور، وذُهل المدربون.

كان التمرين التجريبي التالي هو تعريف المدربين بكيفية الوصول إلى التركيز الكلي من خلال حواسهم. استخدمت التنويم المغناطيسي الذاتي واسترخاء العضلات التدريجي مع التعمق لتعزيز جاهزية العضلات، وتخيل المحيط مع تشغيل صوت الأمواج المتلاطمة على الشاطئ؛ وكان هدفي هو حث المدربين على القيام بالحركات المضادة التي درَّسها كيرت واكتساب الثقة بالنفس، وبعد أن وصل المدربون إلى حالة من الاسترخاء العميق، أخذتهم في رحلة في أذهانهم إلى البحر عن طريق التنويم المغناطيسي، وأخبرتهم أن يتخيلوا بحواسهم أنهم هناك، وأصبح بإمكانهم رؤية الأمواج والشعور بماء البحر وسماع ارتطام الأمواج برمال الشاطئ، وشم الهواء المالح المنعش.

ثم، في مخيلاتهم، ساروا داخل الماء بعمق كافٍ للشعور بالأمواج تداعب أرجلهم، وأمرتهم بمقاومة الوقوع عن طريق تثبيت أقدامهم في الرمال، ثم أعدتهم إلى الحلبة ليبدؤوا تنفيذ الحركات، مع تشجيعهم بتعليقات إيجابية لتعزيز ثقتهم بأنفسهم والسيطرة على أنفسهم وعلى خصومهم. أثناء التمرين التخيلي، كان المدربون يتحركون في مقاعدهم ويحركون أذرعهم ويقومون بتعبيرات وجه تظهر تركيزهم الفعلي أثناء تخيل حركات المصارعة.

وبعد نصيحة المدربين بتمارين الإدراك الواعي الكامل، ناقشنا ما شعروا به وما فكروا فيه وما عاشوه. قال المُصارع الذي شارك البطل في التمرين والذي كان يخشى البطل من قبل، أنه لم يكن مُدركًا أنه كان بإمكانه هزيمة "كيرت" بمنتهى السهولة، وضحك الجميع.

قال "كيرت" إنه استخدم مثل هذه التخيلات وأدوات الوصول إلى قمة الأداء للفوز بلقب البطل الأولمبي وأنها نجحت جدًا معه.

وقال أحد المدربين إنه لم يكن متقبلًا لفكرة التنويم المغناطيسي لأنه كان خائفًا مما قد يقوله، لكنه فوجئ بمدى استرخائه وأدرك أن عقله يتحكم في جسده، وهو ما أكد له دوافعي للتأكيد على أهمية هذا التمرين.

وذكر مدرب آخر أنه كان على دراية بـ "الطريق السريع إلى النجاح" الفعلي في ولاية كارولينا الشمالية الذي استخدمته كرسم توضيحي؛ لأنه مر عليه أثناء سفره وبإمكانه أن يتفهم تعليقاتي.

أخبرني أحد المدربين أنه أُعجب بفكرة أن تكون المصارعة رياضة شاملة كما هو موضح في رسم هامبتي دمبتي الذي نجح معه.

أجبت أسئلة عن الكيفية التي يمكن للمدربين من خلالها زرع مهارات القوة الذهنية كعناصر في برامجهم وكيف يمكنهم مساعدة طلابهم الرياضيين على الفوز كأفراد داخل الحلبة وخارجها.

صفق الجمهور لي لإعجابهم بنهجي، وأضفى دعم "كيرت أنجل" مزيدًا من المصداقية على ورشة العمل خاصتي، وكان نجاحًا باهرًا؛ لقد حققت أهدافي المتمثلة في تعميم مفهوم المصارعة كرياضة شمولية تدمج بين العقل والجسد والروح، بغض النظر عن الخصوم، واستغل المدربون استخدام قوتهم العقلية لصالحهم ولصالح طلابهم.

تجربتي الحياتية

كلما تذكرت ورشة العمل التي قدمتها عام 1997 تَبَسم ثغري. أتذكر أنني كنت أفكر في الرسومات التي علي استخدامها لتقديم المصارعة الشاملة، وأنني رسمتها بيداي. كنت قلقة من رد فعل المدربين حيال التمثيلات الرمزية لـ"متلازمة هامبتي دمبتي" و "الطريق السريع إلى النجاح"، لكنهم بالنهاية أظهروا رد فعل إيجابي.

بما أنني سجلت ورشة العمل "الفوز بالمعركة النفسية بداخلك" التي تُعتبر عتيقة الآن (الفيديو متاح على www.idealperformance.net)، فمازلت أتذكر ما حدث آنذاك جيدًا، واستمررت في استخدام نفس الرسومات حول مهارات الصلابة الذهنية مع مئات المصارعين الذين عملت معهم بنجاحٍ حتى الآن. تأكد

المدربون أن لديهم تأثيرًا قويًا على طلابهم الرياضيين سواء إيجابيًا أو سلبيًا، وأن هذا مما لا شك فيه؛ وكانوا منفتحين لتعلم أساليب جديدة للتعامل معهم والتي قد تسهل نجاحهم.

قدمت لمدربي المصارعة الجانب الأهم في المصارعة ووضحت لهم أن ما يقولونه وما يفعلونه لا يؤثر على أدائهم فحسب، بل على أداء طلابهم كذلك. على سبيل المثال: عندما يقلق المدرب بشأن نتيجة المباراة فيقول للمصارع قبل الخروج إلى الحلبة لخوض المباراة: "مهما حدث، احمِ ظهرك، ولا تتعثر"، فإنهم ينقلون خوفهم من الفشل للطلاب بسهولة من خلال ظاهرة تسمى "الانتقال التعاطفي للقلق".

في أواخر التسعينيات، كانت هناك معركة بين الجنسين بسبب التمييز والتناسبية في الاختيار في البرامج الرياضية، وأُلقي اللوم فيها على الفتيات. أتذكر أنني شعرت بالتأثير السلبي لذلك في ورشة العمل، لأنني كنت الأنثى الوحيدة الحاضرة. في فبراير 1998، كتبت مقالًا في عمود في مجلة "Coaches Quarterly" عنوان "ما الذي يحق لنا؟" وتناولت هذه القضية.

ما لم أكن أعرفه عام 1997 وما كشفه "كيرت أنجل" مؤخرًا في " Wrestling News" في يوليو 2021 هو أنه تعرض لإصابات خطيرة من كسرٍ في الرقبة وكسر في أربع فقرات وثلاثة تمزقات في الأقراص الفقرية قبل بضعة أشهر فقط من الأولمبياد واضطر إلى إعداد "خطة اللعبة". قيل له أنه لن يتأهل للمنافسة في الألعاب الأولمبية. لكن كيرت أظهر شجاعة ومرونة مُذهلتان حينما أخذ اثنتي عشرة جرعة من نوفوكين قبل كل مباراة لتخدير الألم للفوز بالميدالية الذهبية واستخدم أعلى مستويات الأداء ومهارات الصلابة الذهنية لمساعدته على الحركة. كان يعلم أن العقل يتحكم في الجسد، وصارع المحن ليفوز بما ينتظره العقل. أي أنه كان يتوقع الفوز، لذا فاز. وأصبح كيرت مصارعًا محترفًا مشهورًا.

كتاب "عقلٌ وجد نفسه"، والطب النفسي الجديد

بعد خروجه من المصحة العقلية، كتب كليفورد بيرز، خريج جامعة ييل ومؤسس حركة الصحة العقلية، كتابًا صدر عام 1908 بعنوان "عقلٌ وجد نفسه"، والذي تحدث فيه عن الظروف المروعة والتجارب التي مر بها في المصحة عقلية في العزل الإنفرادي. وُصفت الصحة العقلية من قِبل مؤسسوها بأنها علم الحفاظ على الصحة العقلية والوقاية من الاضطرابات العقلية لمساعدة الناس على الانخراط في المجتمع بأقصى إمكاناتهم العقلية والجسدية والروحية. وتضمنت التدابير المتخذة لتعزيز الصحة العقلية والحفاظ عليها وإعادة تأهيل المضطربين عقليًا واستخدام استراتيجيات المواجهة للتخلص من التوتر.

كان "الطب النفسي الجديد"، الذي أنشأه الدكتور أدولف ماير (1866-1950) أحد مؤسسي حركة الصحة العقلية، مؤثرًا منذ العقد الثاني حتى السادس من القرن الماضي. وقد راجعت هذه الحركة الجديدة التي أطلق عليها ماير اسم "علم الأحياء النفسي" المفهوم التقليدي للمهارة السريرية الذي جسد المثل الاجتماعية والعلمية المشتركة مع الإصلاحيين التقدميين الآخرين في الولايات المتحدة في القرن العشرين.

تحدثت "سوزان لامب" المؤرخة الطبية والكاتبة للورقة البحثية بعنوان "المهارات الاجتماعية: مراجعة أدولف ماير للمهارات السريرية للطب النفسي الجديد في القرن العشرين" في Medical History عام 2015، عن كيفية استنتاج ماير إلى أن الخبرة الذاتية والسلوك الاجتماعي كلاهما من وظائف البيولوجيا البشرية. بالإضافة إلى تشخيص الأمراض الجسدية العضوية عن طريق التسجيل والمراقبة في العيادة أو التشريح في المشرحة أو أخذ عينات الدم في المختبر، أصر ماير على أن الأطباء النفسيين أصبحوا ماهرين في توظيف التفاعل الاجتماعي والعلاقات العلاجية بين الأشخاص لاستخدامها كأدوات

تحقيقية بدءً من وضع وتكوين المفاهيم حتى جمع وتطبيق البيانات سريعة الزوال المتعلقة بـ "التكيف الاجتماعي".

جادل ماير لدعم "الشخص" كفرد بذاته، ولكن بسبب العدد الهائل من المرضى الذين يثقلون كاهل المؤسسات العقلية، لم يكن هناك وقت لتلك الرعاية الفردية المدروسة. تحدث "تشارلز كريستيانسن" في بحثه الذي نشره عام 2007 تحت عنوان "إعادة النظر في آراء أدولف ماير: الروابط بين أنماط الحياة والقدرة على الصمود والمرض" في مجلة العلوم المهنية " Journal of Occupational Science"، عن كيفية دعم ماير للتكامل بين العقل والدماغ، والجمع بين العقل والجسد معًا في مفهومه عن علم الأحياء النفسي. وفي عيادة هنري فيبس للطب النفسي بجامعة جونز هوبكنز التي افتتحت في عام 1913 حيث كان ماير رئيسًا بارزًا للطب النفسي، امتد تأثيره إلى طاقم التمريض، عندما أعلنت "إيفي تايلور" الممرضة التي عملت في عيادة فيبس في عام 1916 أن "العقل والجسد واحد."

افترض ماير أن المرض العقلي لم يكن غريبًا كليًا عن التجربة الطبيعية، وكان يعتقد أن الفصام هو مجرد سوء تكيف يمكن فهمه في ضوء التجارب الحياتية للشخص في مجتمعه. كتب لامب كذلك أن ماير رأى بيئة المستشفى كمسرح للتدريب على السيناريوهات المستمدة من نصوص "المنطق السليم" التي تحكم الحياة اليومية من خلال ظاهرة نفسية بيولوجية، بما في ذلك التجربة والتفكير والتصرف والتواصل الاجتماعي، والذي يتوافق مع عملي اليوم كمدربة لقمة الأداء وكيف أعلم عملائي التدريب الذهني واستخدام الخيال. اعتقد ماير أن التكامل النفسي يُعبر عنه على مستوى رمزي، وهو ما أصبح ممكنًا بفضل التنظيم الفريد للدماغ البشري.

كتب كريستيانسن أنه بفضل اهتمام ماير بالصحة العقلية، أدرك أن الجهود النشطة المبذولة في المجتمعات يمكن أن تمنع مشاكل التكيف من أن تتحول إلى عادات غير تكيفية أو إلى الإصابة بالجنون. كان ماير من بين العلماء الأوائل المهتمين

بالتكيف مع البيئة والصمود والمرونة والتي أصبحت رائجة اليوم في نماذج علم انشاء الرعاية الصحية، استنادًا إلى العمل الأصلي لآرون أنتونوفسكي في عام 1979 وكتاب "دليل علم انشاء الصحة والمرض - The Handbook of Salutogenesis" الصادر عام 2022، واللذان يركزان على الصحة العقلية واكتساب المرونة في الإعدادات المجتمعية.

ومن العلماء الآخرين الذين أثروا بشكلٍ كبير في مفهوم ارتباط العقل بالجسد خلال النصف الأول من القرن العشرين هو "سيغموند فرويد". كتب "مارك سولمز" عالم النفس العصبي في ورقته البحثية التي صدرت عام 2006 بعنوان "Freud Returns" في مجلة العلوم الأمريكية Scientific American Mind، عن نظرية فرويد للعقل وافتراضه الأساسي بأن دوافعنا تظل مخفية في عقولنا اللاواعية، وأنها محجوبة عن الوعي من خلال قوة قمعية. وافترض فرويد أن المرض العقلي يتشكل في هيئة رهاب ونوبات هلع وهواجس عندما يضعف القمع. ومن وجهة نظر فرويد، فإن الهدف من العلاج النفسي هو إرجاع الأعراض إلى جذورها في اللاوعي لتعريضها لحكم عقلاني ناضج يحرمها من قوتها القهرية.

الطريقة الأولى التي استخدمها فرويد للوصول إلى العقل اللاواعي كانت التنويم المغناطيسي،والذي تم التخلي عنه لاحقًا من أجل الارتباط الحر. نشر الطبيبان فرويد وبروير النتائج التي توصلا إليها حول استخدام التنويم المغناطيسي في كتابهما الصادر عام 1895 بعنوان "دراسات عن الهستيريا". وفي عملي كمدربة قمة الأداء، أستخدم المبادئ الفرويدية والديناميكية النفسية للعلاقات بين الأشخاص من خلال التدخلات العلاجية بالتنويم المغناطيسي و طريقة التنفيس التي طرحت لأول مرة من قبلهما. وبهذه الطريقة أساعد عملائي في استكشاف تجاربهم الخاصة وأحداث التوعية الأولية (ISE) لصدماتهم المدفونة بعمق في العقل اللاواعي، كما هو موضح في الرسم البياني "في القاع أضعاف ما يظهر على السطح" (انظر شكل 4).

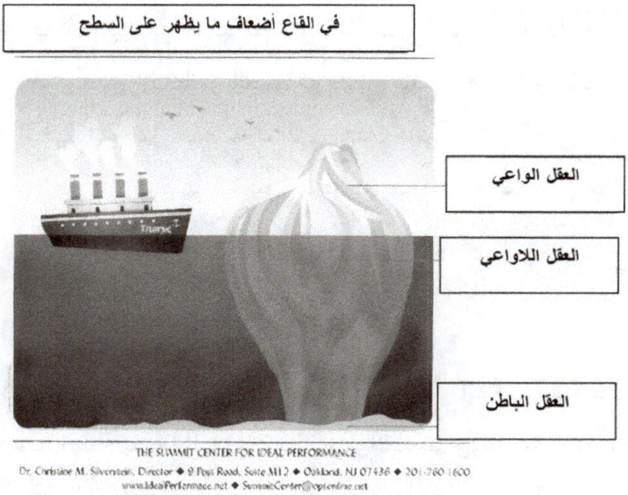

شكل 4. في القاع أضعاف ما يظهر على السطح

تم تضمين مثال لتطبيقه في عملي في كتاب صدر عام 2022 بعنوان "أدوات عقلية للوصول لقمة الأداء لمجال الأعمال" في فصلٍ يحمل عنوان "التدريب على التنويم المغناطيسي: تحويل الصدمات إلى انتصارات عملية"، رويت حالة أصيبت فيها عميلتي بحظرٍ لا واعي لصدمة من الطفولة، مما أعاقها عن العمل كأخصائية تجميل بعد حصولها على شهادتها المهنية. كانت تتجمد أثناء أداء مهامها المتمثلة في إجراء تجميل للوجه وكانت تخشى الذهاب إلى مقابلات العمل.

وصلت عميلتي إلى مكتبي في يومٍ مُثلج وهي قلقةً لكنها لا تعرف السبب، وهو ما ثبت أنه قلق تنبؤي. وبإذن منها، عملت باستخدام التنويم المغناطيسي الانحداري المسمى بتقنية "جسر التأثير - "Affect Bridge" للعودة بالزمن إلى الوراء لتحديد الحدث السلبي الأولي المتسبب في إعاقتها ولإخفاء أو إعادة تجربة الطفولة السلبية عاطفيًا.

وجدت عميلتي نفسها مرة أخرى في مطبخها في مخيلتها في يومٍ مثلج وهي في العاشرة من عمرها، وكانت والدتها تصفع يديها مرارًا وتكرارًا وهي تقول: "لديك

يدان سيئتان. يداك سيئتان" لأنها لم تتمم الأعمال المنزلية وفقًا لمعايير والدتها. بمجرد أن تعرفت على المشاعر المكبوتة التي كانت تعيقها وأطلقتها من خلال التصورات والتخيلات، مثل الفقاعات التي تطفو على سطح كوب مملوء بالصودا، بدأت عملها الخاص في منزلها كخبيرة تجميل وبدأت تذهب إلى مقابلات العمل بلا خوف.

ماير وفرويد ولدا من جديد

تحتم على كلٍ من ماير وفرويد أن يتصارعا من خلال المحن الشخصية والمهنية لتعزيز أفكارهما ومفاهيمهما المتعلقة بالعقل والجسد. وفقًا لما ذكره لامب، عندما افترض ماير أن الأسباب الرئيسية لمرض انفصام الشخصية قد تكون نفسية المنشأ، غضب الأطباء النفسيون وانتقدوا ماير علنًا قائلين أن معتقداته مناقضة لهدف العلوم الطبية، وهو تحديد مسببات الأمراض العضوية، وهو ما يمثل انقراض ثنائية العقل والجسد.

ردًا على ذلك، استخف الأطباء النفسيون من كلا الجانبين بعلم الأحياء النفسي وبماير وازدروا به لأنه هدم اعتقاد القرن السابع عشر الذي كان يؤمن به ديكارت وبالنموذج الطبي الذي أيده أطباء وعلماء القرن العشرين في ذلك الوقت. وفي عام 1906، وعلى الرغم من أن ماير أعرب عن أسفه لعدم وجود أدلة تجريبية تدعم مفهومه عن المطاوعة الدماغية وقدرة الدماغ على تكوين وإعادة تنظيم الاتصالات المشبكية، إلا أنه ظل واثقًا. أكدت لامب في ورقتها البحثية لعام 2019 بعنوان "المطاوعة الدماغية: فكرةٌ عمرها قرن من الزمان يدعمها أدولف ماير" في مجلة CMAJ، أن المطاوعة الدماغية كما دافع عنها ماير لأول مرة قبل قرن من الزمان، تم تعزيزها وتأكيدها في أبحاث علم الأعصاب في عام 2000 تقريبًا.

كتب سولمز أنه منذ خمسينيات القرن العشرين فصاعدًا، أصبحت نظريات فرويد موضع تساؤل، كما كانت طريقته الأساسية في التحقيق من خلال مراقبة المرضى في البيئات السريرية، والتي كانت متشابكة مع الاستنتاجات النظرية. كانت

الأدوية المضادة للذهان مثل الثورازين متاحة للعامة في عام 1952، واكتسبت شهرة باعتبارها العلاج المفضل لأولئك الذين يعانون من اضطرابات عقلية، وقد طغت الأساليب البيولوجية تدريجيًا على التحليل النفسي.

بحلول عام 1980، بعد نشر الدليل التشخيصي والإحصائي الثالث للاضطرابات العقلية ((DSM III، اعتبرت مفاهيم الأنا والهو قديمة، حتى بالنسبة لبعض المحللين النفسيين، ولا تزال كذلك حتى اليوم، كما أشار ألان هوبسون أستاذ الطب النفسي في كلية الطب بجامعة هارفارد، الذي كتب ردًا ناقدًا لمقالة سولمز بعنوان "عودة فرويد؟ كأنه حلم سيء."

مع تضاؤل الدعم حول التحليل النفسي، كان يُعتقد أن فرويد أصبح تاريخًا. لقد قتل الطب النفسي الجديد في ذلك الوقت و"التفكير المحدث" نظرية التعلق في المهد. وتم استبدالها بمفهوم الدماغ المعطوب، حيث تنشأ جميع الاضطرابات النفسية من أعضاء مريضة تحتاج إلى علاج جسدي في الماضي، أو علاج بالأدوية النفسية اليوم والتي أثبتت عدم فعاليتها وضررها على الصحة على المدى الطويل.

عندما طرح فرويد نظرياته ومفاهيمه عن العقل اللاواعي لأول مرة، رفضها أقرانه باعتبارها مستحيلة، إلا أن النتائج التي توصلنا إليها اليوم تؤكد الدور المحوري للاوعي. اكتشف علماء الأعصاب أن الهياكل الرئيسية في الدماغ والضرورية لتكوين الذكريات لا تؤدي وظيفتها خلال السنتين الأوليين من حياة الانسان لأننا لا نستطيع تذكرها، ولكن هذا لا يمنعها من التأثير على حياتنا عندما نكبر.

واليوم، يتفق علماء الأعصاب التنموي مع فرويد على أن التجارب المبكرة، خاصةً بين الأم والرضيع، تشكل مستقبلنا وصحتنا العقلية. كتب سولمز أن مفهوم فرويد للقمع تم إثباته من رسمه الأخير لنموذجه التصوري للعقل في عام 1933 مقارنة بالخرائط العصبية الحديثة للدماغ التي وضعها علماء الأعصاب. وذكر أن هذا إنجاز مثير للإعجاب لأن فرويد لم يكن لديه العلم أو التكنولوجيا لمعرفة آلية نظام دماغ الشخص الطبيعي أو العصبي.

عقلية جديدة للقرن الحادي والعشرين

من الحقائق الثابتة أن الدماغ البشري عبارة عن بنية تشريحية موجودة في الجمجمة. لكن العقل ليس لديه مثل هذه البنية التأسيسية، بل متواجد في جميع أنحاء الجسم المادي. إنها الذاكرة العضلية التلقائية التي نُدركها عندما نُحرك المضرب أثناء مباراة بيسبول أو مباراة تنس ردًا على كرة قادمة. يقوم العقل الباطن بتخزين البيانات واسترجاعها، وله دافع استتابي يتحكم تلقائيًا في نبضات القلب والدورة الدموية ودرجات حرارة الجسم والتنفس، لذلك لا يتحتم علينا التفكير في هذه الوظائف طوال اليوم وأثناء نومنا.

ومع ذلك، هناك من يشكك في وجود "العقل" على الرغم من التقدم الذي أحرزه علم الأعصاب. وذلك لأن العقل بعيد المنال. لدينا جميعًا فكرة بديهية عن ماهيته وما نعنيه به، كما تطرق ماير وفرويد، لكن محاولة تعريفه بشكلٍ حاسم تبدو شبه مستحيلة، كما قال البروفيسور مارك مويس، الذي قام بعمل سلسلة من التسجيلات في عام 2011 حول "ممارسة اليقظة الذهنية: مقدمة للتأمل".

لقد ناقش البشر ما الذي يجعلنا مجانين ونفقد "عقولنا". ألقينا اللوم على الأرواح الشريرة، وعلى الأدمغة المعيبة، وعلى الإنتان البؤري الناجم عن العدوى حيث يتم خلع الأسنان واستئصال أجزاء من الجسم، وعلى الأدمغة المعرضة للعنف التي تعرضت لاستئصالات فصية لإخضاعها. الجدالات حول ثنائية العقل والجسد موجودة منذ دهور وما زالت موجودة حتى يومنا هذا، حيث يتقاتل علماء الأعصاب والأطباء النفسيون وعلماء النفس والفلاسفة والمحللون النفسيون حول من لديه القدرة على تحديد ما هو المرض العقلي أو ما ليس عليه، وحول العلاجات والأدوية، ومن سوف يصفهم ولمن.

تحدث بروس ليفين عالم النفس الإكلينيكي الذي كتب كتاب "مهنة بلا سبب" عام 2022 عن أزمة الطب النفسي المعاصر والجانب الأساسي للنموذج

الطبي/المرضي الذي يصنف الظاهرة على أنها مرضية مع العلاج الذي يتكون من استئصال المرض و/أو القضاء على الأعراض.

المشاعر: هل هي مشكلة العقل والجسد؟

في عام 1985، تحدث جورج ماندلر في كتابه "العقل والجسد: سيكولوجية العاطفة والضغط النفسي" عن مشكلة العقل والجسم. وذكر أن الصعوبة في فهم ثنائية العقل والجسد تنبع من الفشل في النظر في العلاقة بين النظريات الفيزيائية والعقلية المتطورة. وأن تعريفات العقل والجسد، كما يفترض ماندلر، نوقشت من حيث تعريفات اللغة العادية.

ومن الأمثلة على معنى اللغة العادية كما وصفها ماندلر الأسئلة التالية: كيف تمتلك الأنظمة الفيزيائية "مشاعر"؟ صيغ الاستفسار كما لو كانت "المشاعر" هي الخصائص الأساسية للنظام العقلي وليست أحد نتائجه. وقد طرح ماندلر تكهناته في عام 1985 بأن بعض الارتباطات الفسيولوجية للبنى التي سيتم تطويرها سيُعثر عليها في يومٍ من الأيام عند وجود نظريات كافية عن الهياكل العقلية والجسدية التي تتطلب ترابط.

في عام 2006، كتب "ديفيد دوبس" عن مثل هذا الترابط بين الأنظمة الجسدية والعقلية في مقالته "انعكاس كاشف" في مجلة العلوم الأمريكية "Scientific American Mind"، من خلال التحدث عن الاكتشاف العلمي لمجمع من الخلايا العصبية المرآتية التي ربما أثارت تقدم الثقافات البشرية قبل 50 ألف عام.

هذه الخلايا العصبية المرآتية التي تحدث عنها "دوبس" منتشرة في أجزاء رئيسية من أدمغتنا، بما في ذلك القشرة أمام الحركية واللغة والتعاطف ومراكز الألم، وتنشط تلقائيًا ليس فقط عندما نقوم بأفعال معينة، ولكن عندما نشاهد أو نلاحظ شخصًا آخر يؤدي هذه الأفعال. تُمكّن الخلايا العصبية المرآتية الرضع والأطفال الصغار من تقليد تعبيرات وجه الوالدين وحركاتهم. يُشير اكتشاف هذه الآلية إلى أن كل ما نرى الآخرين يفعلونه نقلده في أذهاننا. وتعني أهمية هذا

الاستنتاج أننا نكرر ذهنيًا كل فعل نراه، أي كيف نبتسم وكيف نوجه ضربة بساقٍ واحدة على حلبة المصارعة. وكتب دوبس أنه يقترح وجود ديناميكية بيولوجية نفسية اجتماعية أعمق لفهم الآخرين وتبادل الأفكار الثقافية وكيف نتعلم التعاطف.

لدينا في عام 2022 بيانات بحثية تجعل مثل هذه الارتباطات بين النظامين العقلي والجسدي ممكنة، كما توقع ماندلر، ولكن لا يزال هناك صراع حول كيفية وضعها موضع التنفيذ ضمن نظام الرعاية الصحية الحالي كما سأشرح في المثال التالي حيث يُنظر إلى العقل والجسد ككياناتٍ منفصلة.

عقلٌ فقد نفسه في غرف الطوارئ الحديثة

منذ أن بدأت حركة الصحة العقلية قبل 114 عامًا، كيف دُمجت آليات تعزيز الصحة النفسية في المجتمع بناءً على مبادئها التي تربط العقل بالجسد بنظام الرعاية الصحية الذي نمتلكه اليوم بالنسبة لشبابنا الذين يعانون من ارتفاع معدلات الاصابة بالقلق والاكتئاب أو الانتحار؟

إذا بحثت في أي مكان ستجد عنوان رئيسي يقول: "مئاث من المراهقين الانتحاريين ينامون في غرف الطوارئ. كل ليلة"، حسبما ورد في تقرير في صحيفة نيويورك تايمز يوم 8 مايو 2022 بقلم "مات ريشتل" و"آني فلاناغان". تناولوا مثالًا على مراهقة دخلت غرفة الطوارئ في مستشفى بوسطن للأطفال بعلاماتٍ على معصميها ناتجة عن إيذاءها لنفسها وعن محاولة انتحار حديثة.

وأخبرت طبيب الأطفال أنها خططت لمحاولة قتل نفسها مرة أخرى. هذه المراهقة شأنها شأن مئات أو آلاف المراهقين الآخرين، قضت الليلة في غرفة "مؤمنة" في غرفة الطوارئ. وأزيلت المعدات الضارة والأدوات الحادة كلها، ولم يتبق سوى سرير نقال لتنام عليه. مُنعت المراهقة من استخدام الأجهزة الإلكترونية لئلا تبحث على الإنترنت عن طرق للانتحار. وتُرك الباب مفتوحًا ليلًا. كل ما رأته عيني تلك المراهقة هي الجدران، كما وصفت غرفتها بأنها "مبطنة، وتشبه ملجأ

المجانين". وبقيت هناك لشهر كامل في انتظار العلاج السريري، رغم أن الفترة التي حددتها اللجنة المشتركة للمستشفيات هي أربع ساعات فقط. وذكرت والدتها أن ابنتها أصبحت جامدة و مشلولة، وأن تلك العملية حطمتها أسوأ من أي وقت مضى.

كتب "ريتشتيل" و"فلانغان" أن هذه الحالات في غرفة الطوارئ هي أبرز مظاهر جائحة الصحة العقلية لدى الأطفال في الولايات المتحدة، حيث لا يستطيع المراهقون الذين يهددون بالانتحار العودة إلى منازلهم، في حين لا توجد خيارات علاجية آمنة أخرى متاحة. ذكر المؤلفون أن النظام الطبي فشل في مواكبة ذلك لأن خيارات علاج المرضى بالداخل والخارج تآكلت، خاصةً أثناء فترة الوباء والحجر الصحي.

وفي توضيح عملي لإعلان الفيلسوف ديكارت في القرن السابع عشر بأن العقل منفصل عن الجسد، ذكر الأطباء والممرضون في غرفة الطوارئ أنهم لا يعرفون كيفية التعامل مع حالات النوبات النفسية الحادة لدى الأطفال من خلال الرعاية الواعية بالصدمات، لأنهم مدربين على علاج كسور العظام والمشاكل الجسدية الأخرى. وأفادت إحدى الممرضات أن المراهقين يسحقون الطاقم الطبي، وأنهم ليس لديهم خبرة حول كيفية الاعتناء بهم باستثناء مراقبة غرفهم عن بُعد عبر التلفزيون.

هؤلاء المراهقون موجودون في غرف معزولة عصرية، لا يفعلون أي شئ سوى اللعب بالألعاب ومشاهدة التلفزيون. ومن المعروف أن الأدوية العقلية التي تعطى لتهدئتهم تسبب أفكارًا انتحارية لدى الشباب. ذكر "ريتشتيل" و"فلانغان" أن النقص في مرافق العلاج ناجم عن سوء التخطيط ومحاولة غير فعالة لنقل البرامج إلى المجتمع من المرافق السريرية ونقص التمويل. هذا ليس خطأ المراهقين أنهم يعانون من ضائقة عقلية وأنهم لم يتعلموا مجابهة الشدائد والمحن وأن يكونوا مرنين قبل أن يصلوا إلى هذه المرحلة من الأزمة.

حاليًا، وصل هؤلاء المراهقون المنعزلون إلى مرحلة متقدمة من الاكتئاب لدرجة أنهم لم يعودوا يبكون، كما ذكرت إحدى الأمهات المضطربات، ويخفون آلامهم عن طريق إخفاء جروحهم من إيذائهم لأنفسهم ومحاولات الانتحار. وأنهم كأشخاص، يشعرون بالوصم والعقاب.

من وجهة نظر مدربة لقمة الأداء، تلك مضيعة لحياتهم ومواهبهم، انهم يصرخون طلبًا للمساعدة، تمامًا كما قالت سوزانا كايسن في كتاب "Girl, *Interrupted*" الصادر عام 1993 والفيلم اللاحق عام 1999، حيث وصفت تجربتها التي عاشتها في الستينيات عندما كانت هي وزملاؤها في جناحٍ في مصحة عقلية يخضعون للمراقبة لمنعهم من الانتحار. هؤلاء المراهقون اليوم محرومون من الفرح ومن التخطيط لرؤيتهم لمستقبلهم، يُتركون لأجهزتهم التي ترشدهم في اتجاه الانتحار.

يبدو أن الطب النفسي في القرن الحادي والعشرين هو "عقلٌ فقد نفسه" وارتباطاته باحتياجات الناس. كيف انحرف عن التطلعات العالية للأمل والمرونة بعد أن قدم بيرز وماير مفاهيم علم النفس للعقل والجسد أثناء حركة الصحة العقلية؟ والسؤال هو: هل يمكن استعادة الطب النفسي الأمريكي من قسم المفقودات؟ وكيف؟ ما هي الحركة أو التحول الذي يجب أن يحدث؟

تحول جذري في النموذج

مع تقدم المعرفة بعلم الأعصاب وآلية عمل العقل، هناك فرص للجمع بين أفضل التقنيات والأبحاث المتعلقة بالدماغ والمرونة للاستفادة من التحول الجذري في نموذج الرعاية الصحية العقلية في القرن الحادي والعشرين.

في ورقة بحثية كتبها "ماكس بيرتوليرو" و"دانييل باسيت" في مجلة العلوم الأمريكية في يوليو 2019 بعنوان "كيف تصبح المادة عقلًا"، أفاد المؤلفان أن هناك مرونة قصوى في كيفية تشكيل الشبكات نفسها في دماغ الأشخاص المصابين بالفصام. وقد تنتج الهلوسة السمعية عندما تبدل الشبكات بشكلٍ غير

متوقع الروابط بين الكلام والوحدات السمعية، مما يؤدي إلى ما يبدو أنه أصوات في رأس الشخص. قد تكون هذه النتائج عاملًا مهمًا في فهم أصل وآليات "سماع الأصوات".

حدد الباحثون جسمًا مضادًا داخليًا يبدو أنه يُسبب الفصام لدى بعض الأفراد، وهو ما ذكره هيروكي شيواكو وآخرون في 19 أبريل 2022 في مجلة " Cell Reports Medicine". وذكر المؤلفون أن النتائج التي توصلوا إليها قد تؤدي إلى تحسينات مهمة في تشخيص وعلاج الفصام.

يُضيف هذا البحث إلى مجموعة الأدلة المتزايدة لتحسين حياة المصابين بالفصام، ولكن لا شيء يضيف دعمًا وتأثيرًا أكثر من حركة جديدة لتحويل التفكير السائد بعيدًا عن الأدوية ونحو قدر أكبر من القبول والاحترام، كما أشار دانيال بيرجنر في مقالته بتاريخ 17 مايو 2022 في صحيفة نيويورك تايمز: "أعطاها الأطباء مضادات الذهان، فقررت أن تعيش مع الأصوات التي بداخل رأسها".

تبدأ رواية المؤلف بطفلة صغيرة تدعى "كارولين مازل-كارلتون" حينما كانت في الحضانة وبدأت تسمع أصواتًا. ومع تشخيصها بمرض الفصام، وكلما كبر عمرها، كبرت كمية الأدوية ذات التأثيرات العقلية التي وُصفت لها، بما في ذلك مضادات الذهان ومثبتات المزاج ومضادات الاكتئاب والبنزوديازيبينات والمنشطات. تسببت هذه الأدوية في آثار جانبية غير مرغوب فيها، مثل زيادة الوزن والشعور بفقدان السيطرة على اليدين وارتعاش الأطراف وتساقط الشعر والانعزال، وشعورها بأنها بالكاد بشرية. في نهاية المطاف، أمضت مازل كارلتون بعض الوقت في "مزرعة" لعلاج الأمراض النفسية في أبالاتشيا، حيث ألقت حبوبها في المرحاض، فتحسنت صحتها.

عندما كانت "مازل كارلتون" في منتصف العشرينيات من عمرها، أصبحت متخصصة في دعم أقرانها في منظمة تسمى "Wildflower Alliance"، وبدأت في قيادة مجموعات دعمية باسم "شبكة سماع الأصوات". أصبحت "مازل

كارلتون" والتحالف الآن في طليعة الجهود المتنامية لإصلاح شامل لكيفية تعامل مجال الصحة العقلية مع حالات الأمراض النفسية الشديدة، داعين إلى إنهاء العلاجات غير الطوعية والقسرية.

تتحدى منظمة الصحة العالمية (WHO) سلطة الطب النفسي البيولوجي وخبرته وبصيرته فيما يتعلق بالحالات النفسية لأن النموذج الطبي يُشعر المصابين بالفصام بالإرهاق والعجز واليأس والعزلة والوصم. في التحالف، يتم تشجيع المشاركين على التحدث عما تقوله أصواتهم حتى يتمكنوا من جمعهم مع الأشخاص الذين لديهم تجارب حياتية مماثلة، وهو ما يُعد بمثابة شفاءٍ لهم كبشر.

في عام 2022، كتب "ليفين" عن إيذاء المتخصصين في النموذج الطبي للأشخاص وإصابتهم بصدمات جديدة، مما يُفسد تقدم عملية الشفاء. هذه الصدمات تُشعر الشخص بأنه منفصل عن نفسه، وعن الآخرين، وعن جوانب الحياة الأخرى كالعيش في المجتمع.

لبدء عملية الشفاء، يفترض "ليفين" أنه يجب على المرء أن يُعيد تواصله مع مُحيطه ليصبح أكثر اكتمالًا. وهذا يتطلب تجريد السلطة وفصل المخالفين، لكن خطوة التجريد الأولى لا تفتح إلا باب الشفاء وتحقيق تكامل الذات. والخبر السار، كما ذكر ليفين، هو أن هناك العديد من المسارات التي تُعيد الربط بين الصحة والشفاء.

العقل بالمُقارنة مع الجسد

في بداية هذا الفصل، بدأنا في رحلة عام 1997 من نيوجيرسي إلى بنسلفانيا، عندما شرعت في تقديم ورشة عمل لمدربي المصارعة في المدرسة الثانوية حول التهيئة لقمة الأداء بعنوان "الفوز بالمعركة النفسية بداخلك"، لقد واجهت العديد من المحن على طول الطريق ولكني تمكنت من التغلب عليها.

في ذاك الوقت عام 1997، لم يكن علماء الأعصاب قد اكتشفوا بعد دور الخلايا العصبية المرآتية وكيف يُقلد الأطفال كل ما يفعله الكبار، بما في ذلك تعلم الابتسام والتعاطف والمصارعة. لقد قمت بتدريس واستخدام تقنيات قمة الأداء التي أسميها مجموعات مهارات صلابة الوعي وتحويل القلق إلى أهداف من الناحية الديناميكية النفسية عن طريق التدرب الذهني والتذكر الذهني للنجاحات السابقة للتحضير لعرض ورشة العمل.

افترض "ديكارت" أن الروح تتواصل مع الدماغ عبر الغدة الصنوبرية، وهي بنية صغيرة على شكل حبة البازلاء تقع بالقرب من مركز الدماغ، لكن علم الأعصاب الحديث شكك في فكرة وجود موقع واحد خاص في الدماغ حيث يتفاعل العقل معه.

بالرغم من كل ذلك، ما زلنا نعالج الأشخاص المصابين بالفصام وغيره من الحالات النفسية باستخدام الأدوية والمؤثرات العقلية التي تؤثر على الجسم المادي وتضره، بما في ذلك نفسيتهم وأرواحهم، عن طريق إضعاف معنوياتهم ونبذهم وإبعادهم عن المجتمع، بدلًا من أن نراهم كبشر لديهم القدرة على التعلم والنمو من خلال تجاربهم الحياتية وأصواتهم النابعة من دواخلهم.

كان هذا هو الحال مع "مازل كارلتون" التي شاهدت سباقات التزحلق على الثلج على الأسطوانات لأول مرة وقررت أن تركز وتدرب نفسها لتُصبح هدافة لفريقها، بغض النظر عن مشكلة سماع الأصوات التي كان من الممكن أن تخرب جهودها. فقد حددت أهدافها، وحولت الاضطراب إلى إصرار على تحقيق النجاح، وحيثما وُجدت الفوضى، نظمتها وفندتها بالديناميكية النفسية لتحقيق الفوز. "كارلتون" تمتلك عقل مترقب تمامًا مثل "كيرت أنجل" الذي فاز بالميدالية الذهبية. فقد توقعت الفوز وحققته بينما كانت تصارع محنة تُسمى الفصام.

يُعد رسم "الطريق السريع إلى النجاح" تمثيلًا رمزيًا لكيفية استخدامي لنهج متكامل عند العمل مع العملاء. وهو مُستند على نتائج عملية تقسيم الدماغ، حيث

قُطعت أدمغة الأشخاص المصابين بالصرع إلى قسمين، وعلى عمل "روجر سبيري" (1959-1968) وزملائه الذين تعلمت عنهم في دورة جامعية.

ما توصل إليه الباحثون هو أن نصفي الدماغ يتحكمان في جوانب مختلفة من الفكر والعمل، وهو ما أكده مايكل جازانيجا في مقالته بعنوان "إعادة النظر في الدماغ المنقسم" في مجلة العلوم الأمريكية في يوليو 1998. حيث يرتبط الفص الأيسر بالعقل الواعي المنطقي والناقد والمهيمن في اللغة والكلام، ويرتبط الفص الأيمن بالعقل الباطن الذي لا يصدر أحكامًا والمرح والمتفوق في المهام الحركية البصرية.

يُعد استخدام نهج الدماغ الكامل مثاليًا للمراهقين والشباب لأن الروابط الموجودة في أدمغتهم تستمر في النمو من حيث البعد والكثافة حتى سن الخامسة والعشرون، بالإضافة إلى القدرة على استخدام تصوراتهم وخيالهم، كما اكتشف "جاي جيد" في مقالة نشرتها مجلة العلوم الأمريكية في يونيو 2015 بعنوان "دماغ المراهق المذهل". إن التطبيقات الخاصة بتعلم كيفية استخدام كلا جانبي الدماغ يمكن استخدامها علاجيًا مع شخصٍ مثل "مازل كارلتون"، التي حصلت على درجات ممتازة في اختبار القبول الجامعي في اللغة الإنجليزية، وكانت معروفة بين أشقائها الصغار بأنها راوية قصص رائعة. كان من الممكن تحويل هذه المواهب ديناميكيًا ونفسيًا إلى كتابة الروايات أو التمثيل على خشبة المسرح لتحكي قصصها، حتى نتعلم جميعنا من حكمتها وشجاعتها.

تخيل فقط لو قيل لشخصٍ ما على مدار سنوات عديدة إنه قبيح أو غبي أو مجنون أو سيء، ما الذي قد يحدث له في حياته مع تدني احترامه لذاته وشعوره بالتقليل من قيمته أو أنه بلا قيمة؟ وهذا أمر يجب مراعاته من قِبل جميع البالغين وأولياء الأمور والمعلمين والمدربين والمهنيين وغيرهم من ذوي السلطة. ما يعني أن ما نقوله أو نفعله أو نشعر به أو نعرضه على الشباب سيكون له تأثير إيجابي أو سلبي عليهم.

إن جمال تعلم التدريب الذهني - والذي عُرض علميًا في مقال نُشر في العناوين الرئيسية في سبتمبر 2014 في مجلة العلوم الأمريكية بعنوان "لماذا تنجح التمارين العقلية؟" - يكمن في استخدام عملية طبيعية سهلة ومتاحة. فإنه يحمي الجسم المادي من التآكل بينما يمكّن الناس من الفوز.

فكر في إمكانية تعليم هذه المهارة للمراهقين قبل أن ينتهي الأمر بهم في غرف العزل في غرف الطوارئ، في السماح لهم بالشعور بالسعادة وبأنهم قادرون على تحقيق إمكاناتهم في الحياة بدلًا من إنهاءها واللجوء إلى الانتحار.

المستقبل اليوم

على مدى أكثر من مائة عام، ومنذ بداية حركة الصحة العقلية عام 1910، كان تعزيز الصحة العقلية وإعادة تأهيل المتضررين من الاضطرابات النفسية في طليعة أهداف "الطب النفسي الجديد". في رؤية "أدولف ماير" الجديدة في أوائل القرن العشرين، رأى أن المرضى "أشخاص" وأن العقل والجسد كيان واحد. ورأى أن بيئة المستشفى بمثابة مسرح لعرض السيناريوهات التي تم رسمها لنصوص "المنطق السليم" التي تحكم الحياة اليومية، بما في ذلك التفكير والتصرف والتواصل الاجتماعي لتنخرط في الحياة المجتمعية. ولم يخلو الأمر من الجدل، فقد نُبذ ماير من قِبل زملائه بسبب نظرياته ومعتقداته، والذي لا زال مستمرًا حتى اليوم.

مهما كان رأي المرء في نظريات فرويد ومفاهيمه منذ عام 1895 فصاعدًا، ففي القرن الحادي والعشرين، غيرت النتائج التي توصل إليها نظرتنا إلى فترة نمو الإنسان من كونه جنين ثم رضيع ثم طفل كمقدمة لمرحلة البلوغ، وأنها ليست مجرد مرحلة منفردة بذاتها ولا معنى لها من تطور نضوج الإنسان.

واليوم، تعمل الدول الأجنبية والولايات المتحدة على إعداد برامج تعزيزية للصحة بناءً على أعمال أنطونوفسكي. تُشير توجيهات منظمة الصحة العالمية إلى 22 مثالًا من النرويج حتى ميانمار للرعاية الصحية التي تأمل أن تحل محل

التفكير السائد عن المرض النفسي إلى ما هو أبعد من النموذج الطبي الحيوي وأن يحل الاحتضان والتعاطف مع التنوع البشري محل الأدوية العقلية ولغة التشخيص الصارمة.

أعتقد أن اليوم هو المستقبل لأطفالنا. عندما يأتي الشباب إلى عالمنا هذا بشخصياتهم الفريدة، فإن الآباء وغيرهم يؤثرون بقوة على ما إذا كانوا سيطورون عقلية وخصائص المرونة الذهنية أم سيتحملون عبء تدني احترام الذات والثقة بالنفس وقلة الشعور بالأمل والسعادة. إن تربية أطفال يتمتعون بالمرونة ليست رفاهية، كما ذكر روبرت بروكس وسام جولدستين في كتابهما الصادر عام 2001 حول اكتساب المرونة. وقالوا إنه عنصر أساسي لمستقبل ناجح.

ما الذي يتطلبه الأمر حتى نكون مجهزين لمجابهة المحن الشدائد مهما كانت العوائق في طريقنا؟ اقترح "ستيفن ساوثويك" و"دينيس تشارني" مؤلفا كتاب "جاهز لأي شيء" في مجلة العلوم الأمريكية عام 2013 بعض الاستراتيجيات لتعزيز مرونتنا. وتشمل إعادة تفسير الأحداث السلبية في حياتنا وتعزيز المشاعر الإيجابية التي تدعم الصحة العقلية وقبول التحديات كفرص للتعلم والحفاظ على الشبكات الاجتماعية والاحتذاء بقدوة مرنة.

كيف نتخيل العلاقة بين العقل والجسد في حياتنا؟ يقدم لنا البروفيسور "ميوز" أفكارًا حول تنمية اليقظة الذهنية ويقترح ممارسة التأمل. فهو يخبرنا أننا قد لا نكون قادرين على التحكم في أفكار معينة تتبادر إلى أذهاننا، ولكن يمكننا التأثير على العقل المشروط الذي يُظهرها.

كما ينبهنا إلى ضرورة رعاية العقل بعينٍ ساهرة لمنع تراود الأفكار غير الصحية التي يمكن أن تحرمنا من السعادة والحرية. وكما يُذكرنا شكسبير: "لا يوجد شيء جيد أو سيئ، ولكن التفكير هو ما يُحدد ماهيته".

الفصل الرابع

الرياضات الشبابية: إكسيرٌ أم سم؟

"رجلٌ واحد يتمتع بروحٍ رياضية أفضل بكثير من 50 فرد يعظ بها."

~ كنوت روكني

جاك في العلبة

في فترة احتفالات عيد الميلاد المجيد عام 1999، دُعيت لحضور حفل منزلي وقضاء وقت لطيف ومبهج. ارتديت الملابس الملائمة لهذه المناسبة وكنت مستعدة للذهاب إلى الحفل، لكنني تلقيت مكالمة هاتفية من أبٍ مضطرب يريد مني أن أعمل مع ابنه المصارع في مركز

قمة الأداء خاصتي قبل انعقاد مسابقة العطلة. ومع إصرار والده وافقت على مقابلتهم ذلك المساء.

كان "جوني" في الثالثة عشر من عمره، وكان يُجيب بصوتٍ هادئ ومنخفض على سؤالي حول ما إذا كان يعلم سبب قدومه لحضور تلك الجلسة. وأجاب بأنه لا يعرف. لكن كان والده أكثر جرأةً ومباشرةً وتأكيدًا عندما قال إنه يريد أن يفوز ابنه بمزيدٍ من البطولات.

هذا السيناريو الذي وصفته للتو ليس نادرًا لأن الآباء عادةً ما يجرون معي مقابلة هاتفية أثناء الاستشارة التكميلية، ولكن نادرًا ما أُحادث أو أقابل الأطفال أو المراهقين قبل الجلسة لإبلاغهم ببرنامجي وكيف يمكنني مساعدتهم على تحسين

أدائهم. قد يتساءل الشباب عن سبب لقائنا لكنهم يترددون في سؤالي. ففي كثيرٍ من الأحيان لا يخبرهم الآباء عن سبب إحضارهم لزيارة مكتبي.

أحيانًا يتلقى الأطفال والمراهقون رسالة مفادها أنهم ليسوا جيدين بما فيه الكفاية وأن أدائهم ليس مقبول في نظرهم، وأعتقد أنها نابعة من آبائهم في المقام الأول. وهذا على الرغم من اقتراحي للآباء أن يتحدثوا مع أطفالهم قبل الجلسة الأولى لأنه من الأفضل العمل مع شريك راغب منذ البداية. وإذا كان هناك زوج أو شخص آخر مهم موجود، فإنني أطلب منهم حضور الجلسة الأولى.

خلال الاجتماع الأول وبعد المقدمة والمناقشة القصيرة حول برنامجي "طرق الفوز للمصارعين"، تركتُ والد الصبي في غرفة الانتظار الفارغة وطلبتُ من جوني الدخول إلى مكتبي الداخلي الخاص حيث أعمل وجهًا لوجه مع العملاء. أغلقتُ الباب خلفي وبدأتِ الجلسة بسؤال جوني عما يعتقد أنه سيساعده في أدائه في الحلبة وعن التحديات التي يواجهها. كما تحدثتُ عن مكونات مهارات الصلابة الذهنية التي سيتعلمها والتي يمكنه استخدامها في الحلبة أثناء المسابقة للوصول إلى منطقة التركيز بمفرده.

كنا، أنا وجوني، جالسين على كرسيينا لنبدأ تمرين استرخاء أسميه "التنفس بهدوء" عندما نهض والده من مقعده في غرفة الانتظار وبدأ يقرع بقوة على الباب الفاصل بين الغرفتين صارخًا بقوله: "علميه (جوني) كيف يقتل! علميه أن يقتل! أريده أن يكون أكثر عدوانية!"

وأثناء صراخه، فتح والد جوني باب غرفتي ودخل بغتةً. في تلك اللحظة، قفزتُ ودفعتُ الباب على قدمه وأغلقته. التفتُّ إلى جوني الذي كان جالسًا في أبعد زاوية في الغرفة على كرسي خائفًا ومُتشبثًا بمقعده.

سألت جوني إذا كان يعرف معنى كلمة "عدواني"، فأجاب بأنه لا يعرف. ثم سألته إذا كان هذا سلوكًا مألوفًا من والده. فأجاب: نعم، خاصةً عندما أخسر.

شعرت بالخوف وبالتهديد أنا أيضًا وتمنيت أن يكون هناك أحدٌ لحمايتنا. ثم أكملت العمل على تمارين التنفس بهدوء والاسترخاء، ونقلت جوني إلى حلبة المصارعة في مخيلته وجعلته يتخيل أنه فاز بالمباراة. كما قدمت له اقتراحات إيجابية لزيادة ثقته بنفسه وكلفته بالتدرب في المنزل على مهارات القوة الذهنية التي عملنا عليها، ليتمكن من تهدئة نفسه والتركيز على الحركات أثناء المنافسة. وفي نهاية الجلسة، كنت حازمةً مع الأب بشأن تصرفاته لكنه لم يعتذر عنها.

حضرت والدة جوني إلى الموعد التالي بعد أسبوع. انتهزت الفرصة لإخبارها عن سلوك زوجها غير المقبول في الزيارة السابقة وأخبرتُها أنه سيُعيق وصول جوني إلى أدائه المثالي وشعوره بالأمان، وطلبتُ منها أن تتحدث مع زوجها بشأن هذا الأمر من أجل جوني. وعلّمتُ جوني أن هناك فرقًا بين كونك عدوانيًا وحازمًا، قلت له: "يُستخدم العدوان في ساحة المعركة عندما يوجه أعداؤك أسلحتهم نحوك ويحاولون قتلك. لكن الهدف في حلبة المصارعة هو الفوز بحزم من خلال اتباع القواعد الموضوعة لمنع الأذى".

قضيتُ ما يقارب أربع جلسات مدة كل منها ساعة واحدة مع جوني ولم أسمع أي تعليق من والديه عن التقدم الذي أحرزه إلا بعد مرور شهر تقريبًا عندما اتصل مدربه الخاص مدير مدرسة تعليم المصارعة بمكتبي، مشيرًا إلى أن أداء جوني كان جيدًا للغاية في الحلبة وأنه فاز بالعديد من المباريات. لكن حسب قوله، فإن الغرض من المكالمة هو سؤالي عن كيفية تمكني من تحويل والده "180 درجة" من سلوكٍ غير متعاون البتة إلى متعاون ولطيف. كان المدرب معجبًا جدًا بهذا التغيير.

وبما أنه كان يدرس التمثيل في مدينة نيويورك جنبًا إلى جنب مع تدريب المصارعة في نادي المصارعة خاصته، أخبرتُه عن عملي مع مهارات الصلابة الذهنية وتحدثتُ عن برنامجي للتغلب على "رهاب المسرح"، والذي اعترف بأنه

مر به من قبل. ثم رتبنا مواعيد لعقد جلسات معي لأنه كان يواجه مشاكل في اختبارات الأداء واسترجاع النصوص المسرحية.

بدأتِ الجلسات مع المدرب في فترة انتقالية من حياته بعد طلاقه الأخير وكان بصدد الانتقال إلى شقته الخاصة، وكان متحمسًا لبدء مغامرته الجديدة. عقدنا عدة جلسات حيث علمته التنويم المغناطيسي الذاتي والتنفس بهدوء وتمارين الاسترخاء والتركيز والتمرين الذهني والحديث الإيجابي مع الذات والتذكر الذهني. واستخدمنا حلقة ردود الفعل لقياس التقدم الذي أحرزه. وأوضحتُ له كيفية نقل مهاراته القابلة للتحويل والمحمولة من حلبة المصارعة إلى المسرح، واستخدمتُ التصورات والتخيلات لأخذه إلى الصدارة في مخيلته والاستعداد لتجربة الأداء.

ومع كل ذلك، كان هناك عائق يُعيق المدرب ولم تكن لديه أي فكرة عن ماهيته. سألته عن مسيرته في المصارعة وما الذي حفزه ليصبح مدربًا. قال إن والديه لم يكونا مهتمين بالرياضة عندما كان طفلًا، لم يهتما حتى بمباراته في المصارعة، ومعرفة ما إذا كان قد فاز أو خسر، واعترف بأنه لم يذهب إلى معسكرات المصارعة الصيفية أو لم تسنح له الفرصة لتعلم مهارات متقدمة في نوادي المصارعة -مثل تلك التي يعلِّمها لطلابه، ورأى أن هذا بمثابة عجز في حياته. كان أكبر إنجاز له هو حصوله على المركز الثاني في بطولة "NCAA Division II" في سنته الأخيرة في الكلية، الأمر الذي كان مخيبًا للآمال بالنسبة له لأنه اعتقد أنه كان يجب أن يفوز بالمركز الأول في مباراته النهائية.

في أحد الأيام، اتصل مدرب المصارعة من منزله لإلغاء موعده لأنه كان يواجه مشكلة في الموصلات في هاتفه الأرضي في شقته الجديدة. وكان قد حاول حلها عدة مرات من قبل لكنه فشل. وفي وقت مكالمته، كان من الممكن رؤية عامل الخطوط من شركة الهاتف خارج نافذته أثناء محاولته توصيلها مرة أخرى ولكنه لم يتمكن من إصلاحها. بعد هذه المحاولة الفاشلة توجه المدرب إلى مقبس الهاتف

البلاستيكي الموجود على الجدار الداخلي لشقته والذي افترض أنه يعمل وأزال الغطاء، واندهش حينما لم يجد أي أسلاك أو توصيلات داخله، وتبين له سبب انقطاعه.

في زيارته التالية لمكتبي، استخدمتُ تخيلات "جاك في العلبة"، حيث حركت اللعبة في مخيلته مع تقليد صوت اللحن حتى أخرجت لعبة ابن عرس. وطلبتُ منه أن يفحص صناديق التخزين غير المفتوحة حيث توجد أشرطة المصارعة التي جمعها من المباريات الجامعية والتي لم يشاهدها منذ ذاك الحين.

عند عودته في الأسبوع التالي، كان قد اكتسب نظرة ثاقبة لما كان يعيقه بعدما شاهد تسجيلات مبارياته النهائية، وأدرك أنه لم يستخدم سوى بعض التحركات الأساسية من صندوق محدود وكرره في كل مباراة.

لقد "نظرنا إلى مستقبله" في مخيلته وللمباريات التي خاضها في الكلية واستخدمنا العلاج بالتنويم المغناطيسي الانحداري الذي يُسمى بتقنية "جسر التأثير" لتحرير أي ردود فعل مرتبطة بالصدمات في حلبة المصارعة. وبعد النظر في الأمر بأكمله، اندهش من نجاحاته في التقدم إلى نهائيات البطولة الوطنية للجامعات. وهكذا اكتسب الثقة في مهاراته التمثيلية ووضع خطة اللعبة والأهداف، واستعد للاختبارات وعمل على الحصول على دور في مسرح برودواي باستخدام آلية العقل متوقع.

بهذه الطريقة، تمكن جوني ووالديه ومدرب المصارعة الخاص به من الوصول إلى أدائهم المثالي داخل وخارج الملعب.

تجربتي الحياتية

أتذكر أنني حضرت متأخرةً إلى حفلة عيد الميلاد المجيد بعد وصول الضيوف الآخرين لأنني كنت أعمل مع جوني ووالده. وما جعل الاحتفال مميزًا هو تاريخه لأنها كانت نهاية القرن العشرين عام 1999. ولا أعرف ما الذي أثار انفعالات

الغضب والعدوانية داخل والد جوني، لكنه حدث بسرعة وعفوية، وكأنها نوبة غضب.

عندما راجعتُ الموقف أدركتُ أنني فوجئتُ ولكني تمكنت من التعامل مع الموقف بشكل جيد. عندما بدأ والده بالطرق على الباب والصراخ، كان أول ما فكرتُ فيه هو: "لماذا أنا هنا؟ كان من المفترض أن أكون في حفلة عيد الميلاد المجيد".

ولكن بعد ذلك تحولتُ إلى وضع التعامل مع الطوارئ. أعتقد أن تعليمي وخبرتي كممرضة ساعداني. كنت أعلم أن جوني بحاجة إلى الدعم لأنه كان خائفًا. وتمكنت من أن أظهر له التعاطف والحماية وكيفية الدفاع عن نفسه في الحياة من خلال رد فعلي. كانت أكبر رسالة لجوني على الإطلاق هي: عندما يحاول والدك الإطاحة بك، رد عليه واحرز هدفًا.

وكان الدرس الأقيم هو أن جوني ليس بحاجة إلى أن يكون "عدوانيًا" كما قال والده، أي أن يقتل خصمه. إن إخبار أحد الوالدين أو المدرب للطلاب الرياضيين أن المنافسات الرياضية "ساحة قتال" وليس ساحة للعب يتعارض مع ما يتعلمونه في المدرسة أو الكنيسة أو في دروس التعليم الديني. إن هذه التعليمات تتعارض بشكلٍ مباشر مع الوصية الخامسة (لا تقتل).

الرسالة المختلطة التي بعث بها الأب لجوني جعلته يخشى الفوز لأنه سيضطر إلى "القتل" ويخشى الخسارة بسبب التداعيات التي سيواجهها من الفريق والمدرب ووالده. لن تساعد أي من هذه المخاوف جوني في الوصول إلى أفضل مستوياته أو التركيز على التسجيل خلال المباراة والفوز. ما تعلمه جوني هو كيفية التغلب على المحن الشدائد وإدراك نفسه بالكامل كشخصٍ حازم.

لا أعرف ما قالته والدة جوني لزوجها، ولكني طبعت في ذهنه أهمية أن تكون عقليته إيجابية له ولابنه. كان من الجيد أن نسمع من مدرب جوني أن أداءه قد تحسن في حلبة المصارعة وأن والده أصبح متعاونًا أكثر.

تعلم المدرب مهارات جديدة للقوة الذهنية لينقلها إلى طلابه، مع الاستفادة من المزيد من الوعي الذاتي والثقة في مسرح الحياة عند إجراء تجارب الأداء للمسرحيات. لقد أزال العائق الذي كان يُعيقه من خلال مقبس الهاتف الرمزي غير المتصل وبمساعدة لعبة أطفال، لعبة جاك في العلبة، ليُحقق حلمه بأن يصبح ممثلًا باستخدام مجموعات المهارات المحمولة والقابلة للنقل التي تعلمها في حلبة المصارعة في شبابه.

الجانب المشرق للمشاركة في الألعاب الرياضية

في عام 1997 كتبت مقالة في عمود المقالات الرياضية بعنوان "الحصول على ميزة"، وتساءلت: "هل أنا جيد بقدر أدائي عندما فزت آخر مرة فقط؟"

هناك الكثير من التكهنات حول العروض التي تسبق الأحداث الرياضية الكبرى، مثل بطولة العالم أو بطولة الماسترز للغولف أو الألعاب الأولمبية. وتنشأ تساؤلات عدة حول أداء بعض اللاعبين أو نخبة الرياضيين تحت ضغوط المنافسة على الألقاب الكبرى أو بطولات وميداليات كأس العالم.

يُراهن المشجعون على المنافسين في الولايات المتحدة. وتسعى المؤسسات التجارية والمنظمات الرياضية الوطنية إلى كسب أرباح ضخمة، سواء عن طريق بيع المعدات الرياضية أو تصميم الأزياء أو تقديم الخدمات النفسية عبر الإنترنت، مما يؤدي إلى إثراء القلة الذين يفوزون بميداليات ذهبية أو يحققون النجاح في الملعب الذي يشجع المنافسة الشديدة بين الرياضيين، سواء في رياضة التزلج أو القفز بالزلاجات أو المصارعة أو الجمباز أو التزحلق على المنحدرات الثلجية أو التنس، فإن السؤال الذي يطرحه المذيعون والمشجعون على حدٍ سواء هو "من سيفوز ومن سيخسر؟" أصبحت المنافسات الرياضية إما فوزٌ أو خسارة في كل الساحات الرياضية في شتى بقاع الأرض.

تُعد الرياضة ذات قيمة لأنها تضع الأساس لبناء واختبار وفهم قيم الفرد ومعتقداته وعقلياته الفائزة مع تنمية الثقة في قدراته. وتلعب دورًا في نمو الفرد

وتطوره كإنسان. تساعد المشاركة في الألعاب الرياضية الرياضيين على تزويد أجسامهم بالأطعمة الصحية فقط والحفاظ على أوزانهم.

يمكن للمشاركة الرياضية أن تعلم الرياضيين كيفية استخدام الإندورفين الطبيعي لديهم لتحقيق الفوز من خلال تحويل القلق من الأداء نفسيًا إلى طاقة قابلة للاستخدام، وأن تُعلمهم كيف يصبحون مرنين في مواجهة الشدائد والتعلم من أخطائهم.

تُعزز المشاركة في الألعاب الرياضية على أي مستوى بدءً من فصول التربية البدنية في صالة الألعاب الرياضية في التعليم المبكر وحتى الملاعب العالمية من ممارسات نمط الحياة الصحي للمستقبل، وبالتالي تمنع تزايد حالات الإصابة بالقلق والاكتئاب والإدمان والسمنة والانتحار التي يُعاني منها الأطفال والمراهقين والشباب في الولايات المتحدة في عام 2023.

بعد فترة طويلة من تنافس الرياضيين في الألعاب الرياضية، بإمكانهم الاستفادة مما تعلموه في الساحة الرياضية وتطبيقها على أحداث الحياة الأخرى، بدءً من ملاعب البيسبول حتى مجالس الإدارة، ومن الفصول المدرسية إلى غرفة العمليات، ومن حلبة المصارعة إلى حلبة الحياة، أي إذا تم تدريبهم بإيجابية خلال سنوات نموهم وتزويدهم بالمعلومات كطلاب رياضيين صغار.

الفوائد البيولوجية النفسية الاجتماعية للرياضة على مستوى العالم

هناك أدلة موضوعية على العديد من الفوائد البيولوجية النفسية الاجتماعية للمشاركة في الألعاب الرياضية للأطفال والمراهقين وكونها مرتبطة بتحسين الصحة البدنية والعقلية أكثر من الأنشطة الترفيهية الأخرى. هناك تقارير تُفيد بأن المشاركة في الألعاب الرياضية الجماعية ترتبط بتحسيين الصحة بسبب طبيعتها الاجتماعية من خلال المشاركة الإيجابية مع الأقران والبالغين.

في مراجعة التربية البدنية الأوروبية "*European Physical Education Review*"، كتب "كاترين أوبستويل" ومؤلفون آخرون في ورقتهم البحثية الصادرة في نوفمبر 2019 بعنوان "التنمية الشخصية والاجتماعية في التربية البدنية والرياضة: دراسة مراجعة" أن العالم يتغير بسرعة، وأن الأطفال والمراهقين يستفيدون من تطوير مجموعة من المهارات الشخصية والاجتماعية من خلال المشاركة في الأنشطة الرياضية، مثل المهارات التنموية في العلاقات مع الأقران والسلوكيات الاجتماعية الإيجابية واحترام الآخرين والقيادة وحل المشكلات والتعاون بالإضافة إلى المسؤولية الاجتماعية والشخصية.

فقد أُثبت أنه عندما يُطور الأطفال والمراهقون هذه الكفاءات لن يكونوا طُلاب أنجح فحسب، بل سيحققون تنقلًا أنجح إلى حياة البالغين أيضًا بفضل تعلمهم كيفية مجابهة الشدائد والتعايش معها والتغلب عليها.

وفقا لموسوعة التربية الرياضية، فإن المزايا التي يتمتع بها الأطفال والمراهقين والشباب لممارسة الرياضة كما ذكر "دان دويل" في ديسمبر 2015، 36 ميزة.

تشمل إحدى المزايا مساعدة الشباب على تطوير أخلاقيات العمل والصلابة العقلية التي ستفيدهم في وقتٍ لاحق في الحياة. وتُتيح المشاركة الرياضية فرصًا متكررة لتحسين مهارات ضبط النفس والانضباط الذاتي وممارسة مهارات القيادة وتحسين مهارات الاستماع والتركيز واتباع التوجيهات، فضلًا عن تعزيز المهارات التنظيمية. يمكن أن تُسبب الرياضة فرحة غارمة بينما تعلم الشباب عن التنوع البشري.

يُساهم كونك مشاركًا في برنامج رياضي بعدة طرق أخرى في حياة الشباب. على سبيل المثال: أفاد "غاريث" و"هيذر نوريس" في بحثهما الصادر في يوليو 2021 بعنوان "بناء المرونة عن طريق ممارسة الرياضة لدى الشباب الذين يعانون من تجارب الطفولة المؤذية" في مجلة "Frontiers in Sports and Active Living" عن العلاقة بين الرياضة والصحة العقلية أنه على المستوى الأساسي،

ترتبط معظم الرياضات بزيادة نشاط القلب والأوعية الدموية، وقد ثبت تأثيرها الإيجابي على الوقاية من السمنة لدى الأطفال ومن أمراض القلب والسكري.

وقد أثبتت الدراسات تأثيرًا مماثلًا على الجانب النفسي من تقليل مستويات الاكتئاب والقدرة على مواجهة التوتر وتقليل القلق. تحدث "فيريس جَبر" في مقال نشر في مايو 2017 بعنوان **Head Strong** في مجلة العلوم الأمريكية عن سبب نجاح التمارين الرياضية في تقليل الاكتئاب عن طريق تغيير الدماغ والجسم ككل. فعندما يبدأ الجسم بالجري أو التبديل بالدواسة، تُجري كيمياء الجسم تغييرات مفيدة كرد فعل على الضغوطات. تشير الدلائل إلى أن ممارسة التمارين الرياضية المعتادة تعمل على إعادة توصيل أجهزة الدماغ والمناعة للتعامل مع الإجهاد البدني والعقلي بشكلٍ أفضل. كما تُحاكي التمارين الرياضية بعض التأثيرات الكيميائية للأدوية المضادة للاكتئاب ويمكن أن تحسن المزاج كونها إكسيرًا طبيعيًا للصحة العقلية.

تستخدم منظمة الصحة العالمية (WHO) مصطلح الكفاءة النفسية الاجتماعية، والتي تُعرّف بأنها قدرة الشخص على التعامل بفعالية مع تحديات ومتطلبات الحياة اليومية. إنها قدرة الأشخاص على الحفاظ على سلامتهم العقلية وإظهار ذلك بطرق تكيفية وإيجابية في تفاعلاتهم مع الآخرين داخل ثقافاتهم وبيئاتهم.

صُمم نظام تعليم المهارات الحياتية الذي حددته منظمة الصحة العالمية لتسهيل ممارسة وتعزيز المهارات النفسية الاجتماعية بطريقة مناسبة من الناحية التنموية والثقافية. يمكن أن يساهم هذا البرنامج التعليمي في تعزيز التنمية الاجتماعية والشخصية ومنع المشاكل الاجتماعية وحماية حقوق الإنسان.

المهارات المكتسبة من ممارسة الرياضة في مرحلة الشباب قابلة للتحول لاحقًا في الحياة

أحد الأسباب الرئيسية التي تجعل التربية البدنية والرياضة سياقًا مناسبًا لتعلم هذه المهارات الحياتية هو إمكانية نقلها وتحويلها لاستخدامها لاحقًا في الحياة في العمل أو المنزل، ولهذا السبب أبدت البلدان في جميع أنحاء العالم اهتمامًا متجددًا بتطوير البرامج الرياضية، لا سيما لإعادة دمج الشباب المضطرب في المجتمع. ويشتمل هيكل البرامج الرياضية وهدفها على التركيز على نقاط القوة الفردية مثل احترام الآخرين، وليس على المشكلات التي يتوجب حلها.

يحظى تعزيز التنمية الشخصية من خلال أنشطة التربية البدنية (PE) باهتمام متزايد من قبل المُشرعين والممارسين على مستوى العالم. أحد الأمثلة على مبادرات الصحة العامة هو قانون الأجيال القادمة الصادر عن حكومة ويلز وقانون صحة أجيال المستقبل (WFG) لعام 2015 والذي أطلق توجيهات سياسية وتدخلات خصيصًا لبناء القدرة على الصمود في مواجهة تجارب الطفولة السلبية (ACEs) من خلال نهج صحي يركز على الرفاهية والصحة.

حُددت ممارسة الأنشطة الرياضية إلى جانب بناء علاقات مع البالغين الموثوق بهم كعوامل مرونة رئيسية للحد من حالات التدهور بين الشباب الذين يعانون من الاضطرابات العقلية الحالية والإجرام وإدمان المخدرات والفشل في بناء مستقبلهم. يتطلب قانون WFG من جميع الوكالات إظهار التزامات الاستدامة لضمان النجاح في تحقيق أهدافه من خلال خمس "طرق للعمل". والتي تشمل وجود أهداف طويلة الأجل، والعمل على منع حدوث المشاكل أو تفاقمها، وتكامل أهداف الهيئة العامة، والتعاون مع أي شخص آخر قد يساعد الهيئة على تحقيق أهداف الصحة، وإشراك الأشخاص المهتمين بتحقيق أهداف الصحة.

سلبيات المشاركة في الرياضات

يُذكرنا الكاتبون في مجال التنمية الشخصية والاجتماعية في التربية الرياضية أنه على الرغم من وجود جانب إيجابي للمشاركة في الرياضات وتعدد الفوائد التي تقدمها، إلا أنه يجب أن نضع في اعتبارنا أن مجرد المشاركة في النشاط البدني أو الرياضة لا يؤدي بالضرورة أو تلقائيًا إلى نتائج إيجابية. وذلك لأنه يقع على عاتق البالغين مثل معلمي التربية البدنية ومدربي الرياضة وأولياء الأمور مسؤولية تهيئة الظروف التربوية التي يمكن في ظلها الحصول على نتائج إيجابية للشباب خاصةً خلال مراحل نموهم.

مما يعني أنه يجب النظر في مدى تأثير المشاركة في الألعاب الرياضية على الأطفال والمراهقين والشباب. كما ذكر دان دويل في يناير 2016 في موسوعة التربية الرياضية أن هناك 23 عنصرًا يؤثر سلبًا على الطلاب الرياضيين الذين يشاركون في الألعاب الرياضية، والتي تتعارض مع سبب ممارسة الأطفال للرياضة في المقام الأول وهو الاستمتاع بها.

واحدة من "الأشياء السيئة" الرئيسية المتعلقة بالمشاركة في الرياضة هي ثقافة العنف التي خلقها الكبار، والمتواجدة في المجتمع في الرياضات الاحترافية وتنتقل بشكل تعاطفي إلى دوري البيسبول والهوكي والمصارعة وكرة القدم والعديد من الألعاب الرياضية الجماعية الشبابية الأخرى.

لا يؤثر مثل هذا الفعل العنيف سلبًا على مجتمعات الأشخاص المهتمين بالرياضة والآباء والمدربين ومدرسي التربية البدنية والأطفال فحسب، بل ويتعارض مع غرض ممارسة الرياضة والمشاركة فيها. يؤدي العنف المتزايد والتركيز على الفوز فقط دون النظر إلى الاحتياجات الجسدية والعاطفية والنفسية للشباب وأهدافهم من المشاركة إلى زيادة التوتر بشكلٍ مؤذي وفقدان الثقة بالنفس واحترام الذات والقلق والاكتئاب، مع تعزيز خصال الغش والعدوانية والأنانية والإرهاق.

الغضب الأبوي والرياضي الذي يقتل حرفيًا

ذكرت "ديانا فيوري"، التي كتبت في عام 2003 عن "الغضب الأبوي والرياضي" في مقال نشر في مجلة "جيفري إس موراد للقانون الرياضي - Jeffrey S. Moorad Sports Law Journal" بجامعة فيلانوفا، أن هناك العديد من العوامل المُساهمة في الزيادة المزعجة للعنف الغير ضروري في الرياضات الشبابية. وتُدرج المدربين الساعيين للفوز بأي ثمن والآباء العنيفين والقدوة السيئة في الرياضات الاحترافية كأسبابٍ رئيسية.

المصطلحات الرياضية السلبية الشائعة تدعم العنف، مثل: الضرب والدهس وإهلاك وقتل الخصوم. لقد دُمجت هذه الكلمات السلبية والعقليات العنيفة في الرياضات الشبابية وتُركز أكثر على مبدأ الفوز بدلًا من المشاركة والاستمتاع، مما يُعرض الجميع لخطرٍ محيق سواء المدربين والمتفرجين والحكام وأولياء الأمور والطلاب الرياضيين.

من الأمثلة البارزة على "ضرب" و"قتل" الخصم حرفيًا حالة غضب الوالدين التي استشهد بها "فيوري"، حيث غضب والد لاعب الهوكي "توماس جونتا" من مدير الفريق الآخر الذي كان يشرف على تدريب الهوكي لأولاد في عمر العاشرة. اختلف "جونتا" مع مدير الفريق، فتعاركوا وضربه حتى الموت. وأثناء المحاكمة، أدلى ابن "جونتا" بشهادته، وحُكم على والده بالسجن بتهمة القتل غير العمد. والسؤال هو ما هي الأمثلة والمعايير التي يضعها البالغون للشباب؟

يعيش العديد من البالغين الذين عانوا من الغضب الأبوي بشكلٍ غير مباشر من خلال إنجازات أطفالهم. إنهم لم يتعلموا كيفية التحكم في انفعالات الغضب والإحباط والانتقام والعداء والعنف بداخلهم، ولم يعالجوا تجارب الطفولة السلبية (ACEs) من ماضيهم والتي يمكن أن تعزز مثل هذا السلوك المعادي للمجتمع.

يشجع مجال الرياضة الشبابية الذي يُقدر بملايين الدولارات الآباء على تصور أطفالهم كنجوم رياضيين خارقين وحائزين على ميداليات أولمبية ومن نخبة

الرياضيين الجامعيين الذين يحصلون على منح دراسية مربحة وتأييد تجاري. لذلك يسعون جاهدين للاستفادة من استثماراتهم المالية لأطفالهم، والمدعومة بالوعود الوهمية من وسائل الإعلام والإعلان وشركات المعدات الرياضية والبائعين والأماكن والتجمعات الرياضية الكبيرة التي تدعم ربحية مجالها.

قد يُصبح المدربين قدوة سلبية أيضًا من خلال غض الطرف عن الغش أو التشجيع على الغش، أو من خلال الإساءة إلى الطلاب الرياضيين ومعاقبتهم على أي خطأ وتقديم الأعذار لضعف الأداء والروح الرياضية. لا شيء يمكن أن يجسد مجال الرياضة الشبابية أكثر من التأييد التجاري المربح للرياضيين النخبة من النجوم، فالعديد من البرامج التنموية مُصممة على جني المال والفوز بأي ثمن، متجاهلةً سلامة الشباب الرياضيين أو الأطفال والمراهقين والشباب، ومتجاهلةً أهمية تعليمهم دروسًا قيمة في الحياة لتحقيق النجاح.

سنطرح على سبيل المثال الحالات الأولمبية التاريخية التالية لرياضة القفز على الجليد مع "ماتي نيكانن"، والجمباز مع "سيمون بايلز"، وسباق التزحلق على الثلج مع "ميكايلا شيفرين"، والتي سنستكشفها في هذا الفصل لننظر إلى إثارة النصر وعذاب الهزيمة من منظور بيولوجي نفسي اجتماعي.

خُفُوت احتراق الشعلة الأوليمبية للاعب قفز التزحلق على الثلج

في صيف عام 2004، بعد خروجي من المصعد، وقفت على قمة برج لاهتي للتزلج على الجليد في فنلندا. نظرت إلى الأسفل نحو الهيئة الضخمة، وكانت تملؤني الرهبة، وتخيلت نفسي أقفز من القمة إلى الهاوية. وهناك، عند قمة القفز، روى لنا مرشد سياحي فنلندي قصة انتصار وهزيمة عن لاعب قفز تزلج وطني مشهور، كان ذات يوم فخرًا لفنلندا، يُدعى "ماتي نيكانن"، الذي طار في ريعان شبابه بعيدًا وبسرعة كبيرة لدرجة أنه شعر كما لو أنه لن يسقط أبدًا. فاز بخمسة ألقاب عالمية وخمس ميداليات أولمبية بما في ذلك ثلاث ذهبيات وأربع كؤوس

عالم. وعندما حطم الرقم القياسي العالمي في القفز على الجليد للمرة الخامسة والأخيرة في عام 1985، كان سريعًا للغاية لدرجة أن المصور عانى لتعقبه في الهواء.

كتب "آندي بول" الصحفي من صحيفة الغارديان بعد وفاة ماتي في عام 2019 عن عمر يناهز 55 عامًا: "نيكانن كان يتمتع بموهبة خارقة ولكن افتقر الإحساس أو الدعم المطلوب للتعامل مع الشهرة التي اكتسبها". وذكر في سيرته الذاتية المعتمدة المنشورة عام 2006 أن "الجحيم لا يمكن أن يكون سيئًا كما كانت حياتي". وفي حفله الغنائي الأخير قال لجمهوره إنهم محظوظون لأنهم لا يمتلكون اسمه.

بدأ "نيكانن"، المعروف باسم الطائر الفنلندي، رياضة القفز على الجليد في سن الثامنة. متحديًا بها والده ومحاولًا الهروب منه. كان يحب هذه الرياضة كثيرًا لدرجة أنه أصبح مهووسًا بها ويستخدمها كمتنفس لطاقته العالية. وعندما بلغ الثانية عشرة من عمره، كان يتمرن لتسع ساعات يوميًا. وفي سن الثامنة عشرة فاز بأول بطولة عالمية له.

بدأ بشرب الكحول عندما كان في الرابعة عشرة من عمره. وأدى سلوكه التخريبي وشخصيته المزاجية المتقلبة إلى طرده من الفريق وحدوث دمار في حياته بسبب العديد من الزيجات الفاشلة والمشاجرات العنيفة، مما أدى به إلى السجن لمدة 26 شهرًا لطعنه لصديقه في ظهره.

قال كاتب سيرته الذاتية "إيجون ثينر" أنه عندما يكون رصينًا يكون ألطف رجل وأكثرهم ودية، ولكن عندما يكون في حالة سكر يُصبح خطيرًا وعدوانيًا. تحول من كونه نجمًا رياضيًا إلى نجم موسيقي إلى نجم إباحي ومتعري في صالة محلية. وباع ميدالياته الذهبية لحاجته إلى النقود.

ومع مرور السنوات، نسيت الأجيال الشابة كيف اكتسب شهرته، وعرفوه فقط كنموذج يُحتذى به لما لا ينبغي فعله، بينما يشربون العصير وهو يشرب الخمر

حتى الموت. قال مدربه ماتي بولي: "جربنا شتى الطرق لمساعدته. وجربنا العيادات، ولكن كلما خرج منها عاد إلى الشرب مرة أخرى."

وكتب بول: "سقط ماتي نيكانن بقوة وبسرعة، بدا كما لو أنه لن ينهض أبدًا". لكن في النهاية، تزوج مرة أخرى في آخر سنين عمره، وعلى ما يبدو أنه أصبح رصينًا آنذاك.

الوقوع في الخطيئة

في وقتنا الحالي في القرن الحادي والعشرين، قد نرى كأعضاء في المجتمع ومحترفين ورياضيين على حد سواء إلى قصة نيكانن المأساوية - كما في قصة تشيكن ليتلز عندما كانت السماء تسقط - حيث سقط لاعب التزلج من مكانته في عالم الرياضة ونعتقد أن ذلك لن يحدث مرة أخرى أبدًا. ففي نهاية المطاف، فقد نشأ وهو يمارس رياضة القفز على الجليد في مكانٍ ناءٍ يقع على بُعد 150 ميلًا شمال هلسنكي في وقتٍ لم يكن فيه تطوير الرياضيين الشباب ذا أهمية لرفاهيتهم الشاملة كبشر. وقال الخبراء المعاصرون إن هذا الاضطراب العقلي السام لا يمكن أن يتكرر مرة أخرى، لأن لدينا أبحاث علمية حديثة في علم النفس الرياضي وعلم وظائف الأعضاء وعلم الأعصاب والتدريب على أعلى مستويات الأداء.

قد ننكر كمجتمع تكرار هذه الثقافة السامة، لكنها تكررت مرة أخرى في العصر الحديث خلال دورة الألعاب الأولمبية الصيفية لعام 2020 في طوكيو باليابان مع لاعبة الجمباز الشهيرة سيمون بايلز، ومع المتزحلقة على الثلج الشهيرة ميكايلا شيفرين في دورة الألعاب الأولمبية الشتوية لعام 2022 في بكين في الصين، على الرغم من أن النتائج في كلتا الحالتين كانت إيجابية أكثر من نتائج نيكانن، حيث تصارعوا برغم الشدائد للفوز في الحياة.

لقد عانى كلاهما من اضطراب عقلي شديد وارتكبا أخطاء أثرت سلبًا على استراتيجياتهما ومهارات التفكير النقدي قبل وأثناء أدائهما، وكان كلاهما يعاني

من أعراض قلق الأداء واستجابة الكر أو الفر والتي منعتهما عاطفيًا وجسديًا من تلبية التوقعات الداخلية والخارجية المُتوقعة من قِبل المذيعين والمشجعين. استجاب كلا الرياضيين بايلز وشيفرين للضغوطات بطرقٍ متشابهة ومختلفة، وهو ما سندرسه.

بالقواسم المشتركة بينهم في خضم جائحة الكورونا والقيود المفروضة على مواقع التدريب قبل المنافسة وتقييد حضور الأقارب أثناء الألعاب. ما هي الآثار المترتبة على ذلك على المجمع الرياضي الأمريكي والشباب في المستقبل من الرياضيين الطموحين وفناني الأداء؟ ما الذي يمكن للمجتمع أن يتعلمه من التعامل مع هذه الأحداث الرياضية التي لديها القدرة على تعزيز القدرة على الصمود لدى شبابنا؟

إنجاز بايلز في التوازن

في مجلة US Weekly في 16 أغسطس 2021، كتب خايمي هاركين مقالًا بعنوان "إنجاز بايلز في التوازن" تحدثت فيه لاعبة الجمباز عن معاناتها التي حدثت أثناء أدائها الأولمبي عندما لم تستطع أداء حركة كانت قد اختارتها وأدتها بنجاح في السابق.

يطلق لاعبو الجمباز على الظاهرة التي عاشتها بايلز اسم "الالتواءات"، وهو مصطلح يستخدم لوصف الشعور بالارتباك بينما جسمهم يطفو في الهواء، والذي يجعل الرياضيين يجهلون مكانهم ومقدار الوقت المتبقي للهبوط. كانت حالتها من الالتواءات الناجمة عن القلق من الأداء عكس ما يُسميه الرياضيون "التواجد في العالم الخاص"، حيث يؤدون كل مهارة تلقائيًا وبشكل مثالي تمامًا كما تم تخيلها والتدرب عليها، كما فعلت بايلز في دورة الألعاب الأولمبية لعام 2016 في ريو وفازت بالميداليات.

لقد أظهر الباحثون أن ظاهرة الالتواءات، وهي رد فعل الجهاز العصبي اللاإرادي الذي يتجاوز سيطرة الوعي، تنجم عن الطريقة التي يتم بها التعامل مع

الضغوطات وما ينتج عنها من شعور شديد بالقلق والإجهاد والذعر الذي ينجم عن ذلك. التي اعترفت بايلز بأنها عاشتها قبل وأثناء المسابقة.

المنهزم لا ينتصر أبدًا، والفائز لا ينسحب أبدًا

وفقًا لهاركين، لجأت بايلز إلى وسائل التواصل الاجتماعي في 29 يوليو 2021، وقالت: "لأي شخص يعتقد أنني سأستسلم. لن أستسلم..." كان الأساس المنطقي الذي استندت إليه بايلز في "الخدش" (يقول البعض الاختناق أو الاستسلام أو الانهيار، أي إلقاء اللوم على الآخرين في الخسارة) أثناء المسابقة الجماعية هو أن عقلها وجسدها لم يكونا متزامنين.

كتبت صحفية من Slate تُدعى ريبيكا شومان في مقال بتاريخ 27 يوليو 2021: "كانت الميدالية الفضية لفريق السيدات الأمريكي انتصارًا بدون سيمون"، حيث ذكرت أنه نتيجة لخطأ بايلز عندما لم تقدر على إكمال دوراتها وإكمال الهبوط، أعلنت: "بعد الأداء الذي قدمته، لم أرغب في الاستمرار."

من بين الأسباب الأخرى التي أدت إلى الانسحاب بسرعة من المنافسة والتي ذكرها شومان وآخرون كانت إصابة كبرياء بايلز بسبب أدائها السيئ وتوقعات الإصابات المحتملة والشعور بثقل العالم على كتفيها والقلق بشأن ما قد يعتقده الآخرون عنها إذا لم تلتزم بمعاييرها، وكانت تتقاتل داخل رأسها ولا تثق بنفسها.

في الواقع، هذا الوصف لحالة بايلز العقلية وقت المنافسة الجماعية كان مبررًا لقرارها بالتخلي عن استراتيجيتها الأولمبية بسبب الخطر المتصور على نفسها جسديًا والطريقة التي كانت تنظر بها إلى إحتمالية زوالها في مخيلتها. أي أنها رأت نفسها في موقف حياة أو موت يتمثل في إصابتها بالشلل وحملها على نقالة مصابة بجروح خطيرة بعد أداءٍ فاشل، بدلًا من أن تكون قادرة على الخروج بمفردها بعد نجاحها كما كان الحال في الماضي. كرست هذه الصورة فكرة ضرورة حماية نفسها من الأذى.

في عقلها، أبعدتها أفكارها وصورها السلبية السائدة — وفقًا لقانون الجذب ومع عرض بندول شيفرول الذي وصفته سابقًا في ورشة عمل للمدربين —عن أهدافها المتمثلة في الفوز بالميداليات بدلًا من دفعها تجاههم، لأنها لم تكن قادرة على الحفاظ على توازنها كليًا في عقلها أو جسدها أو روحها.

من أول وهلة، بدا أداء بايلز المفاجئ معقولًا لبعض معجبيها الذين استجابوا بتعاطف مع وضعها، لكنهم قوبلوا بانتقادات من الصحفيين الرياضيين والجمهور بشكلٍ عام الذين جادلوا بأنه لا ينبغي تكريمها "رياضية العام" في عام 2021 من التايمز أو أن تحصل على تأييد بملايين الدولارات في ذلك العام أو ميدالية فضية عندما تركت فريقها أو أن تحصل على وسام الحرية الرئاسي في يوليو 2022.

إذن، كيف يمكن لحجتها أن تصمد أمام محكمة الرأي العام؟ ما الذي تعلمته بايلز والمجتمع الأمريكي للمضي قدمًا؟

الضغط للأداء المثالي في الألعاب الأولمبية لم يكن جديدًا بالنسبة لبايلز

يمكننا أن نبدأ هذا الاستكشاف من خلال النظر في كيفية تجنب كارثة الجمباز هذه في دورة الألعاب الأولمبية لعام 2020. من منظور الأداء الأقصى، فإن سلوكيات بايلز وأفعالها لم تؤهلها للوصول إلى الأداء المثالي في الألعاب. كان بوسع كل رياضي في الألعاب الأولمبية أن يلوم عدم توافق عقله مع جسده كذريعة للخسارة، كما في "متلازمة هامبتي دمبتي" التي وصفتها سابقًا. يعرف الرياضيون الأولمبيون أن العقل يتحكم في الجسم وأنه يمكن الوصول إلى قوة العقل من خلال التكييف الجسدي والعقلي.

يمكن لأي شخص يقرأ الدليل التشخيصي والإحصائي للاضطرابات العقلية (DSM-5) أن يلاحظ أن قلق الأداء (رهاب المسرح) في حد ذاته لا يُعد حالة طبية أو اضطراب عقلي إلا إذا كان مقترنًا باضطراب القلق (أو بعض الاضطرابات

النفسية والتشخيصات الأخرى المدرجة في الدليل) لأنه من المتوقع حدوث الضغوطات، والتوتر متأصل عند ممارسة الألعاب الرياضية.

إننا نولد بالخوف من السقوط ونتعلم كيفية التغلب عليه على مدار حياتنا. والحقيقة هي أنه بمجرد أن يبدأ الجهاز العصبي الودي اللاواعي بإظهار أعراض "تقنية القتال أو الهروب"، ولا يستطيع الرياضيون التخلص من ذلك بإرادتهم. لم يتغير الخطر الفطري لرياضة الجمباز والتقلبات عالية المستوى منذ سنوات المراهقة التي قضتها بايلز في المخاطرة وهي تلعب هذه الرياضة، ولكن مع نضوج عقلها، تغير إدراكها لها عندما أصبحت في الرابعة والعشرين من عمرها.

الشعور بالضغط أثناء الألعاب الأولمبية ليس أمرًا جديدًا لدى أي رياضية، على الرغم من أن بايلز كانت لديها مخاطر كبيرة لتكرار عروضها السابقة. وكانت هناك تقارير من زميلها في الفريق جوردان تشيليز أن بايلز كانت تعاني من مشاكل في الالتواءات في صالة الألعاب الرياضية الخاصة بها قبل الألعاب الأولمبية، مما أصابها ومدربها "بأزمة قلبية صغيرة" أثناء مشاهدتها وهي تتعثر. في الواقع اعترفت بايلز بوجود الالتواءات قبل الألعاب ولم تلتزم بحلها خلال تدريباتها قبل الألعاب.

لم يكن الأمر مفاجئ بالنسبة لبايلز أو زميلها في الفريق أو مدربها عندما فاتتها دوراتها وهبطت هبوطًا خاطئًا. ومع ذلك كان من الممكن أن يخطط المدرب وبايلز لبدائل أخرى لروتين اللعب بدون الالتواءات، كما فعلت خلال نهائي العارضة الفردية الذي فازت فيه بالميدالية البرونزية. وهذا أمر شائع قبل البطولات.

والسؤال الذي يُترك للتفكير فيه هو ما إذا كان ينبغي على بايلز أن تستقيل قبل فترة طويلة من ذهابها إلى طوكيو كما كانت تفكر، أم كان ينبغي لها أن تنسحب من تلقاء نفسها قبل بدء الألعاب الأولمبية. كان من الممكن أن يؤدي ذلك إلى استبدالها بلاعبة جمباز مؤهلة أخرى بعد أن تضررت صحتها العقلية بسبب قبولها.

البني هو الأسود الجديد في الألعاب الأولمبية

في عالم الموضة، قد يعلن المصممون لمجموعة الأزياء الخريفية أن «اللون البني هو الأسود الجديد» بسبب تعدد استخداماته، لكن الجميع يرى اللون بنيًا. ينطبق الشيء نفسه على الميدالية الفضية الأولمبية التي فاز بها فريق الجمباز الأميركي، على الرغم من أن زملاء بايلز ذكروا أن فوزهم كان وكأنهم فازوا "بالذهبية"، ويرجع ذلك إلى أدائهم المتميز في ظل ظروف استثنائية، وهو ما يستحقون الثناء عليه.

كان زملاء بايلز كرماء في تعاطفهم معها وتفانيهم في الرياضة التي يحبونها. في رأيي، كانوا النجوم الحقيقيين. فبينما كانوا يعملون بجدٍ لسنوات ويحلمون بالحصول على ميداليات ذهبية أيضًا، لكن بدلًا من ذلك فاز الروس الذين غشوا بتعاطي المنشطات وهربوا بالميدالية الذهبية ليخططوا لغزو أوكرانيا.

وبطبيعة الحال، كان العديد من الرياضيين الأولمبيين، على الرغم من أنهم لم يفزوا بأي شيء، راضين بالعودة إلى ديارهم مع مجرد كومة من الفواتير لتغطية النفقات وفخرهم بالذكرى الدائمة للمشاركة وتمثيل بلدانهم في الألعاب.

تقديس الانهزامية والمنهزمين وآثارها

شكك الكاتب بريندان أونيل الكاتب السياسي الرئيسي ومذيع البودكاست في مجلة سبايكد في مزايا حصول بايلز على لقب "رياضية العام" من قبل مجلة تايم في عام 2021 بعد أن "استسلمت". ذكر أونيل مستندًا إلى تعريف القاموس أن "التوقف عن فعل شيء ما" يعني الاستسلام.

ومع ذلك، فهو لم يلقي اللوم على بايلز لأن لديها حاجة عاطفية واضحة، لكنه ألقى اللوم على تقديس النخبة الثقافية بسبب الثناء على استسلامها، وبالتالي تحويلها من لحظة خوف وفشل غير نمطيين إلى "درسٍ مقدس عن فضيلة الهشاشة."

تساءل المؤلف عن مدى فائدة هذا الادعاء للعمل الجماعي في مكان العمل عندما لا تنهي مهمتك في الوقت المحدد وتتوقع مكافأة مقابل تركها. ما تداعيات ذلك على الشباب؟ قد يكونوا خائفين من المنافسة لأن الجمباز خطير للغاية مما قد يؤدي إلى وقوع حوادث. ويمكن للطلاب أن يعترفوا في منتصف اختبار الرياضيات بأنهم يعانون من ضغطٍ نفسي من ثم يتوقعون درجات عالية، أو ينسحبون أثناء مباراة كرة سلة ويتخلون عن الفريق ويتوقعون الثناء بسبب التناقض بين العقل والجسد.

كيف ساعد النظام العالمي الجديد الذي يطلق عليه أونيل "تقديس المنسحبين" أو أعاق بايلز في محاربة الشدائد والفوز في الحياة؟ في الفترة التي سبقت الألعاب، شاهدت صحفيًا تلفزيونيًا يجري مقابلة مع بايلز وتحدث عن فرصها في الفوز بالمزيد من الميداليات الأولمبية باعتبارها الأعظم على الإطلاق (GOAT).

قرب نهاية المقابلة، انتقل التركيز نحو ما شعرت به بايلز تجاه الدكتور لاري نصار المسجون الذي تحرش بها والعديد من اللاعبات الأخريات عندما كانت لاعبة جمباز شابة، وتم تذكيرها بأنها كانت لاعبة الجمباز الوحيدة التي قدمت أداءً جيدًا. وبفعل بذلك أخضعت الصحافة "بايلز" لتأثير الحداثة، الموصوف بأنه التحيز المعرفي حيث يتم تذكر تلك الأفكار أو العناصر أو الحجج التي جاءت في النهاية بشكلٍ أوضح من تلك التي جاءت أولًا. هذه حيلة تُستخدم في المحكمة لأن ما تم سماعه مؤخرًا سيترك ذكرى أوضح في أذهان المحلفين. حداثة الذاكرة السلبية لـ "نصار" صرفت "بايلز" عاطفيًا عن التركيز على الفوز بالمزيد من الميداليات.

وفقًا لشارون برويت يونج من NPR News، تحدثت "بايلز" في 28 سبتمبر 2021 عن عدم رغبتها في أن يأخذ "نصار" "فرحتها" وتفوز، فضلًا عن رغبتها في حماية لاعبي الجمباز في المستقبل من أن يكونوا ضحايا. بعد الألعاب الأولمبية وخلال جلسة استماع اللجنة القضائية بمجلس الشيوخ بشأن تقاعس

مكتب التحقيقات الفيدرالي عن اتخاذ إجراء بشأن الادعاءات المتعلقة بالتحرش، ذكرت "بايلز" أنها قررت المشاركة في المنافسة في طوكيو – جزئيًا - لأن وجودها في الفريق لن يسمح لها بتجاهل الأزمة.

برأيي، أعتقد أن "بايلز" لم تكن قد تعاملت مع الصدمات التي تعرضت لها في طفولتها قبل الألعاب الأولمبية بعد والمتعلقة بكونها طفلة ملجأ ويتيمة وابنة لمتعاطي المخدرات وضحية للتحرش. لم تكن تظن أنها جديرة بأن تُعامل كإنسانة ومُجردة من مكانتها كنجمة، وكانت مترددة في التحدث عن نفسها وعن مشاعرها، على الأقل في البداية.

لكن بعد الألعاب الأولمبية، مضت قدمًا نحو الشفاء، وخطبت وخططت لحفل زفافها. وبحسب تقرير لسارة تارديف في أبريل/نيسان 2022، ذكرت "بايلز" أن الانسحاب من أولمبياد طوكيو كان "أكبر فوز لها" لأنها اكتسبت الشجاعة. لكنها أعربت عن أسفها لعدم تحقيق أهدافها الأولمبية بعد خمس سنوات من التدريب.

ما هو أكبر فوز لبايلز والمجتمع الأمريكي بعيدًا عن الألعاب الأوليمبية؟

أكبر فوز للمجتمع هو أن بايلز ساعدت في رفع وصمة العار المرتبطة بالأمراض العقلية وأفسحت مجالًا لأولئك الذين يعانون من ضائقة أو مشكلة عقلية وجسدية للتحدث وطلب المساعدة من الخبراء.

لهذا الفعل أهمية خاصة بسبب زيادة حالات الانتحار بين الشباب والرياضيين الجامعيين والأولمبيين غير القادرين على التعامل مع ضغوطات الحياة والمنافسة. كما تجاوزت بايلز إطارها الذي يبلغ 4 أقدام و8 بوصات، عندما استثمرت ماليًا في مجال الصحة العقلية للآخرين وخططت لمساعدة الأطفال في دور الأيتام.

كما أن أدائها الذي يستحق الميدالية الذهبية حدث عندما أدلت بشهادتها في جلسة استماع بالكونغرس مع فريقها في الجمباز بشأن التحرش الذي تعرضوا له من قِبل الدكتور نصار والذي تم غض الطرف عنه من قبل الولايات المتحدة الأمريكية للجمباز ومكتب التحقيقات الفيدرالي، وفازوا بقضيتهم، لكي لا يتكرر ذلك مرة أخرى أبدًا للأجيال المقبلة. تزوجت "سيمون بايلز" في 22 أبريل 2023.

إنجاز شيفرين في التوازن

بدأت قصة المجد الأولمبي في عام 2022 بالنسبة لميكايلا شيفرين التي تبلغ من العمر 26 عامًا قبل وقتٍ طويل من بدء الألعاب لبطلة التزحلق على الثلج الاستثنائية، عندما هرعت من مسابقة أوروبية إلى جوار سرير والدها قبل أن يتوفى فجأة إثر حادث منزلي يوم 2 فبراير/شباط لعام 2020 في بداية الجائحة.

في إعلان وفاته، كتبت شيفرين عن حزن عائلتها وقالت عن والدها: "جبلنا، محيطنا، وشروق شمسنا، قلبنا وروحنا" كما ذكر الصحفي ماثيو فوتيرمان في مقالته بتاريخ 4 فبراير 2020 في صحيفة نيويورك تايمز بعنوان "بطلة التزحلق على الثلج العظيمة ميكايلا شيفرين، وإيجاد التوازن".

روى المؤلف محادثة أجراها قبل خمس سنوات مع والد ميكايلا "جيف شيفرين". على الرغم من أن ابنته كانت أفضل متزحلقة على الثلج في العالم بالفعل، إلا أنه كان دائمًا ما يحضر سباقاتها بكاميرا مُعلقة من رقبته ليُظهر دعمًا وقدرًا من الهدوء والحس السليم لابنته، والتي اعتمدت عليها كمصدر لقوتها وقدرتها على التحمل.

عندما ذكر فوتيرمان لوالدها مدى إعجابه بقدرة ابنته البالغة من العمر 18 عامًا على التحدث بلباقة وبجملٍ طويلة ولم تكن خائفة من الاعتراف بمخاوفها وادراكها لحسن حظها، وكان ممتنًا للإطراءات على مجهوداته في تربية طفلته. ومن المهم أن نلاحظ هنا أن المهارات الحياتية ذاتها التي غرسها والدها وأمها في ابنتهما، مثل التعاطف والقدرة على التعبير عن المشاعر والامتنان والرغبة في الوصول إلى إمكاناتها الكاملة، هي ما جعلها مرنة في مواجهة التحديات والشدائد

اللاحقة في حياتها، على الرغم من أن دعم والدها وتوجيهه من أسفل منحدر التزحق كان مفقودًا وبشدة خلال دورة الألعاب الأولمبية.

وبعد أن أخذت إجازة لمدة ستة أسابيع فقط من السباق بعد وفاة والدها، عادت إلى المنحدرات للدفاع عن لقبها، لكن المسابقات ألغيت بسبب جائحة كورونا. كانت شيفرين تعتبر التزحلق على الثلج مُلهيها عن الحزن، وقد ساعدها على الشفاء.

وبحلول شهر أغسطس اضطرت هي ووالدتها إلى إخلاء منزلهما بسبب حرائق الغابات. كانت ممارستها للتزحلق مقصورة على الولايات الغربية الأمريكية. ثم تعرضت لإصابة في الظهر، وقام العديد من زملائها باستبعادها وقالوا إنها لن تعد تصلح للتنافس في المسابقة، الأمر الذي أزعج "ميكايلا" لأنها برأيها كانت تحاول التعافي ولم تفقد قدرتها أو سطوعها وشغفها.

ساعد لقاؤها بعالم نفسي رياضي "شيفرين" - وهي من أشهر الرياضيين من بين 223 رياضيًا يشكلون فريق الولايات المتحدة الأمريكية - على العودة إلى المسار الصحيح وإعادة تركيز طاقتها وعقليتها على التزحلق على الثلج مرة أخرى. ومع ذلك، فقد وجدت نفسها في غرفة معيشتها تشاهد قناة NBC التي أعدت فيلم وقصة درامية عنها قبل الألعاب الأولمبية، حيث كانت تحمل صورة ثمينة لوالدها، والتي كانت من الصور القلائل لأنه كان دائمًا ما يصورها هي فقط. أثار هذا التركيز المثير للعواطف أثناء التصوير تأثير الحداثة، حيث كانت ذكرياتها عن والدها ووفاته في طليعة ذهنها بدلًا من الفوز في سباقات التزحلق على الثلج. بعد وفاة والدها، كان عليها أن تحافظ على عقود تأييدها، وهي مهمة قام بها والدها لها، والتي كانت بمثابة تذكير آخر بغيابه.

مع اقتراب موعد انعقاد الألعاب الأولمبية بعد خمسة أسابيع فقط، خضعت شيفرين للحجر الصحي لمدة 10 أيام بسبب إصابتها بفيروس كوفيد-19 في غرفة فندق في النمسا، بينما كانت والدتها وإحدى مدربيها في الغرفة المجاورة.

ومع اقتراب افتتاح دورة الألعاب الشتوية في بكين، عادت إلى المنحدرات وفازت مرة أخرى في حلبة كأس العالم.

في هذا الوقت، سلبت قناة NBC سمعتها وكلفتها بالمشاركة في سباق تزحلق مع "ديناصورات" كدعاية ترويجية لفيلم "Jurassic Park" الجديد، حسبما قال باري سفرلوجا، في مقالته في صحيفة واشنطن بوست حول الإعداد الشامل لشيفرين للألعاب الأولمبية، أنه كان يتضمن ذكريات عن والدها والسباقات التي افتقدتها والتدرب قبل الفجر على ضوء المصابيح الأمامية، وحول الأحداث الخمسة المُحددة لها للتزحلق عند وصولها إلى الصين.

ما بدا خطيًا هو أن موسم شيفرين قد أعدها للفوز بميدالياتٍ متعددة في الألعاب الأولمبية لتتفوق على المتزحلقين البارعين الآخرين من الماضي. وبسبب شعورها بالضغط الناتج عن ذلك، شعرت أحيانًا وكأنها سمكة خارج الماء، وأنها أرخت قبضتها على التدريب الذي تلقته منذ أن كانت في السادسة من عمرها. بدأت تشكك في نفسها، خاصةً وأن حلمها المتكرر هو أنها ستتزجلق عند البوابة الخامسة.

شيفرين مصدومة من الثلج وعذاب الهزيمة

مع بدء الألعاب، بدأت شيفرين تشكك في نفسها أكثر بعد أول سقوط مفجع. جلست على الثلج بالقرب من منحدر التزحلق على الثلج واضعةً رأسها بين ذراعيها المطويتين في محاولة لمعرفة ما حدث بعد سقوطها للمرة الثانية. قالت إنها لا تملك أي إجابات. أثناء جريها، دفعت نفسها إلى أقصى حد لكنها انزلقت وسقطت، وشعرت بأنها استنزفت عاطفيًا كليًا.

بينما كان منافسوها يتجاوزونها، جلست هي وحدها. كتب مات فوتيرمان ودانييل فيكتور في مقال نُشر في صحيفة نيويورك تايمز بتاريخ 8 فبراير 2022: "بعد سقوط مفجع آخر، تبحث ميكايلا شيفرين عن إجابات". تغلب عليها شعورها بخيبة الأمل وأنها خذلت نفسها و الآخرين.

انتقد بعض الأشخاص على وسائل التواصل الاجتماعي قناة NBC لأنها ركزت الكاميرا عليها أثناء تفكيرها في أدائها والشعور بألم غياب والدها. كتبت فوتيرمان في 10 فبراير 2022 في صحيفة نيويورك تايمز "ميكايلا شيفرين، الثابتة دائمًا على زلاجاتها الثلجية، فقدت قدمها" وذكر أنها أعربت في وقتٍ ما عن رغبتها في الاتصال بوالدها لتُخبره عن أخطائها وإحباطاتها. قالت شيفرين متأسفة: "علاوةً على كل شيء آخر، أنا غاضبة منه جدًا"، على الرغم من أنها اعترفت بأنه ربما كان سيطلب منها أن تتخطى الأمر وتتغلب عليه، وأن تركز على السباق وليس النتيجة، لو كان على قيد الحياة.

في تسابقها خلال المنافسات الخمسة، إما أنها فشلت في إنهاء السباق أو لم تتأهل للحصول على ميدالية. حاولت "شيفرين" التأمل والتصور لكنها كانت تشعر بالاختناق. استمعت إلى الموسيقى وأخذت نفسًا عميقًا، لكن لم يساعدها أي شيء لأنها كانت في وضع الكر أو الفر. كان أداؤها على النقيض تمامًا من أداء المنتصرين، حيث كانت غير مستقرة على زلاجاتها وكانت ذراعيها وساقيها متعارضتين وتنزلق عن المسار.

يمكنك القول أن عقلها وجسدها كانا غير متزامنين. إذًا، كيف كان شعورها في نهاية الألعاب عندما فشلت في عبور خط النهاية في ثلاثة أحداث فازت بها سابقًا في الأولمبياد؟ مما لا شك فيه أنها شعرت وكأنها مزحة - محرجة وغاضبة ومحبطة ومربكة.

ما هو أكبر فوز لشيفرين والمجتمع الأمريكي خارج نطاق الألعاب الأوليمبية؟

كان هناك حدث واحد جماعي اختارت المشاركة فيه، ودفعت نفسها لتقديم كل ما لديها لدعم زملائها في الفريق الذين كانوا يدعمونها خلال الألعاب. وعلى الرغم من أن الفريق جاء في المركز الرابع، إلا أن هذا الحدث كان من أعز ذكرياتها.

ماذا تعلمنا عن الصمود وماذا علمتنا شيفرين من عثراتها؟ الشيء الوحيد المؤكد هو أنه عندما تسقط، عليك أن تقوم وتنفض التراب عن نفسك، وتقف وتبدأ من جديد. لقد علمتنا من خلال تنفيسها عن مشاعرها كيف نحزن من ثم نتعلم من جديد بعد فقدان أحد أحبائنا.

لم تستسلم شيفرين أبدًا، ولكنها بحثت عن طرق لتتحسن وأعربت عن امتنانها للدعم الذي حصلت عليه. لقد أكدت لنا أنك تفوز بشئ وتخسر شئ أخر. أثارت محنتها التعاطف لصالح الآخرين، كما هو الحال في قضية "حياة السود مهمة" والحرب الأوكرانية، ولكن أفضل مثال على مرونتها ونضالها خلال الشدائد كان عندما فازت بلقبها الرابع في كأس العالم بجدارة بعد شهر من الأولمبياد، وفي عام 2023 فازت بكأس العالم رقم 88، وتحتل الآن المرتبة الأولى عالميًا.

التجربة والخطأ

جميعنا نتعلم من خلال "التجربة والخطأ" منذ خطواتنا الأولى حتى الأخيرة، لذلك لا ينبغي أن نتفاجأ عندما نفشل في أمرٍ ما ولكن في النهاية نحل المشكلة وننجح في تحقيق أهدافنا. والتعلم بهذه الطريقة يبدأ منذ الولادة وينتهي بالوفاة، وبين هذه السنوات يكون لدينا كبشر الوقت للنضج والتغيير، خاصةً عندما ننعم بعمرٍ طويل.

لكن هذه العملية تستغرق وقتًا وتتطلب النية لإحراز تقدم بينما نواجه الشدائد ولا تحدث من تلقاء نفسها، وعلينا كبالغين أن نعمل لتحقيق النجاح. تُشير طريقة التعلم هذه إلى أننا سنفعل شيئًا ما بشكلٍ خاطئ قبل أن نفعله بشكلٍ صحيح، مثل تعلم كيفية صعود الدرج في الصِغر، وتبين لنا أننا كائنات غير مثالية تسعى جاهدةً لتحقيق الكمال. ويبدو أننا نتعلم من أخطائنا أكثر مما نتعلم من نجاحاتنا.

كآباء، نسعى جاهدين لحماية أطفالنا من المحن ومنعهم من التعرض لتجارب الطفولة السلبية، لكنها مهمة مستحيلة لأنه حتى لو نشأ أطفالنا في بيئة منزلية

مثالية، وهو ما لا يحصل عليه كثير من الأطفال، ففي أول يومٍ دراسي عندما يتعرضون للتنمر لن يتمكنوا من التعامل معه، حتى يتمكنوا من ذلك.

في بعض الأحيان نُبعد أطفالنا ونحميهم من تجربة المنافسة والظروف المعاكسة، وهي حقيقة من حقائق الحياة عندما تحاول الاعتماد على نفسك في هذا العالم. على سبيل المثال: ذات مرة حضرت حفل تخرج ابنتي من المدرسة الثانوية حيث كان هناك ثلاثة طلاب متفوقين، وكان علي أن أستمع إلى ثلاثة خطابات طويلة ومملة لهؤلاء الخريجين. وذلك لأن آباءهم اشتكوا إلى مدير المدرسة من أن المعدل التراكمي لبناتهم يختلف فقط بأجزاءٍ من الواحد. تخيل أن هذا يحدث في مباراة سباحة أوليمبية مع مايكل فيلبس الذي كانت نتيجته أسرع بجزءٍ من مائة من الثانية ليفوز بالمركز الأول، لكن فاز الذين يسبحون أبطأ بالميدالية الذهبية أيضًا.

نحن كبالغين لم ندرك أنه إذا أعطينا ميدالية المركز الأول لكل فردٍ في فريق السباحة، فلن يكون لها أي قيمة لدى أحد، لكن هذا لا يعني أن الطلاب الرياضيين الذين جاءوا في المركز الأخير في السباق لم يحققوا أهدافهم. كان أحد أكثر السباقات إلهامًا بالنسبة لي في أولمبياد 2022 هو مشاهدة الفائز بالميدالية الذهبية وهو ينتظر بصبر عند خط النهاية للقاء وتحية آخر متزحلق على الثلج يسجل دخوله. وعلى الجانب الآخر، كونك الشخص الأمهر والأشهر في فريق التزحلق على الثلج، قد لا يؤهلك للفوز بميدالية، كما هو الحال مع ميكايلا شيفرين.

هناك أدلة على أن التعرض للكثير من تجارب الطفولة السلبية (ACE) يرتبط بالتغيرات الكروموسومية والمشاكل الوظيفية في نمو الدماغ، وزيادة احتمال ظهور سلوكيات خطرة مثل الحمل في سن المراهقة وتعاطي المخدرات والعنف. ويعاني الشباب في دور الأيتام خاصةً من نسبٍ عالية من المشاكل النفسية، كما في حالة بايلز. بعض طرق الوقاية من حالات التأثر بالتجارب السلبية في الطفولة

وفقًا لمراكز السيطرة على الأمراض والوقاية منها تكون من خلال تعزيز الأعراف الاجتماعية التي تحمي من العنف والشدائد ومن خلال ربط الشباب بالبالغين المهتمين والأنشطة، مثل ممارسة الرياضات.

المتغيران اللذان يقول الباحثون إنهما غير مرتبطين بالحالة الاقتصادية هما السعادة والرفاهية العامة. لقد ثبت أن زيادة الثروة لا تزيد من رضا الإنسان وسعادته في الحياة. ويتجلى ذلك في فيلم Foxcatcher الذي تم إنتاجه عام 2015، والذي يصور قصة الوريث الثري جون دو بونت الذي عاش طفولة مضطربة. انقطعت علاقته المالية بـ USA Wrestling وتمويل منشأة تدريب للاعبين الأولمبيين، مثل ديف شولتز بطل المصارعة، عندما غضت الطرف عن سلوكيات دو بونت غير المنتظمة والعنيفة. أدى ذلك إلى مقتل شولتز في النهاية على يد دو بونت تحت تهديد السلاح لأسباب الملكية الأسطورية.

لاحظ مسؤولو الدوري الرياضي بين المدارس الثانوية في نيوجيرسي تراجعًا في صفات الروح الرياضية الجيدة، لذلك وضع الأمين التنفيذي للرابطة في نشرة مبادئ اللعب النظيف الصحية والمنتجة. وذكر أن الملاعب الرياضية هي امتداد للفصول الدراسية، وأن البالغين من المدربين وأولياء الأمور والمدرسين يجب عليهم تعليم الطلاب الرياضيين احترام اللاعبين الآخرين في الملعب. مع توجيه الآباء والمشجعين إلى الالتزام بقواعد الروح الرياضية الجيدة والتحدث عنها مع أطفالهم في المنزل والتركيز على عرضها في الأحداث الرياضية. وذكّر مسؤولو الدوري الآباء بأن هناك حوادث متزايدة أظهر فيها الطلاب الرياضيون روحًا رياضية جيدة في حين أفسح البالغون في المدرجات المجال لعواطفهم لإظهار مشاعر الغضب والعدوان غير المنضبط. وذكّروا الآباء بضرورة تشجيع أطفالهم وإظهار السلوكيات المناسبة لهم في الآن ذاته.

تناولت إحدى المقالات في سلسلة كيفية تربية أطفال سعداء ومرنين والتي نُشرت في مجلة العلوم الأمريكية في مارس 2014 كتبها جون ماير بعنوان

"التفكير في المستقبل"، والتي اقترح فيها أن يتعرف الكبار على أنفسهم (نسختهم المستقبلية). فذلك قد يضعهم على أول الطريق نحو الرضا. لقد أقر بأن الشعور بالارتباط بما سنصبح عليه يقودنا نحو رفاهية أكبر. وكلما كبرنا ونضجنا، بإمكاننا بعد ذلك نقل هذه المعرفة إلى أطفالنا من خلال حبنا لهم وللرياضة.

من الضروري أن نضع أنفسنا كآباء في مكانة أطفالنا، وأن نتذكر شعورنا عندما دخلنا لأول مرة إلى حلبة المصارعة وإلى ملعب كرة السلة، أو شعورنا بتجاربنا وخسائرنا أو انتصاراتنا. هذا اقتراح طرحته خلال لقاء تلفزيوني في برنامجي "طرق الفوز للمراهقين" (متاح للمشاهدة على www.idealperformance.net/video).

في تقرير اليونيسف لعام 2010 حول حماية الأطفال من العنف الرياضي، سُئل الشباب عما يحبونه في المشاركة في الألعاب الرياضية. أجابوا بأنهم يستمتعون بالأمر، وأنهم بفضلها كوّنوا صداقات جديدة، وأحبوا فكرة وضع وتحديد الأهداف، ولم يهتموا سواء فازوا أو خسروا.

تقول الأسطورة أن مدرب كرة القدم العظيم فينس لومباردي قال ذات مرة: "الفوز ليس كل شيء، إنه الشيء الوحيد". هذه المُسلّمة تحول الفوز إلى سم للرياضات الشبابية، أي الفوز بأي ثمن.

ومع ذلك، فإن ما قصده لومباردي كان في الواقع "الفوز ليس كل شيء، ولكن السعي لتحقيق الفوز هو كل شيء". هناك هدف رئيسي للمسابقات الرياضية وهو الفوز بـ"اللقب"، لأن هناك نتيجتين فقط في مباراة المصارعة، فإما أن تربح أو تخسر، ومجتمعنا يكافئ من يفوز في نظره. ومن المهم أن نأخذ في الحسبان أن الفوز هو هدف المسابقة، وليس هدف المشاركة الرياضية. لذا لا بد من الموازنة بين هذين الهدفين مع هذا الشعار: الرياضيون أولًا، والفوز ثانيًا. فهذا يُقلل من رغبة الطلاب الرياضيين في الفوز بأي ثمن، وألا يتم الحكم عليهم إلا بناءً على انتصاراتهم.

في الألعاب الأولمبية لعامي 2020 و2022، جرب كل من سيمون بايلز وميكايلا شيفرين السموم التي يمكن أن تسمم المنافسة الرياضية وشعرا بالتأثير المهدئ للإكسير الشافي على جروحهما القديمة والجديدة. فـ "بايلز" وتربيتها المهزوزة في دار الأيتام حتى التبني، وتربية "شيفرين" السليمة من والديها، كل ذلك جعلهما ينعمان بالسعادة في الحياة على حدٍ سواء. لقد فاز كلاهما بشيء ما، وهو اكتساب الصحة العقلية، وخسرا شيئًا ما، وهو الفشل في المنافسة. لكن كان عليهما وأيضاً "ماتي نيكانن" أن يبحثوا بدواخلهم ويتعمقوا داخل أنفسهم كرياضيين "من عالم آخر"، ويتساءلوا: "هل يُحدد فوزي الأخير فقط قدر موهبتي؟"

ثلاثتهم أبطال في مجالاتهم. ووفقًا لجاك ديمبسي الملاكم الشهير الذي قال: "البطل هو الشخص الذي ينهض عندما لا يقدر على ذلك"، فنحن كأشخاص عاديين أبطال أيضًا. عندما نواجه شدائد حياتنا، اسمح لنفسك بأن تسقط بقوة، ولكن قف مرة أخرى لتفوز في الحياة.

الفصل الخامس

عقلك مكانٌ مُذهل للعيش

"كل ما نزرعه في عقلنا الباطن
ونغذيه بالتكرار والعاطفة
سيصبح حقيقة، يومًا ما."
~ إيرل نايتنغيل

في بقعة الضوء

عندما كنت في الخامسة عشرة من عمري، كنت صديقةً لصبي مصاب بالصرع وكان يخفيه عن الآخرين، وذلك حتى أصيب بنوبة صرع كبير في منتصف الشارع حيث كنا نتجول في متجر حلوى محلي. أتذكر الرعب الذي رأيته وهو يتشنج أنا والمتفرجين الآخرين، وكنت خائفةً لأنني لم أتمكن من مساعدته.

فقال أحد الجمع: علينا أن نضع عودًا في فمه، حتى لا يعض أو يبتلع لسانه. ربما كان مصدر هذه الفكرة عندنا كمراهقين هو شيء شاهدناه على شاشة التلفزيون. وعندما استعاد وعيه وأدرك أنه قد دنس نفسه بسبب التشنجات، شعر بإحراج شديد بسبب مرضه. لم أره مرة أخرى بعد هذه الحادثة لكنه أثر هو ووالدتي في مسار حياتي للالتحاق بمدرسة التمريض.

عندما كانت والدتي في الخامسة عشرة من عمرها، أصيبت بتمزق الزائدة الدودية، وكادت أن تموت لولا اكتشاف البنسلين. خلال فترة إقامتها الطويلة في المستشفى، أخبر الطبيب جدي أن لديها فرصة للبقاء على قيد الحياة بنسبة خمسين بالمائة فقط. لقد تغيبت عن دروس المدرسة الثانوية وتخرجت في وقتٍ

متأخر عن المتوقع، واضطرت إلى الخروج للعمل خلال فترة الكساد الكبير لتزيد دخل الأسرة.

النتيجتان العظيمتان اللتان جاءتا من إقامتها الطويلة في المستشفى هما طموحها بأن تصبح ممرضة، ولقائها بوالدي للمرة الأولى. لم تحقق أمي هدفها في دخول مدرسة التمريض أبدًا، وكان هذا بمثابة ندم حياتها حتى قُبيل وفاتها، لكنها تزوجت في عمر 21 عامًا وأنجبت خمسة أطفال. كنت أنا الابنة الرابعة، وقد شجعتني على أن أصبح ممرضة بدلًا منها. كان والدي يعمل في وظيفتين ووالدتي تعمل كنادلة. لقد أرادوا لي الأفضل لأن التمريض سيكون شيئًا يمكنني "الاستناد عليه" ماليًا في أوقات الشدة.

بعد أن بلغت سن السادسة عشرة من عمري ذهبت لإجراء مقابلة في مدرسة التمريض في بروكلين. لم يسبق لي كفتاة من كوينز من فار روكاواي أن ركبت مترو أنفاق مدينة نيويورك بمفردي. وضللت طريقي في محطة قطار شرق نيويورك الضخمة قبل أن أجد خط كانارسي المؤدي إلى جادة بوشويك، بالقرب من ويليامزبرغ وبيدفورد ستايفسانت. تساقطت الثلوج في اليوم السابق ولكنها ذابت، لذا كانت الشوارع طينية. بينما كنت أقف على زاوية الشارع بالقرب من المدرسة، مرت شاحنة وتناثرت عليّ من الرأس إلى أخمص القدمين الثلوج الملطخة بالطين والمياه الجليدية الباردة. كانت قبعتي المصنوعة من الفرو الصناعي الأبيض مغطاة بالطين، وكذلك وجهي ومعطفي.

عندما وصلت إلى دورة المياه في المدرسة، غسلت قبعتي بسرعة قدر استطاعتي ومشطت الفراء بأظافري. ثم نظفت ساقي في الحوض ومسحت الحلقات السوداء الموجودة على جواربي الممزقة الناتجة عن احتكاك حذاء الثلج. وضعت قبعتي مرة أخرى على رأسي، وارتديت قفازات بيضاء وحذاء بكعب عالٍ، وعدلت فستاني الصوفي الوردي.

لقد بدوت مثل فأر خائف غارق عندما تم استدعائي إلى مكتب المديرة، التي كانت ممرضةً وراهبة مرتديةً ثوبًا أبيض. بدا الكرسي الذي جلست عليه مقابل مكتب المديرة ضخمًا جدًا بالنسبة لهيكلي الصغير. شعرت بالخوف عندما سألتني لما أرغب بأن أصبح ممرضة.

تذكرت صديقي الذي كان مصابًا بالصرع ورويت قصته مع إصابته بـ "النوبة" وكيف أردت مساعدته. كانت الأمور تسير بشكلٍ جيد بما يكفي حتى نظرت المديرة إلى طلبي ورأت عمري. أخبرتني أنها لاحظت أنني قد تجاوزت للتو عيد ميلادي السادس عشر، وقالت إنه يجب أن أبلغ 18 عامًا حتى أدخل المدرسة في الخريف. بعد أن سألتني عن سبب تخرجي من المدرسة الثانوية في سنٍ صغيرة، فكرت للحظة وأجبت: "أعتقد أنني ذكية". ساعدتني هذه الإجابة مع حصولي على درجات عالية في العلوم والكفاءة في التمريض على قبولي في المدرسة، حيث تعلمت في اليوم الأول من الفصل الدراسي أن الرعاية التمريضية شاملة.

بعد التخرج في سن التاسعة عشرة، عملتُ في المستشفيات وفي تمريض صحة المجتمع كممرضة متدربة. وبعد عدة سنوات، حصلتُ على بكالوريوس العلوم في التمريض (BSN) والتقيتُ بزوجي الذي كان طالبًا في الدراسات العليا. تزوجنا وحاولنا سويًا تكوين أسرة لكننا فشلنا بعد أربع حالات إجهاض. عندما نجحنا أخيرًا في إنجاب أربعة أطفال أصحاء، استمتعتُ برفاهية كوني أمًا وربة منزل في البيت، ولكن كان هناك الكثير من التضحيات والإحباطات التي تحملتُها كامرأة مستقلة بينما كنتُ أعيش على دخل "معيل" واحد. على سبيل المثال: أتذكر أنني تقدمتُ بطلب للحصول على بطاقة خصم سوبر ماركت وتم رفضي لعدم وجود توقيع من زوجي، فضلًا عن سؤالي من قبل مساعد طبيب الأسنان كيف أنوي دفع فاتورتي بما أنني لا أعمل خارج المنزل. أسوأ ذكرى كانت عندما كنت حاملًا في الشهر الخامس بطفلي الرابع وكنت أعبر الشارع ومعي ابنتي في عربة الأطفال وابني بجانبي، وتوقفت امرأة من المارة لتسألني إذا كنت أعرف أن وسائل منع الحمل متوفرة.

لقد أحببت كوني الراعية الأساسية لأطفالي، لكنني كنت أعلم أن نفسيتي بحاجة إلى ما هو أبعد من تربية الأطفال، لذلك درست الرقص والكمان والبيانو وشاركت في بعض الحفلات الموسيقية. لقد خسرت هذه الفرص في طفولتي بسبب ارتفاع التكاليف. حصلت على درجة الماجستير في الإدارة العامة (MPA) وتخرجت بمرتبة الشرف. أصبحت الحديقة المحلية بمثابة مكان دراستي حيث أنهيت رسالة الماجستير على طاولة التنزه في الحديقة، بينما كنت أراقب أطفالي وهم يلعبون على مقربةٍ مني. سألتني الأمهات الجالسات هناك: "لماذا تحضرين مكتبة إلى الحديقة؟"

لم أتمكن من العثور على وظيفة كممرضة إدارية لأنه تم اعتباري ذات مؤهل تعليمي أكثر من اللازم، وكنت أتقاضى أجرًا أقل مما أحتاجه لأتمكن من تحمل تكاليف رعاية الأطفال. ظل الأمر كذلك حتى عام 1994 عندما سألني أحد الأصدقاء إذا كنت أرغب في أخذ دورات لدراسة التنويم المغناطيسي والحصول على شهادة بأنني نجحت كشخص وكممرض مسجل محترف. وبما أنني درست التأمل واستخدمت التنويم المغناطيسي الذاتي والارتجاع البيولوجي سابقًا وافقت على حضور الدورات لأنني رأيت إمكانية تطبيقها على عملي. كان أطفالي رياضيين تنافسيين، وعندما رأيتهم يتعثرون على بساط المصارعة وفي مسابقات الجمباز وفي دراستهم، بدأت أشرح لهم مهارات الأداء الأقصى. وعلى الرغم من أنني بحثت عن المساعدة إلا أنه لم يكن هناك من يعلمهم غيري، لذلك قررت إنشاء متجر في عام 1996.

في أحد الأيام في طريق عودتي إلى المنزل بعد إيصال بناتي إلى نادي الجمباز، اشتريت كرسيًا من الجزء الخلفي لشاحنة أثاث ذات 18 عجلة من نورث كارولاينا كانت متوقفة في محطة وقود شاغرة. وضعته في الجزء الخلفي من عربتي القديمة وأخذته إلى منزلي وعلقت شهادتي فوقه. عندما وصل أطفالي من التدريب في صالة الألعاب الرياضية، فوجئوا بأن غرفة عائلتنا تحولت إلى مكتبي الجديد قبالة المدخل.

التحدي الأول الذي واجهني كان عندما حاولت استئجار مكتب في مدينتي. لم أتمكن من استخدام ميزانية الأسرة لأنها كانت محدودة، لذلك صرفت بوليصة التأمين على الحياة، مع حساب IRA الصغير ومدخراتي الضئيلة، وأدرجت دخل عائلتنا كضمان.

عند التقدم بطلب للحصول على شهادة الإشغال (COO)، جلست في الطرف المقابل لطاولة الإداريين على شكل حدوة حصان في قاعة المدينة، والتي تتألف من أعضاء مجلس الإدارة المكون من ذكورٍ فقط. بدت هذه المقابلة الإلزامية أشبه بمحاكم التفتيش، حيث تحدثت عن عملي الذي أعتزم القيام به كمدربة للأداء الأقصى وممرضة مسجلة ومُعالجة بالتنويم المغناطيسي السريري.

بعد أن قدمت عرضي ومؤهلاتي، انحنى أحد أعضاء مجلس الإدارة الجالس على اليسار إلى كرسيه، وبدأ يتحدث بتعجرف عن طرد مجلس الإدارة لـ "وسيطة روحية" خارج المدينة لأنها تسببت في وقوع حادث مروري بسبب لافتاتها النيون الوامضة في واجهة متجرها. سألني إذا كنت أقرأ أوراق الشاي مثل "الغجرية" التي طُردت مؤخرًا من المدينة. في البداية، لم أكن متأكدةً مما يعنيه، لكنني كنت أعلم أن الاستثمار المالي الذي حددته للحصول على شهاد الإشغال سيكون في خطر إذا لم يُسمح لي ببدء مشروعي التجاري. ومن حسن الحظ أن هناك عضوًا في مجلس الإدارة قد دعمني بتوبيخ العضو المتشكك، قائلًا: "ماذا تقول؟ إنها ليست غجرية. ألم تسمع عن الرياضيين الأولمبيين الذين يستخدمون مهارات الأداء الأقصى للفوز؟"

هناك عقبة أخرى واجهتها عندما انتقلت من كوني ربة منزل إلى ريادة الأعمال وهي أن العديد من الأشخاص في محيطي وحتى أفراد أسرتي شككوا في قدرتي على تحقيق أهدافي. لم يتمكنوا من فهم قابلية تطبيق عملي، ووصفوني حرفيًا بالجنون لاعتقادي أنني أستطيع فعل ذلك.

مع هذه العقبات، ما هي العقبات الأخرى التي واجهتها مع بدء عملي كمدربة تنويم مغناطيسي؟ في البداية، تساءل أحد أقاربي الرافضين الذين زاروا مكتبي المستأجر: "من سيرغب في القدوم إلى مكتبك وهنالك مصباح سلحفاة يضئ المكان؟" وبعد سنوات، في عام 2015، عندما حضرت مؤتمرًا كاثوليكيًا طبيًا في أوروبا، وصف طبيب الأمراض النسائية عملي بأنه شعوذة العصر الجديد ورفضه، موضحًا أن أفكاري لم تكن مقبولة هناك، على الرغم من أن البابا بيوس الثاني عشر قد وافق على ذلك. استخدم التنويم المغناطيسي في عام 1956، وقد استخدم كذلك في الولادة منذ العصور القديمة. وفي عام 2017، منعني القس راعي الكنيسة الكاثوليكية التي كنت أرتادها من الإعلان عن برنامجي التدريبي على في حملة لجمع التبرعات بالكنيسة، دون إبداء أسباب.

أخبرني منتقدو عملي أنني أقوم بعمل الشيطان وسوف أذهب إلى الجحيم لأنني أعمل بالتنويم المغناطيسي. بالإشارة إلى قيامي بعملي في مجال العلاج بالتنويم المغناطيسي وأبحاثي حول دراسات الحالة باعتباري كاثوليكية محترفة، تمت الإشارة إليّ على أنني "مهرطقة". وجاءت التعليقات من قبيل: "من الذي نوّمك مغناطيسيًا لتصدقين هذه الأشياء؟ أي نوع من الكاثوليك أنت؟"

بالإضافة إلى هذه العقبات، تم تهميشي باعتباري دجالة من قبل أحد الموظفين في مكتب Better Business Bureau الذي اتصل بي وشكك في مصداقيتي لأنني أعلنت أن التغيير قد يكون سهلًا، واختلف معي، ووصفني بالدجالة.

جاء أحد العملاء الذي أراد تحسين قدرته على التحدث أمام الجمهور إلى مكتبي وهو متوتر، وجلس على الكرسي وعينه مفتوحة وممسكًا بمفاتيح سيارته حتى يتمكن من الهروب بسرعة من مكتبي أثناء الجلسة إذا لزم الأمر. كما طلبت والدة عميلة أخرى من ابنتها أن تراقب حقيبتها حتى لا أسرقها بينما أساعدها على تحسين أدائها الموسيقي كعازفة تشيلو. وأصيب صبي صغير بالذعر قبل جلسته

لأنه رأى مكنسة عند مدخل مكتبي كنت أستخدمها لكنس أوراق أشجار الخريف، وافترض أنني سأجعله يطير عليها، مثل فيلم ميكي ماوس الساحر المتدرب من إنتاج شركة ديزني. طلب مني أحد مدربي المصارعة أن أعود إلى المنزل وأخبز البسكويت من أجل جمع التبرعات مثل كل الأمهات الأخريات بدلًا من استخدام خبرتي.

على الرغم من أن هذه الحواجز وُجدت لتعوقني وتعمل ضدي، إلا أنني لم أنكمش في الزاوية. بدلًا من ذلك أصبحت أكثر دافعية وتحفز لتحقيق أهدافي. بغض النظر عما قاله الناس عني أو عن عملي، فقد مضيت قدمًا في خطط العمل الخاصة بي وعلقت لافتة مكتبي المكتوب عليها مدرب مستقل للأداء الأقصى، وهو نهج جديد وجريء لممرضة في العام 1996. ومع ذلك، كان هناك عقبة آخرى كان علي التغلب عليها.

أثناء تدريب رقصة النقر، بعد إصابتي برد فعل تحسسي تجاه تناول شاي الجينسنغ، دخلت في غيبوبة بسبب صدمة تحسسية وعشت تجربة ما بين الحياة والموت في أكاديمية للرقص تسمى "في دائرة الضوء" وأنقذني مدرب الرقص.

في فترة فقداني لوعيي، مُنحت إمكانية الاختيار وأنا أطفو في غرفة مُضاءة بضوءٍ أبيض وأشعر بوجود ملائكة تسألني إذا كنت أريد أن أعيش أو أموت. أشاروا إلى باب مفتوح في زاوية الغرفة، وقالوا لي إنني أستطيع أن أتبعهم من خلاله إلى نعيم الجنة، وتتبخر كل همومي.

في تلك المرحلة، أصبحت مهمتي في العمل مع العملاء ومساعدة الآخرين في المقدمة، حيث رأيت وجوه أطفالي الصغار وزوجي يظهرون أمامي واحدًا تلو الآخر. كانوا في حالة من الذعر وتوسلوا إلي أن أبقى معهم. اخترت العودة لإكمال عمل حياتي. عندما فتحت عيني ونظرت من حلبة الرقص، رأيت فتيات صغيرات يرتدين ثياب الرقص وأحذية الباليه ويحدقن في وجهي بفضول، وأدركت أنني اتخذت القرار الصحيح.

تجربتي الحياتية

عندما أتذكر الوقت الذي كان عمري فيه 16 عامًا عندما بدأت دراستي كطالبة تمريض، لم أفهم لماذا رسمت المعلمة في اليوم الأول من الفصل الدراسي مثلثًا على السبورة وكتبت "العقل - الجسد - الروح" من كل زاوية. وقالت إن التمريض أمر شمولي، ولم أكن أعرف ما يعنيه ذلك. لقد تحدثت عن المريض باعتباره "شخصًا"، واعتقدت أن الأمر غريب، فسألت: "ماذا يمكن أن يكون المريض أيضًا؟"

ومع تعمق معرفتي وخبرتي خلال سنوات دراستي كطالبة وممرضة، بدأت أفهم بشكلٍ كامل العلاقة بين العقل والجسد والروح والصحة والعافية. إحدى الأحداث الوحشية والصعبة التي مررت بها كانت مع مريض مسن اضطر إلى بتر ساقه اليمنى المصابة بالغرغرينا دون تخدير لأنه كان يعاني من مرض مصاحب في القلب. كانت وظيفتي عندما كنت في السابعة عشرة من عمري أن أجعله يسكر من خلال مساعدته في شرب زجاجة كبيرة من الفودكا حتى يتمكن الجراح من قطع ساقه الميتة التي كانت سوداء اللون مثل الحطب المستهلك في حفرة نار وكانت تفوح منها رائحة سمك فاسد. أتذكر أنني تخيلت شخصًا يضع عصا في فمه، كما في أفلام الحرب الأهلية التي شاهدتها، ويطلب منه أن يعضها وهو في حالة سكر. لو كنت أعرف حينها كيفية استخدام تدخل علاجي يسمى "التخدير بالقفاز"، لكان من الممكن أن أساعده في تخدير الألم.

عالجت امرأة مسنة ضعيفة مصابة بقرحة فراش كبيرة أصيبت بها في دار لرعاية المسنين بسبب الإهمال. كان عرض محيطه خمس بوصات وكان عميقًا جدًا بحيث يمكنك رؤية العظام. وبينما كنت أحاول قلبها برفق في السرير بمساعدة زميلتي، انكسر عظم الورك في يدي بصوت عالٍ، وصرخت.

شعرت بالفزع لأنني لم أكن أعرف ماذا أقول أو أفعل لتهدئتها في ذلك الوقت، ولكني تعلمت منذ ذلك الحين طرقًا علاجية لتخفيف هذا الألم، لأنني كنت أؤمن

دائمًا بشكل حدسي بأن العقل والجسد والروح يعملون معًا في وئام، كما قال لي معلميني.

كوني مدربةً في الأداء الأقصى وممرضةً مُسجلة وطبيبةً ماهرة في استخدام التنويم المغناطيسي، فقد دمجت استخدام التدريس والتعلم التجريبي في برامجي الشاملة في مركزي لمساعدة الآخرين على الوصول إلى القوة الفطرية للشفاء ونضج ونمو العقل. لقد طورت هذه البرامج الشفائية مثل "عملية الشفاء" (المتوفرة للعرض على www.idealperformance.net/videos) لتعزيز الصحة والعافية، وتعزيز الشفاء السريع من العمليات الجراحية وتقليل وقت التعافي وتقليل استخدام المواد الأفيونية بعد العمليات الجراحية، والعمل جنبًا إلى جنب مع مقدمي الرعاية الصحية أو بشكلٍ مستقل أيضًا.

في الجزء التالي من هذا الفصل، سأشارككم الخطوات التي يمكنك اتخاذها لحث التنويم المغناطيسي الذاتي والوصول إلى حالة التركيز الكامل، وكيف أستخدم تقنية جسر التأثير Affect Bridge، وكيف أعلم العملاء تقنيات الأداء القصوى ومهارات المتانة الذهنية.

بهذه الطريقة يمكنك تسهيل عملية الوصول إلى حالة التركيز الكامل بمفردك، بغض النظر عن هويتك أو مكان وجودك. وبالإضافة إلى كل ذلك، فإن خطواتي الأولى في مناقشتنا هي شرح وإزالة الغموض عن التطبيقات العلاجية للتنويم المغناطيسي بين العقل والجسم، وإظهار فائدتها لك كشخص عادي.

التنويم المغناطيسي المستخدم في العلاجات القديمة

ذكر لورانس شوجرمان وجولي ليندن ولي بروكس في كتابٍ صدر عام 2020 بعنوان تغيير العقول بالتنويم المغناطيسي السريري، أن ما يشار إليه باسم "التنويم المغناطيسي" يُساء فهمه على أنه طريقة سريرية.

يعود جزء من سر التنويم المغناطيسي الذي نراه اليوم إلى قرونٍ مضت، لأنه متجذر في المعتقدات والطقوس من الحضارات القديمة، حيث دُمج العلم والطب والدين معًا وكان يؤديها شخص واحد، كاهن وطبيب وعالم، ويلعب دور المعالج عن طريق طرد الأرواح الشريرة والشيطان التي كانت باعتقادهم هي مُسببات المرض.

لقد فتح المتصوفون والشامان (كهّان معالجون) ونساء الطب في عصور ما قبل التاريخ سبل البقاء والتغيير والقدرة على التكيف قبل فترة طويلة من التجريب والبحث البافلوفي في الطب العقلي والجسدي. استخدم هؤلاء المعالجون البدائيون خبراتهم ومعرفتهم وخيالهم ومعتقداتهم منذ أكثر من 4000 عام في مصر في معبد إيزيس في فيلة وفي معبد أبولو في اليونان القديمة - وهي أماكن زُرتها - حيث كان الناس يأتون في رحلات حج للشفاء من خلال العلاج بالتنويم المغناطيسي وجهود الكاهنة الكبرى "بيثيا"، التي كانت تُعرف باسم "كاهنة دلفي".

المسمرية في القرنين الثامن عشر والتاسع عشر: تحدياتها ونجاحاتها

أثناء بحثي الاستقصائي، تساءلت عن سبب ارتباط التنويم المغناطيسي بالأرواح الشريرة الشيطانية و"المسمرية - Mesmerism"، التي اشتق منها الفعل "اِفْتَتَن mesmerize" الشائع اليوم. وجدت الإجابات المرجوة في أعمال المؤرخين ألكسندر وسيليسنيك في كتابهما "تاريخ الطب النفسي" الصادر عام 1966. ذكرا فيه فرانز أنطون ميسمير (1734-1815)، الطبيب الذي اقترب في أواخر القرن التاسع عشر من اكتشاف القوة العلاجية لظاهرة نفسية تُدعى "الإيحاء التنويمي". إلا أنه أرجع هذه القوة إلى تأثير التنويم المغناطيسي أو "المغناطيسية الحيوانية"، التي كان يعتقد أنها تتدفق بفضل لمسته وقوته السحرية من جسد المنوم مغناطيسيًا إلى مرضاه.

وتكمن جذور المغناطيسية الحيوانية في المعتقدات القديمة عندما كان التجاذب بين الحديد والمغناطيس معروفًا لدى المجتمعات البدائية، وكان يتم ارتداء الأساور والقلائد الممغنطة كتمائم وطلسمات. كان باراسيلسوس طبيبًا وكيميائيًا وفيلسوفًا علم أنه ليس المغناطيس فقط، بل الأجرام السماوية أيضًا قادرة على جذب البشر والتأثير عليهم عن طريق انبعاث التكوينات السماوية. صاغ ميسمير هذه المفاهيم معتقدًا أن هذا السائل الغامض يتكثف وينعكس بواسطة المرايا تمامًا مثل الضوء. ينص التفسير الأخير لنظرية ميسمير على أنه من خلال هذا العلم والمعرفة يمكن للأطباء أن يحددوا أصل المرض وطبيعته وتطوره بدقة وموثوقية، وأن هذه الرؤية ستمكنهم من تحديد الحالة الصحية لكل فرد لحمايته من الأمراض، وفقًا للمؤلفين.

كان طموح مسمير هو تجربة نظرياته وجعلها مقبولة في عالم الطب العلمي، لكنه لم يرغب أبدًا في إجراء تحليل بحثي لأفكاره. جاءت أولى الأدلة الداعمة لنظريته من الكاهن اليسوعي "الأب هيل"، الذي روى له عن علاجاته باستخدام المغناطيس الفولاذي، وأعطى واحدًا لميسمير الذي أنكر ذلك فيما بعد.

ومع تطور نظريته، لم يضطر مسمير في النهاية إلى استخدام أي شيء على الإطلاق، لأن وضعية يديه كانت كافية لجعل مرضاه يشعرون بالقوة المغناطيسية، كما هو الحال مع الريكي في عصرنا الحالي. لو قبل مسمير رفض المجتمع الطبي لكان بإمكانه البقاء في فيينا، لكنه بدلًا من ذلك ذهب إلى باريس بدعوة من الملك لويس السادس عشر آخر ملوك فرنسا قبل الثورة، والذي أُعدم بالمقصلة عام 1793. وكان يعمل في باريس مع سيدات ثريات هستيريات يدفعن له مبالغ ضخمة من المال، لكنه كان يقبل أولئك من الطبقة العاملة الذين يشاركون مجانًا.

كان مسمير مؤديًا استثنائيًا في عمله مع الأفراد والجماعات، وكان يرتدي زيًا فخمًا. وبصفته فنانًا استعراضيًا، قدم عرضًا حيث دخل بشكلٍ درامي إلى منتصفُ المسرح بينما كان المرضى يمسكون أيديهم في دائرة حول الباكيه، وهو حوض

مملوء بالمياه "الممغنطة". ولم يدرك آنذاك أن عمله ونجاحاته كانت مبنية على الإيحاء الجماعي وعلى استخدام الخيال فقط لا غير.

لم يتم الاعتراف بنظرية مسمير قط من قِبل المجتمع الطبي. بعد أن شعر بالرفض، غادر باريس عام 1781، حيث حقق نجاحًا هائلًا باعتباره "حيوانًا أليفًا" للمجتمع الباريسي الغني. وفي عام 1784، شكل الملك لجنة لدراسة المغناطيسية الحيوانية. وكان رئيس اللجنة هو بنجامين فرانكلين ومن بين أعضائها الدكتور جيلوتين، الذي كانت فكرته هي إعدام المحكوم عليهم إعدامًا رحيمًا مهما كانت مكانتهم الاجتماعية.

أدركت اللجنة في نهاية المطاف أن المغناطيسية الحيوانية غير موجودة وأنها ليست أكثر من مجرد "خيال"، وبالتالي - كما صاغها ألكساندر وسيليسنيك - أُعدمت طموحات مسمير بالمقصلة رمزيًا. لم تُدعم تقارير الأقلية موقف مسمير على الإطلاق، لتثبت أنه على الرغم من نظريته غير السليمة فعلى ما يبدو أن المغناطيسية الحيوانية علاجية.

بحلول الوقت الذي اختفى فيه مسمير في غياهب النسيان، تطور فصيلان: أحدهما سعى إلى إعادة الاحترام إلى المسمرية في مهنة الطب والآخر سعى إلى تعزيز الدجل والشعوذة. رأى أولئك المنتمون إلى الطائفة الأخيرة أنها وسيلة لجني مكاسب مالية عندما غامروا بدخول عالم الروحانية وجلسات تحضير الأرواح خلال منتصف القرن التاسع عشر. كان مُعتقد هذه الطائفة أن الناس بإمكانهم التواصل من خلال الوسائط مع أحبائهم الموتى، على الرغم من أن الكثير منها ثبت أنه مجرد عرضٍ زائف. من المؤسف أن الارتباط بين التنويم المغناطيسي وبين عمل الشيطان والمشعوذين لا يزال موجودًا في العصر الحديث كما يتضح من تجربتي الحياتية كأخصائية في التنويم المغناطيسي العلاجي.

التأثير السلبي على التنويم المغناطيسي كونه جزء من الترفيه

يُجلب التصوف والروحانية للتنويم المغناطيسي من الماضي إلى الأذهان في القرن الحادي والعشرين عند ذكره، خاصةً في سياق الرعاية الصحية والمسرح والترفيه السينمائي.

قد يثير مصطلح التنويم المغناطيسي القلق والفضول والغموض، أو يُسبب ارتباكًا وشكًا، وقد يؤدي إلى تخيل صور للشعوذة كما افترض شوجرمان وغيره. في عام 1894، حظيت رواية تريلبي من تأليف جورج دو مورييه والتي نُشرت بشكل متسلسل في مجلة هاربر الشهرية بنسب قراءة مرتفعة وعلى نطاقٍ واسع. واجتذب الفيلم الذي صُور لاحقًا في عام 1931 جمهورًا واسعًا وأظهر التنويم المغناطيسي بصورة سلبية، عندما قامت شخصية معلمة الموسيقى الشريرة المارقة التي تُدعى "سفينجالي" "بتنويم" مغنية شابة لإجبارها على الاستسلام، وهو ما يوضح قوة التأثير في جوٍ من الطاعة واستغلال المرأة.

وروجت أفلام مشهورة أخرى مثل فيلم المرشح المنشوري (The Manchurian Candidate) الصادر عام 2004 لمفهوم "السيطرة على العقل" من خلال التعذيب. وأثر فيلم Get Out الصادر عام 2017 على التصور السلبي لدى الجمهور وقوض ماهية التنويم المغناطيسي وكيفية استخدامه لتحقيق المنفعة. وفي الأزمنة المعاصرة، شهدنا كمواطنين أمريكيين مثل هذه التأثيرات المنتشرة من خلال التنويم المغناطيسي الجماعي عند اقتحام مبنى الكابيتول الأمريكي في 6 يناير 2021، ومع العنف المسلح في سن المراهقة وإطلاق النار في المدارس في الآونة الأخيرة.

التنويم المغناطيسي على الطرق السريعة وفي حياتنا اليومية

ينشأ الجدل والمعارضة المتعلقة بالتنويم المغناطيسي من حقيقة أنه ينبع من كونه "نظامًا للتأثير على العلاقات الشخصية" حيث يُهدد استقلال الشخص. وهذا يجعل طريقة العلاج المتمثلة في التنويم المغناطيسي سلاحًا ذا حدين. المؤلفون شوغارمان وغيره لم يشككوا في حقيقة أن التأثير على الأشخاص سواء بأغراض علاجية أو غير علاجية يمكن أن يُسبب أذى وصدمة. لكن اقترحوا أنه عندما يُطبق التنويم المغناطيسي العلاجي بشكلٍ أخلاقي في البيئات العلاجية من قبل متخصصي الرعاية الصحية المرخصين، فقد يؤدي إلى تغيير عميق ودائم.

جميعنا نعلم كيفية استخدام التنويم المغناطيسي بأنفسنا وبطريقتنا. إنه جزء كبير من حياتنا لكننا لا نعتد به على هذا النحو. عند القيادة بالسيارة لمدة طويلة، وأثناء السفر من النقطة أ إلى النقطة ب، قد نواجه "التنويم المغناطيسي على الطريق السريع". نحن نتعلم خلال طفولتنا كيفية استخدام التواصل المؤثر للتلاعب بآبائنا لتلبية احتياجاتنا، ويسعى الآباء جاهدين لتربية أطفالهم بنفس الطريقة. وفي العلاقات، جميعنا نهدف لتحسين "لغة التأثير" الخاصة بنا في إخبار النكات والروايات والأعذار والأسرار والأكاذيب.

شوجرمان وغيره أشاروا إلى أن لغة التأثير منتشرة أكثر في البيئات الغير علاجية الأكبر مثل الإعلانات والتجارة والسياسة، وبطرقٍ شائنة في الطوائف والسجن والاستعباد. ويتم تدريس هذه المهارات التي تدعمها الخلايا العصبية الدماغية التي تعكس الأفعال وممارستها وصقلها عن طريق الإرشاد والتلقين والمواقع الإلكترونية، والتي يمكن أن يكون لها آثار ضارة على المجتمع.

التنويم المغناطيسي: حقيقته الكاملة

في أبريل 2015، في المجلة الأمريكية للتنويم المغناطيسي السريري، وُصف التنويم المغناطيسي بأنه "حالة من الإدراك والوعي تنطوي على تركيز الانتباه وانخفاض الوعي المحيطي ويتميز بقدرة معززة على الاستجابة للاقتراحات". جادل شوجرمان وغيره بأن التنويم المغناطيسي في صميم نموذج الرعاية الصحية الناشئ. وأكدوا أن الأمر أكثر من مجرد تأثير على التواصل. وبدلًا من ذلك، عرّف الكُتّاب التنويم المغناطيسي على أنه مجموعة من المهارات ونظام للتأثير والتوجيه وتوجيه "الغيبة"، وهي عملية يكون خلالها الناس مرنين - أي قابلين للتكيف مع التغيرات في بيئاتهم - وحساسين ومنخرطين في الجدة وعدم اليقين والمجهول.

التنويم المغناطيسي هو نظام علاجي يشجع على التغيير، ولكنه ليس "علاجًا" في حد ذاته كما هو مُطبق في النموذج الطبي الحيوي للرعاية الصحية. إنها مجموعة مهارات - وليست إجراءً أو طقوسًا - قابلة للاستبدال، مما يعني أنه يمكن دمجها في جميع التفاعلات العلاجية بين الأشخاص، ولا تُطبق على الحالات الطبية فحسب، بل في مجالات أخرى من الحياة أيضًا، مثل مساعدة الرياضيين في الوصول إلى أدائهم المثالي.

وبما أن التنويم المغناطيسي العلاجي يزرع المرونة من خلال القوة الفطرية للعقل باستخدام الموارد الفريدة والفردية المتاحة للشخص، فإن استخدامه يوفر فرصًا لا حدود لها للنمو والنضج كشخص.

فضح خرافات التنويم المغناطيسي

ينشأ الخوف من فكرة أنه بينما يكون المرء "تحت" تأثير التنويم المغناطيسي، فإن "المنوم المغناطيسي" - مثل سفينجالي - سوف يسيطر على قدرات "المنوم

مغناطيسيًا". ويعتقد الناس أن هذا النقص في السيطرة الذي يفرضه الآخرون سيكون له تأثير سلبي، مما يدفعهم إلى ارتكاب أعمال شريرة ضد إرادتهم.

في مقال نُشر في يوليو 2001 بعنوان "الحقيقة والخرافة حول التنويم المغناطيسي" في مجلة العلوم الأمريكية، دحض مايكل ناش خرافات التنويم المغناطيسي وتحدث عن فائدته للناس. إحدى هذه الأساطير هي أن الأشخاص المنومين مغناطيسيًا يمكن أن ينقادوا إلى القيام بأفعال تتعارض مع قيمهم، ولكن الحقيقة هي أنهم يلتزمون بمعاييرهم الأخلاقية المعتادة كليًا.

يزعم البعض أن استخدام التنويم المغناطيسي أمر خطير، لكن "ناش" ذكر أن إجراءات التنويم المغناطيسي القياسية ليست أكثر إزعاجًا من المحاضرات. عندما تنتابك هذه المخاوف بشأن استخدام التنويم المغناطيسي، فمن الجيد تذكر العوامل الرئيسية، مثل "كل التنويمات المغناطيسية هي تنويم مغناطيسي ذاتي"، وعندما يتم تعليمه واستخدامه من قبل متخصصي الرعاية الصحية الأخلاقيين والمرخصين فإنه يُصبح آمنًا فقط لا غير. تجيز الديانات الكبرى في جميع أنحاء العالم استخدام التنويم المغناطيسي العلاجي من قبل متخصصين مؤهلين، بما في ذلك الكنيسة الكاثوليكية.

تدعم الأبحاث الموضوعية الصحيحة والدقيقة العلم الذي يُعرف الآن باسم علم المناعة العصبية النفسية (PN)، وهو دراسة تأثير العقل على الصحة ومقاومة الأمراض. مستخدمو التنويم المغناطيسي الذاتي يتحكمون في قدراتهم بالكامل. لا يوجد شيء اسمه "التقييد" في التنويم المغناطيسي أو الإجبار على فعل شيء ضد إرادتك.

إن كونك في حالة من الاسترخاء العلاجي بالتنويم المغناطيسي هو عكس النوم لأنه يحسن التركيز. وفي الواقع كلما زادت قدرتك على التحكم من خلال التنويم المغناطيسي الذاتي، كلما أصبحت مسترخٍ أكثر للوصول إلى أدائك المثالي، كما

شهدنا في الألعاب الأولمبية والمسابقات العالمية وكذلك في البرامج الرياضية الترفيهية.

التنويم المغناطيسي يُخفف من الألم والقلق

صرح ديفيد نونان في مقالته بتاريخ 22 سبتمبر 2004 بعنوان "الحالات المتغيرة" في مجلة نيوزويك أن "التنويم المغناطيسي يُغير إدراك الناس للواقع وتعاملهم معه". على الرغم من المفاهيم الخاطئة السائدة حول التنويم المغناطيسي والتي ترجع جزئيًا إلى استخدامه في الترفيه، إلا أن هناك تزايد في قدر العلوم والمعارف التي تدعم مجال التنويم المغناطيسي.

يعمل الباحثون والممارسون اليوم على تقييم وتحسين التطبيقات العلاجية للتنويم المغناطيسي واستكشافها باستخدام تكنولوجيا التصوير المتقدمة. إن تركيز التنويم المغناطيسي على حل المشكلات يميزه عن الحالات الأكثر سلبية مثل التأمل والاستغراق الذهنيّ. بجانب تأثيره في التحكم في الألم وتقليل التوتر والمساعدة في الإقلاع عن التدخين، يُعد التنويم المغناطيسي بديلًا للتخدير أثناء الإجراءات الطبية وهو طريقة علاج لحالات مثل متلازمة القولون العصبي.

التنويم المغناطيسي والاتصال الجماهيري

النموذج الجديد للتنويم المغناطيسي العلاجي الذي يركز على الصحة والعافية من خلال منهج صحي ومغذٍ - كما يصفه شوجرمان وغيره - يتجاوز النموذج الطبي الحيوي الذي ينصب تركيزه على الأمراض ونشوء الأمراض، ويضيف إلى فعالية العلاج النفسي والعلاج السلوكي المعرفي. في العلاقة بين العميل والممارس يُنظر إلى الشخص ككل من عقل وجسد وروح. وأصبحت الفروق الدقيقة في التواصل بين الأشخاص أساسية لممارسة التنويم المغناطيسي.

على مر القرون، تطورت دلالات التنويم المغناطيسي لتصبح فنًا وعلمًا ثريًا. إن اختيارات الكلمات والترتيب والإيقاعات، والتمثيلات المجازية والرمزية الفطرية التي يستخدمها الممارسون المهرة لها إمكانات كبيرة لدفع التغيير.

إذا كان الغرض من استخدام اللغة المحفزة للتنويم كعامل تغيير هو بناء الكفاءة الذاتية والمرونة في شخصية العميل، فإن اللغة التي تتمحور حول الشخص تحمل معنى وتماسكًا، وهو ما يتوافق مع نموذج أنطونوفسكي المشجع الذي يوصف بأنه "الإحساس بالتماسك" الذي يساعد الفرد على حشد الموارد والتغلب على الضغوطات. من كتاب Handbook of Salutogenesis الذي نُشر في عام 2022، فإن التعريف النموذجي المعاد صياغته هو توجه عالمي يتمتع فيه الناس بثقة واسعة النطاق ودائمة وديناميكية في بيئاتهم الداخلية والخارجيةالمتوقعة، مع احتمالية كبيرة بأن الأمور ستسير حسب توقعات معقولة.

إن مفهوم العلاقة بين العميل والممارس ليس جديدًا. بل في الواقع، تم تضمينه في كتاب صدر عام 1953 بعنوان "نظرية العلاقات الشخصية للطب النفسي" من تأليف الطبيب هاري ستاك سوليفان، الذي عمل مع المراهقين الذكور والمصابين بالفصام.

وصفت الدكتورة فريدا فروم رايخمان في كتابها "مبادئ العلاج النفسي المكثف" الذي كتبته عام 1950 أهمية القدرة على الاستماع للمرضى لجمع المعلومات والتي برأيها حق للعميل. وسُلط الضوء على أعمالها في كتاب شبه سيرة ذاتية ليوهان جرينبيرج عام 1964 وفي الفيلم اللاحق عام 1977 " I Never Promised You a Rose Garden"، حيث ساعدت في تحرير ديبورا البالغة من العمر 16 عامًا من عالم مرض انفصام الشخصية المظلم.

طورت ممارسة آخر تُدعى "هيلدغارد بيبلاو" نظرية الديناميكية النفسية في عام 1952، وهي ممرضة نفسية مشهورة، حيث تُعد العلاقة بين الممرضة والمريض

ذات أهمية قصوى. من الناحية النظرية، يُتوقع من الممرضات أن يكيفن مبدأ دلفي حتى "يعرفن أنفسهن" ويتمكن من تطوير علاقات متساوية مع المرضى بغرض مساعدتهم على التعلم والتخلص من أمراضهم والشفاء.

وبطبيعة الحال، فإن الجانب الآخر من الاستماع للحكاية هو أن العميل يرغب في المشاركة في البرامج المصممة لمساعدته على خلق التغيير الذي لا يعتمد على خبرة الممارس في جعله يتخلص من جميع مشاكله تلقائيًا. يعمل التنويم المغناطيسي العلاجي بشكلٍ أفضل مع الأشخاص الراغبين بصدق، وخاصة أولئك الذين يريدون تخليص أنفسهم من التأثير الضار لتجارب الطفولة السلبية ((ACEsفي حياتهم من خلال التدخلات العلاجية بالتنويم المغناطيسي.

التنويم المغناطيسي واستكشاف الطفل الداخلي وتحسين حالات تجارب الطفولة السلبية ACEs

قام فرويد أولًا بتجربة الطريقة الشافية والانحدار عند استخدام التنويم المغناطيسي كما ناقشناه سابقًا. وفي عام 1971 طور عالم النفس جون واتكينز تقنية "جسر التأثير"، حيث يبني الشعور الحالي جسرًا يمكن من خلاله الانتقال من موقف في الحاضر إلى موقف قديم يتضمن نفس الشعور. وأنا أشير إلى هذه التقنية باسم "النظر إلى المستقبل" عندما أعمل مع العملاء. هذه التقنية مفيدة لاستكشاف المشاعر لمساعدة العملاء على تخفيف تأثير تجارب الطفولة السلبية ACEs.

إليك وصفه هنا في هذه الخطوات: 1) يُطلب من العميل تحديد مشاعر معينة أثناء وجوده في حالة التركيز القصوى. قد تكون المشاعر مرتبطة بمشكلة أو عرض يعاني منه حاليًا أو بحدث تحسسي أولي سابق ((ISE؛ 2) بمجرد تحديد الشعور، يُقترح أن يعيش هذا الشعور مرة أخرى بشكل مكثف عن طريق الانفصال، أي أن يعيشه كحدث مشحون عاطفيًا ليكون بمثابة جسر إلى الحاضر؛ و3) يتم

توجيه العميل إلى التخلص من تلك المشاعر بلا ضرر (كما هو مستخدم في ممارستي) باستخدام صور الشاشة المقسمة في قاعة السينما، حيث يرى الشخص الماضي على الجانب الأيسر من الشاشة والحاضر على الجانب الأيمن. يُمثل الماضي الطفل الداخلي ويتم تصغير حجمه ولونه، بينما يبتعد بسبب رعاية "الكبار"؛ وتمثل الشاشة الحالية العميل حاليًا وتكون كبيرة وملونة وقريبة وتعرض صورة إيجابية للمستقبل.

يتم استخدام حركة الأصابع للإشارة بنعم أو لا، أو للتوقف أو التحرك أثناء العملية. يمكن استخدام هذه التقنية مع التنويم المغناطيسي الذاتي لاستكشاف الطفل الداخلي. لكن أقترح عليك أولًا استشارة معالج تنويم مغناطيسي متخصص ومؤهل، فحسب عمق الصدمات التي تعرضت لها يمكنك استخدام التنويم المغناطيسي الذاتي كأداة مساعدة للشفاء.

مجموعة مهارات المتانة الذهنية لتحسين الأداء باستخدام التنويم المغناطيسي الذاتي

في عام 1996 عندما أسست عملي كمدربة للوصول للأداء الأقصى، ابتكرته للحياة اليومية وللناس العاديين. وبذلك استفدت من مواهبي وخبراتي ومواهبي الشخصية والمهنية. ثم طورت برامجي الشاملة لتكون موجهة نحو الصحة والشفاء. إنها طبيعية وفطرية ويمكن الوصول إليها بسهولة دون استخدام الأدوية أو مسميات التشخيصات الطبية.

يجب أن تكون عملية استخدام هذه المهارات موجهة ومحفزة ذاتيًا، وبتيسير مني، على الأقل في البداية، حتى يشعر العملاء بأنهم هم المتحكمون في الأمر. والمتطلبات الأخرى هي أن تكون التدخلات فعالة من حيث التكلفة وموجزة حتى يتمكن الناس من تعلمها مرة واحدة في إطار زمني محدد ودمجها في حياتهم بمرور الوقت. يجب تعلم مجموعة مهارات المتانة الذهنية لتصبح سهلة وتلقائية

حتى يتمكن الأطفال من استخدامها. كما يجب أن يكونوا عمليين ومتغيرين من موقف إلى آخر، من غرفة تبديل الملابس إلى الفصل الدراسي إلى غرفة الاجتماعات. بدلًا من العمل بالعقل والروح فقط، فإنني أستخدم خبرتي في التمريض الطبي الجراحي للمساعدة في شفاء الإصابات.

بدلًا من تسمية عملية التغيير بـ "العلاج بالتنويم المغناطيسي"، أسميها "التدريب بالتنويم المغناطيسي"، أي أنني أستخدم نظام التنويم المغناطيسي كأداة علاجية وأدمجه مع مبادئ التدريب على الأداء الأقصى الموجه خصيصًا لتحسين الأداء في الحياة داخل الملعب وخارجه. وبدلًا من الإشارة إلى حالة التنويم المغناطيسي على أنها "غيبة"، أشير إليها باسم "منطقة التركيز". ولتجنب ترجيح ميزان القوى لجهة الطبيب وحده، فإنني أُسس علاقة متساوية مع العملاء ضمن تحالف مُصمم قائم على الثقة. وبدلًا من استخدام طريقة واحدة، فإنني أدمج ثلاثة جوانب وهي التنويم المغناطيسي الذاتي والتكييف السلوكي المعرفي والتدريب الذهني الذي يساعد في اكتساب المرونة.

وبدلًا من التركيز على الأساليب المعرفية وحدها كما هو الحال في معظم "العلاجات"، أستخدم "منهج الدماغ الكامل" الذي يشمل السمات الديناميكية لكل من نصفي الدماغ الأيمن والأيسر للاستفادة من مواردهما الطبيعية و الميول النمائية، كما في حالة الأطفال والمراهقين.

وبدلًا من التركيز في العمل مع العقل الواعي فقط بشكل أساسي، فإنني أساعد العملاء على الوصول إلى قوة العقل الباطن حيث تُخزن كل المعارف والذكريات. وأخيرًا، كبديل للعمل على الوعي بشكل سطحي مع تقديم قائمة مهام من الوصفات والأهداف والبروتوكولات الواجب اتباعها، فإن العناصر الأكثر تميزًا وإبهارًا في برامجي هي أنني أساعد العملاء علاجيًا باستخدام تقنية حسر التأثير Affect Bridge لتحديد وإزالة الكتل اللاواعية العاطفية التي أنشأتها تجارب الطفولة السلبية (ACEs) التي لم يتم حلها وعلاجها.

بالإضافة إلى كل ذلك، فإنني أُضيف عنصر عاطفي إلى هيكلة الأهداف وأثناء تحليلات حلقة ردود الفعل، عن طريق طرح السؤال التالي: "ما الذي يجب أن أفكر فيه حتى أتمكن منتحقيق أهدافي والفوز؟ ما الذي يجب أن أشعر به حتى أنجح؟"

خمس طرق للوصول إلى العقل الباطن من خلال قوة العقل

قد تتساءل: "ما هو العقل الباطن وكيف يمكن الوصول إليه؟" حسنًا، نحن جميعًا على دراية بمهام العقل الباطن اليومية عندما نتنفس وعندما تنبض قلوبنا وعندما نتحكم في درجة حرارة أجسادنا وعندما نهضم طعامنا. وتشير التقديرات إلى أن العقل الباطن يتحكم في ما يقرب من 95% من وظائف الجسم، ويترك البقية للعقل الواعي.

على الرغم من أن العقل الباطن ليس بنية تشريحية في الدماغ، إلا أنه موجود هناك وفي جميع أنحاء الجسم المادي ويرتبط بالنصف الأيمن من المخ. العقل الباطن حرفي وغير حكمي، ومرح وغير منطقي، ويتفاعل تلقائيًا وسريعًا مع التوتر من خلال محور الغدة النخامية والكظرية (محور HPA) إن الوعي والعقل الباطن هما عقل واحد وليسا عقلين، ويعملان معًا في انسجام مع الدماغ.

هناك خمس طرق للوصول إلى العقل الباطن. وذلك من خلال الصور والرموز والاستعارات والقصص والأصوات العلاجية بالتنويم المغناطيسي.

الصور العلاجية والرمزية. ما هي الصور وكيف تعمل؟ كتب مارتن روسمان، دكتوراة في الطب، كتابًا صدر عام 2000 بعنوان "الصور الموجهة للشفاء الذاتي"، والذي وصف فيه الصور بأنها تدفق للفكر تشعر به من خلال حواسك. الصورة هي تمثيل رمزي داخلي لتجربتك المخزنة في عقلك الباطن.

صور روسمان الصور على أنها نافذة لعالمك الداخلي تساعدك على رؤية أفكارك ومشاعرك وتفسيراتك. وافترض أنها عملة الأحلام. يُعد استخدام الصور وسيلة

لتحرير أنفسكم من التشويه اللاواعي الذي يوجهكم ويشكل صحتكم. وأكد روسمان على أهمية الخيال في مساعدتنا على التعافي من خلال الصور.

تظل الآلية النهائية لكيفية عمل الصور لغزًا. لقد علمتنا الأبحاث التي أجراها الدكتور روجر سبيري وإجراءات تقسيم الدماغ أن جانبي الدماغ البشري الأيمن والأيسر يفكران بشكلٍ مختلف. يشتهر العلاج بالصور بتأثيراته على علم وظائف الأعضاء، مثل ضغط الدم ومعدل ضربات القلب، كما في حالة استجابة الاسترخاء التي قدمها الدكتور هربرت بنسون.

من خلال الصور، يمكننا تحفيز التغييرات في أجسامنا التي لا تخضع للتحكم الواعي في الجهاز العصبي المركزي (CNS) المرتبط بالدماغ الأيسر. يستجيب الجهاز العصبي اللاإرادي (ANS) المرتبط بالجزء الأيمن من الدماغ للتحكم في العقل الباطن من خلال الصور ولغته الشبيهة بالحلم. أما الجزء الأيمن من الدماغ فيفكر في العلاقات والمشاعر المكانية. هذه العلاقة بالمشاعر أمر بالغ الأهمية للشفاء لأن العواطف ليست حالات نفسية فحسب، بل هي حالات جسدية تُعد السبب الجذري للمرض.

الصور العلاجية والرمزية: السكويا العظيمة

أحد الأمثلة على استخدام الصور العلاجية التنويمية والرمزية هو القصة القصيرة التي أسميها "السيكويا العظيمة"، حيث أحضر عملائي إلى غابة من الخشب الأحمر في أذهانهم ومن خلال حواسهم إلى مكان السيكويا العظيمة البالغ عمرها 3500 عام. هذه الشجرة بمثابة رمز للمعرفة القديمة ومصدر للطاقة.

أدعو العملاء إلى الجلوس وظهورهم مستندة إلى الشجرة لامتصاص الطاقة والحكمة القديمة منها. أتحدث عن جذور الشجرة وكيف توفر الغذاء وكيف تصمد أمام الكوارث. ثم أطلب من العملاء التفكير في كيفية ارتباط هذه الشجرة بنقاط قوتهم وهدايا أسلافهم.

شكل 5. البقرة والفزاعة والنمر والجمل والأرنب

شكل 6. هوديني والبندول ومفتاح الربط والقناع

استخدمت الصور والرمزية لتمكين الرياضيين ولمساعدة والدي على المشي عندما ظن أنه أُصيب بالشلل. استخدمت خلال جلساتي مع العملاء "دعائم المسرح" التي تشمل الحيوانات والدمى اليدوية مثل السلاحف والنمور والجمال والموظ والأرانب والفزاعات والأبقار. أما بالنسبة للدعائم الأخرى فاستخدمت المفكات والأقنعة والبندول وصور المشاهير كـ "هوديني" فنان الهروب العظيم (انظر شكلين 5 و6).

العلاج بالاستعارات وسرد القصص. ما هي الاستعارات؟ كيف يُساعدون العملاء من خلال سرد القصص؟

كتب روبن باتينو مؤلف كتاب "Metaphoria" الصادر عام 2002 أن الاستعارات عبارة عن قصص تتألف من سلسلة من الكلمات المُركبة نحويًا بلغة الشعر. يُعد استخدام الاستعارات والقصص والحكايات والأمثال - كما أستخدمها في هذا الكتاب - أدوات تواصل فعالة تستخدم للأغراض التعليمية والإيحائية والإقناعية.

كتبت كونسويلو كاسولا في مقالتها المنشورة في أبريل 2022 في المجلة الأمريكية للتنويم المغناطيسي السريري بعنوان "تحفيز العمليات اللاواعية باستخدام الاستعارات والسرد"، أن هذه العمليات تساعد على إيصال النية ونقل القيم واقتراح المشاعر والأفكار والسلوكيات لتحسين النتائج. وكتبت أن الاستعارات وسرد القصص يهدفان إلى مخاطبة العقل اللاواعي الإبداعي دون الحاجة إلى التدقيق في منطق وعقلانية العقل الواعي.

كتب "بيتر جوبر" أحد قادة الأعمال كتابًا بعنوان "Tell to Win" في عام 2011، وتحدث فيه عن دراسته لـ "فن السرد والإخبار" وكيف علمته أن كل عمل يتطلب قدرًا معينًا من الأعمال الاستعراضية. وقال أن إعداد القصة وتجهيزها أمر بالغ الأهمية، ولكن من الضروري أيضًا بنفس القدر الطريقة التي تُقدم بها حتى يتمكن الجمهور من الشعور بها وامتلاكها والتصرف بناءً عليها وسردها للآخرين.

علق "سيدني روزن" على حكايات ميلتون إريكسون التعليمية الأسطورية في كتابه الصادر عام 1982 بعنوان "صوتي سيذهب معك". ذكر أن إحدى القصص البارزة التي أبرزها روزن هي كيف علم ميلتون "إريكسون" نفسه كيفية التحرك مرة أخرى من خلال مراقبة أخته الرضيعة وهي تزحف وتقف لتمشي بعد أن أصيب بالشلل التام بسبب مرض شلل الأطفال.

استخدام الأصوات. الطريقة الخامسة للوصول إلى العقل الباطن هي من خلال الصوت. ما أهمية إدراج الصوت في جلسات العلاج بالتنويم المغناطيسي، وكيف يتم استخدامه؟

وفقًا لمقالة ديانا دويتش عام 2010 بعنوان "التحدث بالنغمات" المنشورة في مجلة العلوم الأمريكية فإن الموسيقى واللغة شريكان في الدماغ. وأظهر العلماء أن الأمرين متشابكان لدرجة أن زيادة الوعي بالموسيقى أمر بالغ الأهمية لتطور لغة الطفل ويساعد على تقوية الرابطة الأمومية.

يعتقد الموسيقيون مثل الملحن الروسي "موديست موسورجسكي" أن الموسيقى والتحدث متشابهان إلى حدٍ كبير لدرجة أنه كتب مقطوعة موسيقية بعنوان "صورٌ في معرض، حيث تتمشى الموسيقى مع الزوار في معرضٍ فني"، والذي أسست عليه مفهوم سرد مذكراتي الشخصية في بداية كل فصل. وفقًا لإيقاع الموسيقى، أضبطُ وتيرة صوتي وإيقاعه على موسيقى البوب والراب والموسيقى الكلاسيكية، وأصوات الطبيعة كذلك؛ مثل غناء الطيور وذوبان الجليد وتدفق المياه وطقطقة النيران أثناء كل جلسة مع عملائي لمساعدتهم في الوصول إلى أعلى درجة من التركيز.

مكونات المتانة الذهنية لتحقيق الأداء الأقصى

يعرف كل بطل أن حالته العقلية وقت المسابقة يمكن أن تؤدي إلى تحقيق الأداء الأقصى أو فشله، ولكن ما هو الأداء الأقصى؟ إنها حالة من الأداء الأمثل وتشير إلى اللحظة التي يجمع فيها فناني الأداء كل شيء معًا عندما يكونون منغمسين فيما يفعلونه، أي عندما يسير كل شيء بسهولة وتبدو المهام المعقدة بسيطة. إنه الوقت الذي يبدو فيه أن الوقت يتوقف أو يتسارع حيث ينغمس فناني الأداء تمامًا في حالة من الاهتمام المركز، وهي حالة يكونون فيها واعين باللحظة الحالية ويدركون من هم وماذا يفعلون. فهو يولد المتعة ورضا الذات والشعور بالصلابة

التي تمزج القدرات العقلية للدماغ مع قدرات العقل الباطن، والتي أسميها "المتانة الذهنية Mindful Toughness".

حدد جيمس لوهر علامات الصلابة في كتابه الصادر عام 1994 بعنوان "تدريب الصلابة الجديد للرياضات"، وهي: المرونة العاطفية، أي القدرة على استيعاب التحولات العاطفية غير المتوقعة والبقاء مرن ومتوازن؛ والاستجابة العاطفية، أي القدرة على البقاء على قيد الحياة عاطفيًا ومنغمسًا في اللحظة ومتصلًا بالعالم من حولك تحت الضغط؛ والقوة العاطفية، أي القدرة على بذل قوة كبيرة ومقاومتها عاطفيًا رغم كل الصعاب؛ والمرونة العاطفية، أي مهارة الارتداد والعودة إلى حالة الإتزان العقلي.

فوائد الاسترخاء بالتنويم المغناطيسي

هناك العديد من الفوائد لاستخدام علاج الاسترخاء بالتنويم المغناطيسي كما يتبناه غاري إلكينز مؤلف الكتاب الصادر عام 2014 بعنوان "علاج الاسترخاء بالتنويم المغناطيسي"، مثل تطوير استراتيجيات المواجهة وتخفيف أعراض القلق وتسهيل البصيرة ومنع الانتكاس.

وفقًا لجون كيرتس مؤلف كتاب "عقلية الفوز" الصادر عام 1991، فإن الاسترخاء يعد الرياضيين للتخيّل العقلي. عندما يكون الشخص مسترخيًا، فإن العقل الباطن يكون أكثر عرضة لقبول الاقتراحات الإيجابية. ذكر كيرتس أن هناك العديد من فوائد الاسترخاء، حيث أنه يحسن التركيز والتواصل الاجتماعي والوعي الجسدي والتحكم في مستويات اليقظة.

بالإضافة إلى كل ذلك، يقل وقت التعافي بفضل الاسترخاء وتتحسن أنماط النوم، كما أن هناك انخفاضًا في نسب الإصابة بالأمراض البسيطة وانخفاضًا في شدة أعراض المرض أيضًا. يساعد الاسترخاء الرياضيين على أن تصبح "عضلاتهم جاهزة"، وهو ما لا يقلل من الإصابات الجسدية فحسب، بل يُعزز ذاكرة العضلات.

يوفر الاسترخاء العلاجي بالتنويم راحة طبيعية للتحكم في الراحة والهدوء دون استخدام أية أدوية ضارة. إنه قائم على الأدلة، ولكن الأهم من ذلك أنه آمن للاستخدام مع المتخصصين المؤهلين.

ومن الناحية الديناميكية النفسية، فإنه يساعد في تحويل الطاقة العصبية إلى قوة إيجابية. ويعمل على تنظيم العقل والجسد والروح والعواطف كليًا عن طريق مساعدة العملاء على إخراج استجابة الكر أو الفر عن مسارها قبل حدوثها، ويساعد على التخلص من التوتر.

أكد كيرتس أنه إذا كان الشخص يسترخي بانتظام مع التنويم المغناطيسي الذاتي فسيكون هناك ميل أقل إلى المبالغة في ردود الفعل تجاه الضغوطات، وسيكون من الأسهل "التخلص" من التوتر بشكل أسرع وتحقيق نتائج أفضل. والأهم من ذلك أن التنويم المغناطيسي يعمل على تجاوز الملكات النقدية للعقل الواعي والاستفادة من قوة العقل الباطن.

كيف تصل إلى حالة التركيز الكامل في أربع خطوات سهلة

هناك أربع خطوات سهلة للوصول إلى حالة التركيز الكامل من خلال تدريب التنويم المغناطيسي الذي أعلمه لعملائي من خلال الخبرة خلال جلسات تتراوح مدتها من ساعة إلى ساعة ونصف. البرنامج التمهيدي قصير المدى لمدة تتراوح من 9 إلى 12 ساعة، حسب التحديات الحالية.

تتضمن مجموعات المهارات المكونة من أربع خطوات، والمقتبسة من كتاب كيرتس عن عقلية الفوز، ما يلي: التنفس بسهولة، والمراجعة الذهنية، والاستدعاء الذهني، والحديث الإيجابي مع الذات.

خلال الجزء الأول من الجلسة، نتحدث عن التحديات الراهنة وما حدث قبل الجلسات. تتضمن كل جلسة صورًا موجهة للوصول إلى حالة التركيز الكامل في

مخيلتك، سواء كان ذلك أثناء أداء الرياضة أو الأداء على المسرح أو عملية جراحية أو إجراء جراحي.

أقترح أن تمارس كل خطوة ثلاث مرات يوميًا بشكل منفصل إذا كانت تلك هي المرة الأولى لك ثم تجمع بين الخطوات الأربع بالطرق الموضحة. فيما يلي الخطوات الموضحة للتنفس بسهولة والتي يمكن أن تُحيك مجددًا.

الخطوة الأولى - التنفس بسهولة

اجلس على كرسي مريح.

1. ضع قدميك بشكلٍ مستوٍ على الأرض، ثم فك ساقيك.
2. ركز على مكان أمامك. من الممكن أن تكون صورة على الحائط أو رمزًا، مثل "وجه سعيد".
3. ضع إبهامك وأصابعك معًا على يدك غير المسيطرة لتكوين دائرة.
4. خذ ثلاثة أنفاس عميقة من البطن أثناء الشهيق من الأنف. (يمكنك وضع يدك على بطنك لتلاحظ أنها ترتفع وتهبط أثناء التنفس).
5. احبس أنفاسك لبضع ثوان، ثم قم بالزفير من الفم. (إذا كنت تعاني من صعوبات في التنفس، مثل الربو، قم بالزفير عن طريق ضم شفتيك والزفير من خلال الشفاه المزمومة).
6. قل لنفسك كلمة "سهل" بصمت مع كل زفير بطيء.
   a. خذ شهيقًا. احبس أنفاسك لبضع ثوانٍ. قم بالزفير ببطء. قُل: سهل.
   b. خذ شهيقًا. احبس أنفاسك لبضع ثوانٍ. قم بالزفير ببطء. قُل: سهل.
   c. خذ شهيقًا. احبس أنفاسك لبضع ثوانٍ. أغمض عينيك. عد تنازليًا 3-2-1.
   d. قم بالزفير ببطء؛ قُل: سهل.
7. أبق عينيك مغلقتين، ابدأ بدقيقتين إلى خمس دقائق من استرخاء العضلات التدريجي (PMR)، أي استرخاء عضلات الجسم من خلال

خيالك، بدءً من أعلى الرأس وانتهاءً عند أخمص القدمين وأصابع القدمين. (قد تقضي بعض الوقت في محاولة الدخول داخل الجسم في عين عقلك لإرخاء المفاصل أو العضلات أو الأعضاء.)

8. عندما يكون الجسم في حالة استرخاء تامة، عد 1-2-3. افتح عيونك. قل: استرخ.

الغرض من تمرين التنفس السهل هو تحفيز الاسترخاء بالطرق التالية: التنفس العميق، ونطق الكلمات: سهل واسترخ، واستخدام استرخاء العضلات التدريجي، ورسم دوائر بأصابع يدك.

الهدف هو تدريب نفسك على أن تكون عضلاتك جاهزةً، ومركزًا، ومسترخيًا بشكل تلقائي لتتمكن من الأداء بمجرد دخولك إلى حلبة المصارعة أو غرفة العمليات أو غرفة الاجتماعات أو عند لمس عارضة التوازن أو الدخول إلى منطقة اللعب.

الخطوة الثانية – البروفة الذهنية

قد تتساءل: ما هي البروفة الذهنية؟ وفقًا لكيرتس، فهي مجموعة من المهارات التي من خلالها توجه عقلك لتصور النتائج المرجوة لحدث مستقبلي. قد يكون هذا الحدث على بُعد بضع دقائق أو في وقتٍ بعيد في المستقبل. وتختلف البروفة الذهنية عن التخيل من حيث أنك تستخدم الحواس الخمس جميعها. مما يعزز الصورة الذاتية والثقة بالنفس.

أثناء البروفة الذهنية، يمكنك تخيل كل موقف يمكن أن يحدث، مما يساعد على الاستعداد والاستجابة لكل سيناريو. وهو يعمل على فرضية أن العقل لا يعرف الفرق بين الواقع والخيال. اكتشف الباحثون، كما ذكرت توري رودريكيز في سبتمبر 2014 في مجلة العلوم الأمريكية في مقالة "" "Head Linesلماذا تنجح البروفات الذهنية"، أن التدريب المتخيل يُنشط نفس المسارات العصبية

مثل التجربة الحقيقية، والتي تنشئ مخططًا عصبيًا عضليًا لتنمية المهارات الحركية. يمكنك أن تكون في المنزل وتمارس مهاراتك في عقلك، ويبدو الأمر كما لو كنت تؤديها. إنه يحفظ التآكل الناتج عن الممارسة البدنية الفعلية.

إليك كيف يمكنك استخدامه.

1. تخيل أداءً يكاد يكون مثاليًا وإيجابيًا، يتحقق خلاله هدفك.
2. عشه بالتفصيل، باستخدام أكبر عدد ممكن من الحواس؛ أي الرؤية والسمع والشعور والشم والتذوق.
3. شاهد واستشعر واسمع الأداء داخل جسدك كما لو كنت تؤدي المهارات.
4. استخدم السرعة المناسبة. بعض المهارات تكون أسرع أو أبطأ عند تنفيذها.
5. قم دائمًا بإجراء البروفة الذهنية حتى إكمال المهارة.
6. أدرك أنك فزت. اشعر بيدك مرفوعة تعبيرًا عن النصر أو شاهد درجة النجاح في الامتحان أو اشعر بأنك تعبر خط النهاية في سباق الماراثون.

مارس هذه المهارة ثلاث مرات يوميًا. استخدمه قبل وأثناء الأحداث المهمة. أضفه إلى تمرين التنفس بسهولة بعد أن تقوم بإرخاء عضلاتك تدريجيًا.

بعد البروفة، عد 1-2-3. افتح عيونك. قُل: استرخ. من المهم التعرف على كافة الصور السلبية التي تتبادر إلى ذهنك وإلغائها واستبدال الصور الإيجابية التي تدعم مساعيك.

الخطوة الثالثة – الحديث الإيجابي مع الذات

يتناول التكييف السلوكي المعرفي الطريقة التي نتحدث بها مع أنفسنا ويساعدنا على تغيير حديثنا مع أنفسنا من الكلمات السلبية إلى الكلمات الإيجابية. تعمل تلك التقنيات مثل إعادة الصياغة وإيقاف التفكير على الجزء الواعي المرتبط بالدماغ الأيسر.

وعلى النقيض من العقل الباطن، فإن العقل الواعي يحكمه الجهاز العصبي المركزي. إنه تحليلي ونقدي وعقلاني وحكمي، وذاكرته قصيرة المدى وبطيئة الاستجابة. إن الوظيفة الأساسية للعقل الواعي هي التصدي للاعقلانية العقل الباطن وتوجيهه بالكلمات. وبالتالي يعمل نصفا الكرة المخية معًا من خلال التأكيدات الإيجابية.

ما هي التأكيدات الإيجابية؟ إنها جمل أو عبارات قصيرة تزرع في عقلك الباطن أفكارًا مصممة لتعزيز الصورة الذاتية وتحقيق موقف عقلي إيجابي والمساعدة في توجيهك نحو الهدف. يجب أن تكون التصريحات:

1. إيجابية بدون ألفاظ سلبية؛ ومن الأمثلة على ذلك أن تقول: "أنا مرتاحٌ وهادئ"، بدلًا من أن تقول: "أنا لست متوترًا".
2. يجب أن تكون مختصرة قدر الإمكان، ويمكن أن تكون قصيرة بحيث لا تزيد عن كلمة واحدة مثل "ركز!"
3. يجب أن تركز على الهدف الدقيق الذي ترغب في تحقيقه.
4. يجب أن ينقلوا رسالة إيجابية بكلمات حية لتعزيز العواطف والمشاعر المصاحبة للفعل الذي يصفه، "أستطيع أن أفعل ذلك!"
5. البقاء في اللحظة الحاضرة، ويجب ذكرها بصيغة المضارع (نحويًا). أمثلة: "أنا أنجح" بدلًا من "لن أصبح فاشلًا".

أضف الحديث الذاتي الإيجابي أثناء تمرين التنفس بسهولة بعد أن تقوم بإرخاء العضلات تدريجيًا. يمكنك استخدامه مع البروفة الذهنية والاستدعاء الذهني.

تدرب على ذلك ثلاث مرات يوميًا وتعرف على العبارات السلبية التي تقولها لنفسك، ثم الغها واستبدلها بأخرى إيجابية. عند الانتهاء، عد 1-2-3. افتح عيونك. قُل: استرخ.

الخطوة الرابعة – الاستدعاء الذهني

الاستدعاء الذهني عبارة عن مجموعة مهارات تتخيل فيها أحداثًا أو مواقف سابقة نجحت فيها في تحقيق أهدافك. تتعارض هذه المهارة مع الميل إلى تذكر إخفاقات الماضي، مما يؤدي إلى إدامة هذه الإخفاقات. فيما يلي الإرشادات الواجب تتبعها.

1. حدد حدثًا للاستدعاء كان أدائك فيه مثاليًا أو شبه مثالي، وهو الحدث الذي كنت فيه في حالة التركيز الكامل وأديت أداءً جيدًا وحققت أهدافك.
2. استحضر تجربتك بأكبر قدر ممكن من التفاصيل. ركز على الجوانب الرئيسية مع استخدام أكبر عدد ممكن من الحواس، كما لو كان الحدث الفعلي يحدث الآن.
3. تخيل التجربة من خلال عينيك، من خلال تضمين ما شعرت به وما كنت تفكر فيه قبل الحدث وأثناءه. هل أنت واثق؟ هل أنت نشيط؟
4. استخدم السرعة المناسبة عند الاستذكار الذهني. هل أنت متزامن مع ذاتك؟
5. نفذ كل تجربة استدعاء حتى النهاية. شاهد نفسك وأنت تقبل الجائزة أو تفوز ببطولة أو تسجل هدفًا أثناء الحركة. مع ابتسامة على وجهك.

6. أضف كلمة مؤثرة تمثل الحدث الذي تتذكره. كرر ذلك مع الاستدعاء الذهني. سيؤدي ذلك إلى تدريبك على إعادة تشغيل السيناريو الناجح في اللحظة الحالية أثناء وجودك في وضع التأدية.

استخدم الاستدعاء الذهني بشكل متكرر. اذهب إلى حالة الاسترخاء مع التنفس بسهولة. بعد إرخاء العضلات تدريجيًا PMR، كرر الاستدعاء الذهني. عندما تكون مستعدًا للانتقال، عد 1-2-3. افتح عيونك. قُل: استرخ.

الخيال يخلق واقعك

تومض لافتات النيون أمام عيني ولكن ليس لأن أحد أعضاء مجلس الإدارة في مجلس المدينة قال ذلك لـلوسيط الروحاني الذي تسبب في حادث مروري وأُجبر على الخروج من المدينة. لقد ومضت عندما مررت بتجربة حيث كنتُ على حافة الموت في تدريب الرقص وكدتُ أموت. دخلتُ المستشفى لمدة أربعة أيام وتناولت الأدوية لأسابيع للشفاء من الصدمة التحسسية. ومع ذلك، في غضون ثلاثة أسابيع، عدتُ إلى المسرح لأحيي حفل رقصة النقر، والذي يعد مثالًا للمرونة. إن شفائي لم يحدث فقط بسبب الأدوية التي تناولتُها. لقد كان إصراري وخيالي وتوقعاتي وتدريبي الذهني وحديثي الإيجابي مع نفسي هو ما عزز إصراري على الفوز.

عندما زرت اليونان القديمة، قمت بجولة في معبد أبولو حيث نُقشت الكلمات "اعرف نفسك" حيث أُقيمت الألعاب الأولمبية الأولى، وحيث أعطت عرافة دلفي "بيثيا" الحجاج الأمل في العلاج ذات يوم. لقد خرج الكثيرون وقد تم شفاؤهم ذهنيًا وجسديًا وروحيًا باستخدام قوة العقل.

واليوم، نطلق على هذا الأمر اسم "تأثير الدواء الوهمي". وكما ذكر الدكتور ويليام كروجر في كتابه الصادر عام 2008 "التنويم المغناطيسي السريري والتجريبي" (الطبعة الثانية المُعدلة)، فإن تأثير الدواء الوهمي الذي يقدمه الطبيب هو الإيمان

الذي ينتقل إلى المريض ويطور الثقة اللازمة للتعافي. قال كروجر إنه إذا كان القاسم المشترك في الطب – العلاقة بين الطبيب والمريض – هو تأثير الدواء الوهمي، فإن حليفه الرئيسي هو الخيال، لأنه بدونه لن يكون هناك علاج وهمي. قال الفيلسوف فولتير ذات مرة: "ربما العلاج في كلمات الطبيب أكثر من العديد من الأدوية التي يصفها".

إذا نظرنا إلى الوراء عندما كنت في السادسة عشرة من عمري، لم أكن لأتخيل كيف ستكون حياتي كممرضة وما الذي سأتعلمه وكيف سأنضج وأتخطى العلاقة بين الممرضة والمريض. في الوقت الذي أخبرت فيه المدير أثناء مقابلتي في مدرسة التمريض أنني أرغب في مساعدة صديقي المصاب بالصرع، لم أكن أعلم أن الدكتور كروجر قد كتب عن أن الصرع له سبب نفسي بالإضافة إلى السبب الجسدي، وأن التنويم المغناطيسي يمكن أن يثبط دورة التوتر ويُزيلها، ويمكن إيقاف النوبة حتى بعد تأخير أي دواء قد يكن له تأثير. شدد كروجر على أن جميع مرضى الصرع يجب أن يتدربوا على التنويم المغناطيسي الذاتي.

كان الدكتور كروجر، أستاذ التخدير السريري، رائدًا في استخدام التنويم المغناطيسي لتخفيف آلام العمليات الجراحية والولادة، والتي تُعرف الآن بالولادة بالتنويم المغناطيسي أو Hypnobirthing؛ ولقد مهد عمله الطريق لنهجي وبرامجي الخاصة. أدرك الآن أن خبراء التنويم المغناطيسي والسلوك فتحوا لي، ككاثوليكية، مسارًا لاستخدام التنويم المغناطيسي الذاتي كأداة للشفاء على المستويين الشخصي والمهني، وبفضل جهودهم في عام 1956، تم إطلاع البابا بيوس الثاني عشر على الاستخدام السريري للتنويم المغناطيسي أثناء الولادة، مما أدى إلى موافقته اللاحقة عليه؛ وهكذا، لم يعد يُنظر إلى استخدام التنويم المغناطيسي على أنه هرطقة أو شعوذة.

في مقال نُشر في يناير 2022 بعنوان "استطلاع استقصائي حول تجارب وأساليب واهتمامات الأطباء بالتنويم المغناطيسي" في المجلة الأمريكية للتنويم

المغناطيسي السريري، أشارت مادلين ستين وباربرا ماكان إلى نظرة الجمهور الإيجابية تجاه التنويم المغناطيسي.

على مدار الـ 26 عامًا الماضية التي عملت فيها مع التدريب الإيحائي، يبدو أن هناك تقبلاً أكبر، خاصة في المجال الرياضي؛ ومع ذلك، في عام 2022، صادفت مصمم موقع ويب يعتقد أن المعالجين بالتنويم المغناطيسي محتالون. تقلل الإعلانات التلفزيونية الحديثة التي تروج للأدوية الخاصة بالإقلاع عن التدخين من قيمة التنويم المغناطيسي كخيار طبيعي، مع التقليل من أهمية الأفكار الانتحارية كأثر جانبي.

في عام 2021، أنتجت نتفليكس فيلم إثارة وخيال علمي يُروّج له على أنه "الأكثر رعبًا"، بعنوان Hypnotic، يصور فيه استغلال امرأة من قبل منوم مغناطيسي ذي نوايا مريبة. أشارت الناقدة كريستي ليمير إلى نظرة الدكتور ميد المخيفة مع وميض في عينيه الزرقاء الجليدية. لقد أثار تعليقها هذا صدامًا داخليًا لدي، لأن والدي، تحت تأثير فيلم من عام 1931، قال إنه لن ينظر إلى "عيني سفنجالي الزرقاء" خوفًا من تنويمه مغناطيسيًا.

كان والداي محقين؛ التمريض مهنة أستطيع اللجوء إليها كخطة بديلة، وكنت محقة أيضًا في إخبار مدير التمريض بذكائي خلال المقابلة، لأنني ذكية بالفعل، ومع ذلك، ازداد ذكائي أكثر من خلال اكتشاف قوة العقل.

بإمكانك أنت أيضًا، كممارس للتنويم المغناطيسي الذاتي، تحقيق الشيء نفسه. أقول للمصارعين الطلاب الذين أتعامل معهم، "لا يمكنك التحكم بالآخرين في الحلبة حتى تتحكم بنفسك"؛ وهذا ينطبق علينا جميعًا. لا يمكننا التحكم بما يقوله الآخرون أو يفعلونه، لكن يمكننا التحكم بما نفكر فيه، وما نشعر به، وما نتعلمه لبناء حياة أفضل؛ هذه القدرة الفطرية تكمن في خيالنا، وهو ما يجعل عقولنا مكانًا رائعًا للسكن.

الفصل السادس

لنلعب الكرة

"في لحظات الشك، قد تعتقد بعدم قدرتك على النجاح، وقد تفكر في الاستسلام، ولكن إذا حافظت على تركيزك على هدفك، يمكنك تحقيق أي شيء".

~هانك آرون

صائدة الفئران في جنوب برونكس

لقد عشق والدي البيسبول؛ في طفولته، لم يملك فرصة اللعب بسبب دراسته للكمان، إذ لم يرغب أجدادي بإصابة يديه وأصابعه، إلا أنه عوض ذلك عندما أصبح راشدًا. ليكسب المزيد من المال، عمل بدوام جزئي كمدير رياضي لرابطة الشرطة الرياضية في مسقط رأسنا، وأمضى وقتًا طويلًا في ملعب البيسبول كحكم ومدرب، يُعلم الأطفال والمراهقين قواعد اللعبة؛ لم أكن ضمنهم لكوني فتاة.

كان يأخذ إجازات قليلة من وظيفتيه، لذلك سعدت كثيرًا عندما أعلن ذات يوم أنه سيأخذني أنا وأخي إلى ملعب يانكي لمشاهدة مباراة بيسبول احترافية؛ كنت حينها في الحادية عشرة، كنت في غاية الحماس لأنه سيأخذني معه، كانت تلك أول مباراة لي، باستثناء المباريات التي كنت أشاهدها على التلفزيون مع والدي وفي ملاعب البيسبول المحلية.

أتذكر أنني طرحت على والدي مليون سؤال خلال المباراة؛ كنت متحمسة لتعلم القواعد ومعدلات ضربات اللاعبين. كان حضور المباراة وتناول وجبة من الهوت دوج متعةً حقيقية، إلى أن حلّ الشوط الثامن وبدأ هطول أمطار غزيرة، غطى

الموظفون الملعب وحاولوا الحفاظ عليه جافًا، ولكن دون جدوى. انتهت المباراة بخسارة فريق يانكي، مما أحزن والدي كثيرًا؛ حينها، لم أكن أعرف مدى الأهمية التي سيحتلها ملعب يانكي في حياتي إلى أن عملت في خدمة الممرضات الزائرات لولاية نيويورك (VNSNY) في جنوب برونكس بعد سنوات.

بعد تخرجي مباشرة بدرجة بكالوريوس في علوم التمريض وإكمال فترة التدريب التمهيدي في أواخر القرن العشرين، حصلت على مهمتي الأولى كممرضة صحة عامة في حي هايبريج بالقرب من ملعب يانكي. في فترة ما بعد ظهر عاصفة وممطرة في شهر فبراير، ومع حقيبة طبية ثقيلة تزن 14 رطلاً على كتفي، أنهيت جولتي التي استمرت ثماني ساعات لزيارة المرضى؛ حاولت الاتصال بالعيادة لتسجيل خروجي، كما هو مطلوب؛ توقفت عند كشك بيع الصحف في محطة مترو يانكي ستاديوم في شارع 161 للحصول على نقود فئة أصغر، وذهبت إلى هاتف عمومي قريب في الهواء الطلق بينما كنت أحاول موازنة مظلتي ضد الرياح القوية والمطر، وضعت العملات المعدنية في الهاتف، واتصلت بالعيادة، وكنت أتحدث إلى المشرفة، عندما اقترب مني رجل أسود بلا مأوى من جهة اليسار، اقترب من وجهي مباشرة وصرخ بأن العملات التي وضعتها في الهاتف تخصه، وأراد استعادتها. اعتذرت للرجل وقلت بأدب "عذرا سيدي، لكن النقود التي وضعتها في الهاتف هي ملكي، لذا يرجى المعذرة، أنا أتحدث إلى مشرفتي ". بسبب ذلك، قام بلكمي بقوة في وجهي وأنفي؛ سقطت نظارتي على الرصيف، وقد صعبت الرؤية علي، اعتقدت أن أنفي قد كُسر، بسبب الصدمة، لم أعرف ما الذي أصابني، ولكنها كانت "ضربة قوية" بالنسبة له.

تم إبلاغ الشرطة بالحادثة، وانتهى بي المطاف في مركز شرطة "فورت أباتشي" سيئ الصيت لتقديم شكوى. غادرت المكان بعد ساعات في الظلام وعُدت بالمترو إلى المنزل وحدي. في اليوم التالي استيقظت وأنا أعاني من ألم في أنفي ووجهي واضطررت للصعود إلى عربة شرطة سرية للتعرف على المشتبه فيه، كان يجلس في كشك بيع الصحف، وشعرت بالأسى تجاهه عندما أخذوه.

خوفًا من العودة إلى مسرح الجريمة، نُقلت إلى منطقة أخرى في جنوب برونكس، كانت أكثر فقرًا من الأولى. تم تخصيص مُرافق ذكر لي لمدة شهر بعد الحادث، وكان ذلك مفيدًا لأنني أتذكر رؤية ملصق في نافذة متجر يُظهر صورة عاملة اجتماعية قُتلت؛ نص اللافتة: "مطلوب - أي شخص لديه معلومات عن جريمة القتل سيحصل على مكافأة."

أصبحت الآن على دراية بمخاطر "الوظيفة" المهنية التي أواجهها، لكنني واصلت العمل خلال حر الصيف، حيث تغير مشهد جنوب برونكس قليلاً بسبب النباتات التي خففت من قسوة المكان، وأصبحت الشوارع أكثر حيوية حيث يمضي السكان وقتًا أطول في الخارج.

ومع ذلك، لم يكن البشر هم الكائنات الحية الوحيدة التي تتجول في الخارج، لقد كان الكثير من القوارض هناك؛ كان أول لقاء لي بوفرة هذه المخلوقات في مهمة لزيارة صبي صغير من أصل إسباني يبلغ من العمر خمس سنوات، لقد تم تشخيصه بالجرب، وهو مرض ينتشر في الظروف غير الصحية، وكان عليّ متابعة تطور علاجه الطبي.

كان منزل الصبي في الطابق الخامس من مبنى سكني مكون من ستة طوابق، بدون مصعد؛ كانت الشقة بسيطة في أثاثها ولكنها نظيفة. يعيش هناك أيضًا أربعة من إخوته الأكبر سناً تحت رعاية جدتهم المسنة، كان والداه مدمنين على المخدرات وسُجنا بسبب ذلك؛ كانت الجدة منهكة من رعاية أحفادها وكانت قلقة بشكل خاص بشأن أحفادها المراهقين الذين يتسكعون في الشوارع.

أتذكر فحص ذراعي الصبي وجسده النحيل حيث كانت علامات "المسارات" من الجرب واضحة، تشبه تلك التي يعاني منها والداه على الأرجح بسبب تعاطي المخدرات؛ كانت حشرات الجرب تحفر طريقها تحت جلده، كحيوان الخُلد، وتجد مكانًا مناسبًا للعيش.

وبينما كنت أستجوب الجدة أكثر، روت لي قصة مقلقة؛ يبدو أن الفئران كانت تشعر بالراحة في الشقة أيضًا، في الليلة السابقة لزيارتي، علق الصبي قميصه على كرسي بجوار سريره، ونظرًا لقلة الطعام، ترك بسكويتًا في جيبه لتناوله في صباح اليوم التالي.

خلال الليل، صعدت الفئران عبر الجدران إلى الشقة بحثًا عن طعام، وعندما ذهب الصبي لارتداء ملابسه في صباح اليوم التالي، كان هناك فأر قد أكل جيبه ليصل إلى فتات الطعام. أخبرتني الجدة أن الفئران كانت تتواجد تحت أسرّة الأطفال ليلاً في كثير من الأحيان، وكان من الممكن سماع حركتها، وفي بعض الأحيان كانت تموت من سم الفئران بالقرب من مكان نوم الأطفال.

في المطبخ، حاولوا سد منافذ دخول الفئران باستخدام صوف الفولاذ وأغطية علب الطعام، لكن الفئران كانت تحفر منافذ أخرى أكبر. بعد رؤية هذه الفتحات الخاصة بالفئران، سألت بسذاجة: "من أين تأتي كل هذه الفئران؟"

فوجئت الجدة بأنني لم ألحظ الفئران وأنا أمر بالمبنى المهجور المجاور لمبناها؛ كانت المنطقة المحيطة بالمبنى المجاور، والتي تشبه غابة من الإسفلت، مليئة بالأعشاب الضارة الطويلة والشجيرات البرية، وبالرغم من أنني مشيت على الرصيف، إلا أنني لم أر أو أسمع شيئًا وأنا أدخل المبنى.

أخذتني الجدة إلى النافذة وفتحتها لي وقالت: "انظري واستمعي إلى أصوات الفئران ومشاهدها"؛ لن أنسى ما رأيته أبدًا، كانت هناك آلاف الفئران تتسلق وتتسابق فوق بعضها البعض، وكان صوت صرير قرقرتها مسموعًا حتى وأنا في الطابق الخامس. استغرق الأمر أسبوعين للإبلاغ عن ذلك إلى مدينة نيويورك لأن الخطوط الهاتفية كانت مشغولة جدًا بالإصلاحات.

عندما رويت قصتي لوالدي عن الصبي والفئران، أصر على تركي وظيفتي؛ ومنذ ذلك الحين، كان يلقبني غالبًا بـ "صائدة الفئران" ويسأل: "لماذا تريدين العمل مع

الفئران القذرة في المجتمع بينما يمكنك العمل في مستشفى لطيف معقم مع مرضى، مثل أي ممرضة حقيقية".

بعد أعوام، اختار أبي البقاء بالمنزل طيلة مرضه الذي استمر طويلًا وانتهى بالوفاة، وكان يقدم له الرعاية ممرض منزلي ومقدم رعاية صحية ملازم له على مدار الساعة.

تجربتي الحياتية

لم أكن أول ممرضة تشهد الفئران أثناء العناية بالمرضى، ولقد كتبت فلورنس نايتنجيل رسالة فكاهية عنهم عندما واجهتهم، وغالبًا ما يُنقل عن نجم السينما جيمي كاجني قوله: "أيها الفأر القذر، أنت كذلك!" هكذا كان رد فعله عندما علم بخيانة شركائه في الجريمة.

في قصة "صائدة الفئران"، صعدت أنا، كممرضة منزلية، إلى الشرفة العلوية لإلقاء نظرة أوضح على الفئران في الأسفل، والفقر وآثاره، وتأثيره السلبي على أسرة محتاجة؛ من هناك، حصلت على لمحة مرعبة من "الطاعون الدبلي" في القرن العشرين، والذي لم يكن واضحًا للوهلة الأولى.

كان المناخ الاجتماعي والنفسي والثقافي والسياسي والاقتصادي في ذلك الوقت من العوامل المؤثرة التي خانت صحة ورفاهية الصبي البالغ من العمر خمس سنوات والمصاب بالجرب؛ اختبأت تحت جلد الصبي حشرات مجهرية مارست ضغط هائل عليه وعلى أسرته.

قيادة التغيير

في عالمنا المعاصر، مع حرب مشتعلة في أوكرانيا وجائحة تجتاح العالم وإطلاق نار جماعي عنيف في مدارسنا ومعدلات عالية من التشرد ومجاعات تدمر حياة أفقر الناس الذين يعانون من انعدام الأمن الغذائي وأزمة صحية عقلية بين أطفالنا والمراهقين والشباب البالغ، فقد حان الوقت للعمل على تحسين الظروف

المعيشية السيئة للأطفال الذين يعيشون في فقر. نحتاج إلى تبني وتطبيق أفكار رائدي الأعمال والمربيين البارزين رونالد هايفتز ودونالد لوري اللذين كتبا في عام 1997 مقالًا بعنوان "عمل القيادة" في Harvard Business Review.

شدد المؤلفان على ضرورة أن يرتقي القادة إلى "الشرفة" من أجل الحصول على رؤية واضحة للموقف، حيث يمكن تحديد أنماط السلوك وتعديلها نحو الأفضل. ووفقًا لهما، لا فائدة من الانغماس في العمل المباشر، ولكن يجب على القادة أن يمنحوا العمال فهماً عميقًا لتاريخ المؤسسة، مثل حالة الفقر المستمر في الولايات المتحدة وآثارها؛ يجب على القادة أيضًا تحليل قوى السوق الفاعلة والعمل على تحسينها لإعادة تشكيل مستقبل أفضل.

شدد هايفتز ولوري في القرن العشرين على ضرورة أن يحدد القادة الصراعات على السلطة والقيم، مثل تلك الموجودة في أنظمتنا السياسية والقضائية، لتحقيق العدالة للجميع. بالإضافة إلى ذلك، عندما يحل الجمود محل الحوار البناء، ينبغي على القادة أن يعززوا مسؤولية الفريق عن تخصيص وقت للمضي قدمًا. علاوة على ذلك، اقترحوا أن يتنقل القادة بين البقاء في موقع المراقبة والنزول الميداني، والغوص في عمق الصراعات لفهم أسبابها الحقيقية، ورؤية هذه الصراعات كمحرك للإبداع والتغيير.

إذن، كيف يمكن لقادة القرن الحادي والعشرين أن يتبنوا منظورًا واسعًا، ويتعلموا من الماضي، ويقيموا قوى السوق الفاعلة، ويعززوا الشعور بالمسؤولية لدى فرق الرعاية الصحية في أوقات الصراع؟ كيف يمكنهم المضي قدمًا والاستفادة من توصيات قادة الأعمال ومختصي الرعاية الصحية والتربويين في الماضي، وذلك لإنشاء نموذج جديد للرعاية الصحية العقلية يركز على الصحة النفسية الجيدة ويشجع على التغيير والتحسين في حياة الأطفال والمراهقين والشباب الذين يوشكون على دخول عالم المنافسة؟

لبدء استكشافنا لهذه القضايا كقادة وأعضاء في مجتمعاتنا، دعونا نبدأ بتثقيف أنفسنا حول تأثير الفقر على الأطفال، ومتطلبات الوقاية من العواقب الوخيمة من خلال اتباع نهج الصحة الوقائية للصحة العقلية والعافية.

آثار الفقر على الأطفال

في مقال بعنوان "علامة الفقر" نُشر عام 2017 في مجلة *Scientific American Mind*، كشف المؤلفان جون جابرييلي وسيلفيا بونج عن إحصائيات قاتمة حول الأطفال الذين يعيشون في ظروف مادية صعبة. وفقًا للتقديرات، يعيش أكثر من 14.5 مليون طفل أمريكيًا تحت خط الفقر، أي حوالي ثلث الأطفال في أمريكا. ومن بين هؤلاء، سيظل 45٪ ممن يعانون من الفقر لنصف حياتهم على الأقل في وضع مادي صعب حتى سن الخامسة والثلاثين. وبالمقارنة مع 77٪ من الأطفال من عائلات ثرية، فإن 9٪ فقط من الأطفال الفقراء يكملون دراستهم الجامعية بحلول سن الرابعة والعشرين. وذكر المؤلفان أنه في ظل هذه الظروف البائسة، يتراكم على الأطفال على مر السنين ضغوطات عديدة ومتنوعة.

على الرغم من رغبة المجتمع في مساعدة الأطفال المحرومين واعتبار التعليم وسيلة للمساواة، إلا أن علماء الاجتماع يقولون إنه لا توجد حلول سهلة؛ وافق جابرييلي وبونج على وجود بعض الأدلة على تحسن الوضع، إلا أن وتيرة التغيير بطيئة للغاية ولا يمكنها مساعدة الجيل الحالي والجيل القادم؛ وقد يستغرق سد الفجوة ما بين 60 إلى 110 سنة.

يرتبط الوضع الاجتماعي الاقتصادي المتدني بالصحة السيئة وعدم استقرار الأسرة وارتفاع مستوى التوتر وتراكم الخبرات السلبية في مرحلة الطفولة. وفي الوقت نفسه، بدأت الأدلة العلمية تظهر حول كيفية تأثير دخل الأسرة على نمو دماغ الطفل. عند الولادة، يمتلك البشر كمية كبيرة من المادة الرمادية، وهي المسؤولة عن نقل الإشارات بين الخلايا العصبية. يولد الأطفال بعدد أكبر من

الخلايا العصبية عن الحاجة، ومع التعلم والنمو، يتشكل الدماغ إلى عضو أكثر كفاءة، حيث يتم تقوية بعض الشبكات العصبية والتخلص من البعض الأخر.

مع تقدم البشر في العمر، تقل كمية المادة الرمادية الجديدة في القشرة المخية، وهي المسؤولة عن الإدراك واللغة والحركة والأفكار؛ بالمقابل، تزداد المادة البيضاء التي تربط بين الشبكات الكبيرة عبر الدماغ؛ حيث أشارت دراسات كبيرة عالية الجودة باستخدام التصوير بالرنين المغناطيسي إلى وجود علاقة بين الاختلافات في التركيب العصبي للأطفال ودخل الأسرة، خاصةً فيما يتعلق بالقشرة المخية.

ومع ذلك، حرص جابرييلي وبونج على توضيح أن الخبرات المبكرة لا تحدد بالضرورة النتائج المستقبلية للأطفال، وإنما تؤثر على احتمالية حدوثها؛ وبسبب الاختلافات الفردية في الاستجابة للصعوبات، لا يمكننا افتراض إمكانات الطفل بناءً على خلفيته الاجتماعية والاقتصادية.

ومع ذلك، كلما تأخرنا كمجتمع في معالجة هذه القضية، زادت التساؤلات حول كيفية مكافحة الشدائد التي تواجهها الطفولة، مثل: هل لدينا رفاهية الانتظار لمدة 60 إلى 110 سنة؟ متى سنقوم نحن، كقادة وأعضاء في المجتمع، بتطوير خطة عمل لمواجهة هذه التحديات وتحقيق نتائج إيجابية في تعزيز الصحة العقلية للأطفال والمراهقين والشباب؟ هل حان الوقت أخيرًا لكشف مصدر المشاكل التي تؤثر على صحة الأطفال العقلية وما هي الإجراءات التي سنتخذها لمواجهتها؟

صدمة الأجيال تؤثر على الأطفال

في مقال لها بعنوان "كيف تترك صدمة الوالدين آثارًا بيولوجية في الأطفال" نُشر في مجلة Scientific American في يوليو 2022، كتبت الباحثة راشيل يهودا أن الصدمة يمكن أن تنتقل بين الأجيال، وقد أكد بحثها أن الخبرات السيئة التي يتعرض لها الآباء يمكن أن تؤثر على الجيل التالي من خلال مسارات عديدة، وأوضحت يهودا أن الطريقة الأكثر وضوحًا لهذا الانتقال هي من خلال سلوك الوالدين.

ومع ذلك، فإن التأثيرات التي تحدث أثناء الحمل والتغييرات في البويضات والحيوانات المنوية قد تلعب دورًا أيضًا؛ يبدو أن هذا التأثير مرتبط بعلم الوراثة فوق الجينية، أي التغييرات في طريقة عمل جيناتنا. تشير نتائج هذه الدراسة إلى أن صدمة الوالدين تجعل الأطفال أكثر عرضة للإصابة باضطرابات الصحة العقلية.

الخبر السار هو أن هناك بعض الأدلة على أن التغييرات فوق الجينية قد تكون بمثابة تكيف يساعد أطفال الآباء الذين تعرضوا للصدمات على التعامل مع صعوبات مماثلة.

بالإضافة إلى التأثير على البويضات والحيوانات المنوية التي تحمل موروثاتنا الجينية قبل الحمل، يبدو أن الصدمة تؤثر على البيئة داخل الرحم. تقترح يهودا أنه من المغري تفسير التغييرات فوق الجينية على أنها ضرر دائم؛ ومع ذلك، قد تمثل هذه التغييرات محاولات الجسم لإعداد الأطفال للتحديات التي واجهها آباؤهم، ولكن هذه الحماية قد تتضاءل وقد تؤدي إلى نقاط ضعف جديدة اعتمادًا على العوامل البيئية التي يواجهها الأطفال. تأمل يهودا وآخرون أن يكون الطب النفسي في المستقبل أكثر استعدادًا لمواجهة التحديات ومساعدة الأفراد على التعافي من الخبرات السلبية في مرحلة الطفولة (ACEs) وبناء القدرة على الصمود.

الدكتورة وانجيكو نوروجي، طبيبة نفسية للأطفال والمديرة الطبية في مستشفى فيلادلفيا للأطفال (CHOP)، قالت إنها تشهد حالات لأطفال تتراوح أعمارهم بين صفر وخمسة أعوام يعانون من اضطرابات سلوكية مثل الاكتئاب والقلق والصدمة.

وذكر إبراهيم جوتمان، في مقال نُشر في يونيو 2022 *بصحيفة فيلادلفيا إنكويرر* بعنوان "طبيبة نفس الأطفال الوحيدة في مستشفى CHOP تشعر بالقلق بشأن الصحة العقلية لأصغر سكان فيلادلفيا"، أنه على الرغم من صعوبة تصديق أن الأطفال الذين تتراوح أعمارهم بين 3 و 4 و 5 أعوام يعانون من مشاكل في

الصحة العقلية، إلا أن الدكتورة نوروجي أكدت ذلك. وأشارت الطبيبة إلى أن معالجة هذه المشاكل في سن مبكرة يمكن أن يكون لها تأثير دائم على حياتهم، حيث يتطور 90٪ من دماغ الإنسان في السنوات الخمس الأولى من العمر وحوالي 75٪ خلال السنوات الثلاث الأولى؛ ومع ذلك، تجدر الإشارة إلى أن امتلاك أصدقاء خياليين لا يعني بالضرورة أن هؤلاء الأطفال الصغار يعانون من الذهان، إذ يعتبر هذا الأمر جزءًا من التطور الطبيعي للطفولة.

نظرًا لأن معظم أطباء النفس يبدأون عادةً في العمل مع الأطفال في سن السادسة، فإنهم يفوتون فرصًا مهمة لمساعدتهم. وأكدت الدكتورة نوروجي أن العنصرية تؤثر سلبًا على الأطفال في سن مبكرة، كما أن الصحة العقلية للأطفال السود قد تدهورت، لدرجة أن التفكير في الانتحار حتى في سن الخامسة أمر مقلق للغاية.

كشفت دراسة أجريت في عام 2021 أن الأمريكيين من أصول إفريقية في مرحلة ما قبل المراهقة لديهم أفكار ومحاولات انتحار بمعدلات أعلى من نظرائهم البيض، وأن التعرض للتمييز يرتبط بذلك. كما ناقشنا سابقًا، يمكن أن تؤثر التشققات في الأساس العصبي للطفل على قدراته المعرفية والمهارات الحركية وقدرته على حل المشكلات.

ومع ذلك، أكدت الدكتورة نوروجي أن الخبر السار هو أنه لا يزال هناك متسع من الوقت للتصرف ومنع الضرر من خلال العلاج باللعب باستخدام الدمى والديناصورات، مما يسمح للأطفال بالتعبير عن عدوانهم وسرد قصصهم والعمل ضمن إطار ديناميكيات الأسرة.

احتياجات الطفولة الأساسية لنمو العقل

ناقش الدكتور ستانلي جرينسبان، مؤلف *كتاب "نمو العقل"* الذي صدر عام 1997، المبادئ السبعة التي يعتقد أنها تعكس المتطلبات الأساسية للنجاح في مراحل نمو الطفل المختلفة. أولى هذه الاحتياجات توفير بيئة آمنة ومستقرة للطفل، تضم على الأقل شخص بالغ واحد ثابت، يمنحه الشعور بالراحة، ويمكن

التنبؤ بتصرفاته، ولديه دور حمايته. لا يشترط أن يكون هذا الشخص الوالد البيولوجي للطفل، بل يكفي أن يكون شخصًا بالغًا تعهد شخصيًا على المدى الطويل برعاية الطفل في حياته اليومية، ولديه القدرة والصفات والموارد اللازمة للقيام بذلك. الخبر السار للأطفال المحرومين هو أن الثراء أو حتى حصول مقدم الرعاية على شهادة الثانوية العامة ليسا شرطين أساسيين. الأهم من ذلك هو أن يتصف مقدم الرعاية بالنضج والمسؤولية والتفاهم والإخلاص والاستجابة لاحتياجات الطفل.

أما الاحتياج الثاني للنمو المتكامل، وفقًا لجرينسبان، فهو وجود علاقة داعمة ومستمرة منذ سن مبكرة وحتى نهاية مرحلة الطفولة؛ تشمل هذه العلاقات علاقات رئيسية تسمح للطفل بتكوين روابط قوية تنمو لتصبح شعورًا بالمشاعر الإنسانية المشتركة والتعاطف والشفقة.

الاحتياج الثالث هو الحاجة إلى تفاعل غني ومستمر، لأن الحب والرعاية، على الرغم من أهميتهما، لا يكفيان وحدهما. يتعلم الأطفال عن العالم من خلال أفعالهم وردود فعل مقدمي الرعاية عليهم. لتطوير إحساس بالنية الذاتية أو بالحدود الفاصلة بين عالمهم الداخلي والعالم الخارجي، يحتاج الأطفال إلى تبادلات موسعة مع أشخاص يعرفونهم ويثقون بهم.

الاحتياج الأساسي الرابع للطفولة هو أنه يحتاج كل طفل وأسرته إلى بيئة تسمح لهما بالتقدم خلال مراحل النمو وفقًا لأسلوبهما الخاص وبإيقاعهما الخاص؛ بهذه الطريقة، يمكن للأطفال أن يطوروا إحساسًا بهويتهم المميزة كأفراد وكذلك كأعضاء فاعلين في جماعةٍ ما ضمن مجتمعٍ أكبر.

خامسًا على قائمة جرينسبان، يجب أن تتاح للأطفال فرص للتجربة والمخاطرة والاستكشاف وإيجاد حلول والتعامل مع الفشل في المهام التي يحاولون القيام بها. من خلال تجربة أساليب مختلفة، والبحث عن الدعم من الآخرين، وتقييم

جميع الخيارات المتاحة، يتعلم الأطفال المثابرة واكتساب الثقة بالنفس والنجاح في الوصول إلى أهدافهم.

الحاجة السادسة للطفولة هي الحاجة إلى نظام وحدود واضحة، حيث يستمد الأطفال الشعور بالأمان من معرفة ما يمكن توقعه وما هو متوقع منهم. ومن خلال بناء روابط بين مشاعرهم وأفكارهم، يصبح عالمهم أكثر قابلية للتنبؤ والاستجابة في بيئة دافئة ومتعاطفة توفر حدودًا معقولة وتسمح بتطوير ضبط النفس والمسؤولية.

وأخيرًا، لتحقيق الإتقان، تحتاج العائلات، وفقًا لجرينسبان، إلى أحياء ومجتمعات مستقرة. تتطلب الرعاية المناسبة والمستمرة والملتزمة التي يحتاجها الأطفال لإتقان هذه المستويات التنموية وجود بالغين ناضجين ومتعاطفين ومنفتحين عاطفيًا. هذا صحيح حتى في ظل وجود ضغوطات عالية في المجتمع، حيث أن قلة من الآباء والأمهات لديهم الموارد الشخصية والمادية الكافية لرعاية أطفالهم دون مساعدة.

شدد جرينسبان على أهمية أن تعمل البرامج الفاعلة لمساعدة الشباب المعرضين للخطر على تعزيز الروابط الأسرية والصداقات والشبكات الاجتماعية والانتماءات الدينية والتقاليد الثقافية التي تحظى بها عائلاتهم. ويحتاج الأمر بالطبع إلى التزام أفراد العائلة بتوفير الرعاية، وتعرف الجيران على بعضهم البعض وبناء علاقات اجتماعية، والاستعداد دائمًا لتقديم المساعدة المتبادلة. كما يتطلب هذا الشعور بالمسؤولية المشتركة من سكان الحي تجاه مجتمعهم، وذلك من خلال التعاون بين المساجد والكنائس والمدارس ودور العبادة والشركات والمنظمات المختلفة من أجل تحقيق الصالح العام.

الوقاية الاستراتيجية من التجارب السلبية في مرحلة الطفولة في المجتمعات

لأجيال، كما قال جرينسبان، كافح مقدمو الرعاية الصحية والمسؤولون الحكوميون على جميع المستويات لمساعدة الأسر المحتاجة من خلال أنظمة قائمة كانت غالبًا ما تزيد الأمور سوءًا بدلاً من تحسينها. وأقر بأن الجهود التي بذلت لمساعدة الأطفال المهملين والمحرومين لم تكن ناجحة في الغالب، على الرغم مما كان معلومًا عن أصول العنف والانحراف والإهمال والعجز المكتسب.

ومع ذلك، أصر جرينسبان على أنه لحماية الأطفال من المخاطر التي تؤدي إلى العنف، يجب أن يكون للبرنامج الناجح نفسه ثبات دائم في الحياة الأسرية على المدى الطويل، ويجب أن يشرك أفراد الأسرة المستعدين للالتزام. علاوة على ذلك، يجب أن يمتد البرنامج إلى المجتمع ويعزز إمكانات نمو الأطفال أنفسهم، ويكسر حلقة الخلل الوظيفي من خلال تدريب أفراد المجتمع الأكفاء والقادرة والمطواعين. من حسن حظنا جميعًا أن تتراكم الأدلة التي تدعم افتراضات جرينسبان، حيث بدأت أفكاره حول نمو عقول الشباب تتجذر في القرن الحادي والعشرين.

في عام 2019، سعياً لمنع ومكافحة التجارب السلبية في مرحلة الطفولة والاستفادة من أفضل الأدلة المتوفرة، قام قسم الوقاية من العنف والمركز الوطني للوقاية من الإصابات ومكافحتها ومراكز السيطرة على الأمراض والوقاية منها (CDC) بنشر استراتيجيات وتوجهات حول كيفية تحقيق أهدافها. تتكون هذه الاستراتيجيات من ستة استراتيجيات رئيسية، تشمل: (1) تعزيز الدعم الاقتصادي للأسر؛ (2) تعزيز القيم الاجتماعية التي تحمي من العنف والمحنة؛ (3) ضمان بداية قوية للأطفال؛ (4) تعليم المهارات الحياتية؛ (5) ربط الشباب بالبالغين الداعمين والأنشطة المفيدة؛ (6) التدخل لتقليل الأضرار الفورية

والطويلة الأجل. كإجراء وقائي أساسي، تركز هذه الاستراتيجيات على تغيير الأعراف والبيئات والسلوكيات لمنع حدوث التجارب السلبية في مرحلة الطفولة.

تم تطوير هذه الاستراتيجيات للعمل بشكل متكامل وتعزيز بعضها البعض بشكل تآزري؛ وهذا لمواجهة الكم الكبير من الأبحاث المتزايدة التي تشير إلى أن الإجهاد السام خلال مرحلة الطفولة من 0 إلى 17 عامًا يمكن أن يضر بأبسط مستويات الجهاز العصبي والغدد الصماء والمناعة، وكذلك يغير البنية الفيزيائية للحمض النووي. يمكن أن تؤثر التغييرات في الدماغ على الانتباه والاندفاع واتخاذ القرار والتعلم والعاطفة والاستجابة للإجهاد. لضمان بداية قوية للأطفال، أثبتت برامج زيارات المنازل في مرحلة الطفولة المبكرة ورعاية الأطفال عالية الجودة والبرامج التكميلية لمرحلة ما قبل المدرسة مع مشاركة الأسرة فوائد عديدة للأطفال.

حددت خطة عمل ولاية نيوجيرسي الشاملة للتجارب السلبية في مرحلة الطفولة (ACEs) نتائج محتملة لاستراتيجياتها الأساسية. من هذه النتائج زيادة الوعي والمعرفة بالآثار طويلة المدى للخبرات السلبية في مرحلة الطفولة، وتحسين الفرص أمام المجتمعات والقطاعات ذات الأولوية للمساعدة في تعزيز القدرة على الصمود وتسهيل الاتصال بخدمات تعزز الصحة والعافية.

في مجتمعات مثل ولاية واشطن، تُفيد التقارير بأن الجهود المبذولة للحد من التجارب السلبية في مرحلة الطفولة أدت إلى انخفاض بنسبة 39٪ في اعتقالات المخدرات بين المراهقين، وانخفاض بنسبة 59٪ في حالات انتحار الشباب، وانخفاض بنسبة 37٪ في العنف المنزلي، وانخفاض بنسبة 66٪ في اعتقالات الشباب بسبب الجرائم العنيفة.

على الصعيد العالمي، يعد المعهد الوطني للصحة العامة في ويلز مصدرًا رئيسيًا للأبحاث المتعلقة بتأثير التجارب السلبية في مرحلة الطفولة والقدرة على الصمود؛ حيث وجد الباحثون، الذين ركزوا بشكل رئيسي على مشكلات الصحة العقلية، أن التعرض لأربع تجارب سلبية أو أكثر في مرحلة الطفولة يرتبط ارتباطًا

وثيقًا بالعواقب النفسية السلبية، ولكن يقل بشكل ملحوظ لدى الأطفال الذين كانت لديهم علاقة وثيقة مع شخص بالغ واحد على الأقل والذين يشاركون بانتظام في الأنشطة الرياضية.

في عام 2021، تبنى المؤلفتان نوريس ونوريس، اللتان كتبتا مقالًا حول بناء القدرة على الصمود من خلال المشاركة في رياضات الشباب، موقفًا نقديًا تجاه الرياضة كأداة للتغيير. اقترحتا ضرورة التركيز على تطوير مفهوم كيف تُعد القدرة على الصمود النتيجة والوسيلة في آن واحد لتحسين الصحة العقلية للشباب في سن مبكرة وحتى مرحلة البلوغ.

يحتل العمل المجتمعي، الذي يضم أخصائيي الرعاية الصحية والمعلمين والمواطنين العاديين، والذي يعتمد على الأبحاث التي تدعم استخدام الرياضة كعامل إيجابي، مكانة مهمة في صدارة جدول أعمال حكومة ويلز وقانون WFG لعام 2015.

التدخلات العلاجية بالتنويم المغناطيسي للشباب الذين تعرضوا للصدمات في مرحلة الطفولة

في نهاية هذا الفصل، سأقدم قصصًا واقعية تجسد وتبرز عملي كمدربة للوصول إلى أعلى مستويات الأداء وكيف استخدمت التدريب التنويمي لمساعدة الشباب بشكل طبيعي على بناء القدرة على الصمود من خلال الوقاية الأولية التي تشجع وتعزز الصحة العقلية والرفاهية ونمو العقل، كما أوصى جرينسبان.

في عام 2015، كتبت الباحثة والمعالجة بالتنويم المغناطيسي السريري، لين ليونز، كتاب "استخدام التنويم المغناطيسي مع الأطفال". ذكرت أن أفضل طريقة لفهم التنويم المغناطيسي السريري مع الأطفال هي اعتباره الاستخدام المتعمد لحالة طبيعية "تشبه الغيبوبة" من الانغماس والخيال والتمرين الخيالي كطريقة لمساعدتهم على المضي قدمًا من خلال اكتشاف مواردهم وقدراتهم الخاصة،

وبتعلم مهارات جديدة وتطبيقها. وأوضحت ليونز أنه عندما يروي الأطفال القصص، أو يرسمون الصور، أو يبنون باستخدام ليغو، أو يتظاهرون بأنهم حيوانات، فإنهم ينخرطون فيما أسميه كمدربة للوصول إلى أفضل أداء "حالة تشبه المنطقة" حيث لا يوجد تمييز داخل العقل الباطن بين الخيال والواقع، وبينما ينغمس الأطفال في خيالهم، فإنهم لا يتقيدون بالعالم الحقيقي.

كأداة علاجية، يقدم التنويم المغناطيسي للشباب، كما وصفته ليونز، ثلاث مزايا رئيسية، الأولى هي أن التنويم المغناطيسي يمكنه تغيير وتثبيت النغمة العاطفية للتدخلات العلاجية بسرعة؛ فهو يوفر فرصة للعب وتنمية حس الفكاهة، مما يسمح للأسرة برؤية عمل التغيير على أنه مثير للاهتمام وممتع.

الميزة الثانية لاستخدام التنويم المغناطيسي أنه قائم على التجربة؛ فهو يقدم التنشيط السلوكي كعنصر علاجي. خلال جلسة التنويم المغناطيسي، لا يكون الأطفال متلقين سلبيين بل مشاركين فاعلين يزرعون بذور الواجبات المنزلية العلاجية.

الميزة الثالثة لاستخدام التنويم المغناطيسي هي أنه يعزز الإتقان؛ وأفادت ليونز بأنه باستخدام التنويم الذاتي، يمكن للطفل أن يتدرب عقليًا ويتغير فسيولوجيًا ويغير إدراكه وينظم عاطفيًا. كقيمة مضافة، فإن استخدام التنويم المغناطيسي يخلق حلول للمشاكل.

من خلال خبرتي كمدربة للوصول إلى أعلى مستويات الأداء، فإن "التدريب التنويمي" الذي أطبقه في برنامجي "طرق النجاح للمراهقين" هو أداة علاجية فعالة بشكل خاص للمراهقين بسبب تطور دماغ المراهق والنمو الكبير للروابط بين نصفي الدماغ الأيمن والأيسر.

اعتبر عالم النفس التنموي بياجيه مرحلة المراهقة في التطور المعرفي كمرحلة عملياتية تتميز بالقدرة المتزايدة على التفكير المجرد، وإيجاد صلات بين تجاربهم الشخصية وتجارب الآخرين. أوضحت ليونز أن تطور التفكير الأكثر تجريدًا

وتعقيدًا يفتح أمام المراهقين أبوابًا للغة أكثر مباشرة وغير مباشرة تتوافق بشكل أكبر مع لغة البالغين؛ وبالتالي، يستطيع المراهقون فهم واستحداث الاستعارات والتفكير في واستكشاف سيناريوهات متخيلة يمكن أن تتحول إلى واقع من خلال تدريب القوة الذهنية الواعية في برامجي.

في مقال نُشر عام 2020 بعنوان "التدخل الإيحائي المبكر بعد الأحداث الصادمة لدى الأطفال" في المجلة الأمريكية للتنويم المغناطيسي السريري، ناقش كل من شانتال وود وأنتوان بيوي كيف استخدموا التدخلات الإيحائية العلاجية المبكرة لمنع اضطراب ما بعد الصدمة لدى أربعة مرضى أطفال بعد ظهور استجابة إجهاد مبكرة لديهم عقب حادث سير. وفقًا لما ورد، كان هدف المعالجين هو جعل الأطفال منغمسين ومركزين على ما يقال، بعد بناء تحالف علاجي معهم؛ ثم، باستخدام نبرة صوت معينة، استخدم المعالجون أدلة متنوعة، استنادًا إلى تقنيات العلاج بالتنويم المغناطيسي، لمساعدة الأطفال على إيجاد مكان آمن والانفصال عن الحدث المؤلم.

لثلاثة من الأطفال، تم استخدام تقنية الإسقاط التنويمي لاستعراض الحدث الصادم بطريقة آمنة؛ بالنسبة للطفل الأصغر، فقد تم تشجيعه على التعبير عن مشاعره من خلال تمثيلها على شيء غير حي يرمز إلى الصدمة التي مر بها. أظهر جميع الأطفال الأربعة تحسنًا بعد جلسة أو جلستين علاجيتين تعتمدان على التنويم المغناطيسي وفهم الصدمة النفسية. تظهر نتائج هذه التدخلات فعالية التنويم المغناطيسي في مساعدة الأطفال فور وقوع الحدث الصادم، وكذلك في منع الآثار السلبية طويلة المدى، وتخفيف حدة الصدمة وتعزيز التعافي منها في المستقبل.

في دراسة نُشرت عام 2019 *في المجلة الأمريكية للتنويم المغناطيسي* السريري، ركزت جوليا ليندن، وهي معالجة، على "عوامل العلاقات في مسرح الخيال: التنويم المغناطيسي مع الأطفال والمراهقين". بحثت ليندن في الطبيعة الروحية

والاجتماعية للعلاقات الإنسانية، مع التركيز على الطريقة الفريدة التي يهيئ بها التنويم المغناطيسي المجال للانغماس في اللعب والخيال، مما يساعد الأطفال على استنباط نقاط القوة لديهم وفتح آفاق جديدة للتغيير من خلال اقتراحات لتعزيز الأنا الإيجابية.

وفقًا للينديين، فإن مسرح الخيال ينشأ من القصص والعلاقات التي تربطنا بتاريخنا وشخصياتنا وأفكارنا العميقة. التنويم المغناطيسي السريري موجود داخل هذا المسرح. تكون إسقاطات الأطفال بسيطة ومباشرة وحرفية. خلال عملية التنويم، يتم منح مساحة للمشاعر للتعبير عنها واستكشافها وفهمها قبل أن يتمكن الطفل من وصفها بالكلمات. يتم تجسيد المشاعر حرفيًا من خلال ألعاب الأطفال التي ترمز إلى أفكارهم ومشاعرهم. وأوضحت ليندن أن الأمر لا يقتصر على المجاز في مسرح الخيال.؛ حيث يتم تقديم اللعب العلاجي في مساحة إبداعية للمعالج والطفل لإحداث تغيير إيجابي.

يوضح مقال لمايكل روزالسكي وأنجيلا ستيوارت وجيسون ميلر نُشر عام 2010 بعنوان "العلاج الببليوغرافي: مساعدة الأطفال على التعامل مع تحديات الحياة" في مجلة سجل كلية المعلمين، مثالاً على كيفية الاستفادة من خيال الأطفال؛ حيث يستكشف المؤلفون استخدام العلاج الببليوغرافي كأداة لمساعدة الأطفال على التعامل مع المشكلات بطريقة غير مباشرة. يعتمد العلاج الببليوغرافي على استخدام الكتب لتحقيق النمو الشخصي، حيث يقوم المدرسون والمستشارون والأهل بتعليم الأطفال حول المواقف الصعبة من خلال تشجيعهم على ربط أنفسهم بشخصيات في الكتب، حتى يتمكنوا من فهم المشاعر والسلوكيات من خلال تجارب هذه الشخصيات.

في عام 2019، كتب سو جونج كيم في مقالته في مجلة سجل كلية المعلمين حول "سرد القصص المضادة: أطفال ما قبل المدرسة كمؤلفين مبدعين" عن طريقة لسرد قصص أولئك الذين لا تُروى تجاربهم غالبًا. إنها وسيلة قوية، وفقًا

لكيم، لفحص وجهات النظر المتعددة وتحدي النظرة العالمية المبسطة. من خلال الاستماع إلى القصص المضادة، يمكن للشباب الوصول إلى وجهات نظر متنوعة وإعادة النظر في أفكارهم السابقة بشكل نقدي.

يتفق كل من سرد القصص المضادة ومنهجية محو الأمية النقدية مع نظريات كل من ديوي وبياجيه في تأكيدهما على مقاربة تركز على المتعلم؛ ومن خلال هذه الطريقة، يمكن للمهنيين خلق مساحة نقدية وشاملة تحتفي بأصوات الأطفال وتحتضنها.

في غياب المختصين أثناء الكوارث، سعت منظمة إغاثة دولية، وهي Mercy Corps، إلى مساعدة الأطفال على الشفاء بأنفسهم باستخدام دفاتر الأنشطة والتلوين. تحدثت إميلي أنثيس في مقالها لعام 2010 بعنوان "تهدئة الأطفال المصابين بالصدمة" الذي نُشر في مجلة Scientific American Mind عن كتاب عمل بعنوان "قصة زلزالي" صممه Mercy Corps وأُرسل إلى هايتي عام 2010. شجع كتاب العمل الشباب على سرد قصصهم التي تحمل معنى بالنسبة لهم، وذلك من خلال إعادة تنشيط النصف الأيسر من الدماغ، بدلاً من الاعتماد فقط على المشاعر التي يتم تنشيطها في النصف الأيمن أثناء الكارثة. كشفت دراسة أجريت خلال إعصار كاترينا أن الشباب الذين استخدموا كتب العمل لمدة 30 دقيقة كل أسبوع شهدوا انخفاضًا بنسبة 20٪ تقريبًا في أعراض اضطراب ما بعد الصدمة.

استخدام التنويم الإرشادي لبناء المرونة لدى الشباب: قصص واقعية

فيما يلي بعض القصص الواقعية التي توضح كيفية استخدامي للنهج الوقائي للصحة العقلية والرفاهية في برامجي. كمدربة على مهارات الأداء المتقدمة والتدخلات التنويمية، أشارك هذه القصص لإظهار نجاح تطبيق التنويم الإرشادي

مع خمسة عملاء تتراوح أعمارهم بين 7 و 13 عامًا. لقد استمرت الجلسات ما بين 3 جلسات إلى 12 جلسة، وكل منها لمدة ساعة واحدة.

خلال هذه الجلسات، علمتهم تقنيات التنويم الذاتي للدخول إلى حالة التركيز العميق، والتنفس الهادئ من أجل الاسترخاء والتركيز، والتدريب الذهني لتعزيز الثقة بالنفس والمهارات، واستعادة ذكريات إيجابية سابقة لاستخدامها كمصدر للطاقة في الحاضر لتحقيق النجاح، وأهمية الحوار الإيجابي مع الذات باستخدام اقتراحات لتقوية الشخصية؛ كما عملت معهم على تحديد الأهداف وتحليل نتائج التجارب السابقة لتطوير عقلية تركز على توقع النجاح وتحقيقه.

تغلب العملاء في الأمثلة المقدمة على مجموعة متنوعة من التحديات واكتسبوا القدرة على الصمود ومصارعة الشدائد، سواء على حلبة المصارعة أو ملعب البيسبول أو في الفصول الدراسية. استخدمت هذه العملية تقنيات ابتكرها ميلتون إريكسون، كما شرحها دان شورت وبيتي أليس إريكسون وروكسانا إريكسون كلاين في كتاب "الأمل والصمود" لعام 2005، وكذلك التقنيات التي أوضحها ستيفن لانكتون في ورقته البحثية لعام 2022 بعنوان "الخيال المنبثق: صياغة النجاح المفترض" التي نُشرت في المجلة الأمريكية للتنويم الإكلينيكي، وقد تحقق ذلك كله داخل مسرح خيالنا.

لنبدأ بحالة جورج وكيف تعلم لعب الكرة.

جورج: في نهاية موسم المصارعة الترفيهية للشباب في شهر مارس، زار جورج، البالغ من العمر 12 عامًا، مكتبي لأول مرة برفقة والدته. لقد شعر بخيبة أمل لأنه "استسلم" في الحلبة ولم يتأهل لبطولة الولاية. قال: "أنا سيئ للغاية في المصارعة؛ لا أصدق أنني خسرت".

ركزنا على المصارعة للاستعداد لبطولات المصارعة الحرة الصيفية وعملنا على الحركات. تعلم "التنفس الهادئ" لمساعدته على الهدوء لتحسين التركيز وتهيئة

عضلاته. بالإضافة إلى ذلك، علمته التدريب الذهني لاكتساب الثقة و"الدخول إلى المنطقة"، بالإضافة إلى الحوار الإيجابي مع الذات والاسترجاع العقلي.

ومع ذلك، نظرًا لأن جورج كان لديه اهتمامات أخرى، مثل لعب البيسبول والوصول إلى قائمة الشرف من خلال تحسين درجاته في العلوم، فقد عملنا أيضًا على تحسين هذه المهارات. كان جورج بالفعل في فريق بيسبول، أراد أن يجرب اللعب في مركز الضرب الثالث، لكنه لم يكن يثق بنفسه. لقد عملنا على التدريب الذهني لهذا المركز عن طريق رمي الكرة وضبطها، وما سيكون دوره، وكيف يجب عليه أن يتصرف لإقناع المدرب؛ في الزيارة التالية، كان سعيدًا بالإعلان عن أنه حقق هدفه في أن يكون لاعب قاعدة ثالث.

استندت تقنيات التصوير الذهني التي استخدمتها مع جورج على كتاب "ضربة قوية" للمؤلف روبرت بورلي الذي يتحدث عن لاعب البيسبول الأسطوري "بيب روث" الذي كان مشهوراً بتناغم تام بين مضربه وجسمه والكرة خلال الضربات السلسة والقوية. وصف الكتاب شعور "بيب روث" بالانتظار والرغبة في تكرار هذا الإحساس الرائع.

تدرب جورج معي على تخيل روتين الضرب، بما في ذلك ارتداء خوذة الضرب والقفازات، ومسك المضرب الموزون والتأرجح به استعدادًا للضرب. تخيلنا كيفية الوقوف في منطقة الضرب، وتخيل جورج نفسه، مثل بيب، وهو يضرب الكرة بقوة ويحقق ضربة قوية خارج الملعب. بعد انتهاء جلساتنا التسع التي استمرت ساعة واحدة لكل منها، أعطيت جورج CD ليستمع إليه لاحقًا.

أظهر جورج صمودًا رائعًا وفقًا لوالدته؛ فقد واجه صعوبة في الضربات في بداية الموسم، وشعر بالإحباط والتوتر وخوف الخسارة؛ حينها، وضعات والدته التسجيل الخاص بي على هاتفه ليستمع إليه، ومنذ ذلك الحين، حقق جورج

ضربات قوية متعددة، وأشار مدربه إلى ثقته الكبيرة التي لم يرها من قبل خلال الضربات.

بعد بضع أسابيع، لعب الفريق في كوبرستاون، نيويورك، موطن قاعة مشاهير البيسبول، كان جورج يتوق إلى هذه اللحظة منذ عامين. خاض الفريق ست مباريات في مجموعتهم لكنهم خسروا خمس منها. وكان أداء جورج يزداد سوءًا مع كل مباراة، كما روت والدته، وكان يفكر باستمرار في عدم قدرته على تحقيق أهدافه في الضربات القوية؛ لقد أصيب بخيبة أمل وغادر الملعب وهو يبكي قائلاً: "أنا سيء للغاية في البيسبول". حرصت والدته والمدرب على أن يستمع جورج للتسجيل في الليلة التي تسبق المباراة الأخيرة وفي الصباح؛ ولاحظ مدرب جورج أنه كان شديد التركيز أثناء الاستماع.

خلال المباراة الأخيرة من السلسلة، جلس جورج خارج اللعب في الأدوار الثلاثة الأولى، وكان والداه قلقين عليه عندما جاء دوره أخيرًا للضرب؛ ولكن لدهشتهما الكبيرة، تحول جورج إلى أسطورة البيسبول "بِيب روث" وضرب ضربة قوية جدًا (جراند سلام) خارج الملعب، وفي محاولتي الضرب التاليتين، حقق ضربتين قويتين أخريين، ليصل إجمالي عدد ضرباته القوية إلى ثلاثة في ثلاث محاولات. قالت والدته بابتسامة عريضة: "لم يكن بإمكانك إزالة ابتسامته من وجهه". قال مدربه إن لغة جسده ووضعه قد تغيرا تمامًا أثناء توجهه للضرب في ذلك الصباح. بعد هذه التجربة، أصبحت والدة جورج ومدربه من دعاة متحمسين لتدريب القوة الذهنية وأوصوا بي للاعبين الآخرين في الفريق وكذلك لاعبي كرة القدم.

حقق جورج نجاحات كبيرة في الفصل أيضًا؛ بعد العمل على مهارات الدراسة وخوض الامتحانات معي كمدربه، حصل على 100٪ في اختبار العلوم، الذي كان يعتبره مادته "الأصعب"، وتم وضعه على قائمة الشرف لتحقيق أهدافه الأكاديمية. وكانت جائزته التي يعتز بها إطارًا تذكاريًا يحفظ "كرات البيسبول التي حقق بها انجازاته".

جيري: في سن التاسعة، كان جيري، وهو مصارع صغير، يتمتع باستقلالية مميزة بالنسبة لسنه. نظرًا لقربه من مكتبي، كان يأتي إلى الجلسات على دراجته. تواصل معي والد جيري، وهو مدرب مصارعة، لمساعدة ابنه على التخلص من عادة "التجمد" التي تنتابه، حيث يصاب بالذعر ويرفض خوض المصارعة في الجولات الأخيرة من البطولات. منذ أن بدأ جيري المصارعة في سن الخامسة، كان والده يعتقد أنه يمتلك المهارات ليصبح بطل الولاية. عندما لا يفوز جيري، يصاب بالإحباط الشديد، وهذا يزيد من قلقه. قبل المباريات النهائية، يعترف جيري بأنه يشعر بالضغط، ويصف نفسه بأنه "خاسر". يدرك جيري أنه يجب عليه التغلب على هذه العقبة ليصبح فائزًا.

علمتُ جيري تقنية "التنفس الهادئ" لتحفيز الاسترخاء وتهيئة عضلاته. ساعدت المحفزات مثل لمس خوذته وتحريك أصابعه على يده، بالإضافة إلى التنفس العميق جيري على التركيز أثناء المباريات. بالإضافة إلى ذلك، عرضتُ عليه كيفية استخدام "طرق الغدة الزعترية"، وهي تقنية يُطلب فيها من جيري تكوين قبضة ويطرق نفسه ثلاث مرات على أسفل القص بالقرب من الغدة الزعترية لإطلاق الإندورفين وتجديد الطاقة.

بعد تطوير خطط تحركه، قام جيري بعملية التدريب الذهني لها، وهذا منحه الثقة وساعده على تخيل نفسه فائزًا ورؤية نفسه وقد رُفعت يده في نهاية كل مباراة في البطولة.

خلال كل جلسة من الجلسات الثلاث، استخدمت خيالًا مستوحى من كتاب " القاطرة الصغيرة التي استطاعت" بقلم واتي بايبر؛ أصبح اللون الأزرق، لون القطار، محفزًا للاسترخاء. لم يربط جيري محركته بالقطار فحسب، بل ربطها أيضًا باللعب التي التقطها على طول الطريق. لقد جعل مهمته ربط القطار بمحركه وسحبه إلى أعلى التل؛ على الرغم من اعتقاده بأنه ليس قويًا جدًا ولم يقم بالرحلة من قبل، فقد قرر المحاولة.

في خياله أثناء جلسة التنويم المغناطيسي، وبينما كان قطاره يتصاعد نحو التل، راح جيري يردد على نفسه، "أعتقد أنني قادر على ذلك... أعتقد أنني قادر على ذلك..." في حال راودته أي أفكار أو صور سلبية أو معاكسة، تم إرشاد جيري إلى تجاهلها وتكرار الأفكار الإيجابية. كانت كل الألعاب سعيدة للغاية ببلوغ قمة الجبل وشكرته على الرحلة؛ ثم، وبينما كان جيري ينزل على الجانب الآخر من الجبل، ابتسم وبدا وكأنه يقول، "اعتقدت أنني قادر على ذلك... اعتقدت أنني قادر على ذلك..." لقد قمت بتسجيل صوتي له لأحد الجلسات التي تدرب فيها على الفوز في المصارعة.

كانت الطريقة التي أظهر بها جيري المرونة مذهلة؛ كان هو ووالده في بطولة الولاية، وبدأ جيري يصاب بالشلل كما هي عادته، أُصيب والده بالذعر واتصل بي على الهاتف، تحدثت إلى جيري لفترة وجيزة لمساعدته على التركيز على هدفه المتمثل بالفوز؛ وأفاد والده أنه مباشرة بعد محادثتنا، استعاد ابنه توازنه على الفور وأصبح قوة دافعة للتغيير؛ ضرب على صدره، ومشى إلى الحلبة بثقة، وفاز بالبطولة كبطل.

لم يصدق والد جيري التحول الكبير الذي طرأ على ابنه الصغير الذي أصبح فجأة فائزًا يمتلئ بالثقة. سألني لاحقًا عن الكلمات التي قلتها لجيري لتغيير تفكيره؛ أخبرته بأنني ذكرت جيري بهدفه وهو الفوز وتحدثت معه عن تشابهه بالقطار الصغير الأزرق الذي استطاع تحقيق هدفه. رددنا معًا عبارات إيجابية تحفيزية مثل، "أعتقد أنني أستطيع... أعتقد أنني أستطيع... أعتقد أنني أستطيع.... تشو تشو تشاغا تشاغا تشو تشو...!" بفضل جهودنا المشتركة، اكتسب جيري مهارات القوة الذهنية في سن التاسعة واستمر في استخدامها طوال المدرسة الثانوية ليصبح بطل مصارعة الولاية ثلاث مرات.

لارا: كانت لارا فتاة ثرثارة وودودة تبلغ من العمر سبع سنوات، وقد أعطت انطباعًا بأنها طفلة واثقة من نفسها، كانت تستمتع بالجلوس في مكتب والدتها في العمل

والتظاهر بأنها تعمل. ومع ذلك، وفي أعماقها، كانت تشعر بالقلق، خاصة في المدرسة حيث تعرضت للتنمر بلا هوادة من قبل الأولاد، مما أثر على حياتها المنزلية أيضًا. تحدثت والدتها إلى المعلمة بشأن التنمر، وحاولت لارا تجنب التعرض للتنمر والاستهزاء، لكن دون جدوى. وبحلول الوقت الذي تم فيه اصطحاب لارا إلى مكتبي للتشاور، كان التنمر قد استمر لبعض الوقت، مما جعل لارا أكثر حساسية تجاه ما يقوله زملاؤها عنها في المدرسة؛ كان لديها القليل من الأصدقاء المقربين، وكانت تشعر بالوحدة.

بدأ عملنا معًا بالتعليم والتعلم التجريبي، حول كيفية الدخول إلى الحالة المثالية من خلال التنويم المغناطيسي الذاتي، وكيفية استخدام "قبة الأداء العالي" الحماية الوهمية، والتي يمكنها وضعها لتخفيف حدة التعليقات السلبية التي يصدرها الآخرون والتي ساعدتها على الحفاظ على إيجابيتها من الداخل بينما تكون محمية من الأذى (انظر شكل 7).

شكل 7: قبة الأداء العالي

عزز هذا الإجراء عزيمتها، إلى جانب الاقتراحات الإيجابية لتقوية الأنا، مثل افتراضات إميل كويه، مبتكر منهج "الاقتراح الذاتي الواعي" الذي يقول فيه "كل يوم، وفي كل شيء، أصبح أفضل وأفضل". بالإضافة إلى ذلك، علمتها تقنية "التنفس الهادئ"، حيث كان لديها خيارات لتهدئة نفسها في اللحظة التي تشمل التنفس العميق والمحفزات، مثل تحريك أصابعها على يدها اليُسرى وتكرار عبارات إيجابية على نفسها مثل: استرخي وبهدوء.

كانت لدى لارا مخيلة رائعة، وكان أقوى حليف لها وصديقتها الوهمية دميتها الأمريكية المفضلة كارولين أبوت. أظهرت شخصية كارولين للفتيات كيفية الإيمان بأنفسهن في مواجهة التحديات؛ كانت كارولين تعيش خلال فترة حرب 1812. تحب كارولين الإبحار مثل والدها صانع السفن وتحلم بقيادة سفينتها الخاصة يومًا ما. بعد أن أسر البريطانيون والدها وابن عمها، حافظت كارولين على وعدها لوالدها بالثبات من خلال التنقل عبر العواصف، باستخدام قلبها كبوصلة. تقدم كارولين المساعدة وتظهر اللطف للآخرين دون انتظار أي شيء في المقابل. في النهاية، أظهرت كارولين الثبات والشجاعة واتخذت قرارات صائبة وأصبحت ذات توجه نحو العمل، وخلال عملية فهم شخصية كارولين في حياتها، تحولت لارا إلى كارولين في ذهنها وبدأت تقتدي بدميتها.

كانت لارا تحضر دميتها إلى الجلسات وتتحدث عن كيف ساعدتها كارولين خلال أسبوعها الدراسي. من خلال التدريب العقلي، وهو ما برعت فيه لارا، تخيلت نفسها قبطانة سفينة خاصة بها تستخدم مهارات حل المشكلات في التعامل مع تنمر الأولاد، أي بمعنى ماذا تقول لهم وكيف تتجنب المواقف التي تسمح بحدوث مثل هذا التنمر. في كل أسبوع كنا نراجع أداءها لنرى ما نجح وما لم ينجح ونضع خطة عمل جديدة لتجربتها في الأسبوع التالي.

بالإضافة إلى ذلك، عملنا على كتاب يوضح كيف تعتني أم الخروف بصغارها وكيف يلعب الصغار معًا ويمرحون، وقد ساعد هذا لارا على رعاية نفسها وعلى

رعاية أختها الصغرى. بحلول الجلسة التاسعة، تكونت لدى لارا صداقات جديدة مع فتيات يشاركنها اهتمامها بالزراعة، لذلك انضمت إلى نادٍ حيث أتيحت لها الفرصة لزراعة الأزهار والعناية بها.

بدأت لارا بالدفاع عن نفسها أمام الأولاد؛ أصبحت أكثر ثقة بنفسها من خلال الدراسة واستقبالها سر القربان المقدس للمرة الأولى. بعد عامين، انتقلت إلى مدرسة خاصة لا تتسامح قوانينها مع التنمر. دعتني إلى حفل مدرسة مفتوح؛ في ذلك الوقت، أطلعتني لارا بثقة على فصلها الدراسي وقدمتني إلى زملائها في الفصل وأصدقائها الجدد، بمن فيهم الأولاد.

ماثيو: في التاسعة من عمره، كان ماثيو، وهو رياضي يمارس المصارعة، يعاني من القلق بسبب ضغط الفوز في كل مسابقة يخوضها، وكان يُتوقع منه أيضًا أن يحصل على أعلى الدرجات في جميع اختبارات المدرسة، ولم يكن هذا مجرد ضغط شخصي، فوالده كان مدربه الخاص ومُشرفه، وكان يعتقد أن المنافسة بلا فائدة إن لم تنتهي بالفوز.

كان ماثيو يقاوم المشاركة في البطولات الوطنية خارج الولاية، حيث تكون المنافسة أكثر شدة، وبعد أول جلستين معي، شعر ماثيو بمزيد من الثقة بعد مناقشة الفوائد الإيجابية لتوسيع نطاق تركيزه؛ عملنا على تقنيات التنفس الهادئ والتدريب الذهني والحديث الإيجابي مع النفس.

بعد انتهاء بطولة نهاية الأسبوع، شعر ماثيو بتحقيق هدفه وكان سعيدًا بمشاركته فيها لأنه تعرف على مصارعين آخرين وكون صداقات جديدة؛ ومع ذلك، وبمجرد وصوله إلى المنزل، وبدلًا من التركيز على المباريات التي فاز بها، أصر والده ومدربه على أنه كان يجب أن يفوز بالمباراة التي خسرها وأشاروا إليه بأنه فشل لأنه لم يحاول جاهدًا بما فيه الكفاية؛ وبعد التعرض لهذه السلبية، رفض ماثيو ممارسة المصارعة أو الذهاب إلى التدريب أو المشاركة في المسابقات.

قررت أن أفضل طريقة لمساعدة ماثيو هي العمل من خلال والدته التي تعمل في مجال الإرشاد النفسي. شرحت لها أن ماثيو بحاجة إلى خوض تجربة الخسارة حتى يتعلم كيفية تحسين مستواه. كما أخبرتها أنه يشعر بعدم القبول والمحبة عندما يخسر ويتعرض لتوبيخ شديد بسبب ذلك. في البداية، علّمتُ ماثيو تقنية التنويم المغناطيسي الذاتي واستخدمت قصة السلحفاة القوية التي تتحمل العواصف، حيث تخيل ماثيو نفسه يركب على ظهرها في رحلتها السنوية الطويلة من أمريكا الجنوبية إلى ولاية مين. أطلق على سلحفاة الكبيرة اسم "الشجاعة"، ومن خلال تخيل السباحة معها اكتسب ماثيو الثقة بنفسه (انظر شكل 8).

استفدتُ أيضًا من قصة مصورة في كتاب "خطأ هنري الفظيع" الذي ألفه المحلل النفسي روبرت كواكينبوش، وقمت بتعديلها لتتناسب مع موقف ماثيو. تتحدث قصة الكتاب عن بطة تدعى هنري يرتكب سلسلة من الأخطاء الكبيرة في المنزل أثناء محاولته تحضير العشاء لصديقته كلارا، حيث يظهر نمل عند الباب الأمامي بينما يرحب بها. يعتقد هنري أن كلارا ستظن أن منزله غير نظيف، لذلك يجب التخلص من النملة. ثم يمضي هنري وقتًا طويلاً في مطاردة النملة دون تفكير مما يجعله ينسى أمر تحضير العشاء.

شكل (8) السلحفاة الشجاعة

لقد ضرب جدار المطبخ بمطرقة وأصاب أنبوبًا مما تسبب في انفجاره وتدفق المياه. بسبب هذا، لم يتم تدمير العشاء فحسب، بل غرق منزل هنري وأصبح يطفو

بعيدًا. اضطر هنري إلى الانتقال إلى منزل جديد. في المرة التالية التي جاءت فيها كلارا لتناول العشاء، رأى هنري نملة بالقرب من الباب الأمامي، فابتعد عنها، مما يوضح أنه تعلم من خطئه.

أدرك ماثيو تدريجيًا أن أخطاءه كانت بمثابة فرص ليكتسب الخبرة ويتطور. من خلال سلسلة من الجلسات التي استمرت من التاسعة وحتى الثامنة عشر من عمره، ومع تطبيق مجموعة متصلة من التعليقات والاستفادة منها، تعلم ماثيو تحليل أدائه بمنظور موضوعي، وتحديد الحركات الفعالة وغير الفعالة، وكيف أثرت أفكاره ومشاعره أثناء المباراة على النتيجة إيجابًا أو سلبًا.

خلال سنوات دراسته الثانوية، طور ماثيو مهارات القوة الذهنية برفقتي كمدربة، بينما واصل صقل مهاراته في المصارعة. حقق ماثيو النجاح في التفوق الدراسي، وحافظ على مستواه الأكاديمي المتميز، وأصبح بطل ولاية، والتحق بإحدى جامعات دوري اللبلاب (Ivy League).

ليام: ليام شاب يبلغ من العمر 13 عامًا، كان في مرحلة المراهقة، وهي الفترة التي يسعى فيها للتعبير عن نفسه بشكل أكبر اجتماعيًا. لكن ليام كان يعاني من تلعثم شديد يمنعه من التحدث بطلاقة. على الرغم من خضوعه للعديد من جلسات علاج النطق منذ صغره، إلا أن التلعثم استمر، وهو ما اعتاد عليه ليام كجزء من حياته. ولكن، تغير شيء ما في موقف ليام تجاه تلعثمه عندما بدأ يلاحظ الفتيات.

تعرض ليام للتنمر والسخرية من قبل زملائه بسبب تلعثمه، ولم يستطع الدفاع عن نفسه بالكلام، مما زاد الأمر صعوبة عليه. وعندما اقترحت والدته عليه زيارة معالج للكلام لتحسين نطقه، وافق ليام على الفور، ويرجع ذلك أساسًا إلى معجبته التي تشاركه حافلة المدرسة لكنه كان يتلعثم عندما يحاول التحدث معها.

السبب الثاني لرغبة ليام في تحسين نطقه يرتبط بذكائه المتميز في مادة الرياضيات. فعندما كان يرفع يده بسرعة للإجابة على أسئلة الرياضيات، كان

يتعثر في الكلام ولا يستطيع قول الأرقام أو إعطاء الإجابات الصحيحة التي يعرفها. شعر ليام بأن زملاءه في الفصل ومعلميه يعتقدون أنه غير ذكي بسبب تلعثمه.

خلال اللقاء الأول، لاحظت وجود بعض علامات التلعثم عند ليام؛ ومع ذلك، استطاع ليام أن يوضح لي ما يفكر فيه، والسبب وراء قدومه إلى الجلسات، وكيف يشعر، بطريقة واضحة بشكلٍ كافٍ. بدا مسروراً بالحصول على بعض المساعدة، لكنه كان يشك قليلاً في جدوى التنويم المغناطيسي بالنسبة لحالته.

بدأت بتعليم ليام كيفية استخدام التنويم المغناطيسي الذاتي للدخول في حالة تركيز مع تقنية "التنفس الهادئ" من أجل الاسترخاء. كما وضعنا خطة لمقاربة فتاة، شملت كيفية تعريفه بنفسه ومحتوى ما سيقوله والكلمات المحددة للحوار التي يمكنه أن يتدرب عليها مسبقًا. عملنا أيضًا على محفزات الاسترخاء، مثل أخذ نفس عميق قبل المحاولة، وتحريك أصابع يده الأخرى، وترديد الكلمات التي تم التدرب عليها مسبقًا: "الأمر سهل واسترخ".

تلقى ليام تدريبًا على كيفية إلغاء الكلمات والصور السلبية واستبدالها بإيجابيات؛ بالإضافة إلى ذلك، قمنا بتدريب عملي خلال جلسة ممارسة التنويم المغناطيسي، وبروفة تحضيرية لمشاركته في درس الرياضيات في مخيلته؛ رأى نفسه يحقق أهدافه وشعر بذلك. أثناء الاسترخاء العضلي التدريجي، وعند استرخاء منطقة الحلق والحنجرة، أضفت في كل جلسة هذا الاقتراح، "الآن يمكنك أن تقول كل الكلمات التي كنت ترغب دائمًا في قولها ولكنك لم تشعر أنك تستطيع".

استخدمت أسدًا محشوًا كنموذج، وصممت مجموعة صور أسميتها "الأسد الذي زأر". تحول ليام، في مخيلته، إلى أسد. في القصة، كان أصغر أسد يخاف التحدث والزئير، لكنه كان يكن إعجابًا سريًا بـ "ملك الجبل"، الذي كان قائد المجموعة وكان لديه الزئير الأقوى والأعلى الذي يتردد صداه لمسافات بعيدة.

كان ليام يتبع الملك كل يوم إلى قمة الجبل ويستمع إليه يعبر عن نفسه بشجاعة ونشاط. في البداية، شعر الأسد الصغير (ليام) بالرهبة من الملك، حاول التحدث، لكنه لم يستطع، لم يكن هناك أي زئير مسموع، فقط أصوات صرير خافتة؛ ومع تزايد شجاعته وقوته، تم توجيه ليام لمخاطبة الفتيات في حافلة المدرسة وتعريف نفسه، وكذلك رفع يده في الفصل.

في الأسبوع التالي، عندما عاد ليام إلى مكتبي، راجعنا أداءه مع التركيز على الإيجابيات وليس اللوم. في محاولته الأولى على متن حافلة المدرسة، شعر بالخوف الشديد من الاقتراب من الفتيات ولم يشارك في الإجابة على الأسئلة في الفصل. ومع ذلك، في الأسبوع التالي، ارتفع صوته قليلاً أثناء "الزئير" في الجلسة، لذلك حاول الاقتراب من الفتيات والمشاركة في الحوار بالفصل، ولكن واجه صعوبة في التعبير.

خلال الجلسة الثالثة، استفسرْتُه عن تفاصيل محادثته مع الفتيات وما حدث في الفصل. عندها، نظر إليّ وانهمرت دموعه، معبرًا عن إحباطه لعدم إحراز تقدم، وعن صعوبة شديدة يشعر بها في محاكاة زئير الأسد. سألته عن سبب شعوره بذلك، فأجاب بأنني لا أفهمه ولا أفهم مدى صعوبة التحدث بالنسبة له. سألته، "ما الذي لا أفهمه تحديدًا؟" فأجاب بإصرار، قائلًا: "لا تفهمين أن هناك كلمات لا يمكنني قولها أبدًا".

خلال ممارسة التنويم المغناطيسي، اصطحبتُه مجازيًا إلى قمة الجبل واستخدمتُ مرة أخرى استعارة صورة الأسد؛ طلبتُ منه أن يزأر بأعلى صوت ممكن، إلى جانب الملك. بعد انتهاء الجلسة، فتح عينيه، وسألتُه مباشرة وهو في حالة ما بعد التنويم المغناطيسي، "إذن، ليام، ما هي الكلمات التي لا تستطيع قولها؟"

فجأة، بدأ ليام يتحدث بطلاقة وبثقة وبصوت واضح؛ قال كل الكلمات التي كان يعتقد أنه لا يستطيع قولها، ضحكنا أنا وهو قليلاً وفوجئنا بما حدث، شعر ليام

بسعادة كبيرة مع نفسه، والحقيقة التي كشفها حررَته، مما سيساعده أيضًا في محادثاته المستقبلية مع الفتيات وفي الفصل، حيث سيكون قادرًا على حل المشكلات.

روبرت: فتى يبلغ من العمر 11 عامًا وتوأم غير متطابق، واجه تحديًا كبيرًا استعدادًا لمرحلة الدراسة المتوسطة، وذلك بسبب إصابته بالشلل الدماغي (CP) منذ الولادة. على عكس شقيقه، كان روبرت يتمتع بدرجات ممتازة في المدرسة وكان يفتخر بذكائه وحرصه على الدراسة.

إلا أن روبرت كان يعاني من عرج ملحوظ أثناء المشي وصعود الدرج، ولكنه كان يتحرك بشكل جيد بمفرده. على الرغم من ذلك، أبلغه مسؤولو المدرسة أنه يعتبر عبئًا عليهم ما لم يستخدم كرسي متحرك أو مشاية. وهددوه بأنه في حالة رفضه، فسيتم سحب مساعد المدرسة الخاص به ومنعه من حضور الفصول الدراسية.

كان هذا موقفًا صعبًا للغاية بالنسبة لروبرت وأثار غضبه، لأنه عندما كان في الخامسة من عمره، التحق بعيادة خاصة للعلاج الطبيعي في أوروبا حيث تعلم المشي بشكل مستقل.

واجه روبرت تحديًا آخر يميزه عن المصابين الآخرين بشلل دماغي. فعلى عكسهم، لم يكن يعاني من مشاكل أكاديمية، ومع ذلك كان يُعامل ويُخاطب كما لو كان يعاني منها؛ ولكن أكثر ما كان يضايقه حبه الشديد للبيسبول وولعه باللعب في فريق. وعندما خضع للاختبار، اعتُبر عقبة أمام نجاح الفريق، لذلك أصبح تميمة الفريق وصبي جلب المضارب بدلاً من أن يكون لاعبًا، بينما شارك شقيقه التوأم في اللعب، وعندما اعترض على الأمر، طُلب منه الانضمام إلى فريق خاص لذوي الاحتياجات الخاصة، وهو ما اعتبره إهانة له. وبدا أنه كلما طالب بحقوقه في اللعب، كلما فشل في تحقيق هدفه.

خلال الصيف، ركز عملنا على مساعدة روبرت على اكتساب الثقة للمشي بأمان وباستقلالية في المدرسة دون الحاجة إلى مشاية أو كرسي متحرك. علمته كيفية

تحفيز الاسترخاء باستخدام تقنية الاسترخاء العضلي التدريجي، وقدمت له تمارين تصور فيها غرابًا رأيته في الصيف الماضي أثناء مراقبة الطيور في صحراء بينتد الملونة الخلابة في ولاية أريزونا. يرمز الغراب رمزياً إلى الحكمة والبصيرة والكرامة والشفاء والحيلة؛ بالنسبة لروبرت، أصبح "الغراب" صوته للتعبير عن نفسه.

حققنا هدفين من خلال رياضة البيسبول؛ فلقد تدرب روبرت عقليًا في خياله على ملعب البيسبول، تخيل نفسه وهو يضرب الكرة ويمشي ويركض بين القواعد ويشعر بالأمان، كما تخيل نفسه وهو يمسك الكرات ويرميها ويشعر بالخفة والاتزان، إذا ظهرت أفكار سلبية، ألغاها واستبدلها بأفكار إيجابية؛ استمتع روبرت بتخيله للعب بالكرة، وأعطاه ذلك الثقة والاتزان.

بالإضافة إلى ذلك، تخيلنا أننا في صحراء بينتد ونشاهد الأودية الجميلة من خلال الصور. كان الغراب، الذي يحوم فوق روبرت بأجنحة كبيرة، حاضرًا دائمًا لمناقشة المشاكل وإيجاد حلول لها؛ كان الغراب ذكيًا مثل روبرت وتحدث نيابة عنه ليشجعه على التحدث عن نفسه.

ساعدت تمارين القوة الذهنيّة روبرت على التركيز على نقطة أمامية أثناء مشيه في الممر الذي تصوره في المدرسة عند انتقاله بين الفصول الدراسية، كما ساعدته هذه التمارين على إدراك تحركات الأشخاص الآخرين من حوله. قمنا برسم خط وهمي مباشر يقلل المسافة التي عليه مشيها، تدرب روبرت في المنزل أيضًا وراجعنا أداءه معًا. باستخدام اقتراحات إيجابية لدعمه في دراسته وطريقة مشيه، تم تشجيع روبرت على التحرك بحرية مثل الغراب. ذكرته ذاكرته بما تعلمه عندما كان في الخامسة من عمره في عيادة أوروبية حيث تعلم المشي من جديد.

بعد الجلسة التاسعة التي استمرت ساعة واحدة، قمت بتسجيل يتضمن تصورات للملعب المدرسي والفصول الدراسية وطلبت منه الاستماع إليه يوميًا. التحق

روبرت بالمدرسة في سبتمبر، ولم أتلق أي أخبار منه حتى عرض يوم الذكرى في مايو التالي في مسقط رأسنا.

بينما كنت أتجول في شارع رئيسي أمريكي، رأيت روبرت في الصف الأمامي يسير بانسجام وتناغم مع موسيقى الفرقة، إلى جانب فرقة الكشافة الخاصة به في العرض، لم يكن يستخدم مشاية وكان يسير بشكل مستقل، كان والده يمشي على الرصيف المجاور لتقديم الدعم المعنوي له.

أكمل روبرت مسيرة العرض حتى وصل إلى الطرف الآخر من المدينة حيث تقع حديقة ميموريال. هناك، وجدته جالسًا على مقعد حيث استقبلني بابتسامة عريضة بعد أن تحدثت عن الغراب. سألته عن أخبار دراسته فأخبرني بأنه نجح في اجتياز العام الدراسي؛ لكن الخبر الأكثر إثارة بالنسبة له هو أنه تم اختياره للعب في فريق بيسبول "حقيقي"، كان متحمسًا للغاية لأنه سيحظى بفرصة لعب البيسبول.

لعبة البيسبول الذهنية

يخبرنا الكاتب روبرت بورلي في كتابه "هوم ران" عن قدرة بعض لاعبي البيسبول على تحقيق ضربات قوية جدًا تغير مجريات المباراة، مثل اللاعب الشهير "بيب روث". لكن هذا لا يعني أن لاعبًا مثل "بيب روث" لم يفشل أبدًا؛ فقد حقق 714 ضربة منزلية لكنه فشل في 1330 محاولة أخرى، أي بمعدل نجاح 34 مرة من أصل 100 محاولة، ومتوسط نجاح مدى حياته يبلغ 0.342.

وفي كتاب "لعبة البيسبول الذهنية" الصادر عام 2002، يتحدث لاعبو بيسبول محترفون كُرّموا في قاعة مشاهير البيسبول عن الصعوبات التي يواجهونها خلال فترات تراجع مستوياتهم وكيف يتغلبون عليها؛ كما يتحدثون عن كيفية تحضيرهم الذهني قبل المباريات وكيف يعملون على تحسين نسبة نجاح ضرباتهم من خلال تحليل وتقييم أدائهم باستمرار. يعلم لاعبو البيسبول أنهم سيخطئون أكثر مما ينجحون، وهذا أمر طبيعي في اللعبة.

في عام 1997، قدم لنا الدكتور جرينسبان، طبيب نفساني ومحلل نفسي للأطفال، الاحتياجات السبعة الأساسية غير القابلة للتصغير للطفولة والتي يمكن أن توفر إتقانًا نمائيًا لصغارنا. تم توضيح كل هذه الاحتياجات المفصلة في كتاب بروكس وجولدستين لعام 2001 "تربية أطفال مرنين". تحدث جرينسبان عن حالات مثل حالة فرانك، الذي عانى من صدمات عديدة في وقت مبكر من حياته وحول النتيجة السلبية المترتبة على ذلك في حياته، وذلك قبل وقت طويل من صياغة مصطلحي "التجارب السلبية في مرحلة الطفولة" أو "ACEs".

إن قيام حكومة الولايات المتحدة ومراكز السيطرة على الأمراض والوقاية منها، وكذلك بعض الولايات مثل ولاية نيوجيرسي، بوضع استراتيجيات وسياسات وتوجهات للوصول إلى الفئات العمرية عالية الخطورة للأطفال من المجتمعات المحرومة ومحاولة منع حدوث التجارب السلبية في مرحلة الطفولة (ACEs) قبل تطورها، بالإضافة إلى تحديدها والتغلب عليها من خلال الاستشارة، أمر يدعو للتفاؤل. يرى جرينسبان أن هذه خطوة إيجابية نحو تحسين الصحة العقلية ونمو العقل، لكنه، على حد اعتقادي، يدعو إلى الحذر قليلاً في الوقت الحالي، ويشجعنا على متابعة مدى نجاح هذه الاستراتيجيات الجديدة من خلال الأبحاث القائمة على الأدلة ودراسات النتائج.

أجد أنه من الغريب أن تستهدف البرامج الرياضية المنظمة الحد من الجريمة والعنف في الأحياء الفقيرة التي تفتقر إلى الموارد؛ في المقابل، بالنسبة للأسر الثرية التي يشارك أطفالها في الرياضة بتكاليف باهظة، يمكن أن تتحول هذه الرياضات إلى ساحة للعنف.

ومع ذلك، وبصفتي مدربة لتحقيق الأداء الأمثل على مدار الستة والعشرين عامًا الماضية، أؤمن بالدور الفعال والعلاجي للعمل مع الطلاب الرياضيين لمساعدتهم على تحقيق أهدافهم الرياضية دون الحاجة إلى أدوية أو تشخيصات نفسية. هذا

هو النهج الذي اتبعه والدي أيضًا خلال عمله كمدير رياضي ومدرب على مدار 25 عامًا، حيث لم يتخلف أي طفل عن الركب (انظر شكل 9).

شكل 9: مال بودينلوس، مدير برنامج PAL في فار روكواي، نيويورك، حوالي عام 1975.

هناك خمسة عوامل رئيسية تمنحنا الأمل في المستقبل للتصدي للآثار السلبية للتجارب السلبية في مرحلة الطفولة (ACEs) على الأطفال، ويمكن أن تعمل هذه العوامل كعوامل مساوية لأولئك الذين لديهم موارد محدودة. أحد هذه العوامل، كما أشار إليه نوريس ونوريس، هو أن الباحثين أثبتوا أن الثروة لا تتنبأ بالسعادة في الحياة.

العامل الثاني هو أنه ليس من الضروري أن تكون عالماً بارعًا لتربية أطفال مرنين. في الحقيقة، ليس من الضروري أن يكون لدى الوالدين أو الأوصياء شهادة جامعية أو حتى شهادة دبلوم المدرسة الثانوية، أهم شيء هو الاتساق والتعاطف والرعاية وتوجيه الشباب. يمكن أن يكون هذا الشخص الداعم أحد الوالدين أو الأقارب أو

حتى أحد أفراد المجتمع. إن التعرض لتجارب سلبية في مرحلة الطفولة لا يعني بالضرورة الإصابة باضطرابات عقلية أو الدخول في عالم الإجرام، ولكنه يضع الأطفال في خطر أكبر. ومع ذلك، كما ذكر الدكتور نجيروج، إذا بدأنا مبكرًا منذ الولادة بتنمية صفات المرونة لدى أطفالنا، فستكون لديهم فرصة أفضل للتغلب على التجارب السلبية في مرحلة الطفولة.

هذه أخبار سارة، كما ادعى ديباك تشوبرا في كتابه "الوراثات الفائقة" الصادر عام 2015، لأن جيناتنا مرنة وديناميكية وتستجيب لكل ما نفعله أو نفكر فيه وهي تحت سيطرتنا. لقد أرانا كيفية إطلاق العنان لقدرات حمضنا النووي من أجل صحة ورفاهية مثلى، وحان الوقت الآن لأن نصغي جميعًا إلى رسالته.

كما هو مذكور في "سجلات كلية المعلمين"، هناك علامات مشجعة على التغيير ملحوظة في مدارسنا، مثل الاهتمام المتجدد بالرياضات البينية التي تبني الشخصية وتُعلّم مهارات الحياة، إلى جانب السعي للفوز، وكذلك تدريب اليقظة الذهنية التي تركز على الإبداع من أجل رفاهية الطلاب.

في الفصول الدراسية، يتعلم الأطفال كيفية تهدئة أنفسهم عقولهم، وهناك أبحاث قائمة على الأدلة موجودة من علماء الأعصاب تدعم التعلم الاجتماعي والعاطفي والمعرفي، وهناك معلمين يعملون على سد فجوة التفاؤل من خلال جلب الأمل إلى المدارس، مما يؤدي إلى تغييرات إيجابية؛ والأهم من ذلك، يتعلم المعلمون كيفية تقييم التجارب السلبية في مرحلة الطفولة في الفصل الدراسي باستخدام استبيان ومقياس للتجارب السلبية في مرحلة الطفولة كتدخل مبكر لتحسين الصحة العقلية ورفاهية شبابنا.

أخيرًا، تدعم نتائج الأبحاث الواعدة التي أجرتها ياهودا الجهود المبذولة للتغلب على التأثير السلبي للتجارب السلبية في مرحلة الطفولة؛ وأكدت أن الحمض النووي (DNA) يمكن أن يتأثر تكوينيًا لدى الوالدين حتى قبل الحمل، ولكنه قد

يوفر استجابة وقائية تساعد النسل على التكيف بشكل أفضل مع الشدائد في حياتهم.

يذكّرنا أسطورة البيسبول "بيب روث" بأهمية العمل الجاد على تحسين نقاط ضعفنا سواء داخل الملعب أو خارجه، لقد شجعنا على بذل أقصى جهد بغض النظر عن النتيجة، وألا نسمح للخوف من الفشل أن يثنينا عن المشاركة في اللعبة؛ ومع ذلك، ليس من الضروري أن تتفق مع رأي "بيب روث"، في الواقع، ليس من الضروري أن تصدقني أيضًا عندما أقول لك أن تعليم الأطفال النجاح من خلال استخدام عمليات الإبداع الطبيعية البسيطة يشبه التنفس الهادئ بمجرد أن تتعلم الطريقة الصحيحة.

ومع ذلك، وبصفتي معلمة مساعدة، لا يمكنني أن أستحوذ على الفضل الكامل في نجاح هؤلاء الشباب الشجعان والذكياء الذين تحدثت عنهم هنا؛ فهم من قاموا بكل العمل وتغلبوا على تحدياتهم بطريقة أفضل من أي شخص بالغ أو والد، وهذا يظهر لنا ضرورة الاستماع إليهم وتشجيعهم على الثقة بقدراتهم. على سبيل المثال، كتب مصارع يبلغ من العمر سبع سنوات يعاني من القلق ملاحظة بخط اليد على ورقة وألصقها على باب مكتبي، قال فيها:

خضت للتو أول مباراة مصارعة لي وفزت! في الأسبوع الماضي، صارعت شخصًا حصل على المركز السابع على مستوى الولاية، وفزت عليه بنتيجة 5-2 في جولة التعويض.... شكرا على كل شيء؛ الأمر يعمل!

الفصل السابع

ضغط الأداء العالي: هل هو صديق أم عدو؟

"ليست صعوبة الوصول إلى قمم الجبال هي التي تُنهكك، بل تلك الحصاة الصغيرة في حذائك".

~ محمد علي

ظلم الإجهاض

عاش جدي معنا في طفولتي وكان يعمل في مجال السباكة، وكان ماهرًا جدًا في النجارة، وكان يصنع بيوت طيور جميلة. كنتُ دائمًا أتحمس لمشاهدته وهو يعمل في مشغله بالسرداب في المساء.

في إحدى صباحات عيد الميلاد المجيد، وجدت سريرًا مصنوعًا يدويًا لدميتي الصغيرة "بيتسي المبللة" تحت الشجرة؛ كان السرير نسخة طبق الأصل من سريري الذي صنعه جدي لي، قامت والدتي بخياطة أغطية الوسائد والملاءات لتتناسب مع سرير بيتسي حتى تتمكن من النوم فيه، كنت أطعمها السوائل بالزجاجة، مثل الماء، وعندما تبلل حفاضتها، كنت أغيرها؛ كانت والدتي تفعل الشيء نفسه مع أخي الصغير، كنت أراقبها أيضًا.

منذ نعومة أظفاري، راودني حلم تكوين عائلة كبيرة؛ أتذكر أنني أخبرت صديقتي بأنني أنوي إنجاب ثمانية أطفال. لقد تحققت أمنيتي بطريقة ما، إلا أن رحلة

الإنجاب كانت أكثر صعوبة مما كنت أتخيل في ذلك الوقت بسبب تعرضي لأربعة إجهاضات.

واجهت أول تحدٍ في مسيرة الإنجاب عندما كنت في السابعة والعشرين من عمري خلال رحلة تزلج نهاية الأسبوع إلى فيرمونت. تحول الثلج على الجبل إلى جليد بعد أن ارتفعت درجة الحرارة يومًا ثم انخفضت بشكل حاد لتتجمد في اليوم التالي. كنت متزلجة ماهرة وشعرت بالثقة في قدراتي على التزلج في ذلك اليوم؛ ومع ذلك، كنت مترددة قليلاً بسبب احتمال حملي، لم تكن اختبارات الحمل المنزلية متوفرة في ذلك الوقت، وكان إجراء الفحص يتطلب زيارة عيادة الطبيب.

في ذلك اليوم الذي لم يكن يتوقع فيه حدوث أي مكروه، وصلتُ إلى منطقة جليدية كبيرة وفقدتُ السيطرة؛ تيبستْ ركبتاي وسقطتْ بقوة شديدة، انزلقتْ بعيدًا عن الجليد وأكملتْ التزحلق على الثلج بحذر حتى أسفل المنحدر.

خلال الأسبوع التالي، عدتُ إلى وظيفتي كممرضة وذهبتُ إلى دار رعاية للمسنين لرؤية مرضاي. بعد وصولي إلى المنشأة، شعرتْ بتشنجات شديدة في البطن وهرعتْ إلى حمام الزوار حيث ازداد الألم وبدأ النزيف؛ في ذلك المكان، تعرضتْ للإجهاض.

على الرغم من شعوري بالمرض، إلا أنني زرت المرضى الذين لديهم مواعيد في ذلك اليوم؛ لم أخبر أحدًا بذلك لسنوات عديدة بعد ذلك، حتى زوجي. شعرت بالذنب والعار لأنني ممرضة؛ كان يجب أن أكون أكثر حرصًا وألا أتزلج في ذلك اليوم الذي اعتقدت فيه أنني حامل، ولقد لمت نفسي على ما حدث.

وقع الإجهاض الثاني بعد عدة أشهر من تأكيد الطبيب للحمل، تكرر نفس السيناريو، شعرت بتشنجات في البطن أثناء صعودي سلالم المترو في حيّي؛ بدأت أنزف وذهبت إلى المنزل للراحة، وذلك وفقًا لإرشادات الطبيب.

استيقظت تلك الليلة من كابوس تحول إلى واقع وأنا أشعر بالقلق، شعرت بانفصال الجنين داخل رحمي مع اضطراب؛ هرعت إلى الحمام، وأُصبت بنزيف حاد في المرحاض، وتم نقلي على وجه السرعة إلى المستشفى لإجراء عملية توسيع وكشط الرحم (D&C)، وهي عملية كشط جدار الرحم لإزالة بقايا أنسجة الجنين.

أُدخِلت إلى قسم الولادة؛ في صباح اليوم التالي، عندما دخلت حمام القسم، اقتربت مني امرأة وضعت مولودها في الليلة السابقة، وابتسمت وسألتني إن كنت قد أنجبت طفلة أم صبيًا؛ فأخبرتها أن طفلي قد توفي، لم تعرف ماذا تقول، وأنا كذلك.

كانت وظيفتي تسبب لي الكثير من الضغط؛ لقد تعرضت لضغوط للعودة إلى العمل قبل أن أكون مستعدة جسديًا ونفسيًا، وكان جزء من واجباتي في العمل تعليم الأمهات الشابات كيفية رعاية أطفالهن حديثي الولادة؛ للأسف، كان بعض الأطفال الذين زرتهم بعد الإجهاض مدمنين على المخدرات منذ الولادة، كان ذلك صعبًا جدًا عليّ عاطفيًا.

في الصيف التالي، تركت وظيفتي وانتقلت إلى ولاية أخرى؛ أخذت إجازة من محاولة الحمل والعمل. بعد أشهر، حملتُ مرة أخرى، وكان كل شيء يسير على ما يرام حتى الشهر الثالث، ثم حدث ما لم أتوقعه؛ كان لدينا ضيوف، وذهبتُ إلى الحمام ورأيتُ نزيفًا، وضعني الطبيب في الفراش للراحة. في صباح اليوم التالي، استيقظت لأجد نفسي مغمورة بالدم؛ تم نقلي مرة أخرى إلى المستشفى لإجراء عملية توسيع وكشط الرحم؛ بكيت وشعرت باليأس، حاول الناس مواساتي بالقول أن هذا قدر الله، لكن لم يقدم لي ذلك أي عزاء.

بناءً على اقتراح، ذهبت وحدي إلى طبيب نساء وتوليد متخصص في حالات الإجهاض في لونغ آيلاند بولاية نيويورك، قادمًا من ولاية نيوجيرسي. أخبرني بعد إجراء فحوصات دقيقة أنني أعاني من "عقم مجهول السبب" وأنه لا يمكنني

إنجاب طفل سليم إلا إذا تناولت دواء يسمى ثنائي ايثيل ستيلبوستيرول (DES) ؛ وأضاف أنه يُصرف منذ أكثر من 30 عامًا وهو آمن.

بحكم عملي كممرضة، كنت على دراية بأحدث الأبحاث، لذلك كنت أعلم أن عقار ثنائي ايثيل ستيلبوستيرول(DES) ثبت أنه يسبب تشوهات خلقية والسرطان للنسل والأمهات؛ أخبرته بذلك، أقر بأنه على علم بالبحث، لكن ليس هناك خيار طبي آخر، أخذت الوصفة الطبية التي كتبها لكنني لم أشتري الدواء. كنت أفقد إيماني بنفسي وكانت خياراتي تتضاءل، كان الإخصاب في المختبر (IVF) في مراحله الأولى من التطوير فقط، لم تكن هناك مجموعات دعم، لذلك لجأت إلى العناية الذاتية.

آمنت بأن الله سيساعدني، لكنني تذكرت قول الراهبات في مدرستي الكاثوليكية عن الصلاة لاجتياز الاختبار دون دراسة ومواجهة الرسوب. كن يقلن، "الله يساعد من يساعد نفسه"، لذلك شرعت في رحلة شخصية للعثور على طريق جديد للوعي.

خضت هذا التحدي بمفردي ووضعت برنامجي الخاص للعناية الشاملة بالعقل والجسد، وأصبحت أكثر وعياً بقدرتي على الإنجاب. أخذت دورة في التأمل التجاوزي (TM) ودرست مبادئ اليقظة الذهنية التي علمها ماهاريشي ماهيش يوغي، المعلم الذي عرف البيتلز بالتأمل التجاوزي. كنت أمارس التأمل مرتين يوميًا بإخلاص، مع علمي بأنه سيساعدني على تحقيق التوازن قبل محاولة الحمل مرة أخرى. كنت مصممة على إنجاب طفل مكتمل النمو، مؤمنة بأنه إذا نجح الآخرون، فأنا أستطيع أيضًا؛ درست التغذية لتحسين صحتي وتناولت المكملات الغذائية، بعد ذلك، تقدمت لمحاولة أخرى للحمل بعد بضعة أشهر.

كان بلوغ الشهر الخامس من الحمل أمرًا مهمًا للغاية بالنسبة لي لأشعر براحة أكبر خلال حملي الرابع، ولكن واجهت تحديًا مبكرًا؛ في الشهر الثالث، لم أستطع النوم، وراودتني كوابيس متكررة عن إجهاضي في سريري الملطخ بالدم، شعرت بالفزع

الشديد، لذلك وجدت طبيبة نفسية علمتني تقنية التنويم المغناطيسي الذاتي والتخيل، وكنت أمارسها ثلاث مرات يوميًا وفي الليل عندما ينتابني الخوف. تخيلت نفسي وأنا أحمل طفلي بين ذراعي واعتمدت عقلية متفائلة؛ نجح ذلك الأمر بالنسبة لي، وبعد ستة أشهر، تحقق حلمي بولادة ابني، لقد كان أسعد يوم في حياتي. وأنجبت ابنة صحية بعد عامين.

على الرغم من أن حالات الإجهاض السابقة كانت مؤلمة للغاية، إلا أن الرابعة كانت تحديًا على طريقتها الخاصة؛ اعتقدت أنني حامل لأكثر من شهرين وبدأ نزيف الدم، توجهت إلى قسم الطوارئ ورأيت طبيبًا، فحصني وأخبرني أنني لست حاملًا لأنني لا أظهر علامات الحمل المعتادة. حتى عندما اعترضت على "تشخيصه"، وأخبرته أنني ممرضة، وأن هذا حملي السادس، وقد تعرضت لثلاثة إجهاضات سابقة، أصر على أنني "أعاني فقط من دورة شهرية صعبة". أخبرني أنني أستطيع العودة إلى المنزل ومتابعة احتفالي بيوم كولومبوس. غادرنا المستشفى وزرنا مزرعة يقطين بمناسبة عيد الهالويين في طريق العودة إلى المنزل. بينما كنت في المزرعة، شعرت بتشنجات شديدة، انحنيت من شدة الألم، وذهبت إلى المنزل على الفور. مع اقتراب المساء، هدأت التشنجات إلى حد ما، وللحظة اعتقدت أن الطبيب على حق.

ومع ذلك، في صباح اليوم التالي، كنا نخطط للذهاب إلى المتجر، وشعرت بضغط وتشنجات في أسفل البطن والحوض؛ ذهبت إلى الحمام على الفور وأجهضت جنينًا كبيرًا في المرحاض مع نزيف غزير. صرخت ودخل زوجي وأطفالي مسرعين. عندما اتصلت بالطبيب، لم يصدق أنني حامل، لذلك لم يكن قلقًا أو مقتنعًا، قائلاً: "تفقد النساء قطعًا كبيرة من الأنسجة كل شهر". وأصررت على اختبار "العينة" في المختبر وأن الحمل لم يكن مجرد خيال.

قام زوجي بإخراج الجنين من المرحاض ووضعه في وعاء بلاستيكي من جبن الريكوتا من سلة إعادة التدوير، وأغلق الغطاء، وأخذه إلى المختبر. بعد يومين،

اتصل الطبيب لإبلاغي والاعتذار لي عندما أظهرت الاختبارات وجود "أنسجة حمل".

بينما كنت واقفة بالقرب من طاولة المطبخ، صرخت وبكيت من إدراك الموقف، وانزعجت ابنتي البالغة عامين أيضًا وبكت، كنت أحضر عشاء عيد ميلادها، كانت تجلس في كرسي خاص بالأطفال الصغار، وقدمت لها شرائح جزر مطهوة كوجبة خفيفة، والتي تقيأتها على الفور، ولم تأكل الجزر أبداً بعد ذلك. أما بالنسبة لي، فقد اكتسب وعاء جبن الريكوتا معنى رمزيا سلبيًا، وندمت على عدم تعميد طفلي قبل أن يتخلصوا منه في سلة المهملات بالمختبر.

حملت مرة أخرى بعد فترة وجيزة وأنجبت طفلة بصحة جيدة؛ كانت فترة حمل وصراعات ما بعد الولادة صعبة، حيث فقدت الإحساس من الخصر إلى أسفل لمدة عام بسبب فشل حقن التخدير فوق الجافية.

بعد ثلاث سنوات، أنجبت طفلي الرابع بسلام، وحققت حلم طفولتي بإنجاب ثمانية أطفال، على الرغم من أن أربعة منهم لم يولدوا أحياء. لم يتوقف حزني على الإجهاض الرابع؛ كان لدي بالفعل طفلين صغيرين، وكنت مشغولة، ولم أشعر بالحاجة إلى الحزن، ولكنني وجدت لاحقًا صعوبة في التعافي منه ومن الإجهاضات الأخرى، لذلك اضطررت إلى الغوص في أعماقي النفسية.

تجربتي الحياتية

استمرت هذه المعاناة الإنجابية التي أتحدث عنها لمدة عشر سنوات من حياتي؛ لم أكتشف السبب المحدد للإجهاضات، على الرغم من أن الضغوط والمخاوف والصدمات وردود فعل القتال أو الهروب لعبت أدوارًا رئيسية. ومع ذلك، أرى نفسي محظوظة لأنني أنجبت أطفالاً أحياء، على عكس العديد من النساء -خمسة ملايين امرأة على مستوى العالم- يعانين من العقم غير المبرر.

خلال رحلة خصوبتي الصعبة، تعلمت كيفية استخدام قوة عقلي لمساعدة نفسي بينما اتصلت بقدرتي على الإنجاب من خلال ما أسميه "وعي الخصوبة". وبعد سنوات، التقيت بامرأة تناولت والدتها دواء ثنائي إيثيل ستيلبوستيرول (DES) واتبعت تعليمات الطبيب خوفًا من تكرار الإجهاض. عانى أبناؤها من تشوهات خلقية وأصيبت صديقتي بسرطان عنق الرحم في العشرينات من عمرها وسرطان القولون في الثلاثينيات من عمرها، كانوا يُعرفون باسم "أطفال دواء DES".

كان من الجيد لي أن أعلم أنني اتخذت القرار الصحيح بعدم تناول عقار DES، لكن تحدياتي في التعافي من الإجهاضات المؤلمة كانت قد بدأت للتو، حيث وضعت غطاء بلاستيكي على فراشي الملطخ بالدم، لكي أخفي الأهوال التي رأيتها. في داخلي، شعرت بالغضب الشديد، ولم يكن غضبي بسبب الإجهاضات فقط، ولكن أيضًا بسبب المعاملة غير المحترمة وغير اللائقة التي تلقيتها من أطباء التوليد الرجال، حيث كان علي إثبات أنني حامل وكان علي أن أقاوم تناول وصفة طبية ضارة بناءً على أوامره والتي يمكن أن تؤذي أطفالي الذين لم يولدوا بعد؛ خلال تجاربي الشخصية مع الإجهاض، شعرت بإهانة بالغة.

لسنوات بعد الإجهاضات، راودتني كوابيس يسقط فيها أطفال صغار مني، وكنت أستيقظ باكية بتعرق بارد. في صباح اليوم التالي، أدركت أن هذه الكوابيس كانت تحدث في أيام الذكرى السنوية للإجهاضات. على الرغم من غرابة الأمر، فقد كان من حسن حظي أنه بعد سنوات أتيحت لي الفرصة للتخلص من الصدمة ومنح نفسي فرصة للشفاء. جاء ذلك من خلال مناسبة غير متوقعة وهي إصابتي بعدوى مهبلية بالفطريات البيضاء (كانديدا ألبا) التي لم تضر بي حقًا ولكنها تسببت أيضًا في تهيج وحكة وبقع مهبلية غير طبيعية خفيفة، اعتقدت أنها السبب.

أصرت طبيبة أمراض النساء على إصابتي بسرطان الرحم، وأصرت على إجراء عملية توسيع وكشط (D&C) ثم استئصال للرحم؛ لإثبات خطئها، أجريت العملية، حتى أتمكن أخيرًا من التعافي من الإجهاضات.

خلقتُ تخيّلات أوصلتني إلى داخل رحمي مرة أخرى، وباستخدام قوة العقل، تخيلته سليمًا؛ وبينما كنت أتخيل ذلك، أطلقتُ على سبيل الرمزية كل "بقايا الحمل" لأطفالي الراحلين وقلت لهم إنني آسفة وأنني أحبهم، باركتهم وتحررت منهم، مما حررني بدوري.

كما كنت أتوقع، أظهرت نتائج الفحص المخبري للعينة وجود عدوى فطرية؛ وقد تحقق الشفاء الكامل على المستوى العقلي والجسدي والروحي. انطلاقًا من تجاربي في الحمل والولادة، قمت بتطوير برنامجي "التحول: تدريب تعزيز الخصوبة". يتوفر تسجيل لمقابلة تلفزيونية بعنوان "تدريب الخصوبة الطبيعية (اتصال العقل والجسم)" ومقطع فيديو بعنوان "كيفية إنجاب طفلك الحلم من خلال تدريب تعزيز الخصوبة الطبيعية" للمشاهدة على الموقع (www.idealperformance.net/videos).

عودة إلى ظلم الإجهاض

في القرن الحادي والعشرين، تعاني النساء من تجربة صدمة الإجهاض المؤلمة مرة أخرى في كابوس، على الرغم من أنها أسوأ بكثير من مجرد حلم سيئ وتتجاوز حالات الإجهاض التلقائي "الطبيعية" غير المقصودة، والتي تحدث في حوالي 26٪ من جميع حالات الحمل.

يحدث هذا في عصر ما بعد قرار قضية "رو ضد ويد"، حيث يتم تجريم عمليات الإجهاض "الإرادية"، أي عندما تختار النساء إنهاء حملهن بمحض إرادتهن. للدفاع عن حقها في إجراء عملية إجهاض في عيادة معقمة من قبل أخصائي رعاية صحية، سمعت امرأة، يُفترض أنها خبيرة تلفزيونية في هذا الموضوع، تقول إن عمليات الإجهاض المخطط لها التي أجرتها تشبه تمامًا حالتي الإجهاض التلقائي اللتين تعرضت لهما لأن كلاهما تم عن طريق عملية التوسيع والكشط (D&C)، وهو ما أختلف معه كمتخصصة في الرعاية الصحية، لأنه تصريح غير دقيق، والسبب في ذلك هو أن عملية التوسيع والكشط (D&C) للإجهاض الإرادي أو

المخطط له تتم قبل وفاة الجنين، بينما يحدث الآخر بشكل تلقائي بسبب الإجهاض بعد وفاة الجنين بالفعل.

يخلط الكثيرون، رجال ونساء، بين هذين السيناريوهين المختلفين، بما في ذلك بعض من يؤيدون الإجهاض الاختياري؛ وهذا يضر بالنساء في سن الإنجاب اللاتي يرغبن في تكوين أسرة، كما في حالة مارلينا ستل التالية، التي تحدثت عنها إليزابيث كوهين ودانييل هيرمان وجون بونيفيلد من شبكة CNN في 20 يوليو 2022.

بعد أن تعرضت ستل لإجهاض في أقل من ثمانية أسابيع من الحمل، طلب منها الطبيب العودة إلى المنزل وإجهاض الجنين بشكل طبيعي بمفردها لأنه رفض إجراء عملية التوسيع والكشط (D&C) خوفًا من فقدان رخصة مزاولته المهنة. وأخبرها طبيبها أنها بحاجة إلى إجراء فحص بالموجات فوق الصوتية مرة أخرى حتى يتدخل.

ذهبت ستل إلى مركز للأشعة مليء بصور أطفال صغار يبتسمون، حيث سألها الطبيب عن مدى تقدم حملها وهل هي متحمسة لإنجاب طفل. كانت ستل لا تزال تحاول التعامل مع وفاة جنينها؛ كان الأمر مؤلمًا للغاية عندما سمعَتْ للمرة الثانية أنه لا يوجد نبض، لكن الطبيب لا يزال يرفض إجراء العملية؛ وبدلاً من ذلك، عرض عليها أدوية لإجهاض الجنين في المنزل بمفردها، وهو ما رفضته.

كانت ستل، البالغة من العمر 42 عامًا، تعاني من ألم شديد وصعوبة في المشي بسبب احتباس الجنين الميت داخل رحمها؛ لذلك، لجأت إلى عيادة إجهاض لإجراء عملية توسيع وكشط (D&C). وعلى الرغم من مرافقة حارس أمن لها بسبب المتظاهرين المناهضين للإجهاض خارج العيادة، تعرضت لشتائم وسباب من أشخاص كانوا يحملون لافتات ويصفونها بقاتلة الأطفال.

شكل ذلك صدمة عاطفية كبيرة لستل، لقد شعرت بالإهانة والغضب بسبب هذه المعاملة وبسبب القوانين التي تم تمريرها، فكرت جديًا في الانتقال خارج ولاية تكساس حتى تتمكن من إنجاب المزيد من الأطفال دون خوف.

بسبب قلقها من الإصابة بعدوى، كانت ستل تخشى أن تفقد قدرتها على الإنجاب؛ وحذرت الدكتورة ليليان شابيرو، وهي طبيبة أمراض النساء والتوليد، من أنه إذا بقي الجنين الميت في الرحم لفترة طويلة جدًا، يمكن للمرأة أن تصاب باضطراب يسمى التخثر داخل الأوعية؛ ويحدث هذا الاضطراب عندما تدخل بقايا الجنين المتحللة إلى مجرى دم المرأة، مما يتسبب في فشل العديد من الأعضاء وربما الموت.

بما أن عملية التوسيع والكشط (D&C) هي الطريقة الأكثر فاعلية والأسرع المستخدمة للنساء في حالة ستل، كان يجب أن يكون لديها حرية اختيار ما يناسبها. ومن المؤسف أن المصطلح الطبي نفسه، توسيع وكشط (D&C)، يستخدم لإنهاء حمل أجنة أحياء، مما يسبب إرباكًا للنساء اللواتي يتعرضن للإجهاض؛ ونتيجة لذلك، تتعرض حياة النساء للخطر بسبب القوانين الحكومية التي تسلب حق الاختيار، وحق الحصول على الرعاية الطبية المفضلة والآمنة.

لا داعي للخوف

في خطابه الافتتاحي عام 1933، أكد فرانكلين ديلانو روزفلت: " الشيء الوحيد الذي يجب أن نخاف منه هو الخوف نفسه - ذلك الخوف الغامض غير المنطقي وغير المبرر الذي يشل الجهود اللازمة لتحويل الهزيمة إلى نجاح".

في ذلك الوقت، كانت الولايات المتحدة تعاني من الكساد الكبير؛ صرح أندرس أندرسن، وهو خبير اقتصادي سلوكي في المجال المالي، أن خطاب روزفلت لا يزال ساريًا اليوم كما كان في الثلاثينيات، وأن عبقريته تكمن في إقراره بأهمية تعزيز الثقة وتهدئة الأسواق.

جادل أندرسن بأن القلق بشأن الأحداث الكارثية كان سمة أساسية للسلوك البشري على مر التاريخ، وهذا يجعل الناس يتفاعلون برد فعل مبالغ فيه مع الأحداث غير المحتملة؛ وافترض أنه إذا استمع المزيد من الناس إلى كلمات روزفلت، فربما نتمكن من تهدئة الذعر الذي يسيطر علينا حاليًا في عالم اليوم.

إذن، ما علاقة هذا بظلم الإجهاض، وبالبقع الجليدية، وبأولئك الذين يعانون من نوبات الهلع في حياتهم اليومية، وخلال الأحداث الرياضية، وفي زمن الحرب؟ ما الذي تعلمناه من العلماء عن الخوف؟ وكيف نتغلب عليه؟

في كتابهما "إدارة الإجهاد: دليل شامل للصحة والعافية" الذي نُشر عام 1984، أشار إدوارد تشارلزورث وروناالد ناثان إلى القرن العشرين على أنه "عصر القلق" و"قرن الإجهاد". وأكدوا على وجود زيادات ملحوظة في المشكلات الصحية المرتبطة بالتوتر والقلق؛ وينطبق الأمر نفسه على القرن الحادي والعشرين الذي نعيشه اليوم.

طرح المؤلفان هذا السؤال: "هل كان الإنسان دائمًا يشعر بالتوتر والقلق؟" وأجابوا على سؤالهم بأن مسرحيات شكسبير شملت أمثلة على استجابة الجسم للإجهاد، كما قدمت إحدى أبرز المراجع الطبية في القرن السابع عشر أمثلة على حالات القلق؛ وقالوا أنه من الممكن تتبع الاستجابات التي يثيرها القلق إلى عصور ما قبل التاريخ.

السرد الكلاسيكي لاستجابتنا للإجهاد كبشر، كما اقترح تشارلزورث وناثان، هي أن تتخيل نفسك جالسًا بجانب نار صغيرة داخل كهفك. فجأة، على ضوء النار، ترى ظل نمر ذي أسنان حادة، فيظهر جسده أمامك. للبقاء على قيد الحياة، يجب عليك، كإنسان الكهف، أن تستجيب إما بالقتال أو بالفرار؛ لقد جهزك الجهاز العصبي اللاإرادي المعقد (العقل اللاواعي) لـ "القتال أو الهروب".

يصرح المؤلفان بأن الإنسان الحديث يتعامل مع الإجهاد بالطريقة نفسها، لكنهما يعترفان بأننا لم نعد نواجه مخاطر مثل أسلافنا، لكننا غالبًا ما نكافح لكبح ردود

أفعالنا العصبية خلال الأحداث الرياضية والاجتماعات مع رؤسائنا، نشعر بالقلق أثناء التحدث أمام الجمهور وخوض الامتحانات، على الرغم من أن هذه الظروف لا تهدد الحياة، إلا أننا نشعر أحيانًا أنها كذلك؛ لم نعد نرى النمور الشرسة إلا في حدائق الحيوان، لكننا نرى خطوطها وأسنانها الحادة تتجلى بطرق متعددة يوميًا.

يصرح رش دوزير، في كتاب "الخوف نفسه" الصادر عام 1998، أنه ضمن مملكة الحيوان، نحن كبشر ضعفاء في كل مناخ، أمام كل مفترس، وكل مرض؛ وبحسب معايير الطبيعة، فإن البشر عراة وضعفاء وغير محميين وغير مهرة، نحن مثقلون بأطفال سيموتون بسرعة إذا لم تحظى برعاية لأعوام؛ وحيث أننا نولد في الخوف والألم، فإن حياتنا تتشكل بشكل عميق بهما، جنبًا إلى جنب مع جهودنا لتجنبهما.

ما هو الخوف؟

يعرّف القاموس المعاصر الخوف بأنه "شعور مزعج يثيره إدراك الخطر، سواء كان حقيقيا أم متخيلا"؛ ومع ذلك، في عام 1884، شرع العلماء، مثل ويليام جيمس، في استكشاف: ما هي المشاعر وكيف ترتبط بالخوف؟

وفقًا لجوزيف لو دو في كتاب "الدماغ العاطفي" الصادر عام 1998، فإن جوهر فرضية جيمس كانت تقوم على أساس أن المشاعر غالبًا ما تصاحبها استجابات جسدية مثل تسارع دقات القلب وتعرق اليدين وتشنج العضلات. سيطرت نظريته على الفكر النفسي حتى أجرى والتر كانون أبحاثه عام 1920 عندما درس الاستجابات الجسدية التي تحدث في حالات الانفعال العاطفي.

اكتشف كانون إلى أن "الاستجابة الطارئة" تحدث في حالات الجوع والمشاعر القوية؛ رد فعل "القتال أو الهروب" هذا قابل للتكيف ويحدث تحسبا لاستهلاك الطاقة وفي سبيله. كان كانون يعتقد أن الاستجابة الجسدية التي تشكل الاستجابة الطارئة يتم توسطها بواسطة الجهاز العصبي اللاإرادي (ANS) الذي

يتكون من شبكة من الخلايا العصبية والألياف الموجودة في الجسم والتي تتحكم في نشاط الأعضاء الداخلية والغدد استجابة لأوامر من الدماغ.

في عام 1936، عرف هانس سيلي "الضغط" في أول ورقة علمية له، وقد كان يلقب بـ "أبو أبحاث الإجهاد"؛ وحدد أن الإجهاد هو أساس العلامات والأعراض غير المحددة للمرض. صنف سيلي ردود الفعل على الإجهاد في نظريته العامة للتكيف والتي تشمل ثلاث مراحل.

خلال مرحلة الإنذار، تعمل الضغوطات على تحضير الجسم للقتال أو الهروب حيث تشارك الإشارات الكهربائية والهرمونية في حشد الطاقة المطلوبة بشكل ملح؛ لذلك، يتسع بؤبؤ العين، ويزداد معدل ضربات القلب، ويقل التركيز، ويزداد معد التنفس والتعرق، ويقلل الجهاز الهضمي من فعاليته؛ يتم إفراز هرموني الأدرينالين والكورتيزول لتوفير الطاقة للجسم.

المرحلة الثانية من المقاومة تشمل انخفاضًا في رد فعل الإنذار ومقاومة الأمراض.

المرحلة الثالثة هي الإرهاق، حيث يتم استنزاف الطاقة، ويعود رد فعل الإنذار الذي يعرض جهاز المناعة للخطر، مما يؤدي إلى المرض أو الوفاة.

في عام 1937، اقترح جيمس بابيز، وهو عالم تشريح، نظرية دائرة بابيز. اعتقد بابيز أن الرسائل الحسية التي تصل إلى المهاد تتجه إلى كل من القشرة المخية، في الفصوص الجبهية للدماغ خلف الجبهة، وإلى الوطاء على شكل لوزة والذي يقع مباشرة فوق جذع الدماغ في قاعدة الدماغ. أطلق على المسارات المؤدية إلى القشرة المخية اسم "تيار التفكير" والمسارات المؤدية إلى الوطاء "تيار الشعور". على الرغم من أن عمل بابيز لم يتعمق كثيرا في العاطفة، إلا أن لو دو أشار إلى أنه قدم نقطة انطلاق مهمة لنظرية ماكلين للدماغ الجوفي (الجهاز الحوفي)، بدءًا من عام 1952.

اقترح نموذج "الدماغ الثلاثي" لماكلين أن العقد القاعدية المسؤولة عن الغرائز الأساسية في أعماق المادة البيضاء للدماغ تم اكتسابها أولاً من الناحية التطورية، يليه الجهاز الحوفي المسؤول عن العواطف، ثم النيوكورتيكس، وهي المسؤولة عن التفكير العقلاني أو الموضوعي.

تطور نظام ماكلين لتنظيم الوظائف الحشوية والسلوكيات الانفعالية، بما في ذلك التغذية والدفاع والقتال والتكاثر؛ قدمت نظريته لنا رؤية ثاقبة مهمة ركزت على تطور الدماغ كمفتاح لفهم العواطف.

أثر الخوف على الصحة العقلية والعافية

محور تحت المهاد - الغدة النخامية - الكظرية (محور HPA) هو نظام استجابتنا الأساسية للإجهاد؛ ويتميز بإفراز منطقة تحت المهاد لهرمون يسمى عامل تحرير الكورتيكوتروبين (CRF). وعندما يرتبط بمستقبلات CRF على الفص الأمامي من الغدة النخامية، يتم إطلاق الهرمون الموجه لقشرة الكظرية (ACTH). يرتبط هذا بمستقبلات على قشرة الكظرية ويحفز إطلاق الغدة الكظرية للكورتيزول ومتلازمة القتال أو الهروب كما هو موضح (انظر شكل 10).

عند التعرض للمؤثرات المسببة للضغط، يتم إفراز الكورتيزول لعدة ساعات بعد التعرض لها. ترتبط عدم قدرة محور HPA على التكيف مع التعرض المتكرر للإجهاد بالنتائج الصحية السلبية، والتي يمكن أن تحدث بسبب التفكير السلبي المستمر والمتكرر وغير المرغوب فيه حول الماضي، كما تمت دراسته من قبل دانييل جيانفيرانتي وآخرون في ورقتهم البحثية التي نُشرت في نوفمبر 2014 في مجلة الطب النفسي والعصبونات الصماء (*Psychoneuroendocrinology*).

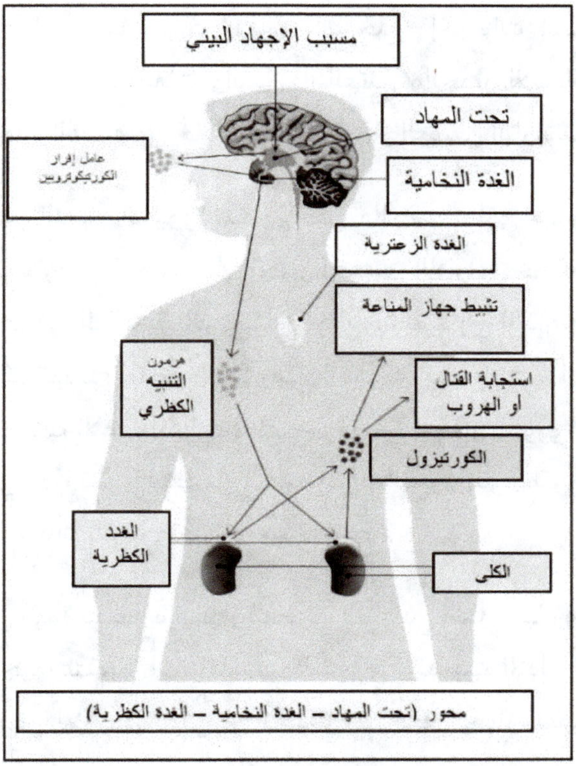

شكل 10: محور تحت المهاد

أشار لو دو إلى أن الخوف، على الرغم من كونه جزءًا من حياة كل فرد، إلا أن الخوف غير المبرر المفرط هو سبب مشاكل الصحة النفسية الشائعة ويلعب دورًا مهمًا في علم الأمراض النفسية. على سبيل المثال، القلق هو الخوف الشديد مما قد يحدث، اضطراب الوسواس القهري هو الخوف الشديد من أشياء مثل الجراثيم، وتتضمن اضطرابات الهلع الخوف الشديد من اقتراب الموت.

أكد كل من تشارلزورث وناثان أن التوتر الناتج عن القلق قد يكون عاملًا رئيسيًا في ارتفاع ضغط الدم وأمراض الشريان التاجي والصداع النصفي والصداع التوتري والتقرحات والربو. بالإضافة إلى ذلك، يمكن أن يزيد التوتر من حدة الحساسية والتهاب المفاصل والأكزيما والقولون العصبي، وكذلك يقلل من المناعة.

لقد أوضح المؤلفان كيف يمكن للناس استخدام إجراءات الاسترخاء، مثل الاسترخاء التدريجي للعضلات والتدريب العقلي والحوار الإيجابي مع الذات لتحسين الصحة والعافية من خلال تنشيط الجهاز العصبي الباراسيمبثاوي.

في كتاب "علم النفس الحيوي لشفاء العقل والجسد" الذي صدر عام 1993 لإرنست روسي، وصف كيفية عمل الجهاز العصبي اللاإرادي في أوقات الإجهاد من خلال أفرعه في الجهازين السيمبثاوي والباراسيمبثاوي اللذان ينظمان تدفق الدم عن طريق توسيع وتضييق الأوعية الدموية. يحدث هذا التنظيم بشكل أساسي عند نهايات الأعصاب الودية الموجودة في الجهاز الدوري. يلعب الجهاز الباراسيمبثاوي دورًا ثانويًا فقط في تنظيم تدفق الدم، والذي يمكن أن يعمل على خفض معدل ضربات القلب وتهدئتنا عند تنشيطه.

هناك خصائص مهمة لسيطرة الجهاز العصبي اللاإرادي أشار إليها روسي على أنها ذات آثار علاجية للتنويم المغناطيسي السريري وتدريب الأداء العالي. عندما يتعرض الشخص للإجهاد، يمكن أن تحدث استجابة الجهاز العصبي اللاإرادي بسرعة كبيرة، ويمكنها تنظيم أجزاء كبيرة من الجسم في وقت واحد.

تجدر الإشارة إلى أن هذا النظام بأكمله يعمل بشكل آلي على مستوى اللاوعي تحت سيطرة مركز تنظيم الأوعية الدموية في الدماغ. يعد تأثيره على تدفق الدم أحد أهم تأثيرات الجهاز العصبي اللاإرادي، والذي يتم توسطه بواسطة تحت المهاد أثناء الاستجابة للخطر. يلعب هذا دورًا مهمًا في تحضير الجسم لحالات الطوارئ، ولكن الإجهاد المزمن يمكن أن يسبب النوبات القلبية وعدم انتظام ضربات القلب. استشهد روسي بدراسات قائمة على الأدلة تظهر كيف يمكن للتدخلات العلاجية بالتنويم المغناطيسي أن تساعد المرضى الذين يخضعون للجراحة من خلال التحكم في النزيف، والتخفيف من ارتفاع ضغط الدم، ومشاكل القلب، واستجابة الجسم للحالات الطارئة.

انهيار الدماغ

في مقال نُشر في مجلة Scientific American في أبريل 2012 بعنوان "دماغك ينهار"، كشف المؤلفون إيمي أرنستن وكارولين مازور وراجيتا سينها عن آلية عصبية علمية يعمل بها الجهاز العصبي اللاإرادي في أوقات الإجهاد الشديد وما يمكننا فعله للسيطرة على استجاباتنا للخطر. وذكروا أنه عندما تتوقف الدوائر العصبية المسؤولة عن التحكم الواعي بالذات عن العمل، تخرج النبضات البدائية عن السيطرة ويحدث شلل ذهني؛ هذه التجارب مألوفة لنا جميعًا، مثل الاختناق، والتجمد، والاستسلام، والذهول، والارتجاف، والعصبية، والاضطراب.

يعتبر التعرف على الدور غير المتوقع للقشرة أمام الجبهية التي تتأثر بشكل كبير بالقلق اليومي، وهي مركز التحكم الذي يتوسط وظائفنا العقلية العليا، مثل التركيز، واتخاذ القرارات، والبصيرة، والحكم، اختراقًا مهمًا في فهمنا للآلية التي تحدث أثناء الاستجابة للقتال أو الهروب.

عندما تسير الأمور على ما يرام، كما ذكر أرنستن وآخرون، فإن قشرة ما قبل الجبهة تحافظ على سيطرة مشاعرنا الأساسية ونبضاتنا الأولية؛ ومع ذلك، فقد أظهر الباحثون أنه خلال حالات الطوارئ الحادة والفوضوية، يؤدي الإجهاد إلى سلسلة من الأحداث الكيميائية التي تضعف تأثير قشرة ما قبل الجبهة بينما تعزز سيطرة الأجزاء الأقدم من الدماغ، وهذا يحول السيطرة العليا على الأفكار والمشاعر من قشرة ما قبل الجبهة إلى الوطاء.

وصف أرنستن وآخرون "كيف نفقد السيطرة" خلال المواقف العصيبة؛ فعندما نتعرض للإجهاد، تتحكم اللوزة بإنتاج كمية زائدة من النورإبينفرين والدوبامين، وهذا بدوره يؤدي إلى إيقاف عمل قشرة ما قبل الجبهة ولكنه يقوي نشاط المخطط واللوزة. تعمل المستويات العالية من النورإبينفرين والدوبامين في قشرة ما قبل الجبهة على تشغيل مستقبلات تفتح قنوات وتفصل الروابط بين خلايا عصبونات قشرة ما قبل الجبهة، مما يضعف دور هذه المنطقة في السيطرة على

العواطف والاندفاعات؛ وهذا يزيد من قدرة اللوزة على استعادة الذكريات المخيفة والمؤلمة.

وذكر أرنستن وآخرون أن الإجهاد المزمن يبدو أنه يوسع مراكزنا العاطفية الأقل، وفي هذا الوقت تبدأ المناطق التي تشارك في التفكير المنطقي المستدام والمرن بالضمور. يمكن أن تتعافى التشعبات ما قبل الجبهية إذا اختفى الضغط؛ ومع ذلك، إذا استمر الضغط، يستمر الضمور، والذي يرتبط بسجل من الضغط العالي، مثل حالات التعرض لتجارب الطفولة الصعبة. تشير الدراسات إلى أن النجاح في التعامل مع المواقف الصعبة ونظام الإنذار يمكن أن يبني القدرة على الصمود. ومع ذلك، إذا تعثر الأطفال خلال هذه التجارب الصعبة في مرحلة الطفولة، فقد يتعرضون للإجهاد والاكتئاب عندما يكبرون.

أكد دوزير أنه عند العمل مع الأطفال، من المهم معرفة أنهم يختبرون الخوف بشكل مختلف عن البالغين وأنهم أكثر عرضة له؛ وأرجع ذلك إلى حقيقة أن الدماغ البدائي يبدأ العمل عند الولادة، بينما لا تكتمل الفصوص الجبهية، وهي مركز التفكير، حتى حوالي سن 25 عامًا.

يجد الأطفال صعوبة في التخلص من الكوابيس والخوف من الظلام ولا يستطيعون مواساة أنفسهم ليعلموا أنه مجرد حلم؛ وذلك بسبب التنشيط القوي للوزة التي يمكن أن تنتج هلوسات سمعية وبصرية مخيفة؛ ليس لدى الأطفال القدرة الطبيعية للوصول إلى المعالجة الواعية للمخاوف، مما قد يترك بصمة اللاوعي في شكل رهاب.

ومع ذلك، بصفتي مدربة للأداء العالي، أؤكد أنه يمكن تعليم كل من الأطفال والبالغين كيفية الوصول إلى قوة العقل الباطن الذي يمكن أن يحول الخوف إلى طاقة بناءة.

الهدوء طريق النصر

وفقًا لأرنستين وآخرين، فإن الحفاظ على هدوءنا يتطلب تعلم أساليب سلوكية كالإسترخاء والتنفس العميق والتأمل، والتي تساهم في تقليل استجابة الجسم للضغوط المفاجئة. بالمقابل، يركز آخرون مثل دوزير على أهمية مواجهة مخاوفنا والتغلب عليها، مؤكدًا أنه من خلال ذلك ننضج ونفهم أنفسنا بشكل أفضل ونحقق كامل إمكاناتنا البشرية؛ وقد طرح دوزير أسئلة عميقة، منها: هل يمكن الاستمتاع بالخوف؟ كيف يمكن استخدام الخوف كأداة لتحويله من قوة تدميرية إلى قوة بناءة في حياتنا؟

يرى دوزير أن الخوف يساعدنا على فهم أنفسنا بشكل أفضل، وأن قهر مخاوفنا هو بمثابة قهر للطبيعة، ويستشهد بأن الفرق الجوهري بيننا وبين باقي الكائنات يكمن في تخطينا للخوف من النار؛ فالنار اليوم تُشعل الوقود الذي يغذي سياراتنا وطائراتنا ومركباتنا الفضائية؛ ويضيف دوزير أن الخوف يُظهر أفضل وأسوأ ما فينا، ولكنه يؤمن بأنه بإمكاننا، نحن سادة النار، أن نتعلم استخدام الخوف كقوة بناءة.

يكشف لنا دوزير عن كيفية الحفاظ على هدوئنا من خلال نظام الخوف العقلاني في قشرة الفص الجبهي، وهذا النظام الثانوي للخوف العقلاني، كما أطلق عليه دوزير، يسمح لنا بالتحليل العقلاني لطبيعة خوف معين وتقويمه؛ أما نظام الخوف الأخير الذي شرحه دوزير فهو الأقوى على الإطلاق، وهو الوعي بذاته.

يتطلب الوعي استغلال كامل قدرات القشرة المخية على مدار ساعات، وأسابيع، وحتى سنوات حتى نتمكن من الاستفادة من كافة أنظمة التعلّم والذاكرة في دماغنا لدراسة المخاطر، وتعميق فهمنا لها، ومشاركة المعلومات مع الآخرين، وتوظيف خيالنا وإبداعنا، ووضع خطة لتجنب الخوف أو تحييده في المرة القادمة التي نختبره فيها.

وفقًا لدوزير، فإن الوعي هو نظام الدفاع الأسمى لدينا؛ فهو بمثابة حالة دائمة من اليقظة تتيح لنا توقع وتحليل المخاطر المحيطة بنا باستمرار، امتلاكنا للوعي كنظام ثالث يساعدنا على اتخاذ القرارات والتفكير، إلى جانب قدرتنا على استخدام الوعي والفص الأيسر من الدماغ لتحقيق السعادة والتفاؤل، كل ذلك يمنحنا ميزة كبيرة في التغلب على الخوف وتحويله إلى قوة دافعة، كما هو الحال مع أيلين غو التي فازت بثلاث ميداليات ذهبية في دورة الألعاب الأولمبية الشتوية لعام 2022 في منافسات الـ Halfpipe وSlopestyle وBig Air.

بطلة أولمبية تختبر علم الأعصاب

استجابة لطلب تقدمت به صحيفة نيويورك تايمز، نشرت غو مقالًا بعنوان "أعترف بذلك، أنا مغرمة بالخوف" في عام 2022؛ تناول المقال نظرتها للخوف، وكيف تتعامل معه، وكيف سعت إلى قهرِه؛ وأشارت غو إلى أنها استخدمت كلًا من جانبي دماغها الأيمن والأيسر في هذا النهج المتكامل، ووصفت الخوف بأنه "عاشق ساحر" وأوضحت أنه بالنسبة لها كمتزلجة محترفة، فإن المنحدرات نصف الأنبوبية التي يبلغ ارتفاعها 22 قدمًا وحركات الدوران المزدوجة هي التي تمنحها جرعتها الأساسية من الأدرينالين.

بعد سنوات من التدريب وتحليل حلقات التغذية الراجعة، أوضحت غو أن الخوف هو مصطلح يطلق على ثلاثة أحاسيس مميزة: الإثارة، وعدم اليقين، والضغط. وأكدت أنها تعلمت أن الدلالات الدقيقة لكل من هذه المشاعر يمكن أن تكون أدوات مساعدة على النجاح عند التعرف عليها واستغلالها بشكل إيجابي، ولكنها يمكن أن تكون إنذارًا بالإصابة وخصمًا عند تجاهلها؛ ومع ذلك، وبدلًا من تجاهل الخوف، اختارت غو بناء علاقة فريدة معه كأفضل صديق لها من خلال تنمية وعي ذاتي عميق وإجراء تقييمات مدروسة للمخاطر أثناء تحركها على المسارات الجليدية.

يعتمد عمل غو، مستفيدة من جانبها الأيمن من الدماغ، على التصور والتدريب العقلي قبل تجربة حيلة جديدة، مع الشعور بشد في أعلى صدرها، تأخذ نفسًا عميقًا وتغمض عينيها، وبينما تصعد المنحدر، تتخيل مد أطرافها لتحقيق أعلى قدر من الارتفاع وتدوير جسمها في الاتجاه المعاكس، وعندما تكون عاليًا في الهواء برؤيتها الداخلية، ترى السماء ومكان انطلاقها من خلفها، وبينما تلتقط أذناها صوت الرياح كأنها أغنية، تستدير وتبحث عن موقع الهبوط.

وصفت غو الأدرينالين بأنه "حبها الحقيقي" وإدمانها، وأكدت على أنه يتوازن مع الثقة والقدرة على تنفيذ الحركات بأمان، خاصة عندما تكون "في المنطقة" (حالة التركيز الشديد). اعترفت بأن الضغط يمكن أن يكون إيجابيًا أو سلبيًا، لكنها تفضل التركيز على المشاعر الإيجابية والعمليات العقلية، مثل الامتنان والتفاؤل، ومتعة ممارسة الرياضة؛ كما اعترفت بأنها "عاشقة متيمة" فيما يتعلق بالخوف.

التركيز الذهني: الوصول إلى ذروة الأداء

في كتاب "تدريب القوة الذهنية للرياضة" الذي صدر عام 1994، ناقش المؤلف جيمس لوهر حالة الأداء المثالية الموجودة لدى كل رياضي، ووصفها بأنها الحالة المثلى من الاستثارة البدنية والنفسية لتحقيق أفضل أداء ممكن.

يعتقد لوهر أنه عند بلوغ ذروة حالة الأداء المثالية، يشعر الفرد بالثقة والاسترخاء والهدوء والتحدي والتركيز واليقظة والحيوية مع مشاعر إيجابية، إلى جانب ردود فعل تلقائية وغريزية، كما يكون مستعدًا للمرح والتمتع باللحظة.

في كتابه "التدريب النفسي للرياضيين" لعام 1976، أشار توماس توتكو إلى ضرورة تعلم الرياضيين "التنفس السهل والتمرين الذهني واسترجاع الذكريات وفهم نقاط ضعفهم النفسية (المؤثرات العقلية السلبية)" للوصول إلى حالة الاسترخاء وتحقيق التركيز الكامل (دخول المنطقة).

في كتابها "إيجابيات الضغط" لعام 2015، أكدت كيلي ماكغونيجال على قدرة الرياضيين على استخدام ضغط الأداء كأداة تحفيزية، وذلك عندما يغيرون استجابتهم للتهديد إلى استجابة للتحدي؛ كما تحدثت عن الفوائد المحتملة للضغط وكيف يمكن إدارة هذا الضغط بفعالية.

وفقًا للآراء المطروحة، فإنه عند السعي لتحقيق أداء جيد وفي ظل ظروف آمنة، تكون استجابة التحدي هي الأكثر مساعدة، فهي تعمل على زيادة الطاقة وتحسين الأداء وتساعد على استخلاص العبر من التجارب؛ والأهم من ذلك، أنها تعود عليك بالصحة الجيدة، بمعنى آخر، وبما أن الضغوطات لا مفر منها في الحياة، يمكننا تحويلها من أعداء إلى أصدقاء، وذلك اعتمادًا على كيفية نظرنا إليها.

قصص واقعية عن الصمود باستخدام التنويم الإيحائي والتدريب

في دراسات الحالة الخمس التي سلطت الضوء عليها في هذا الفصل، والتي يواجه كل فرد فيها مستويات مختلفة من استجابة القتال أو الهروب، سأتناول كيفية استعانتي بمبادئ لوهر وتوتكو، وكذلك علماء الأعصاب على مر التاريخ، الذين سعوا إلى إظهار كيفية التغلب على الخوف.

مثلما تعلمت أيلين غو الفوز عن طريق قهر الخوف، بإمكانكم أنتم الرياضيين السعي للوصول إلى أدائكم المثالي باستخدام قوة عقولكم؛ يمكن تحقيق ذلك من خلال إطلاق ومعالجة العوائق النفسية، والتركيز على تسجيل النقاط والمشاعر الإيجابية، والدخول في حالة التركيز التام (المنطقة) من خلال نهج شامل يستفيد من كامل الدماغ، وصولًا إلى العقل الواعي والعقل الباطن، بهدف تحويل الانسحاب إلى تقدم.

فيما يلي قصص الحالات الخمس:

إنزو: في عامه التاسع عشر، وبشخصيته القادرة والذكية والحساسة ومهاراته العالية في المصارعة، بدا وكأن كل شيء يسير على ما يرام بالنسبة إلى إنزو خلال سنته الأخيرة في المدرسة الثانوية، لقد خطط للاحتفال بأفضل طريقة بإنجازاته العديدة على الحلبة منذ أن كان في الخامسة من عمره.

إلا أن العديد من التحديات واجهت إنزو، حيث تعرض لإصابة كبيرة في كتفه خلال الصيف الذي سبق سنته الأخيرة أثناء منافسته في بطولة وطنية؛ كان من الممكن أن يضع هذا نهاية لحلمه، لكن تصميمه على تحقيق أهدافه كان قويًا للغاية لدرجة أنه استمر في المصارعة، واختار تأجيل الجراحة التصحيحية الفورية، وقد اتخذ هذا القرار على الرغم من قبوله مسبقًا في إحدى جامعات **Ivy League** بناءً على إنجازاته السابقة.

في أول لقاء لي مع إنزو، اعترف بأنه كان يعاني من خفقان في القلب كلما اقترب من الحلبة، حتى خلال التدريبات؛ لقد أدرك أن هذا الأمر يزداد سوءًا، لذلك كان متقبلًا لفكرة العمل معي.

استنادًا إلى تقييمي الأول لاحتياجاته الشخصية والخطوات التي سأتخذها، خلصت إلى أن إنزو يحتاج إلى تعديل مهاراته في المصارعة لتكون دفاعية أكثر لحماية كتفه مع الحفاظ على قدرته على الهجوم بشكل فعال.

كانت الحاجة الثانية متعلقة بالألم والخدر اللذين كان يواجههما أثناء المصارعة، مما كان يصرف انتباهه عن استخدام مهاراته، كان دوري أن أوجهه إلى كيفية العمل باستخدام التدخلات العلاجية بالتنويم المغناطيسي لتخفيف الانزعاج مع الحفاظ على قدرته على الأداء.

تمثلت العقبة الكبرى الثالثة التي كان لا بد من تجاوزها في فقدانه إيمانه بنفسه، حيث ارتبط احترامه لذاته برؤيته لنفسه على أنه خاسر منذ الإصابة، مما أدى إلى تقليله من قيمة مهاراته المتميزة.

إلا أن هناك أمورًا أكثر إيلامًا كانت تكمن تحت السطح ناتجة عن تراكمات سلبية (تجارب سلبية في مرحلة الطفولة) سابقة تتعلق بالمصارعة والمشكلات الصحية لم يكن يدركها إنزو بوعي، كانت خطتي أن أساعده على حلها، والتخلص من الأفكار السلبية، وتخفيف حدة استجابة الجسم للقتال أو الهروب (استجابة fight-or-flight)، وتنشيط مهاراته الفطرية للصلابة الذهنية.

كان أول تحدٍ يتطلب المعالجة، باستخدام أدوات الأداء الأمثل والتدخلات العلاجية بالتنويم المغناطيسي، هو تسارع دقات قلبه بشكل ملحوظ جسديًا ومشتتًا لانتباهه ذهنيًا. بدأت بتعليمه التنويم الذاتي واستخدمت تقنية التخيل لإعادة توجيه طاقته بشكل سيكوديناميكي لمواجهة الاستهلاك، وباستخدام رسم بياني، شرحت لإنزو كيفية استجابة الجهاز العصبي السمبثاوي للإجهاد من خلال محور الوطاء-المهاد-الكظر (HPA)، ووضحت له كيفية عملنا عليه لا شعوريًا من خلال قوة العقل.

ثم علَّمتُ إنزو كيفية استخدام تقنية "التنفس السهل" عن طريق إرشاده إلى تحويل قلقه المحسوس إلى أنفاس هادفة توجه نحو خصمه، من خلال قمع تخييلي "أخضر" لإعادة التدوير بهدف توفير الطاقة (انظر شكل **11**). من خلال ممارسة التنفس العميق خلال الجلسات واستخدامه على الحلبة أيضًا، بدأ يتعلم كيفية تفعيل استرخاء الجهاز العصبي الباراسيمبثاوي لتهدئة معدل ضربات قلبه وتركيز انتباهه باستخدام صور ذهنية للأيائل وفقًا لمقاربة كلية للدماغ.

الأداة الثانية التي استخدمتها لمواجهة صعوبات القلب والتنفس التي تخرج عن نطاق السيطرة الواعية، كانت إدخال حلقة التغذية الراجعة (انظر شكل **12**)؛ لقد صممت هذه الأداة لتحسين المهارات البدنية والعقلية خلال أدائه لقياس تقدمه.

شكل 11: قمع إعادة التدوير الأخضر، أيل أمريكي بعيون خضراء ودماغ

الطريقة تكمن في أنك تغمض عينيك وتتخيل كيفية بدء المهارة وتنفيذها، حيث ترى نفسك وتسمع نفسك وتشعر بنفسك وأنت تؤديها؛ بعد ذلك، تقيم أداءك بشكل محايد كمدرب، لتحديد ما نجح وما لم يفلح، مما يسهل عملية صقل المهارة في المرة القادمة لتحسينها.

يأتي العنصر الرئيسي في تحليل حلقة التغذية الراجعة في مركز الحلقة حيث تطرح الأسئلة التالية على نفسك، "بماذا كنت أفكر؟ بماذا كنت أشعر؟" أثناء تخيل أدائك السابق. من خلال الدخول إلى "الحالة المثالية" (حالة التركيز الشديد والسيطرة)، تمكن إنزو من استرجاع حركات المصارعة المخزنة في لاوعيه، وتحسينها، وتسجيل نقاط بشكل أكبر، مع الخلو من الانفعالات أو الأحكام؛ منحته الممارسة الذهنية لهذه المهارات المحسنة باستخدام القدرات الإبداعية للدماغ الأيمن الثقة في تحركاته الفنية على الحلبة.

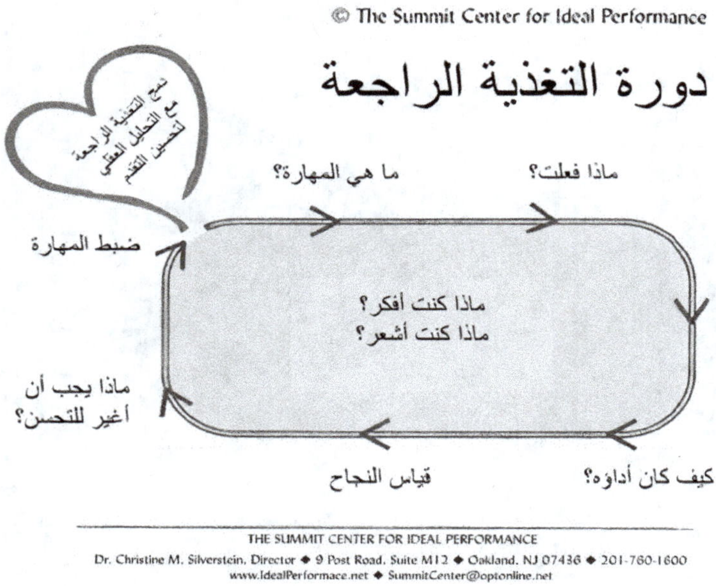

شكل 12: حلقة التغذية الراجعة

للوصول إلى الفص الجبهي الأمامي، وهو مركز التفكير العقلاني في الدماغ الأيسر، عملنا على كيفية التحدث إلى نفسه بطريقة إيجابية واستبدال الأفكار السلبية بكلمات تحفيزية؛ تضمن ذلك احترامه لذاته، وتقديره لموهبته ومهاراته، والاتصال بقناعاته الأساسية، وتعزيز المشاعر الإيجابية، والتخلص من السلبية، وتحسين العناية بنفسه.

كما علمته كيفية الوصول إلى العقل الباطن لتحقيق الشفاء عن طريق تخفيف آلام عضلاته وتخدير المناطق المؤلمة بقوة العقل بدلًا من الاعتماد على المسكنات؛ ساعدته هذه الأدوات المستفادة من برنامج "عملية الشفاء" الخاص بي على تخفيف الانزعاج خلال المباريات ومساعدة ذراعه على أداء وظيفتها بشكل أفضل، مع تحضيره ذهنيًا للجراحة المقبلة.

كان أكثر تمارييننا فعالية لتحسين الذات هو حل تجارب الطفولة السلبية المؤلمة التي كانت تعيقه، أنجزنا ذلك باستخدام تقنية "جسر التأثير"، حيث وجد نفسه يعود بالزمن إلى الصف التاسع.

كان يتنافس في المصارعة ضمن فئة "أخف وزن" وكان في مرحلة المراهقة التي تشهد نموًا جسميًا متسارعًا، حاول إنقاص وزنه عن طريق الحد من شرب السوائل، مما أدى إلى ظهور مؤشرات طبية على تلف الكلى؛ وبعد تحذير الطبيب، طلب من المدرب أن يتصارع مع زميل له في فئة وزن أعلى، إلا أنه لم يُسمح له بذلك؛ وعلى العكس من ذلك، كان مدربه يجعله يتصارع بشكل دائم مع زملاء أكبر منه بوزن يصل إلى فئتين أو ثلاث فئات للوزن خلال التدريبات.

انتقل إنزو إلى مدرسة أخرى في منتصف الموسم وأثبت نفسه كبطل هناك؛ ظهر التحدي الحقيقي عندما صارع زملائه السابقين في مدرسته السابقة الذين كان قد تغلب عليهم بفارق كبير في السابق.

استغل المدرب وأعضاء الفريق إصابته لصالحهم، خصوصًا عندما شارك في المباريات وهو يرتدي جبيرة للكتف؛ وبعد خسارته إحدى المباريات، سلطت الصحافة الضوء على خسارته بطريقة محبطة، بهدف التأثير عليه معنويًا والتقليل من أهمية انتصاراته، كان هذا الأمر محبطًا ومحرجًا بالنسبة إلى إنزو، على الرغم من تحقيقه الفوز على مصارعين من المصنفين على المستوى الوطني ضمن نفس البطولات.

لتصحيح هذا الوضع، علّمتُ إنزو استعادة الذكريات الإيجابية ليسترجع ثقته بنفسه كبطل، ولتعليمه استخدام "كلمة القوة" الخاصة به؛ بالإضافة إلى ذلك، استخدمت تقنية "تقسيم الشاشة" حتى يتمكن من رؤية نفسه البطل في الماضي البعيد، ثم يتخيل ويقارن ذلك بصورة فوزه الجديدة في المستقبل؛ قال إنزو إن العمل على تجارب الطفولة السلبية كان جيدًا.

عملنا على وضع أهداف لبطولة الولاية، باستخدام مهارات القوة الذهنية اليقظة، بما في ذلك الضغط على الغدة الزعترية لتحفيز إفراز الإندورفين من أجل زيادة الطاقة؛ قمت بتحميل تسجيلات صوتية على هاتفه ليستمع إليها يوميًا، وقدمت له "أكاش"، وهو نمر بنغالي حقيقي قابلته في محمية للنمور في الهند (انظر شكل 13).

تواصلت معه عبر الهاتف في بطولة الولاية؛ فاز إنزو بمبارياته الأولى بسهولة، كان يلقب بـ "الذراع الواحدة" وقد أظهر مهارات ممتازة في المصارعة حتى الدور نصف النهائي.

مع استنزافه الذهني والبدني، كان على إنزو بذل مجهود كبير للاستعداد للمباريات التالية؛ يُحسب له أنه قام بالتحضير الذهني في الليلة السابقة، وأعاد تنشيط نفسه، وارتدى دعامة كتفه، وحقق مركزًا جيدًا في التصفيات.

شكل 13: أكاش يعيش في حديقة رانثامبور الوطنية في راجستان، الهند

مهد هذا الطريق أمام إنزو للمشاركة في منافسات المصارعة بالكلية باستخدام مهارات القوة الذهنية اليقظة؛ وسيسمح ذلك أيضًا لوالده المدرب بالاسترخاء، وهو يعلم أن ابنه تعلم كيفية التعامل مع الشدائد والفوز في المصارعة.

كارين: عندما كانت في التاسعة من عمرها، واجهت كارين أصعب تحدٍ في حياتها المبكرة، حيث كافحت للتعافي بعد عملية إزالة الزائدة الدودية - وهي عملية جراحية لإزالة الزائدة الملتهبة قبل انفجارها - ومن المشاكل التي حدثت لها بعد العملية.

قبل مجيء كارين إلى عيادتي لأول مرة بعام، كانت تحقق أداءً مميزًا في كرة القدم؛ لقد اجتهدت لتثبت نفسها أمام والدها وزملائها في الفريق لأنها ابنة المدرب، لذا عندما تلعب، كانت تشعر بالضغط لإحراز الأهداف، وقد نجحت بالفعل؛ إن عزيمتها على التسجيل وحبها للتعلم واللعبة هي ما أنقذها من الموت.

في الثامنة من عمرها، استيقظت كارين في الصباح ووجدت معدتها مضطربة؛ استمر الألم أثناء المباراة، لكنها صبرت عليه وسجلت هدفين، وبعد المباراة، سقطت على الأرض من شدة الألم ولم تتمكن من النهوض؛ تم نقلها إلى المستشفى ومن ثم تم إدخالها على الفور إلى العمليات.

على الرغم من سرعة تعافيها جسديًا، إلا أنها لم تتعافى عقليًا وروحانيًا وعاطفيًا؛ لقد تأخرت دراسيًا واضطرت إلى تعويض ما فاتها، لكن أسوأ جزء كان رفضها تناول الطعام والشراب بالكمية الكافية للبقاء على قيد الحياة؛ استدعى هذا الأمر وضع أنبوب أنفي معدي لإطعامها قسرًا من قبل والدتها المذعورة لأن كارين أُصيبت باضطراب نُظم القلب واختلال توازن الكهارل وكادت أن تموت؛ زاد هذا الأمر من خوف كارين، لكنها لم تكن تشعر بالرغبة في الأكل وكانت في حالة تأهب دائم للقتال أو الهرب، لأنها اعتقدت أن السبب في كل ما حدث هو الطعام.

في يوم صيفي، خرج أنبوب التغذية الخاص بكارين، اتصلت بي والدتها وهي يائسة؛ قالت إنني خيارها الأخير وبدأت بالبكاء، لم يعد الجراح وطبيب الأطفال يقدمون لها أي مساعدة؛ لقد قالا إنه كان يفترض أن تتحسن، ووصفوا لها دواءً لفتح الشهية، وشخصوا إصابتها باضطراب في الأكل "فقدان الشهية العصبي" دون إجراء تشخيص دقيق.

رفض اختصاصي التغذية علاج كارين بسبب تحمله مسؤولية قانونية في حال وفاتها؛ الحل المقترح كان إرسالها إلى مصحة لعلاج مرضى فقدان الشهية العصبي، تقبل المرضى بسن التاسعة وتبعد عن المنزل لساعات، ولا تقدم تعليمًا يناسب عمرها؛ كان أشقاؤها الثلاثة خائفين على كارين أيضًا، أراد والد كارين الخائف إعادة وضع أنبوب التغذية وإرسالها إلى المصحة، لكن كارين ووالدتها رفضتا.

في المرة الأولى التي أتت فيها كارين، وقفت متشبثة بوالدتها عند باب مكتبي. بدت عليها علامات الفزع الشديد وكانت نحيلة للغاية، بدا جسمها نحيلًا جدًا حتى عظامها، مع عيون غائرة وعلامات إرهاق واضحة حول عينيها؛ أقنعتها بالجلوس مع والدتها والتحدث، لكنها لم تنطق.

أخبرتني والدة كارين أن حلم كارين الأكبر هو أن تكون مع صديقاتها في الصف الرابع، لكن الطبيب قال إنها لا تستطيع الذهاب بسبب ضعفها، ولا تستطيع لعب كرة القدم أيضًا. كانت كارين مترددة في الابتعاد عن والدتها، لكنها دخلت إلى مكتبي الداخلي عندما اقترحت إبقاء الباب مفتوحًا قليلًا.

ولأنها لم تتحدث، ولكسب ثقتها، بدأت بالقول بأن هدفنا سيكون التركيز على المدرسة، وسألت هذا السؤال: "إذن كارين، ألن يكون من الرائع التخلص من أنبوب التغذية لأن كيف ستبدو صورة الفصل معك في الصف وأنبوب كبير يخرج من أنفك؟ ألن يبدو ذلك مضحكًا بعض الشيء؟" لقد تقاربنا على الفور، وأومأت برأسها موافقة، وابتسمنا.

خلال الزيارات الأسبوعية التي استمرت ستة أشهر، علّمتُ كارين التنويم المغناطيسي الذاتي وتمارين التنفس السهل والتخيل الإيجابي واسترجاع الذكريات الإيجابية والتحدث الإيجابي مع نفسها، وكيفية استخدام كل ذلك من أجل صحتها وكرة القدم؛ ولأنها لم تكن تتحدث في البداية، ابتكرت سيناريو لحثها على التواصل مع دمية على شكل عش به ثلاثة فراخ؛ كنت أحرك الفراخ بأصابعي

وأتحدث إليها بصوتي الذي أصبح صوتها وصوت جهازها الهضمي من خلال الناقلات العصبية، بينما كانت أصوات زقزقة الطيور تُشغل في الخلفية (انظر شكل 14).

استنادًا إلى تعاليم "علاج الأجزاء" لتشارلز تيبتس، كما هو موضح في كتاب روي هنتر لعام 2000 "فن العلاج بالتنويم المغناطيسي"، قمت بتكييف هذه الطريقة لتناسب حالة كارين. تمثل الطيور الثلاثة في عش الدمية اليدوية الأنا الأعلى (الأنا الحقيقية) لفرويد على اليسار، وأسميتها فيليسيا ("المفكرة الأولى")، والهوية (اللاوعي) تمثل الطائر على يمين العش، وأسميتها سامانثا ("المفكرة الثانية")، وتمثل دمية الطائر الأوسط دور الضمير (الأنا الأعلى المثالي)، وأسميتها نيللي ("بلا تفكير").

شكل 14: دمى اليد: الأنا، الهوية، والأنا الأعلى

استعنت بكتاب مايكل جيرشون "الدماغ الثاني" الصادر عام 2003، والذي يركز على فكرة امتلاك الجهاز الهضمي لعقل خاص به مع وجود ناقلات عصبية إضافية عن تلك الموجودة في الدماغ؛ استخدمت كلمات لمحاربة اضطرابات الأكل، مثل:

فيليشيا: "لا تأكلي هذه الأطعمة، سوف تجعلك مريضة مرة أخرى، الطعام مضر لك".

سامانثا: "أطعميني.. أطعميني... أنا جائعة جدًا، أنا عطشى، أرجوكِ أطعميني".

نيللي: "ماذا تقولين؟ هذا أمر بسيط! الطعام مفيد لك؛ طعمه لذيذ، كلي هذه الأطعمة الجيدة الآن! لذيذ!".

تصادف ذلك الصيف مع إقامة الأولمبياد، لذا شجعتُ كارين على المشاركة مع إخوتها في ألعاب تُقام في الفناء الخلفي لمنزلها، حيث تظاهرت بأنها تشارك في الألعاب الحقيقية؛ لقد لعبوا كرة القدم وتجاوزوا الحواجز ومارسوا ألعابًا أخرى من أجل المتعة، وفازت كارين بالميداليات الذهبية.

مشكلة أخرى واجهتنا هي أن شرب كارين لـ 8 أونصات من مشروب "إنشور" الغذائي يستغرق 8 ساعات لوحدها بعيدًا عن عائلتها؛ لذلك، شجعتها على الانضمام إلى عائلتها أثناء تناول الطعام، كما صنعتُ لها لوحة متابعة لتسجل تقدمها باستخدام رسوم بيانية توضح كمية الطعام التي تتناولها يوميًا وتحسن وقت شربها حتى تتمكن من الذهاب إلى المدرسة؛ لقد استفدت من حبها للتنافس لتحقيق أهدافها؛ وبما أنني سأكون في إجازة لمدة ثلاثة أسابيع، فقد سجلتُ أصوات فيليشيا وسامانثا ونيللي بأصوات طيور وطلبتُ منها الاستماع إليها يوميًا.

بعد عودتي من الإجازة، أخبرتني كارين بفرح أن كمية الطعام الذي تتناوله قد تحسنتْ بشكل يسمح لها بالذهاب إلى المدرسة؛ لقد قدم لها أصدقاؤها في وقت

الغداء التشجيع والدعم، خاصة عندما تناولت معهم لأول مرة شطيرة زبدة الفول السوداني والمربى.

استفدتُ من خبرتي في مجال التمريض الجراحي ومن صدمة والدتي التي تعرضت لثقب في الزائدة الدودية عندما كانت في الخامسة عشرة من عمرها. من الناحية التعليمية، قمنا معًا بمراجعة رسوم تشريحية وبيولوجية، وكتب عن العناية الشخصية للفتيات، ومشاهدة مقطع فيديو لميا هام، لاعبة كرة القدم المفضلة لديها، وهي تطعم توأمها طعامًا مغذيًا.

خلال كل جلسة، استخدمتُ تقنيات التنويم المغناطيسي مثل تقنية "جسر التأثير" لأعيد كارين بالزمن إلى عملية جراحتها؛ في خيالها، جمعت كل الآلام والصدمات في كرة قدم وهمية وذهبت بها إلى الملعب؛ بعد ذلك، تخيلتْ كارين نفسها واقفة عند علامة ضربة الجزاء وهي تقوم بتسديد الكرة المليئة بالصدمات إلى المرمى مرارًا وتكرارًا لتسجيل الأهداف.

لأساعد كارين على تناول الطعام بطريقة صحية، استعنتُ بشكل أساسي باثنين من قصص الأطفال؛ أحدها كان قصة "حساء الحجر" للمؤلفة مارشيا براون، تروي القصة قصة ثلاثة جنود عادوا من الحرب ولم يجدوا من يقدم لهم طعامًا أو مأوى في القرية بسبب قلة الطعام؛ فكر الجنود إذن بحيلة لطهي حساء من الحجارة لإقناع أهل القرية بإضافة مكونات أخرى، وعندما أصبح الحساء جاهزًا، تناول الجميع في القرية الطعام معًا حتى الليل، وحصل الجنود على مكان للمبيت وطعام يأكلونه.

في مكتبي، أحضرتُ قِدرًا كبيرًا للحساء ووضعتُ شمعة تحته لإشعال النار؛ تظاهرنا بالطهي، كل أسبوع، أنا وكارين كنا نضيف المزيد من المكونات، مثل الكوسة والجزر والبطاطس والكرفس، ولحمًا متخيلًا، والماء، والتوابل، وبالطبع حجارة (انظر شكل 15).

شكل 15: كتاب حساء الحجر والمكونات

بدأنا في جمع وصفات يمكن لكارين تحضيرها في المنزل مع عائلتها؛ وبدأت كارين بالتدريج تتناول المزيد من الأطعمة الصحية والمتنوعة، اعتدت اصطحابها بانتظام إلى "بركة الحب"، حيث كانت تطفو بقارب تجديف مع ملاكها وتمتص الحب في شقرة القلب من مياه البركة من خلال يدها اليمنى، بينما كانت تخرج السلبية من خلال يدها اليسرى (انظر شكل 16).

شكل 16: بركة الحب

كان وقت العطلات هو الوقت الذي يثير قلقها الأكبر. على سبيل المثال، عندما سافرت العائلة لحضور عشاء عيد الشكر في ولاية أخرى، شب حريق في الفندق واضطروا للخروج؛ على الرغم من ذلك، تمكنت كارين من تناول بعض الطعام للاحتفال بالمناسبة دون أي ضجة؛ لقد تعلمت ماذا تأكل في مباريات الهوكي وفي عشاء عيد الميلاد المجيد رغم معاملة بعض الأقارب المزعجة لها.

في هذا الوقت، بدأ وزنها يزيد واستقر، لكنها بدأت تتحادث عبر الإنترنت مع مراهقات يعانين من مرض فقدان الشهية (anorexia) الأمر الذي أثر عليها سلبًا؛ كإجراء احترازي، علمت أنه الوقت المناسب لمنح كارين المزيد من الحرية وتعزيز ما حققناه، لذلك عرفتها على كتاب "العصفور الأحمر الصغير" من تأليف نيك بروبل.

تدور أحداث هذه القصة حول طائر أحمر صغير كان مرتاحًا للبقاء في قفصه داخل غرفة صغيرة؛ كان لديه ما يأكله وينام عليه وشيء يقرأه (انظر شكل 17). في أحد الأيام، تُرك باب القفص مفتوحًا بالقرب من النافذة، فطار الطائر واكتشف أشياء جديدة لم يكن يعرفها من قبل؛ ومع اقتراب الليل، وحين حان وقت العودة إلى القفص، تساءل الطائر عما إذا كان يجب عليه المغادرة أو البقاء، وسأل القراء، "ماذا تختارون أنتم؟"

شكل 17: الطائر الأحمر الصغير

تحدثنا أنا وكارين عن أحلامها للمستقبل والأشياء التي تريد تحقيقها؛ كانت آخر جلسة لي معها في عيد الحب، في ذلك الوقت، قلت لها وداعًا وأوصيت والديها بزيارة طبيب واختصاصي تغذية لمساعدتها لأنني كنت أعلم أنها أصبحت قادرة على الاعتماد على نفسها. بعد ستة أشهر، رأيت كارين بالصدفة خارج الكنيسة؛ حينها، ابتسمت لي ابتسامة عريضة وأخبرتني بسعادة أنها تتماشى بشكل جيد مع طعامها، وفازت بجائزة القيادة في المدرسة، وكذلك فازت بمسابقة الهجاء، وحصلت على أعلى الدرجات في كل المواد في بطاقة تقويمها للصف الرابع.

ظللت على اتصال مع كارين لمدة تسع سنوات وأرسلت لها هدايا من جميع أنحاء العالم كتذكيرات رمزية بحريتها في التحليق بمفردها، مثل الطائر الأحمر. بعد تخرجها من المدرسة الثانوية، كشابة جميلة تبلغ من العمر 18 عامًا، كتبت لي رسالة ردًا على رسالتي للتعبير عن هذه الكلمات:

أشعر بسعادة غامرة في هذه اللحظة... خطابك أحيا ذكريات تلك الأيام العصيبة؛ لقد ذكّرني كم كنت محظوظة بلقائك... لقد تغيرتُ كثيرًا عما كنتُ عليه في الماضي؛ أصبحت أكثر تفهمًا وحيوية، وأجد نفسي أكثر انفتاحًا في التواصل! أقدر لك بقاءك بجانبي طوال هذه السنين، هذا يثبت لي مدى اهتمامك الحقيقي بي؛ لن أنسى أبدًا كيف كان من الصعب العثور على طبيب يقف إلى جانبي، لم يكن أحد يرغب في التعامل مع طفلة في التاسعة من عمرها تعاني من فقدان الشهية... لا تسعني الكلمات لأعبر عن شكري لك. كل ذكرى ذكرتها في رسالتك أعادت لي شعورًا دافئًا ومميزًا؛ أتذكر كل تفصيلة منها، من الطيور الدمى الثلاثة في العش إلى حساء الحجر... أحيانًا، عندما أتذكر ما مررت به، لا يمكنني تصديق أنه مر عشر سنوات! يبدو الأمر وكأنه كان بالأمس فقط، عندما وقفت على باب منزلك، خائفة من فراق أمي؛ ولكن بمجرد أن التقينا لأول مرة، عرفت أن علاجي سيكون على يديك... أنا ممتنة جدًا لك على إرسالك هذا الخطاب.

تحدثت كارين أيضًا عن خططها لدراسة علم النفس في الكلية على أمل أن تصبح أخصائية تغذية أو معالجة نفسية لمساعدة الآخرين الذين يمرون بتجارب مماثلة.

لوقا: في سن الخامسة عشرة، كان لوقا يعاني من زيادة الوزن مما أثر عليه سلبًا؛ لكن هذه النقمة تحولت إلى نعمة بالنسبة له، فبينما كان لوقا يسير في الممر كطالب جديد في المدرسة الثانوية، اقترب منه مدرب المصارعة هو وزميله في الفصل وسألهما عما إذا كانا يرغبان في الانضمام إلى فريق المصارعة؛ لم يكن لدى لوقا أي معرفة سابقة بالمصارعة، لكنه قرر الاشتراك، لأنه كان يعاني من زيادة الوزن وأراد أن يصبح أكثر نشاطًا لأسباب صحية.

كانت سنة لوقا الأولى صعبة لأن معظم منافسيه كانوا يعرفون كيفية الفوز؛ لقد كان لوقا في موقف صعب بسبب عدم خبرته. في كثير من الأحيان، كان لوقا يشعر بالإحباط قبل المباريات، وعلى الرغم من أنه يزن حوالي 200 رطل، إلا أنه كان يخاف من المصارعين الأكبر منه حجمًا عندما يواجههم.

تحمل لوقا صعاب السنة الأولى بنجاح. في سنته الثانية كان يتمنى أن يصبح لاعبًا أساسيًا والحصول على فئة وزن محددة في فريق المصارعة الرئيسي؛ لهذا السبب عقدنا جلستنا الأولى، لأنه خلال مباراة تحديد الفائز (مباراة واحدة يفوز بها من يحصل على مركز أساسي لفئة الوزن تلك) قال لوقا إن تفكيره "تعطل" وأنه "كان مثل غزال أمام أضواء السيارة الأمامية، نسى ما يجب أن يفعله".

تدربنا على التنفس السهل، وتعزيز التركيز، وتخيل الحركات مع التدريب الذهني لإتقانها، وتحليل الملاحظات بعد المباريات، ووضع خطط عمل، بما في ذلك الخطة الأولى، التي تشمل الحركات المفضلة، والخطوة الثانية، وهي الحركات البديلة، والخطوة الثالثة، وهي الاعتماد على عنصر المفاجأة.

علمته بشكل عملي كيفية استخدام التنويم المغناطيسي الذاتي للدخول إلى الحالة المثالية (المنطقة)، وبدأ لوقا يحقق المزيد من الانتصارات وازدادت ثقته بنفسه أسبوع بعد أسبوع، تعلم لوقا حركات جديدة، كان تركيزه على تحسين

جميع مهارات المصارعة بشكل عام، ولكن بشكل خاص تلك التي تُستخدم عندما يكون في وضعية السيطرة (فوق المنافس) ليتعلم كيفية تثبيته بشكل أفضل.

في الجلسة الخامسة، تحدث لوقا عن واحد من أعظم انتصاراته، والذي أصبح فيما بعد يستخدمه كتذكير ذهني له. كان خصمه قد هزم لوقا مرتين سابقتين، لكن في يوم الانتصار، ركز لوقا على تحقيق النصر؛ في هذه المباراة، استخدم لوقا حركتي "خلاطة الأسمنت" و"الدحرجة الغريبة" وتمكن من تثبيت خصمه في الدقيقة الأولى.

مع اقتراب نهاية موسم المصارعة، واجه لوقا تحديًا كبيرًا للتغلب عليه، بدا أنه لا علاقة له بالمصارعة، ولكنه كان مرتبطًا بها في الواقع؛ في إحدى زيارات لوقا لمكتبي، سألته عن أسبوعه وماذا يجري في التدريبات، أجاب بأنه كان أسبوعًا سيئًا بسبب تساقط الثلوج وإغلاق المدرسة وإلغاء المباريات واختبارات نصف الفصل، ووفاة صديقه.

سألت إن كان صديقه يعاني من مرض لفترة طويلة أم أن وفاته كانت مفاجئة؛ نظر لوقا إلى الأسفل وأجاب والدمع في عينيه: "لقد مات منتحرًا، قفز من فوق سطح مبنى المدرسة الثانوية الخاصة بي".

صعقتني إجابته، فسألته عن شعوره، أجاب بأنه يلوم نفسه على عدم معرفته باكتئاب صديقه الشديد؛ فقد انقطع اتصالهما بعد تركه للفريق، وقال بأنه يعتقد أن بقائه مع الفريق كان من الممكن أن يساعد صديقه وزملاؤه؛ عبّر لوقا عن حزنه الشديد لأن والده، وهو رئيس الشرطة، كان في موقع الحادث وكان عليه نقل جثمان صديقه من الرصيف.

على الرغم من هذه الحادثة الأليمة، أظهر لوقا قوة وتحملًا وكان مصممًا على التألق في المصارعة تكريمًا لصديقه؛ قبل أن يبدأ الجلسات التدريبية معي، كان سجله فوزين مقابل خمس خسارات، لكنه أنهى الموسم بـ 16 فوزًا مقابل 7 خسائر؛ لم يتغلب لوقا على الصعوبات لتحقيق الفوز في ذلك العام فحسب، بل

حقق أهدافه في السنوات التالية بالوصول إلى فريق المصارعة الجامعي (الفريق الأساسي) وأصبح بطل المحافظة.

سينثيا: كمشجعة محترفة تبلغ من العمر 14 عامًا، اكتسبت سينثيا مهارات في وقت مبكر أهلتها للانضمام إلى فريق التشجيع؛ ولكن بما أنها تسعى دائمًا لتطوير مهاراتها، فقد انضمت إلى نادي جديد.

بعد الانضمام إلى النادي الجديد، شعرت سينثيا بالتوتر الشديد، خاصة بسبب مدربة الفريق الجديدة التي اعتقدت سينثيا أنها لا تحبها؛ كانت المدربة تتحدث بشكل سلبي عن سينثيا وإمكانياتها أمام زميلات الفريق أثناء التدريب، وهذا الأمر جعل سينثيا تشعر بالتوتر أكثر فأكثر وأصبحت غير متأكدة من نفسها ومن مهاراتها.

نتيجة لهذا القلق، بدأت تظهر على سينثيا علامات جسدية بسبب التوتر، مثل الغثيان والقيء، والتي لم تقتصر على الفترات التي تسبق العروض بل حدثت أيضًا أثناء العروض نفسها؛ كان هذا الوضع صعبًا بشكل خاص بالنسبة لسينثيا والفريق بسبب دورها المهم كـ "أعلى الهرم" (العضوة التي تقف في أعلى الهرم البشري)، حيث يرفعها زملاؤها ويحملونها عاليًا فوق رؤوسهم في أعلى الهرم خلال العرض.

كلما تقيأت سينثيا، زاد توترها، وهذا بدوره زاد من تكرار القيء؛ اعتقدت سينثيا أن زميلات الفريق يكرهنها بسبب استياءهن من استمرار القيء، حيث اضطررن لاستكمال العرض وفقًا لإيقاع الموسيقى رغم تقيؤها على ملابسهن وأجسادهن، مما أدى إلى انخفاض نقاط الفريق؛ بالإضافة إلى ذلك، كان فقدان التركيز أثناء العروض خطرًا على سينثيا وزميلاتها، حيث يمكن أن تحدث إصابات بسبب التشتت.

في هذه المرحلة، حضرت سينثيا إلى مكتبي مع والدتها للحصول على استشارة، حيث شعرتا كلتاهما بالحيرة؛ علمتها تمارين التنفس السهل حتى تتمكن من تهدئة

نفسها بالتنفس العميق للتقليل من الشعور بالغثيان؛ شمل ذلك أيضًا طرقًا لتحضير عضلاتها والتركيز على دورها في العرض، مثل تحريك أصابع يدها الأقل استخدامًا. من خلال تخيل دورها في العرض، اكتسبت المزيد من الثقة؛ استخدمت الموسيقى لمساعدتها على ضبط وتيرة أدائها وفقًا لإيقاعها، مثل العرض الحقيقي، وأشرت عليها بتقليل كمية الطعام والشراب قبل المسابقات؛ اعتمدت سينثيا على الحديث الإيجابي مع نفسها واستعادة ذكريات أفضل عروضها السابقة التي كانت فيها متوازنة.

تدربنا على كيفية الرد على انتقادات مدربة الفريق وكيفية الدفاع عن نفسها، سواء بالكلام أو التصرف؛ كانت هذه المهارة مفيدة للغاية خلال التدريب حيث تخيلت سينثيا نفسها وهي تقدم عرضًا رائعًا.

بعد الجلسة الأولى، أظهرت سينثيا تحسنًا؛ على الرغم من شعورها بالغثيان، إلا أنها تمكنت من السيطرة عليه بوعي، بحلول الجلسة الثانية، شعرت بمزيد من التحكم؛ ومع توقف القيء، اكتسبت المزيد من الثقة، كانت النتيجة بالنسبة لسينثيا إيجابية حيث وجدت طرقًا لكبح الغثيان والقيء، وتحدثت ضد المدربة المسيئة، واكتسبت القوة للبحث عن فريق جديد ومدربة داعمة، وقامت بتغيير النادي.

بيتر: في سنة دراسته الأخيرة بالمدرسة الثانوية، زار بيتر، وهو مصارع ذو خبرة يبلغ من العمر 17 عامًا، مكتبي بناءً على توصية من مدربه الخاص بسبب تكرار أدائه السيئ في ظروف معينة خلال موسم المصارعة.

يملك بيتر أخ توأم يصارع أيضًا في نفس الفريق، وكان شقيقه يحقق نتائج جيدة؛ عندما يصارع بيتر منافسًا واحدًا فقط في المباريات العادية، كان يؤدي بشكل ممتاز ويسجل الفوز باستمرار؛ ولكن، بعد وصول بيتر إلى الدور نصف النهائي أو النهائي، وعند المشاركة في بطولة كبيرة تضم مباريات أكثر ومنافسين جدد، يعاني بيتر من صعوبة في التنفس لدرجة تحول وجهه إلى اللون الأزرق، وكان

استخدام البخاخ الخاص به خطرًا بسبب الحاجة إلى استخدامه بشكل متكرر؛ أثار هذا الأمر قلق الحكام والمدرب بسبب خطورة الحالة وعدم معرفتهم بكيفية مساعدته؛ في تلك اللحظة من المباراة، اضطروا إلى إيقاف المنافسة.

لم يستطع طبيب بيتر تحديد سبب صعوبة تنفسه خلال الكشف الطبي، كما أنه ليس لديه تاريخ مرضي بالربو أو أي مشاكل تنفسية أو انسداد أنفي يسبب صعوبة التنفس؛ وعند استجوابه خلال الاستشارة الأولى، لم يجد بيتر تفسيرًا لصعوبة تنفسه خلال هذه المباريات، لكنه اعترف بأنه يشعر بقلق أكبر عندما يزداد عليه الضغط للفوز في نهاية البطولة؛ وهذا أمر شائع بين المصارعين لأنهم مضطرون للفوز في كل مباراة للفوز بالبطولة.

نظرًا لأن بيتر كان يطمح إلى الفوز بالبطولة، فعليه التأهل أولًا؛ علمته كيفية مواجهة استجابة القتال أو الهروب قبل أن تسيطر عليه، لأن استجابة منطقة تحت المهاد في الدماغ للتوتر، والتي تتحكم بالجهاز العصبي السمبثاوي، تكون سريعة ولا إرادية.

علمت بيتر تقنية "التنفس السهل" والاسترخاء التدريجي للعضلات والتنويم الذاتي حتى يصل إلى "الحالة المثالية" (المنطقة)، بالإضافة إلى محفزات تنشيط الجهاز العصبي الباراسمبثاوي عن طريق إعطاء أوامر ذاتية، مثل قول "أنا هادئ، ومسترخ، وأتحكم في نفسي" و"الاسترخاء سهل للغاية بالنسبة لي".

علمت بيتر كيفية استخدام الضغط على الغدة الزعترية لتحفيز نفسه وتحقيق الاسترخاء واستعداد عضلاته خلال المباريات؛ كما تدرب على لمس خوذته لتعزيز تركيزه على تسجيل النقاط، وبما أنه يدرس مادة الفيزياء في المدرسة الثانوية، علمته كيفية تطبيق قواعد علمية في أثناء المنافسة، بما في ذلك قانون نيوتن الثالث، الذي ينص على أن " لكل فعل رد فعل مساوي له في المقدار ومعاكس له في الاتجاه". على سبيل المثال، عندما يسيطر عليك خصمك ويسجل نقاطًا ضدك،

علمت بيتر بدلًا من الاستسلام للذهول أو الخوف أن يرد بقوة وأن يسترجع السيطرة عن طريق تسجيل نقاط على خصمه مباشرة.

بالإضافة إلى ذلك، نظرنا إلى مستقبله، حيث استخدمنا تقنية جسر التأثير للعثور على الأحداث السلبية في طفولته التي تسببت في صعوبة التنفس واستجابة القتال أو الهروب؛ تمكن بيتر من العودة إلى سن الثامنة عندما خضع لعملية إزالة اللوزتين واللحمية، بعد العملية، شعر بالألم وصعوبة التنفس؛ لقد واجه نفس الصعوبة خلال الجلسة، لذلك ساعدته على التغلب عليها أثناء تخيله لنفسه وهو يصارع، وقام بتطوير خطط عمل احتياطية A وB وC.

استخدمت التخيل لمساعدته على تخيل نفسه داخل أنفه وحلقه للتأكد من عدم وجود أي انسداد دائم وأن مجرى الهواء سليم؛ لقد كان اكتشاف سبب عادته السلبية في صعوبة التنفس (الاختناق) أثناء المباريات بمثابة ارتياح كبير. قمت بتسجيل صوتي له ليستخدمه في تدريب مهاراته في القوة الذهنية مع التخيل لفتح مجرى الهواء؛ تابعنا أداءه عن كثب وقدمنا له ملاحظات مستمرة، وقد تحسن مستواه بشكل ملحوظ في المباريات والتدريبات؛ وكان التحدي الأكبر، بالطبع، هو تصفيات نهاية الموسم المؤهلة للبطولة الوطنية، والتي وضع الفوز بها كهدف رئيسي.

خلال يوم البطولة، اتصل بي المدرب بشكل مفاجئ وأخبرني أن لاعبه يواجه صعوبة كبيرة في التنفس أثناء مباراة نصف النهائي، وقد تغير لون وجهه إلى الأزرق، وهو أمر يتكرر معه دائمًا؛ سألني المدرب عما يتوجب عليه فعله وهو بجانب الحلبة يتابع المباراة.

طلبت منه أن يطلب من بيتر أخذ نفس عميق، ولمس خوذته، وأن يصرخ بعبارة "قانون نيوتن الثالث" كأنه حركة مصارعة، لتحفيزه على استعادة السيطرة؛ وافق المدرب على فعل ذلك رغم شعوره بأن الأمر سخيف، بعد المباراة، عاد المدرب للاتصال وأعلن بسعادة فوز المصارع بالمباريات وتأهله.

لا تُقابل النار إلا بالنار

في مسرحية الملك جون التي كتبها شكسبير عام 1623، وردت جملة "واجه النار بالنار"، والتي تحمل معنى "لا تُقابل النار إلا بالنار". استطاع الإنسان أن يروض النار، وهذا ما ميزه عن سائر المخلوقات؛ ومع تطور الزمن، نما دماغ الإنسان وتوسع، وظلت النار رمزًا للخلود وحماية الحياة، ما دامت مشتعلة؛ وقد استشعر شكسبير هذه الحقيقة العميقة.

اليوم، نرى رجال الإطفاء يلجؤون إلى حيلة ذكية لمكافحة حرائق الغابات في أماكن مثل كاليفورنيا، وهي إشعال حرائق صغيرة مضادة؛ تعمل هذه الحرائق على حرق الأشياء التي تغذي الحريق الرئيسي، مثل الأعشاب والأغصان والأشجار، فلا يتبقى شيء يحترق عندما يصل الحريق لتلك النقطة؛ وبالمثل، عندما نحارب مخاوفنا بشجاعة كما تفعل المتزلجة الحرة غو، فإننا نزيل كل محفزات الخوف الأخرى فلا يبقى سوى الخوف نفسه.

لقد مررت بتجربة مشابهة عندما تم اتهامي ظلمًا، حيث تعرضت لاتهامات جائرة مثل "الإجهاض المتعمد" والعقم؛ في ذلك الوقت، كنت أشعر بالخوف والتوتر بسبب ما يقال، لذلك قررت أن أتعلم كل ما يخص صحة الإنجاب وأن أتخذ خطوات لتحقيق التوازن بين جسدي وعقلي وروحي.

في وقت الإجهاضات المتكررة، لم أكن أعرف أن ديفيد تشيك، أحد مؤلفي كتاب "علاج العقل والجسد" لعام 1988، كان يستخدم التنويم المغناطيسي مع تقنيات العلاج الديناميكي لمساعدة السيدات اللاتي يتعرضن للإجهاض المتكرر على تجنبه؛ لو كنت أعلم بهذه الأساليب في ذلك الوقت، لكانت ساعدتني على استكشاف الأسباب النفسية التي كانت تؤدي إلى إجهاضاتي، خاصة بعد الأول، حيث شعرت بالذنب لأني حملت نفسي مسؤولية ما حدث.

هذا ما ينطبق على الحالات الخمسة التي رويتها لكم عن إنزو وكارين ولوقا وسينثيا وبيتر، الذين تحدوا الخوف بشجاعة؛ بفضل جهودهم، تمكنوا من تحقيق الانتصار، بينما اكتسبت أنا كمدربة لهم المزيد من المعرفة والقوة الداخلية أيضًا.

سأروي لكم الآن مثالًا على كيفية تطوري الشخصي: تقدمت باقتراح لتقديم ندوة حول قصة كارين في مؤتمر ميلتون إريكسون للعلاج السريع؛ لقد كانت كارين، الطفلة الصغيرة التي تبلغ من العمر تسع سنوات، هي من شجعتني على ذلك، ولكن بعد قبول المقترح، بدأت أشك في قدراتي وتساءلت: كيف سينظر زملائي إلى عملي؟ وماذا سيقولون عني؟

ولكن تغير كل شيء عندما ذهبت إلى القداس في أحد أيام عيد الشعانين ذلك الربيع؛ لم يكن هناك أي مقاعد فارغة عند وصولي إلا مقعد واحد على دكة في مؤخرة الكنيسة بالقرب من الباب، جلست بجانب امرأة عجوز لم أكن أعرفها، وبدأت تتحدث معي عن حياتها؛ أخرجت ورقة صغيرة وقلمًا وكتبت عليها عنوان كتاب؛ أعطتني الورقة وسألتني هل أعرف قصة حساء الحجر التي كانت تقرأها لأطفالها عندما كانوا صغارًا، قلت لها أنني أعرف القصة بسبب تجربتي مع كارين، لكنني لم أفهم معنى الموقف حتى نظرت إلى ثلاثة صفوف للأمام ورأيت كارين وعائلتها جالسين معًا على مقعد، لقد منحني هذا الحدث الروحي القوة التي احتجتها لأقدم ورقتي بثقة.

هناك قصة أخرى أعتز بها حدثت عندما أرسلت إلى كارين بطاقة معايدة بعيد ميلادها العاشر؛ كتبتُ على البطاقة أن طائرًا أحمر صغيرًا سيأتي ليزورها ويحتفل معها، وفي صباح عيد ميلادها، نقر طائر أحمر على نافذة غرفة نومها، شاهدته والدتها وأحضرت العائلة كلها لرؤيته؛ كتبت لي كارين رسالة شكر وكانت سعيدة للغاية بتلقي البطاقة ورؤية الطائر يزورها كما توقعت؛ شعرت بالرضا لأنني في أول يوم لها بمكتبي، وكانت نحيلة جدًا وصامتة وعرضة للانكسار، صليت من أجل

المساعدة، ففي البداية لم أكن أعرف ماذا أقول أو أفعل لمساعدتها؛ كما قال فرديناند فوش، "أقوى سلاح على الأرض هو الروح الإنسانية المتقدة".

الفصل الثامن

اضطراب فرط الحركة ونقص الانتباه: كيف تغلبت على النشاط الزائد؟

"بالعزيمة والمثابرة يمكنك التغلب على أي شيء"
بنجامين فرانكلين

الفأر الجبار المُنقذ

كان لدي طاقة لا تنضب منذ ولادتي؛ في سن الثالثة، صعدت إلى أعلى عمود للهاتف بمساعدة أختي الكبرى؛ بعد ذلك، وبناء على طلبي، بحثت أختي عن زوج من الزلاجات المعدنية المستعملة في صندوق تخزين البدروم وارتديتها؛ شرحت لي أختي بسرعة كيفية التزحلق على الثلج، وانطلقت مسرعة من خط البداية المرسوم بالطباشير في شارعنا خلال سباق التزلج بالحي؛ أتذكر أن والدي قال: "انظروا إلى سرعتها في التزلج!"

في طفولتي وشبابي، كنت أستمتع بالقفز واللعب وتسلق الأشجار وتجاوز الأسوار المرتفعة بسرعة؛ في إحدى المرات، أُصيبت أختي بالربو من فرط محاولتها اللحاق بي عندما ابتعدت عنها؛ وعندما بلغت الحادية عشرة من العمر، كانت لدي عصا القفز التي اعتمدت عليها للتنقل في جميع أنحاء المدينة، حتى عند التوقف عند إشارات المرور، كنت أستعمل العصا.

عندما كنت في الخامسة من العمر، التحقت بالصف الأول في مدرسة كاثوليكية خاصة؛ كانت الراهبات يطبقن قواعد صارمة ويستخدمْنَ العقاب الجسدي، وكان على الطلاب الجلوس بلا حركة طوال اليوم، ولم يكن يُسمح لهم بالذهاب إلى الحمام بمفردهم بل كان عليهم الانتظار حتى يذهب الجميع معًا كفريق واحد؛ وهذا كان يتسبب في إزعاج عامل النظافة الذي كان يضطر إلى التنظيف بشكل متكرر.

كان العقاب على الكلام الزائد تلقي ضربة على اليدين باستخدام مسطرة خشبية؛ في مرة، تعرضت للضرب أمام زملائي في الفصل لأني دخلت غرفة تبديل الملابس من الجهة الخاطئة، قالت المدرسات لأمي إنني "لا أستطيع الجلوس بهدوء"، مما يعني ضمنيًا أن هناك شيئًا خاطئًا فيّ لأنني لم أستطع البقاء بلا حراك طوال اليوم الدراسي وفقًا لقواعدهن؛ لقد تجاهلن حقيقة أنني كنت من المتفوقين (حصلت على تقدير عالٍ) في المدرسة الابتدائية.

لم يكن بمدرستي صالة ألعاب رياضية لممارسة الرياضة، ولا فرق رياضية؛ في وقت الغداء، كانت ساحة انتظار السيارات بالكنيسة تستخدم كملعب مؤقت، وكان يقسمها خط وهمي، البنات يلعبن في جهة والاولاد يلعبون في الجهة الأخرى؛ لم يكن هناك وقت للطلاب للخروج واللعب، ولم يُسمح لهم بالركض في وقت الغداء؛ كان يُسمح للفتيات فقط بالقفز بالحبل، بينما كان يُطلب من الأولاد الوقوف بلا حركة وممارسة ألعاب هادئة، كانوا دائمًا يواجهون المتاعب بسبب ركضهم ولعبهم، لم يكن هناك طريقة لاستهلاك طاقتي العالية بشكل جيد، وكنت أتلوى في مقعدي من كثرة الحركة؛ شعرت وكأنني محبوسة داخل جسدي وكنت متشوقة للخروج عند سماع جرس انتهاء دوام المدرسة.

وعندما بلغت العاشرة من عمري، سمحت لي أمي بالعودة إلى المنزل لتناول الغداء، وكنت سعيدة للغاية بالقدرة على الركض إلى هناك دون أن يزعجني حمل الكتب الثقيلة؛ كانت ساعتي تحتوي على عقرب ثانٍ لتتبع سرعتي، وبعد تناول وجبة

سريعة، ركضت عائدة إلى المدرسة لأحطم رقمي القياسي السابق، وبهذه الطريقة أصبحت أسرع عداءة في الحي.

كفتاة نشيطة، كان ملاذي الوحيد هو "يوم البنات" الذي كان يقيمه والدي بعد ظهر أيام الأربعاء خلال العام الدراسي في مركز PAL الرياضي الواقع فوق سينما في شارع رئيسي بمسقط رأسي؛ كنت أجري مسرعة إلى المنزل عائدة من المدرسة بعد الظهر، وأخلع زي المدرسة بسرعة كبيرة، ثم أركض مسرعة مرة أخرى إلى المركز؛ كنا نلعب "ألعاب البنات" ونتنافس في سباقات التتابع التي كنت أفوز بها دائمًا، وكانت الجائزة مصاصة حلوى.

كان أبي يقول لي إنه لا توجد رياضات للبنات، خصوصًا أن برامجه، مثل البيسبول والكرة الأمريكية والسلة، كانت للصبيان فقط؛ كنت أجلس على الدكة وأنا أرتدي قبعة بيسبول خضراء من برنامج PAL، وأشاهد الأولاد يلعبون الكرة.

لكن، عندما كنت في العاشرة من عمري، كنت ألعب "كسر البيض" (لعبة شبيهة بالهوكي) وكرة السلة في ملعب مدرسة حكومية محلية في كوينز، وهي منطقة في مدينة نيويورك؛ وفجأة، رأيت لافتة في مكتب الحديقة تعلن عن مسابقة تزلج على العَجَل على مستوى المدينة، سجلت نفسي على الفور دون أن أخبر والدي، لأنني كنت فخورة ببراعتي في التزلج السريع، ولم يكن هناك قيود تمنع الفتيات من المشاركة؛ أثناء التسجيل، تم قياس طولي في ملعب كرة اليد، وبما أنني كنت قصيرة القامة، فقد تأهلت إلى فئة "الأشبال" (Mite) التي تناسب عمري وحجمي.

كانت الخطوة الأولى في طريقي لأصبح بطلة هي تحضير أدواتي. كنت أعلم أن مفتاح الزلاجات مهم جدًا ويجب أن يكون معي دائمًا؛ لذلك كان معلقًا برباط حول رقبتي. قفزت مسرعة عبر أرضية القبو لأبحث عن أسرع عجلات معدنية موجودة في صندوق تخزين أدوات التزلج بالزلاجات العَجَلية القديمة لأضعها في الزلاجات

العَجَلية خاصتي؛ بعد ذلك، قمت بتزييت العجلات لتكون أسرع وقمت بضبط مقاس الزلاجات ليناسب مقاس حذائي.

تعلمت أهمية صيانة المعدات من أختي التي كانت تقوم بإصلاح دراجاتها بنفسها ومن والدي الذي كان يأخذني غالبًا إلى متجر الأجهزة الرياضية الذي كان مليئًا بمعدات البيسبول من الأرض حتى السقف لأنشطة PAL؛ لا زلت أتذكر رائحة زيت بذر الكتان في المتجر الذي كان يستخدم لتجهيز قفازات البيسبول.

أثناء استعدادي للمسابقة، تخيلت نفسي كـ "الفأر الجبار" (مايتي ماوس)؛ كمدربة خاصة لنفسي، وضعت أهدافًا وخطط تدريب؛ كل يوم، كنت أشد أحزمة الجلد وأربط الزلاجات العَجَلية المعدنية بحذائي المدرسي ذي السروج - وهي الأحذية الوحيدة التي أملكها باستثناء حذاء الأحد - عن طريق تضييق مشابك الزلاجة، مما ترك علامات دائمة عليها بسبب الضغط.

تدربت يوميًا بغض النظر عن الظروف الجوية، وكنت أتزلج في كل مكان بالمدينة وفي موقع السباق في مدرسة PS 104 في بايزواتر بنيويورك، والتي كانت بعيدة عن منزلي، للتدرب على التزلج بسرعة أكبر، كنت أتخيل أن لدي أجنحة بيجاسوس على كعبي، كنت أردد على نفسي عبارة "تزلجي كسرعة الريح"، وتخيلت نفسي أتجاوز خط النهاية أولًا وأفوز بالبطولة؛ لقد حددت أهداف السرعة ووضعتها في حلقة تغذية راجعة ابتكرتها في ذهني، واستخدمت التدريب العقلي لتحسين زمني بنفس الأدوات التي أستخدمها اليوم مع العملاء.

فزت بالبطولة المحلية، وكانت الجائزة أحذية تزلج جديدة تمامًا - لأول مرة على الإطلاق - مع حشوات حمراء على عجلاتها من شركة Globe Skate Company (انظر شكل 18)؛ وبما أنني لم أخبر والديّ عن السباق، فقد فوجئا عندما وضعتهما على طاولة المطبخ وذُهلا عندما علموا أنني فزتُ في سباق التزلج بالزلاجات العَجَلية؛ لقد تأهلت إلى بطولة كوينز.

شكل 18: زلاجات *Global* والمفتاح

أخذني والدي إلى ملعب فيكتوري في حديقة غابة فورست، وودهافن، نيويورك، للسباق، وشجعني على الفوز؛ وكانت الجائزة سترة بطولة بها شعار زلاجات مجنحة على شكل بيجاسوس على الصدر، كنت متحمسة جدًا لارتدائها إلى المدرسة، حققت مركزًا في بطولة مدينة نيويورك مع الفائزين الآخرين من المناطق الأخرى، والتي أُقيمت في سنترال بارك في مانهاتن؛ هناك فزت بسوارة مع عملات معدنية من جميع أنحاء العالم؛ شعرت وكأنني نجمة عالمية.

تجربتي الحياتية

تتحدث مذكراتي عن طفولتي كفتاة مليئة بالنشاط عن الإنتصارات والفشل؛ كان الإنتصار في كونّي رياضية وذات توازن جيد وذكية. في سن صغيرة، أخبرني والدي أنني أفكر بعمق بسبب الأسئلة التي كنت أطرحها، كنت أعتبر طاقتي العالية شيئًا إيجابيًا، بشكل عام، كان هذا هو تفكير والديّ في تربية أبنائهما الخمسة، بما في ذلك أنا؛ لم يقل أفراد عائلتي شيئًا عن كون طاقتنا العالية جيدة أو سيئة، ولم نحكم على الأمر.

لم نعتبر طاقتنا العالية هذه مرضًا أو علة على الإطلاق. بالعودة إلى طفولتي الآن، أدركت أن هذه التجارب التي أصفها هنا، مثل تدريبي على التزلج والجري بشكل أسرع عندما كنت صغيرة، كانت مفيدة لي لأنني حصلت على الحرية الكاملة لتوسيع معرفتي، وارتكاب الأخطاء والتعلم منها، واكتساب الثقة في قدراتي، بغض النظر عن منتقدي أو التحيز ضدي لكوني فتاة؛ خلال سنوات تكويني، كنت أنا البطل في ملعب فيكتوري.

بدأتِ الجهة المظلمة من قصتي المأساوية عندما بدأت والدتي تتلقى تقارير من المدرسة تفيد بأن لدي "حشرات في سروالي" (أي لا أستطيع الجلوس بهدوء)؛ في ذلك الوقت، لم يكن هناك تشخيص مثل اضطراب فرط الحركة ونقص الانتباه (ADHD)، وحتى لو كان موجودًا، فالأخوات الراهبات لم يكن مؤهلات لوصفي بهذه الحالة، لم أتسبب في أي إزعاج في الفصل الدراسي واستمعت إلى تعليمات معلماتي، كنت هادئة في أحلام اليقظة معظم الوقت، ولكن في الصف الثامن تعرضت للإساءة من قبل معلمة بسبب نشاطي العالي وطريقة تعلُمي التي تعتمد على التطبيق العملي والملاحظة البصرية.

في ذلك الوقت، كانت معلمتي مريضة ولم تأتِ إلى الحصة، جاءت معلمة بديلة من صف ثامن آخر، وكانت راهبة؛ دخلت الفصل لتتحدث إلينا، كنت جالسة في المقعد الأول الذي يقع بجوار الباب حيث كانت واقفة، كنت أستمع إلى كلامها، ولكن بما أنني اعتدت على لعب كرة السلة، كانت لدي كرة ورق مطوية بيدي، وحاولت رميها بطريقة بريئة في سلة المهملات القريبة لأحرز هدف وكأنني ألعب من "خط الرمية الحرة" وأنا جالسة في مكاني.

كانت أسوأ غلطة ارتكبتها هي أنني أخطأت سلة المهملات وأصبت حافتها، فعادت كرة الورق لتلمس زي الراهبة الأسود الطويل؛ حاولت النهوض لأرمي الورقة مجددًا، ولكن بعد فوات الأوان، دفعتني الراهبة بقوة على الدرج بسبب غضبها،

وذلك أمام زملائي في الصف أثناء توجهنا إلى طابور الصباح، أعلن مدير المدرسة أمام المدرسة كلها أنني تسببت بمشكلة بسبب عدم احترامي للمعلمة.

بما أنني كنت صغيرة الحجم، وبعد انتهاء الطابور الصباح، أمسكتني الراهبة من ملابسي وألقت بي على باب فصلها؛ لقد جعلَتني عبرة لباقي الطلاب لإعلامهم بما سيتلقونه من عقاب إذا تصرفوا تصرفات غير لائقة. لقد شعرت بالخزي الشديد، خاصة لأنني كنت أصغر طالبة في صفي؛ ومع ذلك، حتى في سن الثانية عشرة، فهمت لماذا فعلت الراهبة ذلك، لقد كانت مرهقة بسبب مسؤوليتها عن 100 طالب في غياب معلمتي.

لم تتوقف المصاعب التي واجهتُها بسبب لقب "النشطة جدًا" حتى في المدرسة الثانوية؛ عندما كنت في الثالثة عشرة من العمر، سألت الراهبة ما إذا كان لدى التلاميذ أي أسئلة؛ رفعت يدي وسألت سؤالًا فلسفيًا، إذ قلت: "إذا كان الله قويًا ويعرف كل شيء، فلماذا لا يستطيع إذن أن يخلق صخرة كبيرة جدًا لا يستطيع تحريكها؟".

ثارت الراهبة غضبًا شديدًا ولم تتمكن من الإجابة على سؤالي، فقامت بعزلي بدلًا من ذلك؛ هددتني بأنه إذا علم البابا بسؤالي، سيتم اتهامي بالهرطقة وطردي من الكنيسة الكاثوليكية؛ بعد هذه الواقعة، سيطر علي الخوف من أن تصل أخباري إلى روما، لذلك لم أخبر والدتي التي تعمل بجد لتوفير مصروف دراستي، أصبحت أخشى التحدث مرة أخرى في حصص الدين، فمن يعلم ماذا سيحدث لي!

على الرغم من حصولي على درجة عالية في مادة الرياضيات بالصف الثالث، إلا أن صعوباتي فيها لم تظهر إلا في الصف التاسع عندما درست الجبر؛ كنت راسبة تقريبًا بنهاية العام الدراسي عندما حان وقت امتحان النهائي؛ طلبت المساعدة من أختي التي كانت تدرس التربية في الجامعة حينها، لقد كانت جيدة في الرياضيات لكنها تعاني من صعوبة القراءة؛ في اليوم السابق لامتحاني، درسنا كل المسائل في كتابي المدرسي، وقد بذلنا جهدًا كبيرًا في الدراسة، وحصلت على

98٪ في الامتحان النهائي في اليوم التالي؛ شكت معلمة الرياضيات في أنني قد غششت.

لثلاث سنوات في المرحلة الثانوية، كانت نفس الراهبة تدرس لي مادة الرياضيات، وهي مدرسة تعتمد على التعليم السمعي؛ كانت قاسية ولم تجب على أي سؤال أطرحه، بحجة أنني أضيّع وقتها. كل يوم في الفصل، كنا نضطر لترديد واجباتنا المنزلية على إيقاع عصا طويلة تستخدمها كمؤشر، وكانت تضربها بالأرض بشكل منتظم أثناء تجولها بين طاولات الفصل؛ لا زلت أسمع صدى ترديدنا للقواعد الأساسية مثل "أ زائد ب يساوي ج" مع إيقاع الطرقعة.

دائمًا ما كانت الراهبة تفاجئنا بالقدوم من الخلف، وكان صوت حبات مسبحتها يعلن عن اقترابها؛ عندما تصل إلى مقعدي، كنت أتخشب من الخجل وأخبئ واجباتي المنزليّة تحت يديّ لأني كنت أعرف أن إجاباتي خاطئة، وكانت تضرب مكتبي بعصاها؛ في حصة الهندسة، كنت أفقد تركيزي بسبب إطلالة نافذة الفصل على المحيط الجميل الذي يلمع على يساري، وكنت أسرح في الخيال.

بعد اختبار منتصف الفصل، غيّرت المدرسة أماكن جلوس الطلبة حسب الدرجات، وكان يعلن للجميع من هو الأذكى ومن هو الأقل ذكاءً؛ في حصة الرياضيات، تم وضعي في آخر مقعد بالصف الأخير، وهكذا علم الجميع أنني حصلت على أقل الدرجات.

كنت أطالع واجبات صديقتي المجتهدة التي تحتل المرتبة الثالثة على مستوى الصف أثناء ركوب الحافلة؛ كنت أشعر بالقلق الشديد خلال الامتحانات، لدرجة أنني كنت أضطر للذهاب إلى الحمام عدة مرات، والمثير للاهتمام أنه، وبينما كنت أتغلب على شعوري بالتململ، كنت أحل مسائل الرياضيات بمفردي مستعينةً بدليل المراجعة الخاص باختبارات Regents لولاية نيويورك. لقد درست وحدي قبل الامتحانات النهائية، وعلى الرغم من صعوبة الأمر بعض الأحيان، إلا أنني لم أرسب

في أي مادة رياضيات؛ والآن، وأنا أتأمل في حياتي، أرى أن القدرة على حل المشكلات تحت الضغط كانت مهارة مفيدة لنموي كشخص.

بعد ست سنوات من تخرجي من الثانوية، أصبحتُ ممرضة مُسجلة (RN) ومديرة تمريض لقسم جراحة طبية مكتظ يضم 38 سريرًا في مستشفى، وكنتُ حينها في سن الثانية والعشرين، لقد انبهر زملائي في العمل بطاقتي الفائقة ومهاراتي في إنجاز الأمور؛ لكن، لم تكن قدرتي على التركيز الشديد في الدراسة والعمل عملية سهلة بالنسبة لي في البداية، لأنني كنت أرى العالم من حولي برؤية شاملة. عندما بدأت دراستي كممرضة متدربة في سن السادسة عشر، كنت متحمسةً جدًا للتعلم، وسرعان ما لاحظتُ في السنة الأولى أن زملائي في الفصل يستطيعون إدارة الوقت بشكل جيد، بينما واجهتُ أنا صعوبة في ذلك، حيث كنتُ دائمًا متأخرة وكأنني أعيش في عالم آخر.

قبل أن أبدأ الدراسة في الفصل الدراسي الأول، اضطررت إلى شراء ساعة بها عقرب ثوانٍ، لقد كلفت 35 دولارًا، وهذا مبلغ كبير بالنسبة لأمي. بعد فترة وجيزة، أسقطتُ ساعتي عن غير قصد على الأرض، ولم تتعطل بشكل كامل لكنها لم تعد دقيقة، ولم يكن لدي مال لشراء ساعة أخرى؛ قد تعتقد أن هذا لا يمثل مشكلة كبيرة، لكنها أصبحت كذلك عندما حان وقت أخذ نبض المرضى؛ كنت أحرك عقرب الثواني في ساعتي عن طريق تحريك ذراعي اليسرى بقوة، بينما كنت أضع أصابع يدي اليمنى على الشريان الرسغي لأعد النبضات وأسجلها.

كان قياس النبض بمثابة إيقاع ثابت لي، مثل المسرع الموسيقي (metronome)، حيث كان يضمن لي الحفاظ على وتيرة العمل أثناء وضع خطط رعاية المرضى، والانتباه لاحتياجاتهم، والتعامل الفعال مع حالات الطوارئ الخاصة بهم، وتقديم الراحة لهم عند شعورهم بالألم؛ كانت هذه مسؤولية كبيرة تقع على عاتقي وأنا في سن المراهقة، لأنها كانت مسألة حياة أو موت. لقد كان الانضباط صارمًا في كلية التمريض، وارتكبتُ العديد من الأخطاء عن طريق

المحاولة والخطأ - وهي ليست الطريقة الأفضل للتعلم - ولكنني تعلمت كيفية استخدام طاقتي العالية بحكمة أكبر لإنقاذ الأرواح.

كادت دراستي أن تنتهي بشكل سيئ؛ لحسن الحظ، لم يحدث ذلك. عندما بدأت دراسة التمريض الجامعي (BSN)، أخذتُ مادة الجبر الجامعي وهناكَ تعرفت على صديق مهندس، أصبح زوجي لاحقًا؛ لقد شرح لي الرياضيات بطريقة سهلة وعلمني كيفية حل المسائل بمساعدة المخططات، فهمت على الفور واستطعت الحصول على أعلى الدرجات (A) في جميع مواد الرياضيات والكيمياء والفيزياء والإحصاء طوال دراستي الجامعية والدراسات العليا، لم أجد صعوبة في هذه المواد بعد ذلك، وتخرجتُ بتقدير ممتاز (summa cum laude).

بعد سنوات، وبصفتي شخصًا بالغًا، قرأت كتاب "أطفال يمين الدماغ في عالم يسار الدماغ" لعام 1998 من تأليف جيفري رييد ولوري بارسونز. طرح الكتاب مثالًا لمسألة رياضية صاغها معلم يعتمد على الجانب الأيسر من الدماغ وكان يركز على شرح المسائل بالصوت، ولم أستطع حلها؛ ومع ذلك، عندما تمت إعادة صياغة نفس المسألة لتناسب طفل يعتمد على الجانب الأيمن من الدماغ ويعتمد على الرؤية، مثلي أنا، تمكنت من حل المسألة مباشرة في ذهني؛ وهذا يعني أن المشكلة لم تكمن في صعوبة الرياضيات بالنسبة لي، وإنما في طريقة شرح المعلم.

بعد مرور سنوات، ذهبتُ إلى جلسات التغذية الراجعة الحيوية (biofeedback) لتحقيق التوازن؛ قام المعالج بالتنويم المغناطيسي بقياس طاقتي وأخبرني بأنها عالية جدًا لدرجة أنه قلق من أنني سأكسر أجهزة القياس الخاصة به أثناء الفحص، لقد أخبرني أنه بإمكاني أن أحقق أشياء رائعة في الحياة إذا وجهتُ هذه الطاقة الإيجابية الطبيعية نحو شيء مفيد؛ علمتني كلماته اللطيفة والداعمة والإرشادية أن أقدّر طاقتي وما كنت أتمتع به وأنا طفلة؛ لذا، وبمثل سوبرمان صغير (Mighty Mouse)، يمكنني أن أكون المنقذة وأن أبني القدرة على التحمل للنجاح في الحياة وتحقيق أهدافي.

العجز المكتسب يُشجع على الاستسلام

أنا ممتنة للفرص التي أتيحت لي وأنا طفلة مليئة بالطاقة ومراهقة، لأنني أعلم أن ليس الجميع يحظون بنفس الحظ؛ أدركتُ ذلك مؤخرًا عندما قدمت استشارة هاتفية مجانية لشاب متزوج أنهى للتو سنته الأولى في كلية الحقوق، كان يدرس ليلًا ويعتني بابنته خلال النهار بينما تعمل زوجته؛ كان همه الرئيسي هو تحسين تركيزه أثناء الدراسة ومساعدته ليصبح أفضل محامي.

بعد تشخيصه باضطراب فرط الحركة ونقص الانتباه (ADHD)، كان يتناول دواء أديرال (Adderall) لبعض الوقت؛ وقد قال بأنه يرى الدواء كـ "عكاز" ويرغب في تعلم كيفية التركيز بنفسه والشعور بالهدوء لتحقيق النجاح، كان الاستغناء عن الدواء المنشط يمثل قفزة إيمانية كبيرة بالنسبة له، على الرغم من شعوره بالقلق والتناقض، إلا أنه كان متشوقًا لمعرفة عملية التنويم المغناطيسي الذاتي ولكنه كان يعتقد أن الدواء كان يساعده على "الشعور بالتحسن".

خلال مناقشة حالته، اعترف المريض بأنه عانى من صعوبات في التركيز والانتباه طوال دراسته، وقال إن هذه الصعوبات مرتبطة بصدمات وفشل عاشهما في طفولته، ولا تزال آثارها تتراكم في حياته وتسبب له الحزن؛ لم يتعامل المريض مطلقًا مع هذه التجارب السلبية عاطفيًا، ولم يُقترح عليه أي نوع من البرامج لتعديل السلوك.

عرضتُ عليه برنامج تدريبي لمدة يوم أو يومين حول "القوة الذهنية الواعية" وكيف سيساعده على تحسين تركيزه وتعزيز ثقته بنفسه كمحامٍ في المحكمة؛ بدا متحمسًا في البداية، لكن عندما شرحت له تفاصيل البرنامج، هرب من الفرصة وكأنه أرنب يفر من قدر طهي؛ في الواقع، أغلق الخط، مدعيًا انشغاله، ولم يستطع حتى على شكري على وقتي.

على الرغم من ذلك، أرسلت له رسالة إلكترونية أشجعه فيها على الثقة بقدراته للتغلب على صعوباته، لكن لم يفلح ذلك؛ أستطيع فقط أن أستنتج أنه لم يكن مستعدًا للتخلي عن الاعتماد على الحلول السريعة (الدواء) كما كان يعتقد، وذلك لافتقاره إلى مهارات القوة الذهنية الواعية واستراتيجيات المواجهة التي تمكنه من الاعتماد على نفسه. كمدربة على تحقيق أقصى أداء، أرى أن هذا أحد الأسباب التي تجعل أخصائيي الصحة النفسية حاليًا يروجون لفكرة استمرار اضطراب فرط الحركة ونقص الانتباه (ADHD) من مرحلة الطفولة إلى مرحلة البلوغ. يلجأ المزيد من البالغين إلى منشطات تسبب الإدمان النفسي والجسدي حتى بعد التوقف عن استخدامها، وذلك لأنهم لم يتعلموا أبدًا كيفية توجيه طاقتهم الكبيرة نحو أنشطة مفيدة ومبدعة؛ ونتيجة لذلك، يستمر العجز المكتسب، مثل هذه الحالة، والذي يحدث بعد أن يواجه الأشخاص مواقف مرهقة بشكل متكرر، ويشعرون بالصراع الداخلي، ولا يعتقدون أنهم يستطيعون التحكم فيها أو تغييرها كأسياد لعقولهم، خاصة في مواجهة الصعوبات.

عباقرة أم ضحايا لاضطرابات؟

إديسون: لم تكن هناك أدوات تشخيص لاضطراب فرط الحركة ونقص الانتباه أو دليل للاضطرابات العقلية في القرن التاسع عشر عندما وُلد كل من توماس إديسون وألبرت أينشتاين، ولكن وفقًا للمعايير الحالية، من المحتمل أنهما كانا سيُشخصان بهذه الحالة؛ ومع ذلك، فقد نجحا في تحقيق إنجازات عظيمة على الرغم من هذه الصعوبات المحتملة، مستفيدين من قدراتهما العقلية الفائقة.

عندما بدأ توماس إديسون، المولود عام 1847، تعليمه المدرسي، كان "يرسم أشكالًا بسيطة لأفكار غريبة من مخيلته الواسعة"، بحسب آرثر بالمر، مؤلف كتاب "إديسون: قدوة للشباب"، والذي كان سلسلة نُشرت في الصحف اليومية عام 1927، ووفقًا لإديسون نفسه، كان عادةً يصف نفسه بأنه "الأخير في الفصل" وليس من المتفوقين؛ وصفه معلمه بأنه "دغيم الذهن" (حائر، مشوش)، ثار غضب

والدة إديسون، وهي معلمة مميزة، بشدة بسبب إساءة المعلم لابنها، وقررت تعليمه بنفسها في المنزل.

كتب بالمر أن إديسون تلقى تعليمًا أفضل بفضل توجيهات والدته الحنونة؛ لم يفوت إديسون، الذي يمتلك "عقل صبي مقدّر له أن يصبح من أعظم رواد الحضارة"، شيئًا تقريبًا، كما قال بالمر. كان إديسون مهووسًا باكتساب المعرفة وإجراء التجارب العلمية، لكن هذا لا يعني أنه لم يتسبب في بعض المشاكل.

في يومٍ ما، أشعل النار في حظيرة ببلدته، مما أدى إلى تدميرها، فتمت معاقبته علانية في ساحة القرية حتى يتعلم الآخرون من خطئه؛ وبعد سنوات، وللتغلب على المنافسين واختراع المصباح الكهربائي، أجرى العديد من التجارب الفاشلة حتى نجح في النهاية عن طريق التركيز والاستفادة من أخطائه. كمُدربة على تحقيق أقصى أداء، أسمي هذه الظاهرة "تفكير إديسوني" لأنه كان يرى الأخطاء كفرص للتعلم.

حصل إديسون على ميدالية خاصة من الكونجرس الأمريكي عام 1928 تكريمًا لإضاءة اختراعاته طريق التقدم؛ ووصف بالمر يدي إديسون بأنها يدا حالم ومثالي، وقد استخدمهما كـ "أدوات" متقنة لتنفيذ أفكار عقله المذهل.

أينشتاين: ولد أينشتاين عام 1879 وكان بطيئًا جدًا في تعلم الكلام، ولم يكن يستطيع التعبير عن نفسه بشكل جيد لفظيًا؛ اعتُبر "غير ذكي" وأطلق عليه اسم "الأستاذ بطيء الكلام" من قبل مُعلمته الخاصة. وفقًا لجيه جي كروثر، مؤلف كتاب "ستة علماء عظماء" الصادر عام 1995، أصبح أينشتاين طفلًا هادئًا ومنطويًا وبدأ المدرسة في سن السادسة؛ ولأنه لم يكن بارعًا في الحفظ، فقد شعر بالملل في المدرسة، في هذا الوقت، عرّفته والدته على العزف على الكمان؛ بالإضافة إلى صعوبة تعلم اللغات، لم يكن يملك أي اهتمام بالرياضة.

رغم استفادته القليلة من الدراسة المدرسية، حقق أينشتاين تقدمًا كبيرًا بمجهوده الخاص من خلال دراسة الهندسة التحليلية والتفاضل قبل بلوغه السادسة عشرة؛

وفي نفس العام، وبشغفه الشديد بالعلوم الطبيعية، فكّر فيما سيحدث إذا تمكن أحدهم من اللحاق بموجة ضوئية بسرعة الضوء، وأجرى تجربة فكرية تخيل فيها نفسه راكبًا شعاع ضوء في الفضاء الخارجي.

شرح كروثر أن هذه المفارقة تحتوي على أساس النظرية النسبية، واكتشف أينشتاين حقيقة ثابتة وهي ثبات سرعة الضوء، واستغرق خمسة أسابيع مليئة بالإثارة لاستنتاج نتائجها؛ وعندما أنهى ورقته البحثية المؤثرة، أُصيب بالإعياء لمدة أسبوعين بسبب الصدمة ورد الفعل العصبي؛ وكتب كروثر: "المثابرة التي لا تلين هي صفة من صفات العباقرة، وكان تركيز أينشتاين المتكرر على الإنجاز العلمي دليلًا على رغبته القوية في الاكتشاف".

التطور التاريخي لاعتبار اضطراب فرط الحركة ونقص الانتباه حالة طبية

في عام 1798، كتب الدكتور ألكسندر كريتون كتاب "استقصاء في طبيعة وأصل الاضطرابات العقلية" الذي كان نظامًا موجزًا لفسيولوجيا وعلم أمراض العقل البشري؛ وأشار فيه إلى أن "التحرك المستمر بلا هدف" هو مرض يصيب الانتباه، حيث يمكن لأي انطباع أن يهيج الشخص ويمنحه أو تمنحها درجة غير طبيعية من القلق العقلي.

رأى الدكتور كريتون أن هؤلاء الأطفال بحاجة إلى تدخل تعليمي خاص، وأشار إلى صعوبة تركيزهم مهما حاولوا؛ وأكد أنه حتى لو لجأ المعلمون للضرب أو التساهل المفرط، فلن يتمكنوا من جعلهم ينتبهوا.

خلال مجموعة محاضرات عام 1902، تحدث السير جورج ستيل عن أمراض نفسية تصيب أطفال يتمتعون بصحة جيدة وذكاء عادي، ويعانون من التسرع والتشوش وعدم القدرة على التحكم بأنفسهم؛ وأشار إلى أن هذه الحالة تصيب الأولاد أكثر من البنات.

في عام 1932، حدد الدكتور فرانز كرامر والدكتور هانس بولنوف حالة أطلقا عليها اسم "فرط الحركة"، حيث يعاني الأطفال المصابون بها من عدم القدرة على الجلوس بهدوء؛ وتسبب صعوبتهم في الالتزام بالقواعد إزعاجًا في المدارس، واعتقد الطبيبان أن هذه الحالة تبدأ في سن مبكرة جدًا، بين الثالثة والرابعة من العمر، وتصل إلى ذروتها في سن السادسة؛ وأشاروا إلى أن معظم الأطفال تتحسن حالتهم بشكل طبيعي مع تقدمهم في العمر.

أقدم طبيب نفسي يدعى تشارلز برادلي عام 1937 على إعطاء عقار منشط يُسمى سلفات البنزدرين لأطفال صغار؛ كانت هذه أولى دراساته حول استخدام الأمفيتامين لعلاج مشاكل سلوك الأطفال، وخاصة أولئك المصابين بأضرار دماغية، تأثر برادلي بالمفاهيم المجتمعية السائدة آنذاك حول سوء السلوك وازدهار صناعة أبحاث الأدوية؛ مهدت ملاحظاته الطريق لفهمنا الحديث عن كيفية علاج مشاكل سلوك الأطفال بالمنشطات الدوائية، لكنه شدد على أن الأدوية يجب أن تكون علاجًا مساعدًا. ظهر الريتالين لأول مرة عام 1944 وطُرح تجاريًا عام 1954، استُخدم في البداية للاكتئاب والإرهاق المزمن، لكنه أثبت فعالية أكبر في علاج اضطراب فرط الحركة ونقص الانتباه.

وفقًا لموقع WebMD، فقد تمت الإشارة في عام 1968، في الطبعة الثانية من الدليل التشخيصي والإحصائي للاضطرابات النفسية (DSM-II)، إلى ردة فعل فرط الحركة في مرحلة الطفولة؛ وفي الطبعة الثالثة التي صدرت عام 1980، تمت إعادة تسميتها باضطراب نقص الانتباه (ADD) بدون فرط الحركة؛ وفي عام 1987، قامت الجمعية الأمريكية لعلم النفس (APA) بتغيير الاسم إلى اضطراب فرط الحركة ونقص الانتباه (ADHD)؛ وبحلول عام 1994، أصدرت الجمعية الأمريكية لعلم النفس الطبعة الرابعة التي صنفت أنواع اضطراب فرط الحركة ونقص الانتباه إلى: اللاعناية، وفرط الحركة بشكل رئيسي، والاندفاعية، وبدأت في الاعتراف بأن الأعراض لا تختفي دائمًا؛ وفي عام 2013، حددت

الجمعية الأمريكية لعلم النفس الأنواع الثلاثة: عدم الانتباه، والاندفاعية، وفرط الحركة، على أنها "أنواع العرض" الثلاثة لاضطراب فرط الحركة ونقص الانتباه.

بالتزامن مع التغييرات التي أُدخلت على إصدارات الدليل التشخيصي والإحصائي للاضطرابات العقلية (DSM) منذ عام 1952، تم تشخيص المزيد من الأطفال، ومعظمهم من الذكور، باضطراب فرط الحركة ونقص الانتباه (ADHD). وشهدت الفترة بين عامي 1997 و1998 زيادة في تشخيصات اضطراب فرط الحركة ونقص الانتباه، حيث ارتفعت النسبة من 6.1٪ إلى 10.2٪؛ أما بالنسبة للأعوام ما بين 2003-2012، فقد ارتفعت معدلات الأطفال الذين لم يتم تشخيصهم باضطراب فرط الحركة ونقص الانتباه (وهم في الفئة العمرية من 4 إلى 17 عامًا) بنسبة 5٪ تقريبًا كل عام.

وفقًا لتقديرات تشير إليها راشيل بلوث في مقال لها نُشر عام 2018 بصحيفة واشنطن بوست حول ارتفاع معدلات اضطراب فرط الحركة ونقص الانتباه، فقد تأثر بهذا الاضطراب أكثر من خمسة ملايين طفل خلال الفترة من 2015 إلى 2016؛ وشمل هذا التقدير زيادة بنسبة 12٪ بين الأطفال البيض، و12.8٪ بين الأطفال السود، و6.1٪ بين الأطفال من أصول إسبانية؛ بالإضافة إلى ذلك، أُفيد بأن 4.4٪ من البالغين في الولايات المتحدة يعانون من اضطراب فرط الحركة ونقص الانتباه، وكان 62٪ منهم من الرجال، وأظهرت إحدى الدراسات أن معدل اضطراب فرط الحركة ونقص الانتباه بين البالغين ارتفع من 43٪ في عام 2007 إلى 0.96٪ في عام 2016، أي بزيادة قدرها 123٪، على الرغم من اختلاف المعدلات.

أظهرت دراسات أُجريت في الولايات المتحدة أن هناك احتمالية كبيرة لتشخيص ولد واحد من كل سبعة أولاد باضطراب فرط الحركة ونقص الانتباه خلال المرحلة الابتدائية، ويزداد هذا الاحتمال في المرحلة الثانوية؛ ويُطلق على هذه الظاهرة

اسم "تأنيس الأولاد"، حيث يُتوقع منهم أن يكونوا أقل حركة وأكثر هدوءًا مثل الفتيات.

السؤال هنا: ما الذي يقف وراء تزايد تشخيص اضطراب فرط الحركة ونقص الانتباه (ADHD) بين الأطفال في الآونة الأخيرة؟ طرحت بلوث في عام 2018 سببًا محتملًا وهو تسهيل قانون الرعاية الصحية الميسرة الحصول على علاج للصحة العقلية؛ وربط الباحثون في إحدى الدراسات، عند تحليل النتائج، ارتفاع الأعداد بتحسن فهم الأطباء والناس العاديين لهذه الحالة، ومعايير التشخيص الجديدة، وازدحام الفصول الدراسية، والتقدم التكنولوجي في المجال الطبي، وتأثير انخفاض معدلات المواليد الذين يزيد لديهم احتمال تشخيص اضطراب فرط الحركة ونقص الانتباه. لكن، إلى جانب آراء الباحثين في الدراسات السابقة المذكورة، توجد آراء مختلفة للخبراء حول انتشار اضطراب فرط الحركة ونقص الانتباه وارتفاع معدلات التشخيص، ومن المهم النظر إليها من منظور عصري.

تأثير الريتالين

سلط مقال "عصر الريتالين" الذي كتبته نانسي جيبس على غلاف مجلة تايمز في نوفمبر 1998، الضوء على إحدى أكثر القضايا إلحاحًا التي واجهها الآباء والمعلمون ومختصو الصحة العقلية في ذلك الوقت؛ طرح المقال تساؤلات حول كيفية تحديد الفرق بين الطفل النشيط والطفل المصاب بفرط الحركة، وكذلك بين الطفل المغامر والطفل المتهور، وبين القدرة على التكيف والسهولة في تشتيت الانتباه؛ بحلول ذلك الوقت، أصبح الريتالين بالنسبة للمعلمين بمثابة طوق النجاة بالنسبة للأطفال الذين يُعتقد أنهم لا يمكن تعليمهم أو مساعدتهم، وشعر الآباء بالحزن لرؤية أطفالهم يُعاملون على أنهم منبوذون، وشعروا بالعجز.

بدأ المجتمع يتساءل عما إذا كانت المشكلة تكمن في الأطفال أنفسهم، أم في طريقة تعاملنا نحن، كبالغين، معهم، خاصة فيما يتعلق بالحالات التي يصعب تحديدها والتي تقع في المنطقة الرمادية بين الخلل الواضح والاضطراب البسيط.

نشأت هذه التساؤلات بشكل أساسي بسبب الزيادة الهائلة في إنتاج الأدوية، والتي تضاعفت بأكثر من سبعة أضعاف خلال ثماني سنوات، حيث تم استهلاك 90٪ منها في الولايات المتحدة.

خلال تلك الفترة، اجتمع عدة مئات من الخبراء في مؤتمر للتوصل إلى توافق بشأن بيانات الريتالين، مع وجود قلق حول الاستخدام طويل الأمد لهذا الدواء؛ وكان أحد المتحدثين الدكتور لورنس ديلر، مؤلف كتاب "جرعة ريتالين" لعام 1998، الذي تساءل عما إذا كان هناك مجال لمرحلة الطفولة البريئة في مجتمع أمريكي قلق يعاني من تقليص حجم المؤسسات؛ ورأى ديلر أن قلق الكثير من الأمريكيين بشأن وظائفهم والسوق ونجاح أطفالهم دفعهم إلى وضع توقعات عالية جدًا عليهم وإعطائهم منشطات لتحسين الأداء.

حذر ديلر من أن استخدام الأدوية لعلاج اضطراب فرط الحركة ونقص الانتباه قد يترتب عليه آثار نفسية سلبية على الأطفال، بدأ الآباء يشككون في جدوى هذه الأدوية ويتخوفون من أن تؤثر على شخصية أطفالهم، ناقش ديلر في كتابه حقائق وأساطير حول الريتالين، وكيفية رؤية اضطراب فرط الحركة ونقص الانتباه من جوانب مختلفة، وطرق التعامل معه دون اللجوء إلى الأدوية؛ انتقد النموذج الطبي الذي يصنف اضطراب فرط الحركة ونقص الانتباه على أنه "مرض" ويلقي باللوم على الدماغ ويعتبره بحاجة إلى الإصلاح عن طريق الأدوية.

بعد 17 عامًا من تساؤلات الدكتور ديلر، وتحديدًا في عام 2015، وبعد زيادة كبيرة في استخدام أدوية مثل الريتالين والأديرال، عادت معالجة الأسر المخضرمة مارلين ويدج لطرح نفس الأسئلة في كتابها لعام 2015 "الطفولة كمرض: لماذا تحول اضطراب فرط الحركة ونقص الانتباه إلى وباء أمريكي". ترى ويدج أن اضطراب فرط الحركة ونقص الانتباه هو مجموعة من الأعراض يفسرها مجتمعنا على أنها حالة طبية. لا شك أن اضطراب فرط الحركة ونقص الانتباه

موجود بالفعل، بمعنى أن العديد من الأطفال يظهرون سلوكيات يلاحظها الآباء والمعلمون، ويمكن للطبيب قياسها؛ ومع ذلك، فهي لا تعتبره حالة غير طبيعية تصيب الأطفال ولا مرضًا يتطلب دواءً إلا في الحالات النادرة؛ بل ترى أن سلوكيات اضطراب فرط الحركة ونقص الانتباه هي استجابات طبيعية من الأطفال للظروف المرهقة وللتراكمات الناتجة عن الأحداث المؤلمة التي مروا بها.

كشفت ويدج في كتابها عن دور الثقافة في جعل الآباء يعتقدون أن أطفالهم العاديين يحتاجون إلى أدوية منشطة، وتساءلت عن سبب ندرة تشخيص اضطراب فرط الحركة ونقص الانتباه وتعاطي الأدوية في الدول الأوروبية؛ كما انتقدت فكرة وجود علاقة جينية باضطراب فرط الحركة ونقص الانتباه، وكذلك فكرة أن تصوير المخ يكشف عن هذا الاضطراب. لم تلم ويدج الآباء الذين يعطون أدوية لأبنائهم بحسن نية ليكونوا "أصحاء"، بل سعت لمساعدتهم وتعريفهم بالحقائق المتعلقة باضطراب فرط الحركة ونقص الانتباه.

في الماضي، قبل أن يحمل الطب النفسي البيولوجي الدماغ مسؤولية مشاكل سلوك الأطفال بدلًا من أساليب التربية، أكدت ويدج أن الطبعة الأولى من الدليل التشخيصي والإحصائي للاضطرابات النفسية (DSM-I) كانت تركز على بيئة الطفل والصعوبات التي يواجهها أثناء النمو والتي تسبب له التوتر؛ واعتقدت ويدج أن هذه الظروف السيئة دفعت إلى الاعتماد على أساليب العلاج النفسي المتمثلة في التحدث إلى الأطفال بدلًا من إعطائهم الأدوية.

إلا أن ويدج اعتقدت أنه مع تفرع الطب النفسي واعتقاد علماء الأعصاب بأن أمراض العقل هي نفس أمراض الجسم، أصبحت الأدوية هي الحل المفضل لتعويض النقص البيولوجي؛ وبحلول التسعينيات، أصبح الأطباء يتدربون على تشخيص الاضطرابات النفسية في متوسط ثماني دقائق فقط.

لم يعد أطباء نفس الأطفال يهتمون بالاحتياجات الشخصية للأطفال أو ببناء علاقة علاجية معهم؛ وبدلًا من ذلك، ومع انتشار الدليل التشخيصي والإحصائي

للاضطرابات النفسية - الطبعة الثالثة (DSM-III)، أصبح تشخيص الأطفال بالاضطرابات العقلية يعتمد على افتراض وجود مشاكل بيولوجية ونقص في وظائف معينة مرتبطة باضطرابات محددة يتم تحديدها من خلال قائمة.

المشكلات الرئيسية التي رآتها ويدج في النهج البيولوجي كانت:

1. كان الاعتقاد السائد أن المنشطات تؤثر فقط على الأطفال المصابين باضطراب فرط الحركة ونقص الانتباه، وليس على الأطفال "الطبيعيين"، وبالتالي فإن استجابة الطفل لهذه الأدوية تعتبر بحد ذاتها تشخيصًا للمرض.
2. تم الترويج للمنشطات، وهي مواد خاضعة للرقابة تُعطى للأطفال الصغار، على أنها أكثر أمانًا من الأسبرين.
3. تمت مقارنة اضطراب فرط الحركة ونقص الانتباه ليس فقط بأنه "مرض" يصيب الأطفال منذ الولادة مثل السكري من النوع الأول أو الربو، ولكن أيضًا بأنه يمتد إلى مرحلة البلوغ، مما يبرر الاستخدام مدى الحياة للمنشطات الموصوفة طبيًا، مثله مثل استخدام الأنسولين.
4. تم تحريف وتفسير نتائج الأبحاث بشكل خاطئ من قبل شركات الأدوية والصحافة تحت ستار "النتائج العصبية".

دراسة المعاهد الوطنية للصحة حول اضطراب فرط الحركة ونقص الانتباه تدعم استخدام الأدوية بدلًا من العلاج السلوكي

عارض مؤيدو اعتبار اضطراب فرط الحركة ونقص الانتباه مرضًا عضويًا، استخدام تعديل السلوك كعلاج، حتى كعلاج مساعد؛ مهد هذا الرأي الطريق لاستخدام البروتوكولات الدوائية، كما ورد في مقال هولكومب نوبل في صحيفة

نيويورك تايمز بتاريخ 15 ديسمبر 1999 بعنوان "دراسة تدعم دواء لعلاج أطفال فرط الحركة"؛ تناول نوبل دراسة مميزة أجراها معهد الصحة الوطني الأمريكي شملت 579 مشاركًا (80٪ ذكور) تتراوح أعمارهم بين 7 و9 سنوات على مدار 14 شهرًا.

توصلت الدراسة إلى أن الأطفال المصابين باضطراب فرط الحركة ونقص الانتباه فقط تحسن انتباههم عند تناول دواء الريتالين، دون الحاجة إلى العلاج السلوكي. أما الأطفال المصابين باضطراب فرط الحركة ونقص الانتباه إلى جانب القلق أو الاكتئاب (وهي نسبة كبيرة تشكل 70% من المشاركين) فقد استفادوا بشكل أفضل من الجمع بين الدواء والعلاج السلوكي.

من الأخطاء التي شابت دراسة المعاهد الوطنية للصحة مشاركة عدد قليل من الفتيات (20٪ فقط) على الرغم من أن العلاج يناسب البنين والبنات على حد سواء. على الرغم من أن تشخيص اضطراب فرط الحركة ونقص الانتباه يعتمد على قائمة من المعايير في أحدث نسخة من الدليل التشخيصي والإحصائي للاضطرابات النفسية (DSM)، صنف الباحثون المشاركين إلى مجموعتين: الأولى تعاني من اضطرابات أخرى والثانية لا تعاني منها؛ وهذا يوحي بأن من لديهم تشخيص باضطراب فرط الحركة ونقص الانتباه منفردًا لا يحتاجون إلى العلاج السلوكي.

هناك خطأ آخر لم يتم أخذه بعين الاعتبار في الدراسة وهو أن المنشطات توفر حلولًا سريعة ذات مفعول فوري، بينما يتطلب تحسن السلوك من خلال العلاج السلوكي وقتًا أطول؛ وهذا أشبه بمقارنة أشياء غير متشابهة. لقد أثرت المفاهيم الخاطئة حول اضطراب فرط الحركة ونقص الانتباه و"علاجاته" التي تم الترويج لها في القرن العشرين على بروتوكولات الأدوية في القرن الحادي والعشرين، الأمر الذي له تداعيات خطيرة، كما سيتم شرحه في القصة التالية.

اضطراب فرط الحركة ونقص الانتباه وإدمان المخدرات: مزيج قاتل

في مقال نُشر بتاريخ 24 يونيو 2022 بصحيفة نيويورك تايمز، تتحدث الكاتبة جينين إنترلاندي عن امتلاكنا الأدوات اللازمة لمكافحة الإدمان، ولكنها تتساءل عن سبب ارتفاع معدلات وفيات جرعات المخدرات الزائدة في أمريكا. تروي الكاتبة قصة هاريس ماركيزانو الذي عانى من طاقة زائدة لم يعرف كيف يوجهها وكان قلقًا دائمًا، وبحلول المرحلة الإعدادية، كان يشعر بالتوتر معظم الوقت، وكان يفرط في الحركة والتصرف بطريقة مبالغة لمحاولة التحكم في طاقته.

في الصف الثامن، تم تشخيصه باضطراب فرط الحركة ونقص الانتباه واكتشف المخدرات (الحشيش على الأرجح). بالرغم من شعبيته ومشاركته في مجلس الطلاب وفريق كرة القدم بالمرحلة الثانوية، تقول والدته إنه لم يحصل على المساعدة اللازمة؛ طرده طبيب نفسي بسبب تعاطيه المخدرات، معلقًا بأنه لا يستطيع التعامل معه؛ وفي الصف الحادي عشر، رفض طبيب نفسي آخر وصف أي دواء لشخص يتعاطى المخدرات؛ اقترح الطبيب عليه تناول دواء البنادريل لعلاج مشاكل النوم.

قبل أن يتمكن أهل هاريس من تحديد خطوتهم التالية، عُرض عليه مخدر قوي وهو مخدر الأوكسيكونتين في حفلة؛ صرحت والدته لاحقًا، بأنها شعرت حينها بأن الأمل قد فُقد تمامًا؛ وبعد خضوعه لبرامج علاج إدمان لم تلامس احتياجاته الحقيقية، توفي هاريس بسبب جرعة زائدة من المخدرات قبل أن تسنح له الفرصة لبدء دراسته الجامعية.

حملت والدة الشاب الراحل مسؤولية وفاته على نظام الرعاية الصحية العقلية الذي يعالج الإدمان، وهو مرض يصيب الدماغ، بشكل منفصل عن الأمراض النفسية الأخرى. بعد فقدان ابنها، صبت كل طاقتها في المطالبة بإصلاح نظام

الصحة العقلية الذي لم ينفعه، والذي يعامل العقل والجسد ككيانين منفصلين، وهي فكرة قديمة تعود إلى ديكارت في القرن السابع عشر؛ آمنت والدة الشاب بأن ابنها كان يحتاج فقط إلى معرفة أنه ليس وحيدًا، وأنه يستطيع مع الوقت تعلم كيفية التعامل مع مشاكله.

تطور اضطراب فرط الحركة ونقص الانتباه منذ العصور القديمة

قبل سبعينيات القرن العشرين، كان الأطفال وخاصةً الذين دائمًا ما يقعون في المشاكل يُعاملون على أنهم "سيئون"، كما ادعى توم هارتمان في كتابه الصادر عام 1993 بعنوان "اضطراب نقص الانتباه: تصور مختلف". وأرجع الباحثون اضطراب نقص الانتباه إلى الوراثة وإلى حقيقة أنه ينتشر بين أفراد العائلة الواحدة. ومع ذلك، بدأت التساؤلات حول سبب التواجد الواسع النطاق الذي أثر على الملايين في الولايات المتحدة.

قد يبدو هذا منافٍ للعقل أن نعتقد أننا من نسل رجال الكهوف أو إنسان النياندرتال، مما يؤثر على صحتنا اليوم، ولكن هناك أمثلة على ذلك في الطبيعة كما في حالات فقر الدم المنجلي ومرض تاي ساكس والتليف الكيسي الذي نشأ لغرض حماية الناس في الماضي ولكنه يسبب المرض الآن.

أُجريت الكثير من الأبحاث على الحمض النووي للنياندرتال، وتبين أن هناك علاقة بين وجود تركيزات أعلى منه ومرض السكري من النوع الثاني لدى السكان الأصليين في الأمريكتين الذين يتبعون الآن نظامًا غذائيًا غربيًا. اكتشف علماء الأنثروبولوجيا أجزاء من الحمض النووي لإنسان النياندرتال موجودة في مناطق رئيسية من الدماغ للتعلم وتنسيق الحركات والقدرات المعرفية.

ومع ذلك فلا يوجد ما يشير - حتى الآن - إلى أن هذه "المتفرقات" التي تم التنقيب عنها لها علاقة بالإنسان الحديث. في دراسة أجراها مرتضوي وآخرون

عام 2021 في مجلة الفيزياء الطبية الحيوية والهندسة حول تأثيرات كوفيد-19 على السكان الإيرانيين والمنغوليين، وجد أن أولئك الذين لديهم تسلسل طويل من الحمض النووي العائد للنياندرتال يمكن ربطهم بالحالات المرضية الشديدة والإقامة في المستشفي للعلاج وحالات الوفاة.

ثقافة الصيادين وجامعي الثمار

يرى هارتمان أن البشر تطوروا إلى نوعين من المجتمعات وهما الصيادين وجامعي الثمار. يحتاج الصيادون سمات عقلية وجسدية معينة لكي ينجحوا في مطاردة الحيوانات البرية، مثل مراقبة بيئتهم والاندفاع إلى الصيد بقوة.

يجب أن يكون الصيادون مرنين وقادرين على تغيير إستراتيجيتهم في أي لحظة. فعليهم الاندفاع بكل طاقتهم في عملية الصيد وسيحتاجون إلى التفكير بصريًا وتخيل الصور. أحب أسلافنا الصيادون عملية الصيد، لكنهم كانوا يملون وكانوا مجازفين. وكانوا يقسون على أنفسهم عندما يفشلون في اتخاذ قرارات سريعة لا تؤتي ثمارها أثناء الصيد لأن الأمر يتعلق ببقائهم على قيد الحياة.

وباعتبارهم متضادان، وصف هارتمان الجامعون بأنهم أشخاص "عاديون" غير مصابين باضطراب نقص الانتباه في المجتمع الزراعي حيث كان المزارعون هم الذين يوفرون القوت والطعام اللازم للبقاء على قيد الحياة لأنه لا يمكن تشتيت انتباههم بسهولة ويحافظون على وتيرة بطيئة وثابتة ويرون الصورة بعيدة المدى. لا يشعر المزارعون بالملل بسهولة، فهم لاعبون جماعيون ويميلون إلى توخي الحذر وصبورون بما يكفي لمشاهدة النباتات تنمو والعمل مع الآخرين.

بدلًا من ظاهرة إما/أو، وضع هارتمان المصابين باضطراب فرط الحركة ونقص الانتباه في سلسلة متصلة وأشار إلى أنهم كصيادين يستفيدون من مهاراتهم ويميلون إلى أن يصبحوا ضباط شرطة ومحققين ورجال إطفاء وطيارين وجواسيس ومراسلين ومقاتلين عسكريين ومندوبي مبيعات ومحامون أو رجال

الأعمال. يرى هارتمان أن المرء لن يخسر كل شيء إذا كان صيادًا عالقًا في وظيفة مزارع، لأنه بإمكانه ببساطة إجراء تغييرات سلوكية.

في كتابه الذي صدر عام 1998 بعنوان "شفاء اضطراب نقص الانتباه"، تحدث هارتمان عن تمارين بسيطة من شأنها أن تغير الحياة اليومية لمن يعانون من اضطراب فرط الحركة ونقص الانتباه والذين لديهم تصور مختلف للعالم، تتمثل في تمارين مثل العثور على مركز الهدوء والقوة، وتضميد الجراح والصدمات من الماضي وإعادة بناءه والتخلص من المخاوف والرهاب وإعادة تنظيم الجداول الزمنية، وتحويل نقاط القوة لدى صيادي اضطراب نقص الانتباه وفرط الحركة إلى أصول كما في الحالة التالية.

في مقالٍ نُشر في صحيفة نيويورك تايمز، في أكتوبر 2014 بعنوان "العلاج الطبيعي لاضطراب فرط الحركة ونقص الانتباه"، ضرب الطبيب ريتشارد فريدمان مثالًا لرجل يبلغ من العمر 28 عامًا كان لديه وظيفة مكتبية في شركة إعلانات لكنه غير قادر على تركيز انتباهه أو الجلوس في مقعده لساعات طويلة. كان ينجز عمله بينما يقوم بمهام متعددة أثناء العمل مثل الاستماع إلى الموسيقى والمراسلة لتجنب جعله أمرًا روتينيًا. وعندما حول وظيفته إلى مدير شركة ناشئة كثير السفر والترحال وغير بيئته أصبح أسعد في عمله واختفت جميع أعراض اضطراب فرط الحركة ونقص الانتباه لديه.

الرياضيون المصابون باضطراب فرط الحركة ونقص الانتباه يسجلون درجات عالية، لكن الطلاب يفشلون

في الولايات المتحدة، من المفارقة أن يتلقى الرياضيون المصابون باضطراب فرط الحركة ونقص الانتباه الأوسمة من الجمهور لأدائهم غير العادي في الملاعب في حين يظهرون نفس سمات الطاقة العالية ونقاط القوة التي يتمتع بها الطلاب الذين يؤدون في الفصول الدراسية ويفشلون. وفي هذه الحالة يتم تمجيد

الرياضيين المصابين باضطراب فرط الحركة ونقص الانتباه ووصم الطلاب المصابين بنفس الاضطراب. لماذا يحدث هذا في المجتمع الأمريكي؟

يحب الأمريكيون الرياضة والرياضيين المشهورين الذين يجنون مبالغ كبيرة من المال مقابل الامساك بكرة البيسبول أو الركض وتسجيل الأهداف أو السباحة في سباق سريع والفوز بالميداليات الذهبية. لنأخذ على سبيل المثال المليونير مايكل فيلبس الذي فاز بـ 28 ميدالية أولمبية منها 23 ميدالية ذهبية - وهو أكبر عدد من الميداليات الذهبية الأولمبية على الإطلاق - وثلاث فضيات واثنتين برونزيتين. يُعد هذا إنجازًا رائعًا يتطلب تركيزًا شديدًا، وقد تحدث عنه بصراحة في كتابه الصادر عام 2016 بعنوان "ما وراء الكواليس: قصتي" حيث تحدث عن تجاربه ومعاناته أثناء التدريب والمنافسة، ونسب الفضل إلى رياضة السباحة في مساعدته على التغلب على تشخيص اضطراب فرط الحركة ونقص الانتباه في المدرسة الابتدائية.

في مقال نُشر عام 2016 في مجلة علم النفس اليوم، أوضح فيلبس أنه عندما كان في الصف السادس، كان متململًا ويواجه صعوبة في الانتباه في المدرسة. وقد تناول عقار الريتالين لعدة سنوات ويبدو أنه ساعده. لكن عندما بلغ الثالثة عشرة من عمره، شعر أن هذا التشخيص سيكون عكازه، وعلى الرغم من أنه شعر بقدر أقل من التشتت، فقد اعتقد أن استخدام طاقته العقلية في السباحة سيساعده على التركيز والانتباه.

ووذكر فيلبس كيف شعر بالإحراج المُهين عندما جاءت ممرضة المدرسة إلى فصله لتذكره بتناول عقار الريتالين، وأن معلمه أخبر والدته أن ابنها لن ينجح أبدًا لأنه لا يستطيع التركيز على أي شيء. لقد وجد أن السباحة بقوة وانضباط هي الحل لـ "طاقته العصبية". وبهذا اكتسب الثقة بالنفس للتخلص من اضطراب فرط الحركة ونقص الانتباه والفوز بالميداليات.

في كتابه الصادر عام 1996 بعنوان "السباحة التنافسية: تكتيكات الأبطال"، تحدث مارك شوبيرت عن الإعداد العقلي للأداء، حيث وصف مهارات الأداء القصوى مثل التنفس بهدوء وتهيئة العضلات والبروفة الذهنية والاستدعاء الذهني والحديث الإيجابي مع النفس وضرورة التواجد "في نقطة التركيز القصوى" من خلال التواصل مع العقل الباطن. بعد أن عانى من مشاكل نفسية ومشاكل في الصحة العقلية واثنتين من حالات القيادة تحت تأثير الكحول في عام 2014، بدأ فيلبس العلاج وغير حياته وفاز بالمزيد من الميداليات الذهبية في ريو عام 2016 من خلال تحويل طاقته العالية للعثور على "السرعة" في الماء بلا تناول أية أدوية. وهو الآن من أشد المدافعين عن أهمية الصحة العقلية.

في عام 2016، كتبت إيمي كروفورد من ESPN عن ميشيل كارتر الحائزة على الميدالية الذهبية في رمي الجلة للسيدات في ريو، والتي شُخصت باضطراب فرط الحركة ونقص الانتباه وعسر القراءة في المدرسة الابتدائية. ذكرت أنها لا تستطيع الجلوس لفترة طويلة وكافية للدراسة وأن الدروس الخصوصية ساعدتها أكاديميًا. بعد أن وجدت شغفها بسباقات المضمار والميدان، انضمت إلى الفريق الوطني الأمريكي وحصلت على منحة جامعية. جربت كارتر الأدوية لكنها توقفت عن تناولها لأنها جعلتها تركز بشكل مفرط على المهام الأقل أهمية بالنسبة لها.

وتحدثت كروفورد عن رياضي آخر تناول منشطًا موصوفًا له منذ الطفولة، وهو سيمون بايلز الذي تم التشكيك في إعفائه من الاستخدام العلاجي خلال دورة الألعاب الأولمبية عام 2016 في ريو. استغل بايلز هذا الجدل كفرصة لمساعدة الأطفال المختلفين عصبيًا الذين يتناولون أدوية اضطراب فرط الحركة ونقص الانتباه، ولإزالة الوصمة المرتبطة به.

الاختلاف العصبي والتعليم الأكاديمي للمصابين باضطراب فرط الحركة ونقص الانتباه

كتب توماس أرمسترونج عالم النفس والمدير التنفيذي للمعهد الأمريكي للتعلم والتنمية البشرية في كتابه الصادر عام 2017 بعنوان "أسطورة الطفل المصاب باضطراب فرط الحركة ونقص الانتباه" أن عالم اضطراب فرط الحركة ونقص الانتباه غارق في بحر من السلبية. كان يعني بهذا أن هناك صحيفة في الساحة تعرض قائمة بالسلبيات المتعلقة باضطراب فرط الحركة ونقص الانتباه والتي تظهر النقص المتعلق به.

وفقًا لصحيفة الحقائق تلك، فإن الأشخاص الذين يعانون من سمات اضطراب فرط الحركة ونقص الانتباه المدرجة في القائمة هم أكثر عرضة لأن يكونوا غير متعلمين وعاطلين عن العمل وأكثر عرضة للخلافات الزوجية وربمًا حتى القيادة المتهورة. لكن كما ذكر أرمسترونج فإن من المفترض أن هذه السلسلة من السلبيات تنطبق فقط على الأفراد الذين لم يتناولوا أبدًا أدوية اضطراب فرط الحركة ونقص الانتباه أو أي تدخل سلوكي وأمضوا معظم وقتهم في صُحبة أولئك الذين ينظرون إليهم بنظرة مكتسبة من الصور النمطية السلبية وبتوقعات متدنية.

عندما كُتبت تلك القائمة السلبية التي تصف سمات المصابين باضطراب فرط الحركة ونقص الانتباه، لم يفكر أحد مطلقًا في التشاور مع الأطفال حول المصطلحات اللاإنسانية المستخدمة لوصفهم. ولم يفكر أحد قط في العواقب النفسية السلبية المترتبة على ذلك. في إحدى الدراسات، وصف أحد الصبية ما يشعر به المصاب باضطراب فرط الحركة ونقص الانتباه بقوله إن الأمر يشبه الإصابة بـ "مرض يأكلك" ولا يمكنك إيقاف تسارع الأفكار والأصوات في رأسك، لذلك تقع دائمًا في المشاكل بسببه.

وفقًا لأرمسترونج، فإن التسميات على هذا النحو تُشجع الأطفال على تبني أسلوب "الانفصال عن الواقع" واللامبالة وانعدام المسؤولية الذي يفرضه الكبار عليهم. قد يُجمع الأطفال المصنفين في الفصول الدراسية أو المقطورات في الجزء الخلفي من المباني المدرسية ويُدرسون في "فصول خاصة" بمواد قديمة وتقنيات التعلم بالاستظهار وبرامج تعديل السلوك الخاضعة للرقابة الخارجية.

وعلى النقيض من البرامج القديمة، اكتشف أرمسترونج - في سعيه لتحسينها - سياقًا أكثر إيجابية لنموذج يُعزز الاختلاف العصبي ويعترف بالتحديات ونقاط القوة التي يمتلكها الأشخاص الذين يعانون من اضطراب فرط الحركة ونقص الانتباه بدلًا من النموذج الطبي المبتلى بالاضطراب. ويذكر المؤلف في كتابه 101 طريقة لتحسين سلوك الأطفال وانتباههم دون أدوية أو مسميات أو إكراه. إحدى الفئات التي أدرجها أرمسترونج لتحسين الطريقة التي يشعر بها الأطفال المصابون باضطراب فرط الحركة ونقص الانتباه هي التنوع العاطفي وتصور صورة إيجابية للأطفال والاحتفال بالنجاحات وبناء المرونة ومشاركة تقنيات إدارة التوتر وتعزيز احترام الأطفال لذاتهم.

واقترح المعالج الأسري "ويدج" إصلاحًا تعليميًا مثل ما حدث في فنلندا حيث يتناول 0.1% فقط من الأطفال الأدوية ويدرك الأطباء والمعلمون الفنلنديون أنه لا توجد حاجة كبيرة للتعجيل بتعليم الأطفال. والمكافأة بالنسبة لهم هي أنه ليس لديهم آباء يطالبون بالريتالين كحل. يُطلب من المعلمين في فنلندا تنويع أساليب تدريسهم للوصول إلى طلاب متنوعين ذوي نقاط قوة واحتياجات مختلفة، على عكس الولايات المتحدة.

التصميم العالمي للتعلم لكافة الطلاب

في مقال نشرته فاليري زيلينكا في الفترة من يناير إلى مارس 2017 في سجل كلية المعلمين، قدمت الكاتبة برنامجًا يتضمن التصميم العالمي للتعلم (UDL). يُلبي هذا البرنامج المتنوع احتياجات الطلاب الذين يعانون من اضطراب فرط

الحركة ونقص الانتباه وكذلك الطلاب غير المصابين بهذا الاضطراب في الفصل الدراسي. لا يقتصر هذا الإطار على التدخلات الشاملة لمتعلمين محددين أو صعوبات التعلم ولكنه يوفر مجموعة من المبادئ لتطوير المناهج الدراسية التي تمنح جميع الأفراد فرصًا متساوية للتعلم والتي تشمل: 1) وسائل متعددة للعرض للمتعلمين الذين يكتسبون معارف ومعلومات جديدة؛ 2) تعدد وسائل التعبير لتزويد جميع المتعلمين ببدائل مختلفة لإظهار ما يعرفونه؛ و3) وسائل متعددة للمشاركة لتحفيزهم وتحديهم.

في برنامج UDL هذا كما هو موضح، يكون لدى الطلاب خيارات لمشاريع الصف وما إذا كانوا يريدون التعاون مع زملائهم أو العمل بمفردهم، وتُجرى التعديلات للطلاب الذين يعانون من اضطراب فرط الحركة ونقص الانتباه والذين قد يحتاجون إلى تعديلات في طول الواجبات أو محتواها، كما يمكن لجميع الطلاب المشاركة في تقييماتهم وإنشاء خطط التحسين ومراقبة التقدم المحرز الخاص بهم لتولي مسؤولية التغيير والفخر بإنجازاتهم. كما دُمج تعلم كيفية تحديد الأهداف لأنفسهم وكيفية الحفاظ على الجهد والمرونة للوصول إليها في برنامج UDL لجميع الطلاب.

إن استخدام برنامج UDL مع التدخلات العصبية المتنوعة له مزايا واضحة من حيث أنها تفيد جميع الطلاب في الفصل الدراسي وليس الذين يعانون من اضطراب فرط الحركة ونقص الانتباه فقط ، كما اقترح أرمسترونج لتعزيز التنوع العصبي.

قصص الحالات المتعلقة بالمرونة باستخدام التدريب بالتنويم المغناطيسي

تتناول قصص الحالات الخمس لديفيد وكارلتون ولورانس وصوفيا وبارت في هذا الفصل قصص شباب أصغر سنًا بدرجات مختلفة من مواجهة التحديات مع

التركيز والانتباه، وبعضهم تم تشخيصه باضطراب فرط الحركة ونقص الانتباه والبعض الآخر لم يُشخص بعد. بغض النظر عن وضعهم في المدرسة أو كأفراد في المجتمع، وسواء كانوا يتناولون الدواء في وقت الجلسات أم لا، فقد كانت لديهم تجارب مشتركة، مثل وصفهم بالكسالى وعدم القدرة على التأقلم والمعاناة مع الصدمات النفسية والشعور بالوصم والاحباط.

لقد سعوا جاهدين لكي يصبحوا محترمين كبشر من خلال تصوراتهم الخاصة ونظرتهم لعوالمهم. وفي كل حالة، تمكنوا من تحقيق أهدافهم من خلال تعلم مهارات القوة الذهنية من خلال جلسات تتراوح من ثلاث إلى عشر زيارات كل زيارة لمدة ساعة في مكتبي.

ديفيد. كان ديفيد ذو توجه علمي، وكان متخصصًا في الروبوتات في السابعة من عمره، ويحب تصميم وبناء الروبوتات. عندما أحضرته والدته إلى مكتبي كان تلميذًا في الصف الثاني يواجه مشكلات في التركيز على المواد الدراسية في المدرسة، وخاصةً في مادة الرياضيات.

في وقتٍ مبكر من العام الدراسي، حاولت معلمته مساعدته بمنحه مساعدة إضافية لكنها يأست في نهاية المطاف عندما لم تتحسن درجات ديفيد بما يرضيها. أخبرت والدته أنه لا يُشبه الطلاب الآخرين ولم يتأقلم معهم وأشارت ضمنًا إلى أنه لم يكن ذكيًا مثل زملائه في الفصل ولن يحقق أي شئ في حياته. كل ما أراد فعله هو الحديث عن الروبوتات، كما قالت معلمته لوالدته، ولم تستطع أن ترى كيف سيفيده ذلك. اعتقدت معلمته أن ديفيد يجب أن يتناول "الأدوية" لتحسين تركيزه، لكن والدته كانت ضد ذلك.

تضمنت أحد الأنشطة اللامنهجية لديفيد حضور برنامج علمي خاص حول كيفية تصميم الروبوتات وإنشائها. كان يستمتع بهذه الهواية ويحب الحديث عنها. سألته عن آخر اختراعاته. كان ديفيد شخصًا عمليًا ومتعلمًا حسيًا وحركيًا، أي أنه يتعلم في المقام الأول من خلال حاسة اللمس، على الرغم من أنه كان بصريًا أيضًا.

خلال جلسته الأولى، استخدمت التخيل التصوري لتعميق الاسترخاء من خلال توجيهه إلى نزول الدرج في مخيلته وعيناه مغمضتان. ولم يرتاح لهذا التوجيه، ففتح عينيه على الفور ونظر إلي قائلًا: "لدي مشكلة". سألته ما هي فقال إنه لا يستطيع أبدًا النزول إلى الطابق السفلي وعيناه مغمضتان دون التمسك بالدرابزين لأنه قد يتعثر. أخبرته أن بإمكانه إبقاء عينيه مفتوحتين، وواصلنا النزول نحو استرخاء أعمق.

لكي يريني أحدث تصميماته للروبوت الذي كان يعمل عليه، نزل من الكرسي وجلس على السجادة الأرضية. ضغط ديفيد بسبابته على كومة السجاد ورسم التصميم بعناية بينما كان يشرح الجوانب الفنية له ويقدم تفاصيل وافية عن كيفية عمله.

خلال الجلسات، استخدمت صورًا وقصصًا تتعلق بالروبوتات والعلماء في الفضاء الخارجي في وكالة ناسا وعلمته التنويم المغناطيسي الذاتي وتقنيات التركيز البسيطة، مثل تحريك أصابع يده غير المسيطرة وحث نفسه للعودة إلى التركيز من خلال الإيحاء المباشر ومثيرات الاسترخاء وكلمة: بهدوء.

وبحلول الجلسة الثالثة، كان هناك تغيير ملحوظ في سلوكه. لم يتحسن انتباهه في الفصل مع تحسن درجاته فحسب - وفقًا لما قالته والدته - ولكنه أصبح أكثر ثقة في قدراته ونقل مهاراته من الفصل الدراسي إلى مختبر العلوم ثم إلى الملعب.

لم يكن ديفيد منخرطًا في الألعاب الرياضية وشعر بأنه غير كفؤ ومحرج في فصل الرياضة. كان يحزن لأن زملاءه بالفصل لم يختاروه ضمن فريقهم للعب كرة القدم، حتى يُضطر مدرس التربية الرياضية إلى وضعه ضمن فريق لأنه آخر شخص موجود، وهذا كان يُزعزع ثقته في نفسه. وفي إحدى الجلسات، تدربنا ذهنيًا على كيفية لعب كرة القدم وإحراز الأهداف، وهو إنجاز لم يحققه أبدًا.

خلال الأسبوع التالي، قرر ديفيد أنه سيحاول تسجيل هدف وأعد نفسه من خلال التدرب في ذهنه على مهارات القوة الذهنية التي علمته إياها. وخلال الفصل الرياضي التالي، كالعادة لم يختره أحد لفريقه. وعندما لم يكن ديفيد في مرمى نظر أي من زملاؤه في الملعب، نفذ ركلة سريعة واحدة، فارتطمت الكرة بالشباك وسجل هدفًا. كان الجميع مذهولين، باستثناء ديفيد، كان يتوقع أن يسجل وهو ما حدث.

كانت أكبر مكافأة لديفيد هي أنه خلال الفصل الرياضي التالي، اختاره زملاؤه من المرة الأولى ليكون ضمن فريقهم. سألت ديفيد عن شعوره تجاه كونه أحد الطلاب المشهورين، فوضع يده اليمنى على جانب صدره الأيسر وقال: "أشعر بسعادة كبيرة هنا في قلبي".

كارلتون. عندما كان مراهقًا، أراد كارلتون البالغ من العمر 13 عامًا حرية حضور معسكر صيفي. وما صعب الأمر بالنسبة له هو أنه مصاب بطيف التوحد، ولم يسبق له أن كان بمفرده بعيدًا عن والديه. اعتقدت والدته أن هذه التجربة ستكون مفيدة له وأنه مستعد لها، فكل ما أرادته له هو التكيف مع تجربة التخييم والاستقلال وتكوين صداقات جديدة تشبهه في التفكير. لكنها كانت تعلم أن كارلتون يحتاج إلى توجيه من أحد المتخصصين لخلق عقلية إيجابية لأنه كان قلقًا دومًا ولم يكن واثقًا من قدرته على تحقيق أهدافه. كان كارلتون مستمعًا جيدًا واتبع التوجيهات بسهولة.

بدأنا بممارسة التنفس بهدوء إلى جانب استرخاء العضلات التدريجي حتى يهدأ ويتمكن من تحفيز الاسترخاء في المعسكر عند الحاجة. كما قمنا بالتمرن ذهنيًا على ما سيكون عليه روتينه في المخيم، ولا سيما أنشطة الحياة اليومية التي كان سيمارسها بمفرده.

قمنا بإعداد قائمة بالأشياء التي يحتاجها لأخذها للاستحمام، مثل الصابون والمناشف وفرشاة ومعجون أسنانه. كان يؤدي الأنشطة الأساسية في مخيلته من

خلال التنويم المغناطيسي الذاتي كما لو كان يحضر معسكرًا ، مثل السباحة وتناول الطعام في غرفة الطعام. بالإضافة إلى كل ذلك، تدربنا على الحوار الذي يمكنه استخدامه لتكوين صداقات جديدة، أي كيفية تقديم نفسه للآخرين وكيفية بدء المحادثة.

تخيل كارلتون أنه كان في كوخه مع الآخرين في المساء وكان يستقر بعقليته الإيجابية لإلغاء الكلمات والصور السلبية واستبدالها بأخرى إيجابية. أكملت الجلسة الأخيرة مع قرص مضغوط يمكن أن يأخذه معه للتخييم بصوتي المألوف والموسيقى الداعمة له، ونصحته بالاستماع إليها يوميًا. لقد كان قلقًا ولكنه متحمس للذهاب إلى المعسكر الصيفي وخرج وهو يشعر بالثقة في قدرته على القيام بذلك وقضاء وقت ممتع.

شعرت والدته براحة أكبر أيضًا بعد أن أكملنا تسع ساعات من التحضير، لعلمها أنه كلما تدرب كارلتون ذهنيًا واستمع إلى التسجيل أصبحت تجربة المعسكر مألوفة بالنسبة له قبل الوصول. لقد نجح في اجتياز تجربة المعسكر بنجاح وحصل على استقلاله المرغوب بفضل استخدام مجموعات مهارات القوة الذهنية المدروسة.

لورانس. كونه مصارعًا يبلغ من العمر 17 عامًا، كان لورانس مبتدئًا طموحًا يهدف لأن يصبح بطلًا وطنيًا. في ذاك الوقت كان قد فاز ببطولة المنطقة مرة واحدة فقط. لم يعرف مدربه كيفية التعامل معه بسبب مشاكل التركيز التي يواجهها، وقال المدرب إن افتقار لورانس إلى التركيز "تخطى التوقعات"، وأشار إليه على أنه "عديم الفائدة". تُعد هذه التعليقات مؤشرًا على مدى شعور المدرب بالعجز أيضًا، وأكد المدرب: "ستكون معجزة إذا تمكنتي من مساعدته".

كان لورانس يتمتع بهذه السمعة لأنه جاء إلى المدرسة كطالب منقول مُشخص باضطراب فرط الحركة ونقص الانتباه. وحتى ذلك الوقت كان يأخذ أدوية مثل الريتالين لسنواتٍ عديدة، لكنه لم يشعر بأنها تساعده ولم يعجبه ما كان يشعر به بسببها فتوقف عن تناولها.

وصف المدرب السيناريو الذي يعتمده قبل المباراة لكنه لم يكن ملائمًا لمساعدته على التركيز، حيث لم يكن لورانس يجلس أو يقف ساكنًا أو يستمع إلى التوجيهات أو التعليمات منه قبل المباراة. وبدلًا من ذلك، كان يستهلك الكثير من طاقته العالية في القفز في أرجاء الحلبة حتى يستنفد طاقته قبل أن تبدأ المسابقة حتى. طلب والديه أن أعمل مع لورانس لتحسين تركيزه، خاصةً أنه توقف عن تناول الأدوية ولم يتلق أي علاج سلوكي مثل تدريب القوة الذهنية حتى يتمكن من أن يهدأ ويُركز تلقائيًا.

عملت عدة مرات مع لورانس قبل البطولة. كان هدفي هو مساعدته على تحويل طاقته العالية - وهي مهارة ثمينة - من الناحية الديناميكية النفسية إلى فرص للتسجيل وإبطاء رد فعله الجسدي على الضغط النفسي إلى مستوى يمكن التحكم فيه لتحقيق المزيد. ولتحقيق هذا الأمر، استخدمت الموسيقى لجذبه من الإيقاع الأسرع إلى الأبطأ. لقد علمته كيفية الدخول إلى منطقة التركيز القصوى باستخدام التنويم المغناطيسي الذاتي وأدوات التركيز والاسترخاء، مثل تحريك أصابعه والتمرين الذهني على حركاته والتذكر الذهني للحظات فوره بمسابقات المقاطعات سابقًا.

بالإضافة إلى ذلك، رسمتُ قرصًا على لوحة ورقية بيضاء مكتوب عليها أرقام من واحد إلى عشرة، وجعلتُه المتحكم بها بيديه جسديًا وفي عين عقله ذهنيًا. وتم تحديد المقياس المثالي للسيطرة أثناء المسابقة على الرقم خمسة.

لقد عملنا على تعديل القرص الوهمي قبل وأثناء كل مباراة، حيث يمكنه تعديله أو رفعه حسب الحاجة. وعلّمتُه كيفية تركيز الانتباه داخل نفسه والبقاء في اللحظة الحالية أثناء المباريات. لقد عملنا باستخدام محفزات مثل قول كلمة "بهدوء" لنفسه و"التركيز والتسجيل" ولمس غطاء الرأس وتركيز الرؤية كذلك، والشعور بأنه متحكم في القرص الوهمي في ذهنه أثناء المنافسة.

شعر كلا الوالدين بسعادة غامرة عندما رأوا ابنهما يفوز بالبطولة الوطنية لفئة وزنه. لم يتمكنوا من تصديق التغييرات التي طرأت عليه في مثل هذه الفترة القصيرة من الزمن. كان المدرب معجبًا جدًا لدرجة أنه كان يشير إليّ لسنوات من الطلاب المصارعين لأنه يعتقد أن "التجربة اكبر برهان".

صوفيا. بعد أن أكملت سنتها الأولى في الكلية، فشلت صوفيا البالغة من العمر 19 عامًا في العديد من المواد خلال سنتها الأولى ولم تعد مؤهلة للانضمام إلى زملائها في فريق المضمار. كان والدها يفكر في إخراجها من الكلية لأن درجاتها كانت منخفضة خلال عامها الأول ولم يكن يريد أن يضيع المزيد من المال عليها. كانت صوفيا مدمرة.

شُخصت صوفيا باضطراب نقص الانتباه ((ADD، والتحقت بفصول التعليم الخاص وتناولت الأدوية. ونظرًا لأنها كانت الفتاة الوحيدة في مجموعتها كان عليها أن تتعامل مع التصرفات الغريبة الشديدة للأولاد المصابين باضطراب فرط الحركة ونقص الانتباه، ولم يتمكن معلموها من التعامل معهم. لقد تخلفت عن دراستها بسبب هذه الانحرافات ووجدت صعوبة في التركيز على واجباتها المدرسية.

أثناء محاولتها اللحاق بالركب، كان لديها مدرس لمساعدتها في تنظيم جدولها الزمني على التقويم اليومي وواجباتها المنزلية، وقد ساعدها ذلك إلى حدٍ ما ولكنه لم يعوض الفارق في تقدمها الأكاديمي مقارنةَ بالطلاب الآخرين في صفها، ولم يعلمها كيفية التركيز على اللحظة الحالية كما كانت على المضمار.

لقد تم تثبيطها من الالتحاق بالجامعة لأن المعلمين لم يعتبروها "مناسبة للجامعة". وعندما حان الوقت للتقدم إلى الكلية تلقت العديد من جوابات الرفض. ومع ذلك، على الرغم من أن درجاتها في المدرسة الثانوية لم تكن كافية لقبولها في الكليات على أساس أكاديمي، فقد حققت درجات عالية في الركض وأثبتت نفسها كمنافس سريع في المضمار.

وبعد أن رُفضت عدة مرات، وجهت جهودها إلى العمل وتحدثت إلى مدرب المدرسة التي أرادت الالتحاق بها بالقرب من منزلها حتى تتمكن من الإلتحاق بها. لقد اتصلت به مباشرةً وأرسلت مقاطع فيديو لأدائها وتحدثت عن قدرتها على المضمار وكيف يمكنها المساهمة في الفريق. وقد أقنع تصرفها المدرب بأنها عداءة قادرة وعضوًا محتملًا في الفريق، مما أتاح لها فرصة القبول في المدرسة.

وبمجرد دخولها الكلية، لم تتمكن من مواصلة دراستها خلال عامها الأول. كان التحدي الأكبر الذي واجهته هو تحديد جدولها الزمني للتمرين على المضمار ودراساتها في تخصصها في مجال التغذية. على الرغم من أنها كانت تحضر فصولها مع الطلبة الآخرين في أحد الفصول الدراسية، إلا أنها كانت تبقى بمفردها عندما يحين وقت أداء العديد من واجباتها خارج الفصل والاتصال بالمدرسين للحصول على المساعدة عندما لا تفهم المادة. كانت المقررات الدراسية الأساسية مثل العلوم وغيرها من المقررات المطلوبة خارج نطاق تحكمها لأن التقويم الزمني الذي تعلمته في المدرسة الابتدائية لم يعد مفيدًا لها.

قبل بضعة أشهر من بداية عامها الثاني، أحضرتها والدتها إلى مكتبي. على الرغم من أن صوفيا كانت لديها ثقة منخفضة في قدراتها الفكرية، إلا أنها كانت شابة لطيفة وجميلة وذكية تعرف ما تريد ولكنها لم تعرف كيفية تحقيق أهدافها. لم يعلمها أحد أبدًا التكييف السلوكي الذي يمكنها استخلاصه من قدراتها في مضمار السباق واستخدامه في الدراسة.

كان أعظم ما لديها هو أنها أحبت مجال التغذية، خاصةً وأنها رياضية، وأرادت الحصول على شهادتها في التغذية الرياضية. عندما كانت مراهقة كانت وجبتها المفضلة هي السلطة الطازجة حتى عندما تخرج مع أصدقائها في مطعم للوجبات السريعة لأنها كانت تكره الطعام الدهني. كانت تُحب كونها رشيقة وبصحة جيدة.

كان الهدف الأساسي لصوفيا عندما كانت طالبة في السنة الثانية هو رفع درجاتها حتى تتمكن من المنافسة في الفصل الدراسي التالي والالتحاق بكلية الدراسات

العليا في المستقبل. في البداية، عملنا على تنظيم دراستها في صفوفها، ثم علمتها كيفية التنفس بهدوء لمساعدتها على الاسترخاء.

استخدمنا التقويم لتحديد الجداول الزمنية، ولكننا أضفنا مجموعة مهارات القوة الذهنية مثل التدريب الذهني للتواصل مع الأساتذة عبر الإنترنت وشخصيًا، لتتمكن من عند الأسئلة عليهم بسهولة من أجل فهم أفضل للواجبات الدراسية. لقد تعلمت كيفية الدفاع عن نفسها عندما يكون هنالك جدل حول الدرجات.

ساعد الحديث الذاتي الإيجابي صوفيا على إلغاء المسميات السلبية التي أطلقتها على نفسها فيما يتعلق بافتقارها إلى القدرات والتركيز على نقاط قوتها. لقد تدربنا ذهنيًا على سباقات المضمار لبناء القدرة على التحمل للفصل الدراسي التالي وأضفنا التمارين في صالة الألعاب الرياضية بشكلٍ منتظم.

كانت إحدى استدعائاتها الذهنية هي التفكير في أفضل سباق خاضته في المدرسة الثانوية وإعادته بكلمة قوية. وقد ساعدها ذلك على اكتساب الثقة في أن لديها القوة الذهنية للتحكم في تركيزها وما تفكر فيه وتشعر به. عملنا على مسألة التركيز على مهارات الدراسة للامتحانات للتركيز على ما كان عليها أن تدرسه وفي الإطار الزمني المطلوب. لقد نجح التركيز المستمر أثناء الاختبار بالنسبة لها عندما كانت تسير بخطى سريعة كما لو كانت تركض على المضمار وهي تركض خطوة واحدة في كل مرة.

شكل 19. *The Gingerbread Girl*

الصور التي استخدمتها كانت من كتاب .The Gingerbread Manكما تقول القصة، "اركض، اركض، اركض، بأسرع ما يمكن. لا يمكنك اللحاق بي، أنا "فتاة" كعكة الزنجبيل." (انظر شكل 19). في نهاية القصة، يخدع الثعلب فتاة كعكة الزنجبيل - وهي عبارة عن كعكة مخبوزة - ويأكلها. علمت هذه القصة صوفيا أنها لم يعد بإمكانها الهروب من مشاكل التركيز والانتباه، وأنه يجب عليها الالتزام بمواجهتها.

تعلمت صوفيا كيف تكون صديقة نفسها، لا تخدع أو تنخدع، وأن تكون صادقة مع نفسها حتى لا تتورط في قصتها القديمة المؤلمة عن كونها أقل ذكاءً من الآخرين. لقد عملنا طوال فصل الخريف على التدرب على ردود الفعل حتى أصبحت في طريقها لاجتياز جميع صفوفها والعودة إلى المضمار مع زملائها في الفريق، وهو ما أنجزته. لقد كانت سعيدة بتعلم كيفية النجاح من خلال تغيير الطريقة التي تنظر بها إلى نفسها ومن خلال تصور نفسها كأخصائية تغذية تعمل مع الرياضيين.

بارت. في عمر الثانية عشر، واجه بارت مشكلات شخصية وعائلية خارجة عن إرادته. كان والديه منفصلين ويخوضان معركة صعبة حول حضانة الأولاد. في

الواقع، بينما كانت والدته تشرح المشكلات التي تواجهها في مكتبي، انفجرت بالبكاء، فاحتضن بارت وشقيقه البالغ من العمر 9 سنوات والدتهما معًا بمحبة.

كان السبب الرئيسي لطلاق والديه هو أن والده كان عنيفًا ومسيئًا ليس فقط لزوجته السابقة، بل لبارت أيضًا عندما كان طفلًا صغيرًا. خلال السنوات التالية، تراكمت لدى بارت تجارب الطفولة السلبية ((ACEsالمتعلقة بهذا الحدث الحساس وبالصدمة المرتبطة بزيارة الأب كل أسبوعين أيضًا.

نظرًا لوجود مشاجرة وتهديد جسدي خلال عملية توصيل سابقة للأطفال إلى منزل أجداد بارت حيث كان يعيش، كان على والده الانصياع لأمر المحكمة بإحضار الأولاد إلى مركز الشرطة في مدينتهم. كان بارت محرجًا من ذلك. كان والده قد تزوج مرة أخرى وأنجب عدة أطفال وتخلف عن سداد مدفوعات إعالة الأطفال، وكان غير راضٍ عن وظيفته ويعاني من مشاكل مع إدمان المخدرات والكحول.

خلال الجلسات كان بارت يعبر عن خوفه إزاء لقاء والده. بعد توقف قصير حيث رفض الذهاب لمقابلته، كان عليه أن يعد نفسه نفسيًا وعقليًا للم شمله معه. لقد كان مرعوبًا. لقد تدربنا على التنويم المغناطيسي الذاتي والتنفس بهدوء، وقمنا بالتدريبات الذهنية حتى يتمكن من التحدث مع والده عبر الهاتف وخلال الاجتماعات المستقبلية. الحديث الإيجابي عن النفس ساعد بارت في تغيير كلماته السلبية إلى كلمات إيجابية. لقد ساعدته على تخيل نفسه في منزل والده.

ذات مرة جاء والده إلى مدرسته دون دعوة وأراد التحدث معه في مكتب المستشار بالمدرسة. تم استدعاء بارت إلى هناك من خلال نظام الاتصال الداخلي بالمدرسة وشعر بالحرج أمام زملائه في الفصل. كان خائفًا من أن يخطفه والده.

المتعة الوحيدة التي شعر بها بارت كانت اهتمامه بالألعاب الإلكترونية حيث تعلم التركيز أثناء اللعب والمنافسة. كان يرى نفسه كمصمم ألعاب في المستقبل. لقد تدربنا ذهنيًا على إعداد مسابقة ألعاب إلكترونية فعلية مع مجموعته، وأعد نفسه

ذهنيًا في عقله للعب ضد خصومه. لقد كان سعيدًا عندما فاز بالمسابقة كخبير استراتيجي رئيسي. كان يعرف كل شيء عن أفلام Star War، وناقشنا كيف يمكنه التحدث والتصرف مستشهدين بشخصياته المفضلة.

لقد تواصلت مع طبيبه النفسي الذي وُكل إليه بأمرٍ من المحكمة وتحدثت إلى محامي والده الذي أراده أن يبدأ بتناول الأدوية والعقارات بسبب ضعف التركيز والقلق الذي عانى منه بارت. وتجادلت مع المحامي بأنه قد تحسن بفضل مجموعات مهارات القوة الذهنية التي عملنا بها والتي بدأ في دمجها في حياته.

لم يستطع والده أن يفهم أنه كان يسبب ضغطًا على بارت وكان السبب في قلقه الشديد وإخفاقاته في المدرسة، وخاصةً في الرياضيات. بالنسبة لقضيته أمام المحكمة، عملت مع بارت ووالدته التي كانت قلقة للغاية من خلال التدرب على التنفس بهدوء والاستعداد العقلي وكيفية توقع الأسئلة والإجابة عليها أثناء جلسة الاستماع. نما بارت جسديًا وعقليًا خلال فترة الثلاثة أشهر التي عملنا فيها معًا.

فازت والدته بالقضية في المحكمة بحضانة كاملة. في المتابعة طويلة الأمد، علمت أن بارت انضم إلى نادٍ ديني والتقى بأصدقاء جدد، ووجد نقاط قوته هناك. حصلت أمه على وظيفة جديدة ذات أجر أفضل واستأجرت شقتها الخاصة، وكانت مخطوبة وسعيدة.

الانتقال من اضطراب فرط الحركة ونقص الانتباه إلى مرحلة النُضج

خلال عصر التضخم المرتفع هذا وارتفاع تكاليف المعيشة و أسعار الوقود والمواد الغذائية التي تستنزف جزءً كبيرًا من ميزانية الأسرة، بدأ الأمريكيون في تقدير مصادر الطاقة مثل الكهرباء والبنزين.

ومع ذلك، فإن أفراد المجتمع الأميركي لم يتعلموا كيف يُقدرون موهبتنا الفطرية المتمثلة في الطاقة العالية الأوكتان. والحقيقة هي أن بعض الناس يولدون بطاقة أكثر من غيرهم، لكنهم لا يعرفون كيفية تسخيرها أو كيفية تحويلها إلى طاقة إنتاجية بأنفسهم، على الأقل ليس منذ الولادة.

يجب على العديد من الأشخاص المُصنفون على أنهم مصابون باضطراب فرط الحركة ونقص الانتباه أن ينجزوا ذلك بأنفسهم بنفس الطريقة التي نتعلم بها كيف نرى. ومن المؤسف أن المُشخصون باضطراب فرط الحركة ونقص الانتباه - والذين يطلق عليهم "عديمي النفع" - ما زالوا يُعاملون كما لو أنهم مصابون بمرض فطري لا يمكن إصلاحه ولا علاجه إلا عن طريق تناول المنشطات التي تسبب الإدمان.

لعقودٍ من الزمان، على الأقل منذ ثلاثينيات القرن العشرين عندما استخدم البنزيدرين كدواء للتحكم في سلوك الأطفال المصابين بأضرار في الدماغ، أخذ علماء الأعصاب والأطباء والمعلمون والصيادلة والأطباء النفسيون والمدافعون الاجتماعيون عن اضطراب فرط الحركة ونقص الانتباه على عاتقهم الترويج لرواية الأكاذيب حول المنشطات كعلاجات سريعة وأمضوا وقتًا في التقليل من التكاليف التي يتحملها مجتمع سريع الخطى يركز على النجاح على حسابه.

كوننا في القرن الحادي والعشرين الآن، يمكننا أن ننظر إلى التاريخ ونسأل أنفسنا تساؤل رجعي: ماذا لو تم قمع مواهب وقدرات توماس إديسون بوصمة تُسمى اضطراب فرط الحركة ونقص الانتباه على أنه "مرض عقلي"، وماذا لو كان ذكاؤه العالي وطاقته الفائقة قد قُمعت ولم يُعترف بها ولا استخدمت كسلعة قيمة في المجتمع؟

ما المكانة التي ستحتلها أسطورة إديسون في التاريخ اليوم في حال صدق سخرية أولئك الذين وصفوه بالأبله؟ هل كان سيخترع المصباح الكهربائي؟ ربما كان علينا أن نستمع إلى إديسون عام 1910 عندما اخترع سيارة كهربائية

ببطارية يتم شحنها بسهولة ونظيفة لمنع التلوث الناتج عن الاحتراق الداخلي، ولنتأمل مدى التقدم الذي كنا سنحرزه كمجتمع وكسكان على الأرض في منع الانحباس الحراري العالمي بعد 113 عامًا، عندما تشتعل الحرائق وترتفع درجات الحرارة إلى عنان السماء ويدمر الجفاف والفيضانات كوكبنا.

كيف ساهم التنوع العصبي في تطوير القنبلة الذرية؟

إذا لم يكن هناك تنوع عصبي، فكر في كم ستكون الحياة مملة وغير قابلة للاستمرار الآن في هذا القرن إذا كان على الجميع أن يفكروا على حدٍ سواء وكان عليهم أن يصدقوا ما يقال لهم لإفادة الآخرين.

عندما ننظر إلى نهاية الحرب العالمية الثانية والدمار الذي خلفته، وماذا كان سيحدث في الولايات المتحدة لولا تطوير الطاقة الذرية، كما أفاد ويليام لانويت في مجلة ساينتفيك أمريكان في عام 2000. روى المؤلف قصة ما أسماه "الثنائي الغريب"، إنريكو فيرمي وليو زيلارد، عالمان التقت مساراتهما عندما قاما بتطوير أول تفاعل نووي متحكم فيه في عام 1942 خلال مشروع مانهاتن. كان فيرمي أكاديميًا صارمًا ولم يكن لديه اهتمام كبير بالسياسة، كان يستيقظ في الخامسة والنصف صباحًا كل صباح ويقضي الساعتين قبل الإفطار في صقل نظرياته والتخطيط لتجاربه لهذا اليوم، وكان يحب العمل بيديه وبناء المعدات.

أما زيلارد فهو على النقيض من فيرمي، كان باحثًا عاطلًا عن العمل بلا فصول دراسية أو مختبر خاص به. بصفته أعزب، نادرًا ما كان يعمل بالتدريس أو النشر وكان يحب الانخراط في دراسة الاقتصاد والأحياء. كان يعيش في إحدى الفنادق ونوادي أعضاء هيئة التدريس ويستمتع بالاستحمام لساعات في حوض الاستحمام ليحلم ويتخيل أفكار جديدة. كان زيلارد ينام متأخرًا ويذهب إلى جامعة كولومبيا في وقت الغداء ليزور زملائه الذين طلبوا منه الرحيل لأن لديه الكثير من الأفكار.

خطرت ببال زيلارد فكرة التفاعل المتسلسل النووي في أحد شوارع لندن عام 1933. وقد سلطت كراهيته للعمل اليدوي بدلًا من العصف الذهني الضوء على الصدام المدوي بين الأساليب الفردية. على الرغم من أن فيرمي وزيلارد كانا يحترمان قدرات بعضهما البعض كفيزيائيين، إلا أنهما كانا غاضبين من صحبة بعضهما البعض. كان فيرمي ينتقل من النقطة أ إلى النقطة ب بصورة مباشرة وفي خطٍ مستقيم، أما زيلارد فكان يقفز من النقطة أ إلى النقطة د ويتساءل عن سبب إضاعة الوقت على النقطة ب وج. أراد فيرمي نشر نتائج القنبلة النووية التي توصلوا إليها في مجلة خاضعة لمراجعة النظراء بصفته أكاديميًا، وأراد زيلارد إبقاءها سرًا عن هتلر. جادل زيلارد بأنه يجب استخدام القنبلة لتشجيع الاستسلام، لكن فيرمي قال إن المظاهرة كانت غير عملية.

استمر اختلافهم في الرأي حتى بعد الحرب، لكن الحقيقة هي أنهم اتفقوا في النهاية على أن "رأسين أفضل من رأس واحد". لا يسعنا إلا أن نتساءل الآن ماذا كان سيحدث لو كانت ألمانيا قد تغلبت على الولايات المتحدة بسبب الشجار بين عالمين وخلافاتهما.

أين ذهب الحماس الذي كان يُحفزني؟

فيما يتعلق بالمكان الذي ذهب إليه حماسي أو مُحفزاتي، فأنا بإمكاني أن أؤكد أنني نفس الشخص الذي كنت عليه عندما كنت طفلةً تمتطي زلاجاتها في بطولة كوينز للتزلج، باستثناء حقيقة أنني كبرت من طالبة في المدرسة الابتدائية في العاشرة من عمرها إلى ممرضة ثم زوجة ثم أم ثم رائدة أعمال وحالمة ومدربة للأداء الأقصى.

واليوم، لا زلت أواجه نفس التحديات، مثلما حدث عندما وجهني معلم الرقص النقري شفهيًا للقيام بخطوات محددة في حلبة الرقص، وكان علي أن أتوقف وأطلب منه أن "يريني" لأتمكن من المتابعة، وذلك بسبب وجود "تأخر سمعي"، ويستغرق الأمر وقتًا بالنسبة لي لتحويل الكلمات إلى صور.

من الأمور المهمة التي تعلمتها هو تحويل طاقتي العالية إلى عملٍ منتج. كانت وظيفتي الأولى بعد التخرج من كلية التمريض هي العمل في المستشفيات، وعلى الرغم من أنني كنت جيدة في عملي إلا أنه لم يكن مرضيًا بالنسبة لي، لذلك نقلت عملي إلى المجتمع، وبهذه الطريقة، يمكنني قضاء المزيد من الوقت في التحدث مع المرضى.

وكما نصحني أحد مدربي الإفادة البيولوجية ذات مرة، فقد استخدمت طاقتي بحكمة لتحقيق أهدافي. بالنسبة لي، لم يكن اضطراب فرط الحركة ونقص الانتباه أو ما يشبهه مرضًا أبدًا، ولم يختفي أبدًا مثل النمل الذي يترك طاولة النزهة، إلا أنني احتفظت بقوتي مثل النملة التي يمكنها رفع 5000 مرة ضعف وزن جسمها، وذلك بتحويلها إلى قوة إيجابية مثل الفأر الجبار الذي يأتي للإنقاذ.

في سياق سؤالي لنفسي حول نشأة صفاتي الموروثة، سأذكر هنا أنني في اختباراتي الجينية سجلت نسبة مئوية أعلى بكثير من المتوسط من الحمض النووي للنياندرتال، مما يعطي مصداقية لفرضية هارتمان بأنني سليلة للصيادين من عصور ما قبل التاريخ .

إذا لم تُعاقِب الطفل فإنك ترعاه

خلال العصر الفيكتوري، كان الأطفال الرضع في مرحلة التسنين يُعطون الأفيون الذي كان يُشار إليه باسم "علاج الطفل الفقير" للسيطرة على بكاءهم وجعلهم ينامون. كما كان يُعطى للفتيات المراهقات اللاتي وصلن إلى سن البلوغ لعلاج تقلصات الدورة الشهرية من الأمهات والجدات اللاتي تغاضين عنه. وفي يومنا هذا يُبالغ الأطباء في وصف الأدوية النفسية غير المعتمدة من إدارة الغذاء والدواء للمراهقين، وفقًا لما ذكره مات ريتشتيل، الذي تحدث عن هذا الشي المنتشر بكثرة والمثير للقلق في مقالته في صحيفة نيويورك تايمز بتاريخ 27 أغسطس 2022. وروى الكاتب قصة مراهقة كانت مُصابةً بالاكتئاب وتراودها أفكار انتحارية، وعندما لم تنجح العلاجات الدوائية بدأ تشخيصها بحالة من عدم الانتباه، أعقبها

إصابتها بالاكتئاب في الصف الثامن، وقد أضاف لها طبيبها النفسي مجموعة من الأدوية الموصوفة التي كانت تستخدم لعلاج الصرع والفصام وهي لم تكن مصابة بها حتى.

صرح ريتشتيل أنه يتم استخدام المراهقين كفئران تجارب كما ورد في عام 2020 في مجلة طب الأطفال التي وجدت أن 40.7% من الأشخاص الذين تتراوح أعمارهم بين 2 إلى 24 عامًا والذين وُصف لهم دواء لعلاج اضطراب فرط الحركة ونقص الانتباه وُصف لهم على الأقل دواء آخر لعلاج الاكتئاب واضطرابات المزاج والاضطرابات السلوكية والقلق أيضًا. يؤدي هذا التركيز على الأدوية كعلاجات وحيدة إلى "مُعالجة مرحلة المراهقة بالأدوية" وباعتبارها "أساسًا للإفراط الدوائي" بنظر النقاد.

والأمر الأكثر إثارة للقلق من ناحية الأدوية الضارة بصحة المراهقين هو تقرير حديث كتبته ماريا لويزا بول في صحيفة واشنطن بوست بتاريخ 25 أغسطس 2022، حيث تحدثت عن إعادة إحياء مدرسة ميسوري لقانون العقاب بالضرب لتأديب الطلاب داخل الفصل بناءً على طلب أولياء الأمور.

على الرغم من الاهتمام المتجدد بالعقاب الجسدي وعلاج اضطراب فرط الحركة ونقص الانتباه في مرحلة الطفولة، فإنني أشعر بالارتياح من خلال نموذج تعليمي جديد يُعزز الصحة ويركز عليها في الفصل الدراسي الذي يتخلص من العصا ويرعى الطفل.

أحد هذه البرامج هو التصميم العالمي للتعلم ((UDLالذي ناقشته في هذا الفصل. وأعتقد أن مثل هذه التصاميم التعليمية المبتكرة التي تجمع بين الاحتياجات التعليمية للطلاب المصابين باضطراب فرط الحركة ونقص الانتباه والذين لا يعانون منه ستفيدهم وستضيف قيمة إلى حياتهم حتى يتمكنوا من الوصول إلى إمكاناتهم الإنسانية كما ذكرنا إديسون بقوله: "إذا فعلنا جميعنا كل الأشياء القادرون حقًا على القيام بها، فسوف نذهل أنفسنا حرفيًا."

الفصل التاسع

الوصول إلى قوة الموسيقى في الشفاء الداخلي

"عندما أستمع إلى الموسيقى، لا أخشى أي شئ، فأنا محصن، ولا أرى أي خطر. أنا مرتبط بأقدم زمانٍ وأحدثه".

~ هنري ديفيد ثورو

النغمة المثالية

عندما كنت في الحادية عشرة من عمري، صعدت على كرسي لأكتشف كمان والدي المصنوع يدويًا عام 1926 والذي وضعه عاليًا على الرف العلوي في خزانة المعاطف في منزلنا المستأجر. وبما أنه كان مخفيًا عن الأنظار وبعيدًا عن متناولنا فقد بدا من المحرمات بالنسبة لي، حتى امكانية الوصول إلى الأعلى ولمسه. لكنني لم يسبق لي أن رأيت كمانًا عن قرب، لذا أخرجته من الحقيبة لأحمله. قُطع العديد من شعر الخيل الموجود على القوس، وكانت خيوط أمعاء القطط مفككة وملتفة (انظر شكل 20). قبل اكتشافي، سمعت إشارات عابرة عنه، وعن الدروس التي تعلمها والدي عندما كان طفلًا، وكيف رفض منحة دراسية إلى معهد موسيقي شهير لمواصلة دراسته.

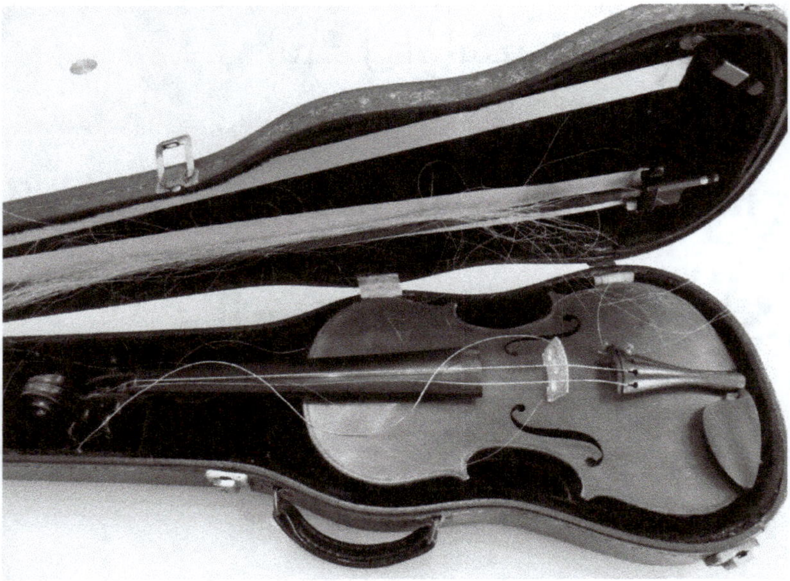

الشكل 20. كمان والدي (1926)

نظرًا لفضولي الشديد لمعرفة المزيد من المعلومات حول تجربة والدي الحياتية، أخبرته عندما عاد إلى المنزل من العمل أنني وجدت كمانه على الرف وفتحت العلبة ونظرت إليه. وكان رده الأول هو: "لماذا كنتِ تلعبين بهذا الشيء القديم؟"

ذهب أبي إلى العلبة وأخرج كمانه ووضعه بوقار تحت ذقنه بيده اليسرى ممسكًا بالقوس بيده اليمنى. مع لمعة بعيدة لمحتها في عينيه، بدأ يتذكر لحظات من الماضي وتخيل نفسه يعزف على الكمان، كما لو كان القوس ينزلق بسلاسة على الأوتار على المسرح، للحظةٍ واحدة فقط. بعد ذلك توقف وظل يتأمل حوله بحزن، وأعاد الكمان إلى علبته ووضعه مرة أخرى على الرف بعيدًا عن الأنظار وبعيدًا عن التفكير. سألته لماذا توقف عن العزف والأداء عندما كان شابًا بالغًا، فقال إن أصابعه أصبحت سمينة للغاية عندما كبر.

تحدث والدي فيما بعد في بعض الأحيان عن سبب ذكرياته السلبية عن العزف على الكمان. عندما كان طفلًا صغيرًا، بحث مدرس موسيقى محلي في الحي الذي

يسكن فيه على مرشحين للتسجيل في الدروس وزار منازل السكان للعثور عليهم. عندما اختبر ممثل المدرسة والدي وجد أنه يتمتع "بأداء مثالي". قام بتجنيده هو وأخته الصغرى – عمتي - التي كانت تعزف على البيانو. أحب جدي الأغاني الهنغارية من "وطنه الأم" في جبال الكاربات والموسيقى الغجرية، لذلك تخيل أطفاله وهم يعزفون هذه الموسيقى لتذكره بالوطن.

وعلى الرغم من أنهم كانوا من الطبقة العاملة - جدي طاهٍ وجدتي ربة منزل - إلا أنهم استثمروا كل دخلهم في دروس الموسيقى وفي شراء وصيانة الآلات الموسيقية. وبعد استثمارهم فيها لم يُسمح لوالدي بممارسة أي من الألعاب الرياضية مثل البيسبول. حينها أصبحت نعمة عزفه المثالي "لعنة" بالنسبة له، عندما كان بإمكان جميع أصدقائه لعب الكرة لكنه ممنوعًا منها لأنه قد يؤذي يديه.

أخبرتني والدتي لماذا كانت أفكاره حول الكمان تثير جنونه. فعلى سبيل المثال، أراد والدي مضرب بيسبول في عيد ميلاده، وعندما رأى هدية طويلة ملفوفة تُشبه المضرب وفتحها انزعج عندما وجد أنها مُجرد قوس كمان. وفي مرةٍ أخرى توقف والدي في ملعب البيسبول بعد الكنيسة صباح أحد أيام الأحد لمشاهدة أصدقائه يلعبون، وعندما عاد إلى منزله عُوقب عقابًا بدنيًا بأسلوبٍ جرماني صارم. وعندما كبر لم يتغلب مطلقًا على صدمات تجارب الطفولة السلبية ((ACEتلك، لذلك ظهرت آثارها عليه بشكلٍ متقطع طوال حياته.

أما أنا، فعندما كنت في الحادية عشرة من عمري، نذرت أن أعزف على كمان والدي ذات يوم، رغم أن ذلك لم يكن ممكنًا آنذاك بسبب التكلفة الباهظة، وعلاوةً على ذلك لم تكن هنالك فرقة موسيقية أو أوركسترا في مدرستي يمكنني أن أتعلم فيها. مرت السنوات وأعار والدي كمانه لأحد أقاربه الذي أراد العزف عليه، وبقي هناك في الساحل الغربي حتى طلبت إعادته وتجديده. في تلك المرحلة كنت قد حصلت مؤخرًا على درجة الماجستير في الإدارة العامة، وطلبت دروسًا في العزف

على الكمان كهدية للتخرج. وفي هذا الوقت بدأت أيضًا دراستي للتنويم المغناطيسي.

ورغم أن معلمتي أخبرتني أن كمان والدي صوته جيد، إلا أنها قالت إن عزفي عليه لم يكن جيدًا. ومع ذلك كنت أثابر كل أسبوع على ممارسة ودراسة الموسيقى الكلاسيكية لمدة سبع سنوات تقريبًا. كان والدي الذي كان يعاني من صراع داخلي فيما يتعلق بالكمان الخاص به خلال هذه الفترة يُعيقه عزفه المثالي، لأنه لم يكن يتحمل حضور الحفلات الموسيقية الخاصة بالهواة الذين يعزفون خارج اللحن لأنها "تضر بطبل أذنيه". لقد تساءل عن سبب إضاعة وقتي في العزف على الكمان لأن نغمة الصوت خاصتي كانت سيئة. لقد توقع أنني عندما أكبر لن أكون أبدًا عضوًا في أوركسترا فلما أُزعج نفسي.

اتفقت معلمتي مع والدي في الرأي وأخبرتني أنني لست كفؤة بما يكفي للعزف في أوركسترا خارج دروسي الخاصة، وفي الواقع فقد أخبرتني في وقتٍ ما قبل الحفل أنني يجب أن أجد مدرسًا آخر لأنها فعلت ما في وسعها، وبعبارةٍ أخرى كنت قضية خاسرة بالنسبة لها.

الحقيقة هي أنني واجهت تحديات جسدية حقيقية في تعلم كيفية العزف على الكمان كشخصٍ بالغ ووجدت صعوبة في لف ذراعي اليسرى ويدي حولها لوضع أصابعي على الأوتار، على عكس الطلاب الأصغر سنًا الذين تشكلت أيديهم حولها منذ نعومة أظافرهم. إن والدي ومعلمتي على حق فيما يتعلق بنغمة عزفي لأنني واجهت مشاكل في ضبط وضعية الكمان الخاص بي.

لكن كان بإمكانهم أن يكونوا ألطف في تقييماتهم التي كادت أن تثبط عزيمتي عن الاستمرار، حتى جاء الوقت الذي حظيت فيه بفرصة المشاركة في الحفل الموسيقي لنهاية العام مع جميع المشاركين في السنة الأخيرة من دروسي. الطلاب الآخرون كانوا أطفالًا ومراهقين، فلم يكن هناك طلاب بالغون غيري أنا وزميل

آخر. كان والدي قد توفي قبل ذلك الحين بأربع سنوات، وكنت أعمل على كتابة رسالة الدكتوراة.

اختارت أستاذتي المقطوعة الموسيقية التي سأعزفها. كانت مقطوعة موسيقية لجورج فيليب تيلمان التي أحببت عزفها للغاية. وقالت إنها خصصت القسم "الأسهل" لي بينما كان على زميلي البالغ أن يلعب القسم "الصعب" لأنه كان أكثر تقدمًا ويعزف أفضل مني. لقد تدربت بحماس في المنزل، ولكن دون جدوى، فعندما أديتُ أثناء جلسة التدريب في استوديو معلمتي الصغير المكون من غرفة واحدة معي كعازف كمان أول ومع معلمتي كعازف فيولا ومع عازف بيانو كمرافق لإكمال الثلاثي، بدت الموسيقى التي عزفتُها متنافرة للغاية، حتى في أذني.

في نهاية التدريب، أخبرتني معلمتي أنها وعازف البيانو لا يستطيعان العزف معي لأن عزفي غير متناغم وخارج الإيقاع، وطلبت مني أن أعود إلى المنزل وأتدرب، على الرغم من أنها لم تكن تحمل أملًا كبيرًا فيّ. بينما كنت أخطو إلى خارج الاستوديو دخلت طفلة آسيوية معجزة تبلغ من العمر 5 سنوات إلى الغرفة مباشرة وهي تحمل كمانًا صغير الحجم وقوسًا في يدها. أثناء عودتي إلى المنزل شعرت بالإرهاق والحزن الشديد، وفكرت في أنني سأجعل من نفسي أضحوكة، ولكن بعد ذلك جاء الصوت المُنقذ من داخلي لإنقاذي.

في ليلة التدريب اتصلت بعميلة كنت قد عملت معها قبل ست سنوات، وهي عازفة تشيلو لكنها درّست العزف على الكمان أيضًا. عندما التقينا لأول مرة، كانت تشعر بعدم الانسجام مع نفسها على الرغم من خبرتها، وكانت تعرف ذلك. وقد أثر ذلك سلبًا على عزفها، كانت تشعر أنها لا تتقدم في مسيرتها المهنية، ونقل لها زملاؤها من خلال تعليقاتهم السلبية رسالة مفادها أنها لا تبدو وكأنها تأخذ جهودها على محمل الجد كموسيقية.

لقد علمتها مهارات القوة الذهنية المتمثلة في التنويم المغناطيسي الذاتي والمراجعة الذهنية والاستدعاء الذهني والحديث الإيجابي مع النفس. معًا أنشأنا

صورًا ربطت عقلها وجسدها وروحها مع التشيلو. ومنذ ذلك الحين تقدمت في منصبها في الأوركسترا من الصف الأخير في قسم التشيلو إلى الكرسي الأول ثم أصبحت عازفة منفردة. عندما اتصلت بها حددنا سويًا لقاءً في الليلة التالية لأنني الآن بحاجة إلى مساعدتها في المقابل.

شعرت بالارتياح للعمل مع هذه الصديقة والخبيرة. تدربنا على العزف على المقطوعة الموسيقية المُختارة للحفل، هي على آلة التشيلو وأنا على آلة الكمان. لقد ساعدتني في الحفاظ على تناغم إيقاعي وتحسين عزفي. غادرت منزلها في الصباح الباكر وشعرت حينها بثقةٍ أكبر في نفسي.

كنت أعلم أن هناك المزيد من العمل الذي يتعين علي القيام به، لذا اشتريت قرصًا مضغوطًا لعازف كمان في حفلة موسيقية وهو يعزف مقطوعة موسيقى الحفل الخاص بي وعزفت معه عدة مرات. كما استخدمت البروفة الذهنية، أي رؤية نفسي والشعور بها وسماعها وأنا أعزف في تناغم وانسجام في الحفل الفعلي. تذكرت في ذهني أحداثًا من الماضي نجحت فيها ومارستُ ما كنت أدعو إليه من خلال تصحيح الحديث السلبي عن النفس إلى تأكيدات إيجابية. وفي الأسبوع التالي أقيمت الحفلة الموسيقية في إحدى القاعات، وكنت أتطلع إليها بفارغ الصبر.

لم يتمكن زوجي من حضور الحفل الموسيقي، لكن جاءت اثنتان من بناتي لسماعي أعزف، وامتلأ الحضور الكبير بأهالي وأقارب الطلاب والمراهقين الصغار. قبل أن أبدأ العرض، واصلت التدرب على العزف على المسرح في ذهني. لقد قمت بالأداء في منتصف الحفل لذلك كان لدي الوقت للاستماع إلى عزف زملائي.

من وجهة نظر الأداء الأقصى، لاحظت أن الطلاب كانوا يواجهون قلقًا في الأداء ومشاكل رهبة المسرح بسبب طريقة عزفهم ومظهرهم، لكن الاختبار الأكبر بالنسبة لي كان الطالب البالغ الآخر الذي سبقني، كان عزفه متقطعًا وغير متناغم لدرجة أن المدربة لم تتعرف على المقطوعة الموسيقية، لذا أوقفَت الأداء في

منتصفه وقالت بصوت عالٍ إنها وعازف البيانو لا يستطيعان الاستمرار. رأيته يعود إلى مقعده ورأسه منحني للأسفل. في هذه المرحلة، ركزت أكثر على موسيقاي وشعرت بالثقة في أنني أستطيع القيام بعملٍ أفضل.

والآن حان دوري. كنت ثابتةً وأخذت نفسًا عميقًا عندما اقتربت من المسرح ووقفت على الأرض أمام البيانو. كنت أحول أي قلق أشعر به إلى عزفي، كنت في منطقة التركيز القصوى. مر الوقت سريعًا، وكنت على دراية بكل نغمة إيقاع، ومزجت النوتات معًا في تناغم. كنت أهدئ نفسي بالعد، تمامًا كما أفعل في التدريب العملي، وكنت واثقةً من حركة أصابعي.

بدأ الموسيقيون الثلاثة في ثلاثينا معًا وانتهوا معًا. تنَفستُ الصعداء في النغمة الأخيرة. كانت معلمتي مندهشةً، أنزلت آلتها ونظرت إليّ وفمها مفتوح على مصراعيه في مفاجأة. وقد أشادت بعزفي في انسجام تام معها ومع عازف البيانو، وأشارت إلى أنني أضفت اهتزازًا لأول مرة لتحسين الصوت. صفق الجمهور، ورفعت رأسي عاليًا، وجلست وأنا أشعر بالامتنان والسعادة تغمر قلبي.

خلال الاحتفال الذي أعقب ذلك، أخذتني معلمتي جانبًا وأخبرتني أنها سعيدة لأن أدائي كان الأفضل في الحفل الموسيقي، بل وأفضل من أداء الطفلة المعجزة. مع العلم أنني كنت مدربةً في الأداء الأقصى ومعالجةً بالتنويم المغناطيسي، سألتني إذا كنت أستخدم التنويم المغناطيسي، قلت لها نعم لقد فعلتُ. كان شعوري رائعًا بتحقيق هدفي، ورأيت والدي، قليل الإيمان، يبتسم لي بروحه، غير مثقل باضطراباته، وشعرت أنه كان مسرورًا أيضًا قائلًا: "انظر إليها وهي تعزف!"

تجربتي الحياتية

كان هدفي في الحياة هو أن أطور من نفسي وأسبق نفسي بطاقة عالية دون أن أعلق في اللحظة الحالية ودون أي وعي ذاتي بأن هذا "الطريق السريع" الذي أسافر فيه سيفيدني أم يعيقني في حياتي. عندما كنت في العاشرة من عمري

تعلمت استغلال وتسخير طاقتي والفوز ببطولات التزلج. كنت أعرف ما يجب أن أفعله بمفردي لمساعدة نفسي، إذ لم يكن لدي مدرب أعتمد عليه.

لقد كانت نفس روح الفأر الجبار هي التي جعلتني أجتاز العديد من التجارب السيئة في حياتي، وأن أظل متفائلة حينما يتبدد كل الأمل، على الأقل من وجهة نظر الأطباء، فكما لم تكن تلك مثبطات بالنسبة لي، لم يكن والدي ومعلمة الموسيقى قادرين على منعي من النجاح وفعل ما أريده. لقد اعتقد كلاهما أنني أعزف على الكمان حتى أتمكن من تطوير مسيرتي المهنية من خلال الانضمام إلى فرقة الأوركسترا، فقد تعلمت العزف على البيانو سابقًا لسنواتٍ عديدة.

وهنا كان والدي ومعلمتي مخطئين. كنت أتعلم العزف على الكمان لأنني كنت أبحث عن التوازن في الحياة، على الرغم من أنني لم أكن أعلم ذلك عندما بدأت هذا المشروع. وفي نفس الوقت الذي كنت أتعلم فيه كيفية العزف على البيانو، كنت مسجلةً أيضًا في برنامج مدرسة إعداد التقارير المحاكم وكنت أتعلم العزف وتقنيات الكتابة على آلة تسجيل التقارير بالمحكمة. في بعض الأحيان كنت أحتار بشأن "الآلة" التي كنت أعزف عليها. وبالإضافة إلى كل ذلك أخذت دروسًا في الرقص النقري لمدة سبع سنوات مما ساعدني على متابعة إيقاعي الداخلي.

لم أكن أنوي أن أصبح مؤديةً مسرحية أو كاتبةً للمحكمة ولا الانضمام إلى فرقة رقص أو أوركسترا. لم أكن إسحاق بيرلمان عازفي المفضل في الحفلات الموسيقية، الذي كان يعزف على الكمان وهو جالس على دراجة نارية بسبب إصابته بشلل الأطفال. إذا نظرنا عن كثب إلى كل ذلك، بدأت أفهم الآن أنني كنت بحاجة إلى تسريع وتيرة حياتي من أجل صحتي ولمساعدة الآخرين الغير متناغمين على فعل الشيء نفسه لأغراض إنسانية من خلال عملي كمدربة للأداء الأقصى وممرضة الصحة السلوكية و المعالجة بالتنويم المغناطيسي الطبي.

بالنسبة لي، عند العمل مع العملاء سواء كانوا أفراد أو مجموعات، كنت أستخدم الموسيقى المقننة والموسيقى الكلاسيكية وأنواع معينة من الأصوات مثل

الدقات والصفارات وزقزقة الطيور خلال كل جلسة كجزء من تدخلاتي العلاجية التنويمية. وبذلك تجاوزت توقعات والدي المحدودة بالنسبة لي كموسيقية ومعالجة.

المرونة في حياة الملحنين العظماء

بدأ الدكتور ريتشارد كوغان العزف على البيانو في السادسة من عمره. درس في مرحلة ما قبل الكلية بمدرسة جوليارد للموسيقى وفي جامعة هارفارد حيث تخصص في الموسيقى وأكمل الدرجة التمهيدية في الطب والإقامة في الطب النفسي والزمالة الأكاديمية في جامعة نيويورك. لقد منحنا نظرة تحليلية ثاقبة حول حياة الملحنين وتجاربهم الحياتية مع مشكلات الصحة العقلية كونه عازف بيانو وطبيبًا نفسيًا من خلال سلسلة محاضراته وحفلاته الموسيقية.

قدم كوغان ندوة في الجمعية الأمريكية للطب النفسي في عام 2001 حول الأمراض العقلية والإبداع الموسيقي، حيث كان تركيزه على القوة العلاجية للموسيقى، وتحدث إلى الجمهور عن الملحنين الذين اختارهم لسلسلته وشغل مختارات ذات صلة من مؤلفاتهم، وتناول صراعاتهم النفسية التي أثرت على عملياتهم الإبداعية، والتي أطلقت مهنة جديدة له.

أشار كوغان إلى حياة ملحنين مشهورين كانوا يعانون من مشاكل نفسية وعقلية أثرت على حياتهم وعقدتها. وافترض أن المرونة مهارة يمكنك اكتسابها وممارستها. من وجهة نظر كوغان، يمكن للموسيقى أن تعزز المرونة كما هو الحال في الحالات التالية للودفيغ فان بيتهوفن والآخرين الذين تناولهم في سلسلته.

لودفيج فان بيتهوفن (1770-1827). صرح كوغان في "عقل وموسيقى بيتهوفن" خلال محاضرته في حفل موسيقي عن بيتهوفن أنه يعتبره مثالًا رئيسيًا على المرونة لأنه تغلب على الصعاب لدرجة تفوق الحدود. عندما اكتشف مثال العبقرية المجنونة والفنان المعذب "بيتهوفن" أنه سيُصاب بالصمم في

العشرينيات من عمره، حاول إخفاء ذلك عن الآخرين وفكر في الانتحار، لكنه قرر ألا يفعل ذلك ليصل إلى أقصى إمكاناته كفنان موسيقي ويحقق هدفه كملحن.

أدى هذا القرار إلى أن يصبح بيتهوفن ملحنًا أفضل بعد ذلك كما افترض كوغان. ومن الفوائد التي جلبها له الصمم أنه لم يتأثر بالتقاليد السائدة لأنه لم يسمع موسيقى معاصريه، وبدلًا من ذلك ابتكر أصواتًا ومقطوعات لم يسبق لأحد أن ألفها من قبل.

في بداية حياة بيتهوفن، كان لديه صدمات بسبب تجارب الطفولة السلبية الناشئة من كون والده مدمنًا للكحول. كان والده هو مدرس الموسيقى الأول له، وكان يتعرض للتهديد أو الضرب إذا لم يتبع توجيهات والده بدقة وكان يمنعه من الارتجال. لكونه صبي بائس، انسحب بيتهوفن إلى عالم الموسيقى والخيال وأحلام اليقظة. لم يتقن بيتهوفن أساسيات الكلمات والأرقام نهائيًا نظرًا لصعوبات التعلم الشديدة، وكانت الموسيقى أسهل بكثير بالنسبة له. يتفق عدة العلماء على أن التأليف بالنسبة له كان مسعى شاقًا، لكنه لم يستسلم أبدًا.

وبعد أن أصبح أصمًا تمامًا أُجبر على التقاعد من العروض المباشرة، وهو ما استخدمه لصالحه. كان يشعر بالإحباط في ذاك الوقت بسبب آلات البيانو الصغيرة التي كانت موجودة في عصره والتي لم يكن لها صدىً يذكر. عندما انسحب إلى عالمه الصامت، ابتكر صوت البيانو الكبير الحديث، حيث يمكنه توجيه غضبه، على سبيل المثال، تجاه سوناتا أباسيوناتا رقم 23 التي لم تُعزف مطلقًا خلال حياته. وهكذا، يقول كوغان أنه ابتكر موسيقى درامية مليئة بالبطولة والنبل في منتصف حياته.

افترض كوغان أن إبداعه الموسيقي أصبح أكثر حميمية وتعبيرًا في نهاية حياته أثناء محاولته التواصل مع العالم الخارجي والكشف عن روحه. أصيب بيتهوفن بالعديد من الأمراض المزمنة والآلام الشديدة في نهاية حياته، وكان في أمس

الحاجة إلى شفاء نفسه. لذلك حاول معالجة الصدمات العالمية من خلال موسيقاه، كما تجسد في خاتمة سيمفونيته التاسعة مع قصيدة الفرح.

فريدريك شوبان (1810-1849). يُعد شوبان مثالًا آخر على المرونة كونه ملحنًا تمكن من الاستجابة للتجارب القاسية من خلال التطبيقات البناءة لعبقريته الموسيقية، وفقًا لكوغان الذي أدى محاضرة موسيقية بعنوان "عقل وموسيقى شوبان" في الاجتماع السنوي لـ APA في مركز مؤتمرات مترو تورونتو.

كما أفاد روبن روجر في عام 2015، نفى شوبان نفسه في فرنسا بعيدًا عن بولندا الحبيبة خلال النصف الثاني من حياته بعد قمع الإمبراطورية الروسية لوطنه، وأدى ذلك إلى إصابته بحزنٍ شديد وتدفقات جنونية في مذكراته وأفكار انتحارية وقاتلة. في العشرين من عمره، سكب شوبان جُل قلقه في مؤلفاتٍ مثل الدراسة الثورية (Revolutionary Etude)، التي حولها إلى شفاءٍ نفسي داخلي من خلال التعبير الحقيقي عن مشاعره. كان شوبان يُعاني من رهاب المسرح عند التأدية أمام الجمهور.

ألف شوبان موسيقى مثل Polonaise، التي سُميت على اسم بولندا، وMazurka، لإظهار حيوية بولندا. وبهذا جعل العالم يدرك التراث الموسيقي البولندي. كان شوبان يُعاني من حالات طبية خطيرة بالإضافة إلى هلاوس بصرية تُسبب له الإرهاق وشبح الموت المستمر. وأشار كوغان إلى أنه لم يكن من قبيل الصدفة أن يكتب شوبان أشهر مسيرة جنائزية في التاريخ، وأنه كان لديه القدرة على النهوض من الشدائد.

ورغم مخاوفه الصحية المنهكة، فقد حافظ على جدول عمل منضبط، فقد كان معلمًا رئيسيًا ملهمًا لطلابه. وبعد وفاته بمرض السل، تم تكريس قلبه في كاتدرائية الصليب المقدس في وارسو ببولندا بناءً على طلب أقربائه ومعارفه، ليكون رمزًا إلى أن منزله هو حيث يوجد قلبه.

سيرجي رحمانينوف (1873-1943). في مجلة ""Psychiatric Times، كتبت المؤلفة ناتالي تيموشين "الإبداع والمرض العقلي: ريتشارد كوغان عن رحمانينوف" في 14 سبتمبر 2016، وتحدثت عن كيف تحمل رحمانينوف المصاعب في شبابه. كان والده مالكًا ثريًا للأراضي لكنه بدد ثروته بسبب القمار. في التاسعة من عمره، أصيب رحمانينوف الذي كان يعيش في سانت بطرسبرغ في أماكن ضيقة بالدفتيريا هو وأخته التي توفيت على إثره، هذه الصدمة جعلته خائفًا من الموت مدى الحياة.

أرسل رحمانينوف لحضور برنامج صارم للعزف على البيانو في موسكو في سن الثانية عشرة، مما أدى إلى تحسين أسلوبه ولكنه جعله يائسًا. وعندما كان مراهقًا اكتشف أن تأليف الموسيقى ساعده في التعبير عن مشاعره. وقد اعترف تشايكوفسكي بقدراته وعينه خليفته فعليًا.

بعد وفاة معلمه، ألف رحمانينوف السيمفونية الأولى، وكان العرض العالمي الأول بمثابة كارثة، ويرجع ذلك جزئيًا إلى أسباب خارجة عن إرادته، وقد تلقى انتقادات لاذعة. وذكر الدكتور كوغان أن هذا الفشل أدخله في نوبة اكتئاب كبيرة استمرت ثلاث سنوات لم يتمكن فيها من التأليف، حيث دخل في حالة من الاكتئاب الشديد ونضوب الأفكار.

في هذا الوقت، طلب المساعدة من الطبيب النفسي نيكولاي دال، الذي كان عازف كمان هاوٍ وأسس فرقة رباعية وترية. بعد تخرجه من كلية الطب، أصبح دال مفتونًا بالاستخدام العلاجي للتنويم المغناطيسي ودرس التنويم المغناطيسي مع جان مارتن شاركو.

افتتح الدكتور دال عيادة خاصة تستخدم التنويم المغناطيسي حصريًا لعلاج المرضى المصابين بالذهان. تكهن كوغان بأن دال استخدم العلاج المعرفي لقمع أفكار رحمانينوف السلبية. وخلال كل جلسة يومية كان دال يضع رحمانينوف في غيبوبة منومة عميقة "في منطقة التركيز الأعمق" ويكرر نفس الجمل والتأكيدات

بعد التنويم، مثل، "سوف تكتب مقطوعات حفلتك... ستكون مقطوعات حفلتك ذات جودة ممتازة..." ازدهر إبداع رحمانينوف و تحسن مزاجه ونومه وشهيته بشكلٍ واضح وكبير بفضل جلساته مع دال.

في هذا الوقت، بدأ رحمانينوف في تأليف مقطوعة البيانو الموسيقية الأشهر على الإطلاق، مقطوعة البيانو الموسيقية رقم 2، والتي كانت مُهداة لطبيبه النفسي. استقر أخيرًا في مدينة نيويورك حيث أصبح عازف بيانو شهيرًا. لكن رغم ذلك، استمر انشغاله وتفكيره بالموت ليصل إلى درجة الرهاب.

ذكر الدكتور كوغان أنه اعترف علنًا بحالته العقلية وظهرت عليه مشكلات تتعلق بالصحة البدنية أيضًا. وقد نُصح بتقليل حفلاته الموسيقية، لكنه قال إن العزف كان يمنحه السعادة ويزيل آلامه.

جورج غيرشوين (1898-1937). في أخبار الطب النفسي، أوردت الكاتبة جوان أريهارت تريشيل في 18 أبريل 2003 تقريرًا حول "عازفة البيانو النفسية تستكشف عقل غيرشوين والموسيقى" تحدثت فيه عن مآثر هذا الملحن العظيم وفقًا لرواية كوغان.

نشأ غيرشوين في الشوارع وكان يسرق الطعام من عربات الطعام ويُشعل النيران وينخرط في معاركٍ بالأيدي، وكان من الممكن أن تُشخص حالة غيرشوين اليوم على أنه اضطراب سلوكي واضطراب فرط الحركة ونقص الانتباه. كان هناك لمحاتٍ قليلة من الموسيقى في حياته حتى بدأ يتغيب عن المدرسة وسمع مصادفةً عزفًا على الكمان من قبل أحد زملائه التلاميذ. في عصرنا الحالي، من المحتمل أن يُوصف له دواء أديرال أو ريتالين، كما ذكر الدكتور كوغان، ولكن بالنسبة لغيرشوين فقد اختفت مشاكله السلوكية عندما وجد الموسيقى.

في سن العاشرة أو الحادية عشرة، أقنع غيرشوين والديه بشراء بيانو، وانكب عليه بكل طاقته العالية، وبحلول سن العشرين حقق أول نجاح له، مقطوعة " "Swaneeالتي سجلها .Al Jolsonأشار كوغان إلى استخدام غيرشوين

للأصوات كجزء من عمليته الإبداعي، وادعى أن إلهام تأليف أغنية Rhapsody in Blue جاء إليه أثناء رحلة بالقطار، وكانت مزيجًا من موسيقى الجاز والموسيقى الكلاسيكية وأكملها في ثلاثة أسابيع.

وبطريقةٍ مماثلة، ألهمت أبواق سيارات الأجرة في باريس مؤلفاته " American in Paris".عندما كبر غيرشوين صار يتمتع بقدرة انتباه ممتازة ولم يعد عرضة للسلوك المتهور. وذكر كوغان أن الموسيقى لم تشفيه من فرط النشاط لكنها جعلته أفضل وأطلقت العنان للعبقرية الإبداعية من داخله. وكانت آخر مؤلفاته هي أوبرا Porgy and Bess باللغة الإنجليزية، والتي تدور حول المرونة.

وفي نهاية حياته أصيب باكتئابٍ شديد بسبب ورم في المخ أثر على حاسة الشم لديه وأصابه بالصداع المزمن. وفي عمر 38 عامًا، لم ينج من العملية الجراحية لإزالته وتوفي.

رحلاتٌ إلى الشفاء من الموسيقى

الملحنون العظماء المذكورون هنا، مثل بيتهوفن وشوبان وراشمانينوف وغيرشوين، واجهوا تجارب ومحن مماثلة في تعلم كيفية العزف على الآلات الموسيقية وكيفية تأليف السمفونيات وكيفية مساعدة أنفسهم على الشفاء عقليًا وعاطفيًا وروحيًا إن لم يكن جسديا. كان هذا حقيقًا خاصّة بالنسبة لبيتهوفن الذي كان يعاني من صممٍ غير قابل للشفاء.

من بين محاولاتي الثلاث للتواصل مع الموسيقى من خلال تعلم الكمان والبيانو والرقص النقري، كانت الطاقة الحركية لقدمي الراقصة هي التي ساعدتني مع الصوت السمعي لنقراتي على حلبة الرقص في تناغمٍ مع أصوات نقرات مدرب الرقص الخاص بي الذي قمت بمحاكاة تصميم رقصاته بصريًا في مرآة الفصل.

في كتابه الصادر عام 1989 بعنوان "زئير الصمت: القوى الشفائية في التنفس والنغمات والموسيقى"، تحدث المؤلف دون كامبل عن رحلته الموسيقية وتعلمه

لكيفية التواصل مع موسيقاه خارج غرفة التدريب والمسرح لمساعدة نفسه والآخرين على الشفاء بواسطة التأمل. تدرب كعازف على الآلات الموسيقية وعازف بيانو في سنٍ مبكرة، وكان يقترب من المصدر، وهو مكان يكاد يكون خارج نطاق التفكير كما وصفه، حيث تتناغم الروح والنفس والجسد. ثم، بأصغر حركة، يغير اتجاهه ويبتعد عن المساحة المُحببة له.

التحق بمعهد الموسيقى في الثالثة عشرة من عمره، وبدأ يفهم أهمية أن يصبح موسيقيًا وشعر أنه لم يكن جيدًا بما فيه الكفاية. درس في المدرسة الثانوية والكلية وكان موهوبًا ومُبدعًا حتى تخرج بمرتبة الشرف. لكنه اكتشف في مرحلةٍ ما أنه تعلم قدر المستطاع عن الموسيقى لكنه نسي كيفية الرقص. كان يشعر بشدٍ في أكتافه، وبكبتٍ في موسيقاه، ولم تكن هنالك نماذج موسيقية يمكنها أن تغيره.

بعد سنوات من التدريس والعزف والأداء وإلقاء المحاضرات، عرف أن عليه أن يعزف الموسيقى مرة أخرى في قلبه. حينها وجد الطبيب كتلة مشكوك فيها في الجزء العلوي من رئته اليسرى وكان يشتبه في إصابته بمرض عظمي منهك، وقال إن ذلك كان بسبب التوتر وأنه بحاجة إلى الاسترخاء والهدوء وإبطاء رتم حياته. حزن كامبل وشعر بجرحٍ في قلبه وغضب بشدة. كتب لنفسه رسالة قوية، ووقف على مكتبه وضرب بيديه وقدميه ورقص طوال الليل. لقد كانت طقوسًا علاجية، وسيطرت قوة الموسيقى. وبعد هذه النوبة، جلس هادئًا لمدة يومين وبكى من "حرية" الألم. وعندما عاد إلى الطبيب لم تكن هناك أي علامات على حالة الرئة أو العظام.

كتبت موسيقية أخرى تُدعى "جاناليا هوفمان" في كتابها الصادر عام 1995 بعنوان "الطب الإيقاعي: موسيقى ذات غرض" عن أهمية الموسيقى في حياتها والتي ظهرت عندما كانت طفلة صغيرة تعزف على البيانو وتتنافس في السابعة من عمرها. فبالنسبة لها كانت الموسيقى وسيلة للافراج عن مشاعرها والتعبير عن

ذاتها. عندما حان الوقت للذهاب إلى الكلية، قررت أنها ستدرس الموسيقى كتخصص.

بينما كانت هوفمان تعمل على حفلها الكبير للعزف على آلة موسيقية، أدركت أنها ظلت تتدرب على الآلة لمدة أربع ساعات يوميًا وتجلس بمفردها في كنيسة وحيدة وتشعر بالعزلة. كانت تعتبر نفسها اجتماعية، وأمضت عامين في تعلم سوناتا باخ، وشعرت بفضلها ببعض لحظات الفخر. ومع ذلك، في أحد الأيام، مرت بلحظة إدراك لتكتشف أنها لا تريد أن تصبح عازفة في الكنيسة أو موسيقيةً محترفة أو عازفة. عندما استفاقت، أدركت أن اهتماماتها الحقيقية كانت في مساعدة البشرية. حينها أصبح مدى تأثير الموسيقى على المشاعر والصحة الجسدية هو شغفها. وبعد أشهر قليلة من تخرجها بشهادتها في علم الآلات الموسيقية، عادت إلى الكلية وحصلت على شهادتها في العلاج بالموسيقى.

نظرًا لأنه لم يكن من السهل العثور على موسيقى يمكنها إبطاء انسجام الجسم والعقل، فقد استفادت من تدريبها في المعهد الموسيقي إلى جانب موسيقى الباروك وبدأت في تأليف موسيقاها العلاجية الخاصة. إحدى مفاجآت عمل هوفمان باستخدام الموسيقى كانت عندما مر الناس بتجارب روحية عفوية. فقد وجدت أنه من المفيد مساعدة شخصٍ ما على خفض ضغط دمه وتهدئة نفسه بالموسيقى، وكانت الفائدة الجانبية هي زيادة الروحانية.

الانسحاب مع الإيقاعات الجسدية والموسيقية

أشارت هوفمان إلى أن خلايانا كبشر تبدأ منذ لحظة الحمل بالانقسام والتكاثر في الرحم الذي يرتجف مع نبض أمهاتنا ويستمر حتى آخر نبضة قلب تحتضر. فنحن كائنات إيقاعية منسوجة في شبكة معقدة من النبضات ونرقص دائمًا على إيقاعات الساعة البيولوجية والهرمونية.

ذكرت هوفمان أن إيقاعاتنا الشخصية مرتبطة بدورات الكواكب ليلًا ونهارًا والمد والجزر وتغير الفصول. يستجيب الجميع للإيقاعات والأصوات. في الواقع، نحن نولد مع الخوف من الضوضاء العالية والخوف من السقوط. كما أن أول صوت يسمعه الجنين هو صوت نبضات قلب أمه. تخلق تجاربنا المبكرة علاقة وثيقة بين الإيقاعات الجسدية والموسيقية. وبعد الولادة يُهز الأطفال عندما يكونوا بحاجة إلى الراحة مما يخلق ارتباطًا قويًا بين الاسترخاء والإيقاع.

أشارت هوفمان إلى دراسة حيث قلت مستويات القلق لدى المتطوعين بعد سماع إيقاعات محاكاة مريحة. ألهمت هذه الدراسة هوفمان بتأليف مقطوعة موسيقية تُشغل بمعدل 50 أو 60 نبضة في الدقيقة. وقد استخدمت هذا المبدأ حيث يستجيب معدل ضربات قلب المستمع للإيقاع البطيء والثابت للموسيقى وتبدأ نبضات القلب في المزامنة. وتسمى هذه الظاهرة بالإنسحاب (.(entrainment

لاحظت الممرضات في وحدات رعاية حديثي الولادة عملية الانسحاب عندما يُوضح الأطفال ذوي معدلات ضربات القلب الطبيعية بالقرب من الأطفال الذين يعانون من عدم انتظام ضربات القلب ويبدأون في الانسحاب والتناغم معهم. ولتصحيح عدم انتظام ضربات القلب تُنقل أسرة الأطفال بعيدًا عن بعضها البعض حتى لا تتأثر سلبًا. يمكن أن يعمل الإنسحاب في كلا الاتجاهين سواء لإبطاء معدل ضربات القلب أو تسريعه. قالت هوفمان إن الموسيقى المقننة تساعد على إبطاء إيقاعات الجسم مما يمنح الشخص نقطة مرجعية للتفاعل معها. لكن عندما لا تكون على دراية بإيقاعاتك الداخلية، لا يمكنك تغييرها أو تحديد أي نقاط مرجعية. وهذا ما تفعله لنا الموسيقى المُوَجِّهة بشكلٍ خاص.

قد يكون إخفاء صوت الاهتزازات السلبية مثل صوت مكيف الهواء العالي أو الطنين المزعج مفيدًا ولكنه لا يزيل المشكلة، وذلك لأن الصوت عبارة عن اهتزازات كما أشارت هوفمان، وحتى إذا لم تتمكن من سماعها بأذنيك فإنها لا تزال تؤثر على جسمك. وبما أن أجسادنا تحاول دائمًا أن تتزامن مع الإيقاعات

الخارجية، فإن مجرد تغطيتها سيكون بمثابة كنس التراب إلى أسفل السجادة، لأنه سيتعين عليك تنظيفها في مرحلة ما. في ثقافتنا السائدة، نحن ممنوعون من الرقص، إلا في حالة الاحتفال بثنائي في حفل زفاف على سبيل المثال، وأشارت هوفمان إلى أن هذا يخلق تثبيطًا، على عكس الاحتفالات الطقسية العرقية حيث يرقص الجميع معًا ويتناغمون مع الموسيقى بحرية.

الانسحاب والتعلم المعزز

أوضحت هوفمان كيف أنه من خلال خفض إيقاعات الجسم تزداد قدرتنا على تذكر الحقائق والأرقام بنسبة كبيرة، واستشهدت بعمل الدكتور جورجي لوزانوف من بلغاريا المعروف بـ "أب التعلم السريع" والذي طور تقنية تُسمى "علم الاقتراحات". تُسمى هذه التقنية الآن طريقة التعلم السريع، وقد حسنت التعلم والقدرات العقلية من خلال الاسترخاء والتصور التخيلي عندما تكون مصحوبة بموسيقى باروكية بطيئة بمعدل 60 نبضة في الدقيقة في الخلفية.

في كتاب "التعلم الفائق" الصادر عام 2000، استشهد الكاتبان شيلا أوستراندر ولين شرودر بأبحاث أجريت في اليابان في إحدى الجامعات حيث جلس 400 طالب هندسة يتنفسون بتزامن في قاعة محاضرات كبيرة بينما كان البروفيسور الدكتور هيديو سيكي يقتبس ويقرأ من كتابه المدرسي ويتحدث عن الكهرباء والمغناطيسية. بدت نغمة ناعمة تضبط وتيرة صعود وهبوط أنفاسهم بينما كان يقرأ محاضرة اليوم بإيقاع غير عادي.

بعد ذلك، ترك الأستاذ دفتر ملاحظاته وخفض الأضواء وظهرت الرسوم البيانية ذات الألوان الزاهية على الشاشة بإيقاعٍ دقيق، بينما كان الطلاب يستمعون إلى أغنية "Air in G" Bach و" Vivaldi " Four Seasons لتتناسب مع الموسيقى. جلس الجميع في صمت. ومع تلاشي الشريحة الأخيرة، استرخى الطلاب وانتقلوا بأجسادهم إلى منطقة التركيز العميق وأغمضوا أعينهم واستمعوا إلى موسيقى الباروك، واستمعوا إلى أستاذهم وهو يقرأ الدرس بالضبط على إيقاع

الموسيقى البطيء والمستقر. وفي نهاية الفصل الدراسي نشر الدكتور سيكي المهندس وأخصائي المعلومات تقارير تبين أن أسلوبه في التدريب أدى إلى تحسين نسبة الدرجات العالية لدرجة كبيرة وتقليل نسبة الدرجات المنخفضة.

عندما ابتكرت هوفمان موسيقاها الفريدة لمساعدة عملائها على ضبط نبضات قلوبهم، كانت تجلس أمام البيانو معصوبة العينين وتدخل منطقة التركيز في تأملٍ عميق، ثم تنتظر تدفق الأفكار، بينما تترجم أصابعها ما تشعر به في الموسيقى. يمكنني أن أشهد شخصيًا على فعالية أسلوب "التعلم الفائق" هذا عندما كنت أدرس كتابة تقارير المحكمة. لقد عملت على تحسين الذاكرة والسرعة والكتابة وتسجيل الشهادات مما وفر الوقت.

في مقال افتتاحي بعنوان "سماع الموسيقى وشحذ العقل" في مجلة ساينتفيك أمريكان في الأول من نوفمبر 2010، أشار المؤلفون إلى دراسة حول "تأثير موزارت" حيث عزف المعلمون مقطوعات البيانو لموزارت في الفصل الدراسي لتهدئة الطلاب ومساعدتهم على التركيز. كما تحدثوا أيضًا عن كيف تُظهر لنا تقنيات المراقبة المتقدمة الآن ما يحدث في رؤوسنا عند الاستماع إلى أمهاتنا والتدرب على العزف على الكمان لمدة ساعة بعد ظهر كل يوم.

لقد وجد الباحثون أن دروس الموسيقى يمكن أن تنتج تغييرات عميقة ودائمة تعزز القدرة العامة على التعلم. فعلى سبيل المثال، تبين أن التدريب المتواصل على الآلات الموسيقية منذ سن مبكرة يمكن أن يساعد الدماغ على معالجة الأصوات بشكلٍ أفضل مما يجعل من الأسهل الحفاظ على التركيز عند استيعاب موضوعات مثل الأدب والرياضيات وتعلم اللغات الأجنبية.

الطلاب الذين يدرسون ويعزفون على الآلات الموسيقية يكونون أكثر مهارة في التركيز في صف علم الأحياء، ولاحقًا في حياتهم يكونون أمهر في إتمام صفقة في مكالمة هاتفية مع عميل. يمكن للتدريب الموسيقي أن يساعد الطلاب على الاهتمام والتركيز على عدة أشياء في وقتٍ واحد والقيام بمهام متعددة. قد

تساعد هذه المهارات الموسيقية الأشخاص الذين يعانون من صعوبات التعلم على تحسين الكلام والفهم.

أوركسترا العقل

أكدت هوفمان أنه من المهم ألا يشعر قادة الأوركسترا بالتوتر أثناء العروض لأن التوتر يتعارض مع تناغم التنفس الطبيعي لجميع عازفي الأوركسترا الذين يرافقونهم. سحر الموسيقى هو أن كل إيماءة وكل حركة دقيقة للمؤدي يجب أن تكون مرتبطة تمامًا بنبضه وإلا فشل الأداء. إذا نظرنا إلى الماضي، يمكنك قول ذلك، على الأقل جزئيًا، عن العرض العالمي الأول لرحمانينوف لسيمفونيته الأولى والأراء والمراجعات الكارثية التي تلقاها عندما كان قائد الأوركسترا مخمورًا ولم يتدرب عازفو الأوركسترا بشكل كافٍ. فحتى لو كان العازفون متوترين، فإن العازفين الخاضعين لتوجيهات قائد هادئ وغير متوتر سيتحسن أدائهم استجابةً للنبض المنقول، مما يضمن أداءً علاجيًا عالي الطاقة ليستمتع به الجمهور.

تحدث المؤلفان ماكس بيرتوليرو ودانييل باسيت في مقالة نُشرت في يوليو 2019 بعنوان "كيف تصبح المادة عقلًا" في مجلة العلوم الأمريكية عن ألية عمل الشبكات الموجودة في أدمغتنا وتكوينها لأساس وظائفنا المعرفية من خلال النظر في تشبيه أوركسترا تعزف سيمفونية، وذكروا أنه حتى وقت قريب كان علماء الأعصاب يدرسون وظيفة مناطق الدماغ الفردية بمعزل عن غيرها، وهو المعادل العصبي لمشاهدة المقاطع الوترية والإيقاعية والنحاسية وآلات النفخ الخشبية. وكما أنه من المفيد أن نفهم كيف تساعد اللوزة الدماغية في معالجة العواطف، فمن المهم أيضًا أن نفهم كيف يصدر الكمان أصواتًا عالية الطبقة.

ومع ذلك، فحتى القائمة الكاملة لمناطق الدماغ ووظائفها لا تخبرنا بألية عمل الدماغ، كما أن قائمة الآلات الموسيقية لا تزودنا بمعلومات حول كيفية عزف سمفونيات بيتهوفن. فكما أن مجموعة من الآلات ليست موسيقى، فإن مجموعة الموصلات العصبية لا تمثل وظيفة الدماغ.

طلب منا المؤلفان بيرتوليرو وباسيت أن نتخيل سيناريو حيث يتعين على كل موسيقي في الأوركسترا تغيير النوتات الموسيقية المعزوفة في كل مرة يغير فيها موسيقي آخر نغماته. وتوقعوا أن الأوركسترا ستخرج عن نطاق السيطرة ولن تنتج موسيقى جميلة بكل تأكيد. على الرغم من أن وحدات الدماغ تعمل بشكلٍ مستقل إلا أن النظام يتطلب العزف على عائلات الآلات الموسيقية في انسجامٍ تام.

يعكس تكوين الوصلات الدماغية الصحة العقلية للفرد، حيث أن الدوائر المتأثرة بالفصام على سبيل المثال تمتد على نطاق واسع عبر الدماغ بأكمله. لا يوجد شيء غير طبيعي في الوحدات الفردية كما اكتشف علماء الأعصاب، ولكن هناك وفرة مفرطة في الروابط بين الوحدات.

الموسيقى هي العلاج

وفقًا لما ذكره المؤلفين ويليام طومسون وجوتفريد شلاوغ في مقالٍ نشر في مارس/أبريل 2015 بعنوان "القوة العلاجية للموسيقى" في مجلة Scientific American Mind، تستخدم العلاجات الجديدة الإيقاع والنغمات والألحان لمساعدة الذين يعانون من اضطرابات الدماغ على استعادة اللغة والسمع والإدراك والحركة والعاطفة.

تُعد الموسيقى أداة فعالة بشكلٍ فريد لعلاج اعتلال الجهاز العصبي لأنها تستخدم كل منطقة من الدماغ تقريبًا. وأنا أستخدم الموسيقى المقننة عندما أساعد عملائي على التعافي من السكتات الدماغية في برنامجي التقدمي "التدريب من أجل الاسترداد". تُشير دراسات التصوير إلى أن الاستماع إلى الموسيقى أو تشغيلها يحفز النشاط ويعزز الاتصالات عبر نطاق واسع من مناطق الدماغ التي تشارك عادةً في العاطفة والإدراك والمكافأة والإحساس والحركة.

الموسيقى دواء للعقل لا يحتاج إلى وصفة طبية وتُشجع الناس على التحرك مع الإيقاعـ حيث تساعد التمارين البدنية في تحسين الدورة الدموية وصحة الدماغ والوظائف الحركية الدقيقة.

الموسيقى عاطفية، كما ذكر طومسون وشلاوغ، فهي تُحفز حالات عاطفية عن طريق إحداث تغيير في توزيع المواد الكيميائية العصبية التي يمكن أن تحفز حالات مزاجية إيجابية وتُزيد المتعة والإثارة، مما يسرع عملية الشفاء وإعادة التأهيل.

ومن السمات الأخرى للموسيقى أنها جذابة بحيث تُحفز المرضى على المشاركة بتركيزٍ وتفانٍ. تسمح الموسيقى بالتزامن مع الروح وتساعد المستمعين من خلال النقر أو الغناء مع اللحن ومن خلال معالجة المشكلات بالتوقيت والبدء والتنسيق لدى الأشخاص المصابين بالسكتة الدماغية.

ولكونها اجتماعية، يمكن أن تكون الموسيقى تجربة جماعية تساعد على التعافي والتأقلم وإعادة التأهيل. ومن خلال الربط بين كلمات الأغاني والأفلام، يمكن أن تبدو الموسيقى أكثر إقناعًا. إذا آمن الناس بعلاجاتهم فإن مواقفهم ستصبح أكثر إيجابية، حسبما افترض طومسون وشلاوغ.

وبالإضافة إلى كل ذلك، فإن طبيعة الموسيقى قد تُساعد الناس على استحضار الذكريات والشعور بهويتهم. قد يؤدي العلاج بالألحان والأنغام بشكلٍ مكثف على مدار أشهر إلى مكاسب طويلة المدى قد تؤدي إلى إنشاء مسارات بديلة في الدماغ، حسبما ذكر المؤلفون.

في مقالة نُشرت في يوليو/أغسطس 2010 بعنوان "التحدث بالنغمات" في مجلة Scientific American Mind، تحدثت "ديانا دويتش" عن آلية عمل الموسيقى واللغة معًا كشركاء في الدماغ وكيف يساعدنا إحساسنا بالأغنية على تعلم التحدث والقراءة وتكوين الصداقات. ولطالما جادل الموسيقيون بأن الكلام واللحن مترابطان.

لكن تعارضت هذه الفكرة مع ما كان يخبرنا به علماء الأعصاب من أن الكلام واللغة مسؤولان من منطقتين منفصلتين في الدماغ. في الواقع، عندما تستمع إلى مقطوعة موسيقية كتبها موديست موسورجسكي الذي كان يعتقد أن الحديث والموسيقى متشابهان، قد تجد نفسك فجأة "تسمع" اللغة الروسية، أو تجد نفسك تتجول في معرض فني في "معرض الصور".

بحلول أواخر التسعينيات، سلط الباحثون الضوء على أن بعض جوانب الموسيقى تشغل نصف الكرة الأيسر أكثر من النصف الأيمن. كما أظهرت أحد الأبحاث أن إدراك الموسيقى وتقديرها يمكن أن يؤثر على مناطق الدماغ المرتبطة عادةً بالعمليات اللغوية. للكلام لحن طبيعي يُسمى النغمة، والذي يشمل مستوى طبقة الصوت العام ونطاق طبقة الصوت ومحيطها، فغالبًا ما يتحدث الناس بسرعة أكبر وبنبرةٍ أعلى عندما يكونون سعداء، وعندما يشعرون بالحزن يتحدثون ببطء وبنبرة صوت منخفضة، حسبما ذكر دويتش. تحدث بعض خصائص طبقة الصوت والتوقيت الخاصة باللغة المنطوقة في الموسيقى، مما يُشير إلى وجود تداخل عصبي بين المنطقتين.

أوضح دويتش أنه عند الولادة، يكون الأطفال على دراية بالفعل بلحن كلام أمهاتهم، حيث كشفت التسجيلات الصوتية المأخوذة داخل الرحم في بداية المخاض أنه يمكن سماع أصوات الكلام الصادرة عن الأم، وتُحفظ ملامح درجة الصوت وارتفاع الصوت والإيقاع جيدًا في ذاكرة الأطفال، حيث يُردد الأطفال ألحان لغتهم الأم عندما يبكون قبل أن يتحدثوا بوقتٍ طويل. تساعد الصفات الموسيقية للكلام على الترابط بين الأم والطفل، ويمكن أن يساعد التدريب الموسيقي الأطفال على اكتشاف المشاعر التي ينقلها الكلام. تُعد درجة الصوت المثالية أمرًا شائعًا لدى المتحدثين بلغات الماندرين الذين بدأوا الدروس في سن الخامسة أو قبلها مقارنة بالمتحدثين باللغة الإنجليزية.

تشغيل الموسيقى مفيدٌ للصحة

صرحت "جوليا كالديرون" في مقالتها التي ناقشتها في مجلة Scientific American Mind في عام 2015 حول اكتشاف الباحثين أن تعليم الموسيقى يمكن أن يمنح فوائد معرفية للأطفال الصغار وحتى المتقاعدين، أن "مزايا تعلم العزف على آلة موسيقية يمكن أن تستمر لعقودٍ من الزمن".

الأطفال الصغار جاهزون لهذا المجال من الدراسات لأن أدمغتهم مُهيأة لتطوير المهارات اللغوية التي تُعززها الموسيقى. وتشير العديد من الدراسات - وفقًا للكاتبة - إلى أن الأطفال الناشئين في مناخ موسيقي لديهم مهارات معرفية أقوى، بما في ذلك مفردات أفضل وقراءة أصح وإدراك سليم.

إن العزف في فرقة أو الغناء في جوقة يوفر نوعًا آخر من الفوائد، حيث أثبت الباحثون أن تأليف وعزف الموسيقى في مجموعة يحسن التواصل والتنسيق والتعاون والتعاطف بين أعضاء المجموعة.

قد تستمر مزايا الموسيقى لعقودٍ من الزمن، لكن بعضها قد لا يستمر. فعلى سبيل المثال، على ما يبدو أن الأطفال الموسيقيين لديهم تفكير خاص أفضل من أقرانهم من غير الموسيقيين، لكن البالغين ليس لديهم تلك القدرة. المجالات التي يتفوق فيها الأطفال والشباب الموسيقيون مقارنة بأقرانهم غير الموسيقيين هي المعالجة السرعة والذاكرة والانتباه، والتي ترتبط بالتدهور المعرفي في الشيخوخة.

تتزايد مجموعة من الدراسات التي تُشير إلى أن الممارسة الموسيقية مدى الحياة تجعل أدمغتنا أصح مع تقدمنا في السن وخاصةً في مكافحة فقدان السمع، وفقًا لكالديرون. ويبدو أن الموسيقيين الذين تتراوح أعمارهم بين 45 و65 عامًا يفتقرون إلى أربع من السمات الخمس المميزة للتدهور بالتقدم في السن، بما في ذلك استجابات الدماغ المتسقة والسريعة للكلام والقدرة على فهم الكلام في البيئات الصاخبة، فضلًا عن ذاكرة أقوى وتركيز وانتباه أفضل ومعالجة أسرع.

الموسيقى وكونها معالج قوي

صرحت "كارينا مارجيت إرديلي" في مقالتها المنشورة في فبراير 2020 حول كيفية تحسين العلاج بالموسيقى للصحة العقلية قائلة: "لطالما كانت قوة الموسيقى بمثابة وسيلة للشفاء".

على الرغم من أن العلاج الحديث بالموسيقى هو مفهوم نشأ في القرن العشرين، إلا أن أصوله تعود إلى اليونان القديمة حيث كان الأطباء والموسيقيون يقنطون سويًا في مزارات الشفاء المقدسة، كما وصفت نصوص البردي الطبية المصرية القديمة تعويذات تشبه الترانيم لشفاء المرضى، وفي الطب الصيني، يُنظر إلى الموسيقى كونها تتوافق مع أجهزة الأعضاء الخمسة المختلفة وأنظمة الاحداثيات المستخدمة لتعزيز الشفاء، وأيضًا تُصدر أوعية الغناء التبتية صوتًا يُعزز الاسترخاء والشفاء. وجدت دراسة أجريت عام 2016 أن هذا التأمل يقلل من الاكتئاب والغضب والتوتر والتعب والقلق.

نشأ العلاج الحديث بالموسيقى خلال الحرب العالمية الثانية عندما كان العديد من الجنود يعانون من ويلات الحرب ويعانون من صدمات جسدية وعاطفية، وتم إيداعهم في المؤسسات العلاجية بسبب عدم قدرتهم على العمل في المجتمع. في ذاك الوقت بدأ موسيقيون متطوعون هواة و محترفين بالعزف أمام المحاربين القدامى الذين يُعالجون في المستشفيات. وبعد ملاحظة التأثير الإيجابي، بدأ الأطباء والممرضون في طلب زيارات منتظمة من الموسيقيين.

كان يُعتقد أن سماع الأغاني الشعبية والمألوفة يساعد على تهدئة الجنود وإعادة اتزانهم لأنها تُعيدهم إلى وقتٍ أكثر سلامًا في حياتهم. ومع اكتساب الزخم والشهرة، بدأت برامج التدريب على العلاج بالموسيقى في الظهور، كما هو الحال في جامعة ولاية ميشيغان في عام 1944، والتي قننت هذا النهج باعتباره نظامًا علاجيًا. في مقال نشرته صحيفة نيويورك تايمز في أبريل 2021 عن "قوة الموسيقى العلاجية"، تحدث المؤلف ريتشارد شيفمان عن تزايد استخدام العلاج

بالموسيقى لمساعدة المرضى على تعزيز سرعة الشفاء وتقليل التوتر. واليوم تم التحقق من صحة فوائده من قبل الباحثين الطبيين، ويستهدف استخدامه علاجات الربو والتوحد ومرض باركنسون ومرض الزهايمر والصرع، فضلًا عن الاكتئاب.

وجدت الموسيقى الحية المباشرة طريقها إلى غرف انتظار المرضى، فهي ترحب بالمواليد الجدد في وحدات العناية المركزة لحديثي الولادة وتُريح العجائز على فراش الموت. تساعد الموسيقى على التغلب على التوتر وعلى زيادة قدرة أجسادهم على الشفاء. تُعدَل الموسيقى في البيئات الطبية وفقًا لأنماط التنفس ومعدل ضربات القلب للمرضى من أجل التحفيز. وتتواجد الموسيقى في غرف العمليات لتقلل من الحاجة إلى أدوية التخدير، خاصةً عندما يتم دمجها مع تدخلات العلاج بالتنويم المغناطيسي كما استخدمت في برنامجي "عملية الشفاء".

أفاد شيفمان أنه خلال جائحة كوفيد-19، كان عازفو القيثارة يغنون للمرضى عند مدخل المستشفى، فضلًا عن عقد جلسات علاجية خاصة للموظفين في الهواء الطلق، كان هدفهم تهدئة الناس وطمأنتهم ومنحهم الأمل. في مقالٍ عن "الموسيقى كمخفف قوي للقلق" نُشر في عدد خريف 2021 من مجلة Clio's Psyche، تحدثت الكاتبة "جولي جافي ناجل" الموسيقية الكلاسيكية وعالمة النفس والمحللة النفسية عن قوة الموسيقى خلال أزمة جائحة كوفيد-19 وكيف استخدمت تدريبها كموسيقية لمساعدة مرضاها. كانت إحداهن تدندن أثناء دخولها جلستها، ثم أخبرتها المريضة أنها حضرت حفلًا موسيقيًا قبل بدء الجائحة وتمنت لو كان بإمكانها مشاركتها، فتساءلت "ناجل" عما إذا كان لدى المريضة المزيد للتعبير عنه وشجعتها على القيام بذلك أثناء الجلسة لمعرفة المزيد، وقد فعلت ذلك بالفعل.

تحدثت "ناجل" عن إشعال الوباء لأزمة الصحة العقلية، واقترحت استخدام الموسيقى في توسيع نطاق العلاج بما يتجاوز الأساليب التقليدية لتلبية الاحتياجات العاطفية والجسدية للناس. لقد أجبرنا الوباء - بحسب ما قالته ناجل - على التوقف عند مفترق الطرق للنظر إلى مستقبلنا والتعلم من تاريخنا والمضي قدمًا لإنشاء مناطق راحة آمنة وصحية. وأشارت إلى الموسيقيين كسفراء لحظاتنا التاريخية حيث تتقاطع الطرق السمعية والشفوية.

شفاء الطفل الداخلي من خلال الموسيقى والتنويم المغناطيسي

تشير ناجيل في مقالها عن تخفيف القلق من خلال الموسيقى، إلى أن التجارب المؤلمة في الطفولة، كالّتعرض للهجر أو المرض أو الانتقال إلى مكان جديد أو فقدان أحد الأحباء أو الطلاق أو انعدام المساواة الاقتصادية أو تفكك العائلة، تترك جراحًا عميقة في نفوس الأطفال، وتؤثّر سلبًا على نموهم النفسي وسعادتهم.

ولكنها تؤكد على أن أسلوب التعامل مع هذه التجارب في الطفولة يختلف تمامًا عن أسلوب التعامل معها في سن البلوغ. فالعقل والمنطق والانشغال بالأنشطة الإنتاجية لن تكون كافية لإخماد نيران المشاعر العارمة التي تستقر في أعماق عقولنا الباطنة. تلك "الأشباح" القادمة من الماضي، كما تصورها الكاتبة، ستطاردكم في لحظات الضعف والتوتر، وحينها ستشعرون بوَابلٍ من المشاعر المكبوتة التي ظننتم أنكم تخلصتم منها منذ زمن بعيد.

وعندها، تصبح الكلمات عاجزة عن التعبير عن حجم الألم الذي يعتصر قلوبكم، وتجدون أنفسكم تغمضون أعينكم وتغطون وجوهكم بأيديكم، ولكنكم لا تستطيعون إيقاف تلك الألحان الحزينة التي تُعزف في أعماق أذهانكم. وهنا، تقترح ناجيل أن الموسيقى قد تكون الطبيب الناجع لجراح النفوس، والملهم للسلام الداخلي.

وفي فصل من كتاب هوفمان عن استخدام الموسيقى للتواصل مع الطفل الداخلي، تتحدث عن الأسباب التي قد تدفعكم إلى البحث عن ذلك الطفل المخفي في داخلكم، ومنها: ذكريات الطفولة المؤلمة التي لا تزال تؤرقكم وتقيد حريتكم، وشعوركم المستمر بأنكم ضحايا وأن الألم لا يفارقكم، وكذلك شعوركم بأنكم تُخرّبون أعمالكم دون أن تعرفوا السبب. ومن بين الأسباب الأخرى التي تدفع للغوص في ذكريات الطفولة: الاكتئاب، والعصبية عند التعامل مع الأطفال، ومشاكل الإدمان، واضطرابات الأكل.

وإذا ما تعرضتم لإساءة المعاملة في الطفولة أو لم تُلبّ احتياجاتكم النفسية والعاطفية، فإن الطفل الداخلي يختبئ في أعماقكم، ويظهر شخص زائف لحماية ذلك الطفل الضعيف. وتؤكد هوفمان على صعوبة التعامل مع هذه المشاعر في سن البلوغ، فالأسهل هو بناء آليات دفاع وإنكار وجود تلك المشاعر وكبتها.

وقد يخاف البالغون من مواجهة طفلهم الداخلي المتفجر بالمشاعر. ولأن الموسيقى، كما تُشير هوفمان، تُعالَج في النصف الأيمن من الدماغ، حيث تُخزّن جميع مشاعرنا، فإنها تُعدّ أداة قوية لخلق الصور الخيالية في العقل. وتعدّ هذه الصور المرتبطة بالمشاعر المفتاح لفتح أبواب الذكريات القوية التي تحول دون الإبداع، كما أفعل أنا في عيادتي الخاصة باستخدام تقنية "جسر التأثير".

الإيقاعات تُعزّز الأداء الرياضيّ

لكلّ رياضة إيقاعها الخاصّ بها. فعلى سبيل المثال، للاعب في رياضة "البيسبول" حركة إيقاعية عند إلقاء الكرة، والضارب لديه أسلوب إيقاعي في التأرجح، والمصارع لديه إيقاع خاصّ للقيام بحركة "الإسقاط" بإتقان، وكأنّها قصيدة تتحرّك في ساحة المباراة. وكلّ هؤلاء يتّبعون قوانين الفيزياء، مثل "قانون نيوتن الثالث".

وهنالك بعض الرياضات التي تُدمج الموسيقى في روتينها، كالتزلّج على الجليد ورقص الجليد، حيث يُقيّم الحكام أداء اللاعبين من خلال تفسيرهم للموسيقى وتحركهم معها في تنسيق وتناغم. ويجب عليهم البدء مع النغمة الأولى للموسيقى والانتهاء مع النغمة الأخيرة، تمامًا كأداء الأوركسترا.

ولتحفيز السباحين، يقترح مارك شوبرت، في كتابه "السباحة التنافسية: تقنيات للأبطال" الذي نُشر عام 1990، استخدام موسيقى سريعة الإيقاع وعالية الصوت للسباحين الذين يحتاجون إلى إثارة وتحفيز. أما الذين يرتفع لديهم مستوى القلق مع اقتراب وقت السباق، فينصح باستخدام موسيقى هادئة ومريحة.

وكما يُركّز الموسيقيّون على نغمات وانحناءات الموسيقى أثناء العزف، فإنّ السباحين لديهم "زاوية لليد" التي تُحدّد زاوية دخول اليد إلى الماء، وتُشبه زاوية ضغط مفاتيح البيانو أو أوتار الجيتار. وكما هو الحال مع جناح الطائرة، فهنَاك زاوية مثلى ليد السباح بالنسبة لاتجاه سباحته.

وفي كتابه "عقلية الفوز" الذي نُشر عام 1991، يتحدّث جون كيرتس عن فهم إيقاعات التنفّس لتحسين الاسترخاء. ويقول: "إنّ المفتاح لهذه الإيقاعات هو الشعور بالإحساس عند الزفير وموافقة النفس مع هذا الإحساس". والموسيقى هي الطاقة، كما أنّ "التشي" أو الطاقة الحيوية هي الطاقة على حصيرة المصارعة. ويذكر مات فيوري، مؤلف كتاب "فنّ المصارعة القتالية" الذي نُشر عام 1996، أنّه لا يُمكن لشخص أن يشعر بـ"التشي" لشخص آخر، ولا يُمكن له الشعور بـ"التشي" الخاصة به. ولكنّ "الني جينغ"، أيّ قوة الشخص الداخلية وروحه، لا يُمكن رؤيتها كالقوة في العضلات. فهي تأتي من الداخل ولا يُمكن للشخص الذي يُصدرها أن يشعر بها ولكنّ الخصم هو من يشعر بها.

وكما أفاد باري سفرلوجا في صحيفة "واشنطن بوست"، فقد أحدثت ليديا جاكوبي، 17 عامًا، من سيوارد، ألاسكا، مفاجأة كبيرة بفوزها بالميدالية الذهبية

في مسابقة السباحة في دورة الألعاب الأولمبية، عند منافستها لصاحبة الرقم القياسي العالمي وحاملة الميدالية الذهبية، ليلي كينغ.

ويُعدّ هذا الأمر مذهلًا لأنّ ألاسكا لا تحتوي إلّا على مسبح أولمبي واحد فحسب. وقد بدأت جاكوبي السباحة في سنّ السادسة لأنّ والديها اشتريا قاربًا شراعيًا. وفي سنّ الثانية عشرة، حطّمت أوّل رقم قياسي لها على مستوى الولاية، لكنّ ذلك لم يكن الشيء الوحيد الذي برعت فيه. فبعد حضورها معسكرًا صيفيًا للموسيقى الشعبية الأمريكية، بدأت جاكوبي العزف على الجيتار و"الكونترباس" والغناء. وعلى مدى خمس إلى ستّ سنوات، شكّلت هي وأربعة من أصدقائها فريقًا للموسيقى الشعبية. وقد كشف فيديو قصير على "يوتيوب" عن موهبتهم التي أوصلتهم إلى مهرجان "أنكوراج" للموسيقى الشعبية وغيره من المهرجانات.

وصرحت جاكوبي بأنّها سمحت للتوتر أن يتغلّب عليها في نصف النهائي، وأنّها حاولت توجيه طاقتها بطريقة أكثر إيجابية يوم النهائي. وخلال الـ 25 مترًا الأخيرة من السباق، كانت طاقتها موجّهة نحو الأمام. وقد ساعدها اعتيادها على الأداء أمام جماهير كبيرة على المسرح مع الجيتار والأغاني في التركيز على ما كان عليها فعله للفوز في دورة الألعاب الأولمبية. وخلال السباق، طاردت جاكوبي خصمتها، كينغ، ولحقت بها، وتجاوزتها، وهزمتها.

بغضّ النظر عن المسرح، فإنّ كلّ ما يحتاجه السباح هو مسار يسبح فيه. وعند فوزها بالميدالية الذهبية، شعرت بالامتنان لأنّها بعد عام صعب من "كوفيد-19"، تمكّنت من المنافسة وأن تكون جزءًا من تجمّع العالم بأسره بعد ما مرّ به الجميع للبقاء على قيد الحياة.

وفي كتابها "الطبّ الإيقاعي" الذي نُشر عام 1995، توضح هوفمان كيف تغلّبت جاكوبي على كينغ في سباقها من خلال الحديث عن كيفية تكيّفها مع إيقاع اللعب أثناء ممارستها لرياضة التنس. فتقول إنّها عندما كانت تلعب مع شخص أكثر مهارة منها بكثير، كان هناك إيقاع يحدث مع تبادل الضربات. ويرجع ذلك إلى أنّ

اللاعب الأقوى يُمكنه ضبط إيقاع لتبادل الضربات يبدأ اللاعب الأضعف في التكيّف معه، وهو أسلوب ممتاز لتحسين مستوى اللعب، كما تُشير هوفمان. وليس من السهولة انتزاع اللقب من بطلة أولمبية، كما يُلاحظ سفرلوغا، لكنّ كينغ قد درّبت جاكوبي في معسكر للسباحة قبل سنوات. وقالت كينغ بعد خسارتها: "لقد ساعدتها أكثر من اللازم!".

قصص من الواقع لقوة الصمود باستخدام التدريب المدمج مع التنويم المغناطيسي

تجسّد القصص الأربع التي سألقي الضوء عليها هنا كيف عملت مع مرضاي لمساعدتهم على التعافي من الأحزان وتحديات الحياة وانتصاراتها وخساراتها، باستخدام القوة الشفائية للعقل من خلال تدخلات علاجية بالتنويم المغناطيسي المرتبطة بالموسيقى.

وكما انعكس في حياة كبار الملحنين الذين ناقشتهم في هذا الفصل، بما في ذلك بيتهوفن وشوبان ورحمانينوف وغيرشوين، الذين عاشوا في صراع مع الموت، فإنّ المرضى الأربعة كانوا جميعًا في فترات انتقالية من حياتهم، وكان لديهم خلفيات موسيقية واستطاعوا بسهولة دمج مهاراتهم كموسيقيين - التي تعلموها خلال سنوات من التعليم والتدريب في الموسيقى - مع مهارات المتانة العقلية التي علمتهم إياها. وكانت القيمة المضافة لإضافة هذا التدريب لهم كموسيقيين وملحنين هو توازن حياتهم للعزف في تناغم مع أنفسهم والآخرين في العقل والجسد والروح والعاطفة، وهي المستويات الأربعة للشفاء. وإليكم قصصهم الملهمة.

أندريه: في أول مرة قابلتُ فيها أندريه، كان يبلغ من العمر ستة عشر عامًا وكان منهارًا بسبب وفاة صديقه الذي توفي في وقت سابق من ذلك العام بسبب

الاختناق أثناء نوبة صرع أثناء نومه في الليل. كانت تلك أول تجربة له مع وفاة أحد أحبائه، وقد أثار ذلك رُعبه.

شعر أندريه بالضعف والهشاشة. ووقع في حالة من الحزن العميق، فكان يفتقد صديقه ويخشى على حياته أيضًا حيث تخيّل أنه هو أيضًا سيُصاب ويموت بسبب مرض لا شفاء منه، كالسرطان. وبعد أن اعترف بشعوره بالقلق لعمته، وهي ممرضة ومربية أثناء طفولته، اختارت إيصاله إلى عيادتي لأنّها كانت مريضة سابقة لدي وشَعَرت بأنني أستطيع مساعدته على المستوى العاطفي. وبالإضافة إلى ذلك، أخذت عمته أندريه إلى الطبيب لإجراء فحص طبي لتبديد مخاوفه ولاستبعاد أيّة حالات جسدية، والتي حصل من خلالها على شهادة طبية تؤكد سلامة صحته.

كان أندريه يدرس في مدرسة ثانوية خاصة وكان من المقرر أن يبدأ عامه الأخير في ذلك الخريف. وبسبب شعوره بالاكتئاب، أصبح يقضي معظم وقته الفارغ في المنزل وحيدًا. وكان هذا العزلة مصدر قلق لعمته. وكان الشعاع الوحيد الذي أبقى أندريه مُتمسكًا بالحياة هو حبه للعزف على جيتار "الباص" الكهربائي وأخذه دروسًا موسيقية أسبوعية لعدة سنوات. وكان هناك نجوم روك مشهورون يعزفون على "الباص" الذين كان يُعجب بهم. لكنه لم يعتبر نفسه "موسيقيًا". في أفضل الأحوال، كان يرى نفسه في عينيه مجرد طالب يتعلم كيف يعزف على الجيتار، رغم أنه أبدى اهتمامًا بالتأليف.

وكان أول عمل قمنا به معًا هو تخفيف قلقه الشديد. فقد علمته "التنفس بسهولة" والتنويم المغناطيسي للذات حتى يتمكن من الدخول إلى "منطقة التركيز" والتركيز بشكل خاص أثناء الدروس والتدريب. وأريته كيف يُدمج الحوار الداخلي الإيجابي الذي يدعم نفسه بدلًا من الحوار السلبي المحبط. وبعد بضع جلسات، قرر اغتنام الفرصة لبذل جهود مكثفة لإحراز تقدم في دراساته

الموسيقية لأنه يستطيع التفوق، على عكس صديقه الذي توفي. وبدأ في تأليف الموسيقى للتعبير عن مشاعره حول وفاة صديقه.

استخدم أندريه التدريب العقلي لتمكين تقنياته وطريقة العزف بأصابعه، ولتصور نفسه كنجم روك. وعملنا معًا على "حلقة التغذية الراجعة" لقياس تحسنه من أسبوع إلى آخر. وعندما بدأ في الشعور بثقة أكبر في عزفه، طرحت عليه فكرة الانضمام إلى فرقة المدرسة. في البداية، قاوم الفكرة، ظانًا أنه ليس جيدًا بما فيه الكفاية. وظنّ أنه لن ينجح في اختبار الأداء، خاصة لوجود منافسة شديدة. لكنه استمد الإلهام من قصة حياة عازف الجيتار الكلاسيكي أندريس سيغوفيا، واستمع إلى موسيقاه.

وركزنا جهودنا في التحضير لاختبار الأداء واستخدمنا "استرجاع الذكريات" الذي أعطاه ثقة أكبر في أسلوب عرضه لتقديم نفسه كموسيقي. بالإضافة إلى ذلك، طوّرنا صورًا حيث كان يؤدي على المسرح في مخيلته ويعزف في تناغم تامّ مع نفسه وأعضاء الفرقة الآخرين. وأعددت له تسجيلًا ليستمع إليه يوميًا.

ومع بداية العام الدراسي، شجعته على اتخاذ الخطوة الأولى وسجّل لاختبار الأداء. وتحضر له بثقة متزايدة. ولمفاجأته، أدّى بشكل جيد. وبعد ذلك، دُعي للانضمام إلى فرقة مدرسية جديدة كان معلمه يشكلها والتي كانت تعزف أثناء فترة الاستراحة في مباريات كرة القدم. وظنّ أن المشاركة في ذلك ستكون ممتعة. وأكد مدرب الفرقة على أهمية جيتار "الباص" في ضبط إيقاع الموسيقى.

وخلال ذلك العام الدراسي، عملنا على تحسين درجاته. واختار كلية محلية، وحصل على رخصة قيادة، وفكّر في دراسة الموسيقى كتخصص رئيسي. وانتقل تركيزه من مشاكله الشخصية إلى العزف مع الآخرين. وكوّن صداقات جديدة مع أشخاص ذوي خلفيات موسيقية، ودُعي للعزف معهم في فرقتهم. وبعد التحضير النفسي والجسدي لأول أداء له على المسرح أمام جمهور حيّ، حقق نجاحًا

كموسيقي حقيقي، وخطط لعزف المزيد من الحفلات. وافتخرت به عمته لإنجازاته.

أَلانا: عندما كانت أَلانا في السابعة عشرة من عمرها، انهارت عاطفيًا بعد أن عرفت أنّ والدها يعاني من المرحلة الرابعة من سرطان الرئة. أعطاه طبيبه أشهرًا قليلة للعيش بعد أن كان مدخنًا شرها لسنوات. كانت أَلانا قريبة جدًا من والدها، وأصابها الصدمة والحزن. وفي ذلك اليوم، تعرَضَتْ لحادث سيارة بعد أن حَصَلتْ على رخصة قيادة منذ فترة قصيرة.

في بعض الأحيان عندما كانت أصغر سنًا، كان والدها، والذي كان مقاول سباكة، يأخذها للعمل معه ليوم واحد. وقد انفصل والداها، وأحبت قضاء الوقت مع والدها. بدت شخصيتاهما متطابقة بشكل جيد. في ذلك الوقت، اختفت والدة أَلانا من الصورة كمربية.

وتوفي والدها بعد فترة وجيزة من التشخيص، وحاول هو وأَلانا الحديث عن مستقبلها دونه. وشجعها على أنها ستكون ناجحة في مستقبلها. لكن بعد وفاته، انتقلت للعيش مع عمتها وأكملت المدرسة الثانوية لكنها رفضت القيادة مرة أخرى. وفي غضون ذلك، فاتها ذهابها إلى الكلية وافتقدت والدها كثيرًا.

عندما قابلت أَلانا لأول مرة وهي في الحادية والعشرين من عمرها، كان خوفها من القيادة قد تزايد، فلم تعد قادرة على قيادة سيارتها بنفسها إلى عملها في أحد المراكز التجارية القريبة أو حتى لمسافات قصيرة للخروج مع صديقاتها. كانت تخشى مجرد الجلوس في مقعد السائق.

وأصبح هذا الأمر عائقًا أمامها لأنّها كانت تعتمد على الآخرين لنقلها، مثل عمتها وأختها، وكان من المُكلف جدًا بالنسبة لها دفع ثمن المواصلات. كانت ساعات العمل تتغير كل أسبوع من النهار إلى المساء. وبما أنّ زوج عمتها كان مريضًا ويعاني من مرض مميت، ويحتاج إلى رعاية على مدار الساعة، فقد أثقل ذلك كاهل عائلتها بأكملها، لذا سعت أَلانا للحصول على المساعدة مني.

قد تظنون من هذا الوصف لألانا أنها لم تكن واثقة من نفسها على الإطلاق. لكن، لم يكن هذا هو الحال في مجالات أخرى من حياتها. فقد أنقذها رغبها في أن تصبح أكثر استقلالية وهي في الحادية والعشرين من عمرها. كانت تشعر بالثقة كموظفة مبيعات في عملها، ولكن الأهم من ذلك، أنها كانت مغنية محترفة، تؤلف موسيقى خاصة بها، وتعزف على الجيتار منفردة على المسرح. بدت ألانا متفاجئة عندما أخبرتها أن الكثيرين في عمرها سيشعرون بالقلق مع عروض المسرح هذه. فقد ظنت أنه أمر سهل وصعدت إلى المسرح قبل سنوات. وقالت إنه ليس بأمر كبير.

وكان لألانا موهبة أخرى هي أنها فنانة وتحب الرسم. أرادت أن تصبح أخصائية في العلاج بالفن. لكن بما أنّها تخرجت من المدرسة الثانوية قبل سنوات، فقد ظنت أن العودة إلى المدرسة ستكون صعبة عليها.

وإذكارًا لوالد ألانا، الذي بدا حاضرًا معها دائمًا حتى بعد وفاته، نقشَت على ذراعها الأيسر العلوي وشمًا كبيرًا يشبهه، وكانت تستمد الإلهام منه. ورمزيًا، أصبح ذلك هو صوت دعم والدها لها، حيث تستطيع التعبير عن غضبها عند وفاته والتخلص من مخاوفها.

كان نهجي الأول مع ألانا هو مساعدتها على إنشاء "منطقة شفاء" في قبو منزلها حيث تستطيع توجيه طاقتها نحو الإبداع والرسم والعزف على جيتارها والغناء وتأليف الموسيقى لعروضها المسرحية والتخلص من المشاعر المكبوتة. وكانت هذه المنطقة أيضًا مكانًا هادئًا وآمنًا للتأمل حيث تستطيع ممارسة التنويم المغناطيسي للذات و"التنفس بسهولة" والتدريب العقلي كتحضير للقيادة. وعلمتها الحوار الداخلي الإيجابي، حيث تعلمت كيف تدعم نفسها بكلمات إيجابية وتلغي الكلمات السلبية. وكانت المكافأة الزائدة لها هي استخدام استرجاع ذكريات نجاحاتها على المسرح حيث شعرت بالثقة وأدت في "منطقة التركيز".

في البداية، جَلَستْ في سيارة مستعارة في مقعد الراكب مع شخص ما. ثم بدلت جلست في مقعد السائق وتظاهرت بأنها تقود - وهو شيء لم تفعله منذ سنوات. بعد ذلك، وضعت يديها على عجلة القيادة وشغلت المحرك. ومارست الرجوع إلى الخلف والقيادة إلى الأمام في الممر، وقامت برحلات قصيرة حول المنطقة. أصبح الذهاب لقضاء الحوائج أسهل. ورسمت خريطة لطريقها وتدربت عقليًا على كل لفة وإشارة مرور في طريقها إلى وجهتها. في البداية، قادت في الشوارع المحلية وبدأت في القيادة على الطرق السريعة للذهاب إلى عملها.

وأمضت ألانا الوقت في تأليف الأغاني والرسم. ولأنها فنانة، فقد عملت أنا وهي على الصور الخيالية للتدريب العقلي لكي تشعر بالأمان والأمن أثناء القيادة. تصورت نفسها على المسرح ثم على الطريق. وفي الجلسة السابعة، قادت السيارة إلى كلية المجتمع المحلية وتقدمت بطلب للحضور وأخذ الدورات المطلوبة مسبقًا.

في كل جلسة، وضعنا أداءها على "حلقة تغذية راجعة" لنرى تقدمها. وقمنا بضبط أدائها للرحلة التالية. وبعد متابعة بعد أشهر، علمت أنها كانت تقود في كل مكان بثقة وأنه لن يعرف أحد أبدًا أنها كانت تواجه تحديًا في الماضي. تفاوضت على إتمام شراء سيارة، وتعلمت من والدها أن تكون غير مدخنة، واكتسبت الشجاعة للمضي قدمًا في حياتها الجديدة لمتابعة مسيرتها المهنية.

هاي: عندما قابلت هاي، كانت تبلغ من العمر 21 عامًا وكانت طالبة في السنة الأخيرة من برنامج البكالوريوس في مدرسة جوليارد في مدينة نيويورك. هاي من أصل كوري وتبناها والدان أمريكيان. في عمر الخامسة، بدأت العزف على البيانو وكانت عازفة مبدعة عزفت في حفل موسيقي في سانت بطرسبورغ، روسيا.

وبما أنها شاركت في الحفلات الموسيقية في شبابها، فبحلول وقت وصولها إلى عامها الأخير في الكلية في جوليارد، كانت تعاني من أعراض الإرهاق. وتجلى ذلك

في حقيقة أنه، على الرغم من أنها كانت مطلوبة للأداء في حفل تخرجها للحصول على شهادة التخرج، إلا أنها رفضت فعل ذلك.

اتصلت بي والدتها وهي في حالة ذعر بسبب الوقت والاستثمار المالي في ابنتها ولأنّ تخرجها ومستقبلها كانا يعتمدان على العزف منفردة قبل تاريخ نهاية التخرج. ورأت والدتها أن الموقف حرج جدًا، مما تسبب في إصابتها بالقلق، والذي انعكس بدوره على ابنتها.

كانت هاي شابة ذكية ومستقلة جدًا. ولم تكن مجرد ماهرة وملمة بالأداء في حفل موسيقي على المسارح الدولية فحسب، بل كانت أيضًا بارعة في تعلم اللغات. فلم تكن متعلمة ذاتيًا وطليقة في التحدث باللغة الروسية فقط، بل كانت تراسل صديقاتها الروس باللغة الروسية التي تعلمتها بمفردها كيف تكتب بها من خلال الرسائل التي أُرسلت عبر البريد. وبحلول الوقت الذي وصلت فيه إلى المستوى المتقدم الذي حددته لنفسها، شعرت أنها لا تتناسب مع المدرسة وأنها مستعدة للعمل على مساعي جديدة.

كانت توقعات والدي هاي عالية الذين اعتقدوا أنها ستصبح عازفة بيانو محترفة بعد التخرج بفترة وجيزة، لكنها لم تكن متأكدة من ذلك، ويرجع ذلك جزئيًا إلى أنها واجهت منافسة شديدة من الآخرين وجزئيًا لأنها "قد كانت هناك، وفعلت ذلك" في وقت سابق من حياتها، مما لم يثر اهتمامها في سن الحادية والعشرين.

وعندما طُرحت عليها فكرة العمل معي كمدربة أداء قمة، وافقت لأنها لاحظت أنّ الكثير من زملائها في المدرسة كانوا يصطفون أمام المكتب الطبي للحصول على وصفات طبية لأدوية مضادة للقلق قبل حفلاتهم الموسيقية، ولم ترد تناول الأدوية. شعرت أنها ستبطئ من سرعة عزفها وتسبب الإدمان، لذا أرادت اتخاذ الطريق الطبيعي بمساعدتي.

في أول جلسة لنا، التقينا في جوليارد ومشينا إلى شقة كان بها بيانو حفلات موسيقية. عند أول تقييم، كانت هاي مستقلة بشكل كبير وكانت في سنّ تمكنها

من اتخاذ قراراتها الخاصة. وإذا كانت ستؤدي في الحفل الموسيقي، فلا بدّ أن يكون ما أرادته بشروطها الخاصة، لكنها كانت منفتحة على اتباع تعليماتي.

وكان أول شيء ذكرته هاي كعائق أمامها والذي حال دون أدائها هو أنّ معلم البيانو الذي عملت معه لفترة طويلة منذ طفولتها قد توفي في سنّ صغيرة، وكانت تفتقده كثيرًا أثناء عروضها، خاصة لأنه كان يعمل كمُقلّب صفحات النوتات وكان متميزًا في "قراءة عقلها" عند عزفها. ومنذ وفاته، لم تجد أيّ شخص ليحل محله.

بدأنا بالتنويم المغناطيسي للذات، و"التنفس بسهولة"، و"استعداد العضلات التدريجي"، لإرخاء أطراف الأصابع، والعمود الفقري، والساقين، والقدمين، وأصابع القدم. وقبل الدخول إلى "منطقة التركيز" مع التنويم المغناطيسي للذات، جعلتها تجلس على مقعد البيانو، كأنها تستعد للأداء. وأوصيتها بوضع أصابعها تُحوم فوق مفاتيح البيانو وقلت: "بمجرد أن تلمس أصابعك المفاتيح ... فقط بملامسة المفاتيح ... ستكونين واحدة مع البيانو". وبعد ممارسة ذلك، كانت مستعدة للصور الخيالية حيث تصورت نفسها في قاعة الحفلات الموسيقية على المسرح. وربط ذلك بين عقلها وجسدها وروحها، مما أعطاها الشعور بالسيطرة على يديها اليمنى واليسرى كعازفة بيانو محترفة.

وبعد كل جلسة، كان عليها ممارسة قطعة العزف الخاصة بحفل تخرجها أثناء دمج مهارات المتانة العقلية وتحليل "حلقة التغذية الراجعة" وكلمات التحفيز للاسترخاء واسترجاع الذكريات عندما أدت بإتقان في عروضها السابقة والحوار الداخلي الإيجابي. وعملنا على تحرير روح معلمها ليكون حرًا وحاضرًا معها في رائحة عطره "Eternity" الذي كان يرتديه بانتظام ليكون معها. واستطاعت إيجاد مُقلّب صفحات نوتات آخر تستطيع الثقة به. ووضعت كل ممارسة على "حلقة التغذية الراجعة"، وأجرت تعديلات دقيقة على أخطائها لإصلاحها.

مع كل جلسة، أصبحت أكثر ثقة بعزفها وثباتًا في إيقاعها. ومع اقتراب يوم الحفل الموسيقي، أصبحت مستعدة لهذا الحدث الكبير. وعملنا على عرضها على المسرح،

وتوضيع نفسها جالسة على مقعد البيانو، بقولنا: "بمجرد أن تجلسي على المقعد ... فقط بالجلوس على المقعد، ستشعرين بالاسترخاء والراحة والتركيز...". وبدأت ترى نفسها تؤدي بشكل جيد.

أعطتني والدة هاي تذكرة لحضور العرض الموسيقي في جوليارد. جلست في منتصف الجماهير مواجهةً للبيانو. دَخَلتْ المسرح بثقة، وجَلَستْ على المقعد، ووَضَعتْ أصابعها على المفاتيح وبدأت تعزف مقطوعات شوبان وراخمانينوف. جَلستُ مندهشة بينما تحولت هذه الشابة النحيلة إلى عازفة بيانو متمكنة أمام عيني. كانت هاي تتحكم تمامًا في لوحة مفاتيح البيانو، كما لو كانت زهرة صغيرة تتفتح بسرعة. كانت أنغام الموسيقى جذابة، والأداء مذهلًا، بينما رأيت هاي تعزف بسهولة كبيرة. وفي لحظة خاطفة، شعرت كما لو أنني رأيت أسلافها من كوريا في ملابسهم التقليدية، يجلسون بفخر على كراسي قريبة من المسرح.

بالإضافة إلى ذلك، شعرت برائحة خفيفة لعطر "Eternity" في الهواء، مما جعلني أدرك أن معلمها العزيز للبيانو كان يقلب الصفحات بروحه. شعرت هاي بوجوده أيضًا. كانت تشعر بالقوة والارتياح لأنها تعزف بشكل جيد، وانضمت إليها صديقاتها الروسيات للاحتفال. كانت تخطط للسفر إلى روسيا معهن للتفكير في مستقبلها.

سييرا: كان ذلك في أوائل الخريف عندما التقيت بسييرا، 37 عامًا، بعد أن عانت من تكرار الإصابة بسرطان الثدي النقيلي الذي انتشر إلى أعضاء أخرى، مثل عينيها وكبدها. بعد زواجها في أوائل الثلاثينيات من عمرها، تلقت سييرا التشخيص وبدأت العلاج الطبي للسرطان في معهد معروف في نيويورك، والذي شمل الجراحة والعلاج الكيميائي وكل ما أوصى به طبيب الأورام الخاص بها. في ذلك الوقت، كانت تعتقد أنها لم تترك شيئًا دون فحص. تم إدراج الوخز بالإبر واليوغا كبدائل، لكن لم يُضمَّن أي نوع من العلاجات الإضافية في برنامج علاجها،

مثل التدخلات الهيبنوثيرابية، التي كان من الممكن أن تساعد في تخفيف صدماتها.

نظرًا لأنني ساعدت شقيقتها بنجاح قبل عدة سنوات، كانت سييرا مستعدة للاجتماع بي. في ذلك الوقت، تركت منزلها مع زوجها وانتقلت للعيش مع والديها لتسهيل تلقي علاج الفيتامينات الوريدية مرتين أسبوعيًا في عيادة قريبة. لم يكن قرار اعتماد هذا العلاج كعلاج أساسي خاليًا من المخاوف، حيث كان يتعارض مع ثقتها في طبيب الأورام الذي كانت تعتبره منقذ حياتها. حاول طبيبها وبعض الأصدقاء والعائلة إقناعها بعدم ترك النظام الطبي الذي لم تعتقد أنه فعال.

في اللقاء الأول، تحدثنا عن مشاعرها، ووجهات نظرها، وكيف تخطط للتعامل مع وضعها واستعادة صحتها. بدت هشة، واعترفت بأنها فقدت الوزن، واعتذرت عن تساقط شعرها. كانت تعاني من استسقاء، أي أن بطنها كان مملوءً بالسوائل ومنتفخًا. وكانت تدرك أن حياتها كما كانت قد تقترب من نهايتها، لكنها كانت مصممة على وضع أفضل خطة للعمل للأيام المتبقية لتستمتع بحياتها. على الرغم من وجود علامات الضعف الواضحة ونقص الطاقة للمشي، كان لديها العديد من نقاط القوة التي يمكن البناء عليها. على سبيل المثال، درست العزف على البيانو طوال طفولتها وتخصصت في أداء البيانو في الجامعة.

كانت سييرا تحب الموسيقى الكلاسيكية وخصوصًا المُلحنين الفرنسيين. بالإضافة إلى ذلك، درست في جامعة سانت أندروز في اسكتلندا للحصول على درجة الدكتوراه في الأدب الإنجليزي، وهو جهد جريئًا ومستقلًا بالنسبة لها، رغم أنها كانت تعيش بعيدًا عن منزلها. كانت تستمد قوتها من الأدب، وخاصةً أعمال فيرجينيا وولف. كما كانت تتمتع بعقلية إبداعية متميزة، وفهم عميق لاستخدام الرموز والاستعارات في خلق الصور التي تناسبها.

تضمنت خطة العمل لدينا مراجعة شاملة لحياتها لرؤية قيمة إسهاماتها وإرثها كعازفة ومعلّمة وكاتبة. لخفض مستوى قلقها العالي وتحفيز طاقتها للإنتاج،

دربتها على التنويم المغناطيسي الذاتي وكيفية الوصول إلى منطقة الشفاء. بالإضافة إلى تمارين التنفس السهل، والتكرار الذهني، والتحدث الإيجابي مع النفس من أجل صحة أفضل، واسترجاع الأداءات السابقة على البيانو على المسرح. كما كانت ترغب في تحسين برنامجها الطبي البديل لتشعر بتحسن وتمنحها الأمل. كان من المهم لها إعادة الاتصال بزوجها الذي كان يعيش بعيدًا عنها خلال فترة علاجها.

كان أكبر تحدٍ لها هو اجتياز بروتوكول العلاج بالحقن الوريدي بنجاح، حيث كانت تتجمع مع آخرين يعيشون ويموتون بمرض السرطان. كانوا جميعًا مجتمعين معًا لتسهيل الأمر، ولم يكن هناك خصوصية، مما جعل المرضى الآخرين يتحدثون إلى سييرا عن مخاوفهم وآلامهم. وكانت، كونها ذات طبيعة متعاطفة وحساسة، تستمع إليهم وتشاركهم مشاعرهم، مما كان يؤثر عليها سلبًا.

ونتيجة لذلك، تدربنا على التكرار الذهني حول ما يجب القيام به وقوله أثناء العلاج. أوصيتها بالاستماع إلى الموسيقى لتقليل المحادثات. بالإضافة إلى ذلك، تحدثت إلى الممرضات لنقلها إلى مكان أكثر خصوصية. كما استخدمت مقياس النبض لمساعدة سييرا على تحقيق التوازن وإدارة طاقتها.

كما كانت هناك تجربة مؤلمة أرادت سييرا شفاءها والتخلص منها، تتعلق بالتحديات التي واجهتها مع رسالتها للدكتوراه ومشرفها. وقد تمكنت من تجاوز ذلك بقراءة نسخة من الرسالة المكتملة، مما جعلها تشعر بالسعادة لتذكر جودتها. كانت تتطلع إلى نشرها ككتاب. في المدرسة الخاصة التي كانت تُدرس فيها، كان الرجال الحاصلون على درجة الدكتوراه يمكنهم استخدام ألقابهم، بينما لم يُسمح لها بذلك كامرأة.

قبل مرضها، تعرضت للتوبيخ من قبل المديرة ولجنة المدرسة بسبب محاولتها تدريس كتاب محظور، وهو "مغامرات هاكلبيري فين". أخبرت طلابها عن الحظر المفروض على الكتاب، لكنهم صوتوا لصالح قراءته. في اليوم التالي، كان هناك

طالب أسود غائب عن يوم التصويت، وعبر عن استيائه من الواجب المقرر، مما دفعها إلى إبلاغ والديها، اللذين كانا من الداعمين المؤثرين للمدرسة.

بعد ذلك، تم استدعاء سييرا لحضور جلسة استماع حيث هددها المحققون بالفصل إذا لم تمتثل. لم يُمنح لها فرصة للدفاع عن خطتها لتدريس الكتاب في سياق القرن الحادي والعشرين لأغراض تعليمية. كانت زميلتها قد فُصلت سابقًا لنفس التهمة. شعرت سييرا أن هذا الإجراء انتزع حقوقها كأستاذة للأدب، وشعرت بالتقليل من شأنها. خلال جلساتنا، استخدمت قوة الصور والرمزية ورأت نفسها كمعلمة ذات قيمة.

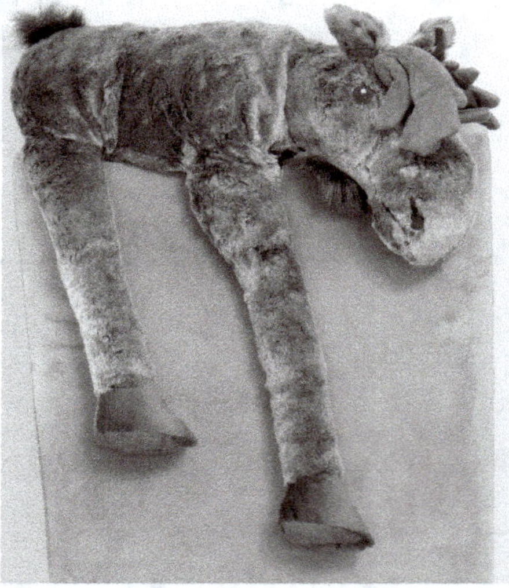

شكل 21: *The Loose Moose*

ي الجلسة الأولى، كانت طاقة سييرا منخفضة لدرجة أنها لم تتمكن من الذهاب إلى الحمام بمفردها. استخدمت صورة "الغزال الأمريكي المرتخي"، وهو حيوان محشو ذو أرجل طويلة أستخدمه لمساعدة المصارعين على الهروب من المواقف المتدنية ومع تقنية ربط الساقين (انظر الشكل 21). أحبت هذه الصورة واستخدمتها لتعزيز قوتها في منتصف الليل عندما تحتاج لذلك.

مع تحسن طاقتها، خرجت سييرا، التي كانت تحب قضاء الوقت في الطبيعة، إلى حديقة منزلها بين الأشجار لتتأمل. قدمت لها قرصًا مدمجًا يحتوي على ألحان للبيانو كتبها ملحنون فرنسيون. شعرت بالسعادة وهي تغني وترقص في غرفة المعيشة، لكن أقوى ما أثر فيها كان استرجاع ذاكرتها لعرضها الموسيقي عندما كانت في السابعة عشرة. تخيلت نفسها في فستانها الجميل، تعزف معزوفة على البيانو. أشادت بها امرأة من الجمهور، قائلة إن أدائها وعزفها كانا الأفضل من بين ما سمعته على الإطلاق. أشعرتها هذه الذكرى بالفخر.

في هذه اللحظة، كانت شهية سييرا قد تضاءلت، لكنها بدأت تستمتع بالطعام مرة أخرى، وبدأت تبحث عن وصفات يمكنها استخدامها لاستضافة أصدقائها في المستقبل. استشارت كاهنًا كاثوليكيًا زارها، ووجدت العزاء في الصلاة إلى قديسها المفضل، جوليان من نورويتش، التي كانت أول امرأة تكتب كتابًا باللغة الإنجليزية حوالي عام 1395. خلال قياس بطن سييرا، أظهرت فقدان ست بوصات من احتباس السوائل نتيجة للعلاج بالفيتامينات. كان هناك تغيير ملحوظ في سييرا، حيث شعرت بالسلام مع نفسها، وكانت التدخلات العلاجية بالتنويم المغناطيسي تساعدها على الشعور بالنشاط والحياة والأمل. حتى أخصائي الأورام الخاص بها لاحظ ذلك وسألها عما تفعله لتحسين حالتها.

ومع ذلك، كانت هذه الفترة قصيرة الأمد، حيث أظهرت نتائج اختبارات الدم زيادة في خلايا السرطان، وكشفت الأشعة السينية على صدرها عن تراكم السوائل في رئتيها. نتيجة لذلك، دخلت في حالة من الاكتئاب وفقدت الأمل. في آخر زيارة لمكتبي خلال جلستها السادسة، كانت ضعيفة ومُنهكة. كانت لثتها تنزف، وأسنانها ملطخة بالدم. كان الانخفاض المفاجئ دراماتيكيًا. المرة التالية التي سمعت فيها عنها كانت رسالة نصية في عشية عيد الشكر. كانت قد نُقلت إلى المستشفى بسبب ضيق التنفس، وكانت بحاجة إلى الأكسجين، وكانت حزينة لعدم قدرتها على المشاركة في الاحتفال في منزلها.

أعاد اختصاصي الأورام البدء في العلاج الكيميائي مرة أخرى، مما أحبطها. في أواخر نوفمبر، عادت إلى المنزل لتلقي الرعاية التلطيفية. أخبرت مربية في دار الرعاية أفراد عائلتها بمساعدتها على الاستسلام للموت. نظمت عائلتها "لقاء أخير" في منزلها خلال ساعاتها الأخيرة.

عندما زرتهم، كان المنزل ممتلئًا بالضيوف الذين يرغبون في توديعها. كانت سييرا في غيبوبة على أريكة في زاوية غرفة العائلة، بالقرب من بيانوها المحبوب. عزفت لها موسيقى بعنوان "استعادة" وتحدثت إليها بصوت هادئ. لمساعدتها على الاستسلام، حكيت لها عن تجربتي القريبة من الموت وكيف كنت ارتفع برفق في غرفة جميلة من الضوء الأبيض. دعاني الملائكة للدخول إلى الأبدية، لكنني لم أستطع بسبب أطفالي الأربعة الصغار. مع ذلك، أخبرتها أنها يمكن أن تذهب بسلام، لكن الأمر يعود لها. أخذت يدها اليمنى بيدي وسألتها إذا كانت تسمعني، فردت بإمساك ضعيف لكنه ملحوظ. كانت أنفاسها غير المنتظمة تشير إلى أن النهاية قريبة. تركتها حزينةً مع عائلتها مع وعد بالعودة في اليوم التالي.

رأت سييرا حياتها كلها أمامها، لكن كان الوقت متأخرًا للعودة إلى الوراء. فكرت في ما كان يمكن أن تفعله، أو يجب أن تفعله، لتحسين حياتها وصحتها بعد سرطان الثدي، لكن دون جدوى. كان ترك عائلتها وأحبائها أصعب شيء عليها، لأنها لم تكن ترغب في مغادرة هذا العالم. وفي نهاية المطاف، بينما كانت تعاني من ضيق التنفس، لم تُنطق بكلمة واحدة حيث عبّرت عن عدم رضاها عن الرحيل، كما قالت والدتها. استسلمت وأخذت أنفاسها الأخيرة في حضرة أفراد عائلتها المحبين لتستقر في سلام. في حفل تأبينها، التقيت طلابها المحبوبين الذين كانوا يندبون رحيلها بحزن.

التوافق مع الذات: العيش في نغمة مثالية

"عذرًا، عذرًا ـ لقد فات الأوان" كانت آخر كلمات بيتهوفن، على الرغم من أنه لم يكن يشير إلى سيمفونية غير مكتملة في نهاية حياته، بل إلى 12 زجاجة من النبيذ التي اشتراها له ناشره والتي كان عليه أن يتركها خلفه عندما توفي.

لحسن الحظ، ترك لنا بيتهوفن، الذي كان يمتلك موهبة النغمة المثالية، إرثًا من الموسيقى الملهمة التي تنقلنا وتأخذنا إلى عوالم أخرى، مما يساعدنا على الشفاء على مستويات متعددة. ومع ذلك، عانى هو والموسيقيون الآخرون الذين تم تناولهم من تجارب مؤلمة في العقل والجسد والروح والعواطف في مراحل مختلفة من حياتهم. من الحقائق المثيرة عن بيتهوفن أنه لم يكن مقيدًا بالموسيقى التقليدية لعصره. كان فقدان السمع بالنسبة له نقمة ونعمة في آن واحد، تمامًا كما كانت موهبة النغمة المثالية بالنسبة لوالدي، التي تعني القدرة على التعرف على أي نغمة موسيقية باسمها بعد سماعها، دون الحاجة للإشارة إلى نغمات أخرى. أما بالنسبة لي، فلم أفكر مطلقًا في ما إذا كنت أمتلك موهبة النغمة المثالية حتى بدأت العزف على الكمان، واكتشفت أن واحدًا فقط من كل 10,000 شخص يمتلك هذه الموهبة.

يكتشف علماء الأعصاب اليوم المزيد عن أدمغة هذه الفئة النادرة من الأشخاص، ويعلمون أن الذين يمتلكون موهبة النغمة المثالية لديهم قشرة سمعية أكبر، وهي جزء من الدماغ يعالج الصوت. وقد اكتشفوا أن معظم المنطقة الإضافية مخصصة لمعالجة نطاق أوسع من الترددات، وقد تكون هناك أسباب وراثية بالإضافة إلى أسباب بيئية. تتلقى القشرة السمعية الأساسية مدخلات مباشرة من النواة الجسيمية الوسطى في المهاد، وهي نواة النقل في مسار السمع. ويعتقد أن هذه المنطقة تحدد العناصر الأساسية للموسيقى، مثل نغمة الصوت وحدته.

تحدث كيث شنايدر، عالم الأعصاب الذي أجرى أبحاثًا حول موهبة النغمة المثالية، عن كيف يمكن أن تكون هذه الموهبة نقمة أو نعمة في حياة الناس، إذ يمكن أن

تدفعهم إلى الإحباط وتجعل آذانهم تشعر بالانزعاج إذا كانوا في حفلة عيد ميلاد حيث يغني الجميع بشكل غير منسجم. ومع ذلك، كانت التحديات العاطفية لوالدي تتجاوز ذلك بكثير، وعزفه على الكمان تأثر بشدة بسبب التجارب الصعبة غير المحلولة التي مر بها. هذا جعله "أبكم موسيقيًا" إزاء أهمية التعليم الموسيقي في حياته، وأدى إلى عدم تقديره لجهودي في السعي لتحقيق التوافق الذاتي في حياتي، على الرغم من أنني لم أكن موهوبة موسيقيًا مثله، بل بذلت جهدًا كبيرًا لتحقيق توافق يتناسب مع احتياجاتي وأهدافي.

تُعتبر تحدياتي ومرونتي في تعلم العزف على البيانو والكمان إيجابية بالنسبة لوالدي بطريقتين رئيسيتين قبل وفاته. في ذلك الوقت، كان مقعدًا على كرسي متحرك، وعزفت على كمانه برفقة ابنتي على البيانو. وكالعادة، كان والدي يغطي آذانه. وبعد ذلك، وضعت الكمان في يديه، فوضعه باحترام تحت ذقنه بيده اليسرى وقوس الكمان في يده اليمنى، متظاهرًا بالعزف. مع بريق في عينيه وداخل خياله، استرجع لحظة من الماضي عندما قدم دويتو في حفل موسيقي مع شقيقته على البيانو. عند تلك اللحظة، تلقى هدية الشفاء.

لحظة الشفاء الثانية لوالدي حدثت عندما كان يعتقد أنه مشلول ولا يستطيع المشي بسبب تضيق العمود الفقري العنقي، وكان يشعر بالخدر. قمت بتسجيل موجه له باستخدام تقنية التنويم المغناطيسي، على الرغم من أنه تساءل أي ممرضة ستصدق في ذلك، قائلًا: "ألا ترين أنني مشلول؟" استمعنا معًا إلى التسجيل في غرفة معيشته. استخدمت في تخيلي صورة لشجرة السيكويا العملاقة، القوية والثابتة، كما وصفت سابقًا، وقد استمد منها طاقته للمشي. بالإضافة إلى ذلك، استخدمت استعارَات من لعبة البيسبول لأرمي الكرة بشكل مثالي، ولأكون واثقَة في اللعب، وللصعود إلى القاعدة الأولى، تمامًا كما كان يُعلم الأولاد في ملعب البيسبول.

كان والدي في حالة من الذعر، لذا استخدمت الموسيقى لتهدئته. أخبرته أن يستمع إلى التسجيل يوميًا، بالإضافة إلى قول: "في كل يوم، وفي جميع الجوانب، أتحسن بشكل متزايد"، والتي كانت بالنسبة له بمثابة صلاة. قبل التسجيل، كان يعتقد أنه لا يستطيع حضور عشاء عيد الشكر في مطعمه الألماني المفضل بسبب ضعفه. ومع ذلك، بعد أسبوعين، حمل المشاية مرفوعة دون أن يعتمد عليها أثناء تجوله في منزله، وكان سعيدًا للذهاب إلى المطعم معي ومع عائلتي. وكان ذلك آخر عيد شكر له على الأرض.

أما بالنسبة لي، فأنا ممتنة ومقدرة للفرص التي أتيحت لي لدراسة الموسيقى والرقص كبالغة. يتطلب ذلك شجاعة وعزيمة. سألت والدتي ذات مرة إذا كان بإمكاني دراسة البيانو عندما كنت في المدرسة الابتدائية. سألتني سؤالًا حدد مصيري: "هل تريدين أن تأكليمل؟" بمعنى آخر، كان بإمكان والدي تحمل إما تعلم آلة موسيقية أو الطعام. اخترت الخيار الثاني.

من المؤسف اليوم أن الشباب قد لا تتاح لهم الفرص لدراسة الموسيقى كما كان الحال مع الموسيقيين في الماضي بسبب انخفاض ميزانيات المدارس المخصصة للتعليم الموسيقي. ومع ذلك، يعتقد المعلمون أن تطوير برامج الموسيقى بشكل مستدام منذ سن مبكرة هو هدف قابل للتحقيق، حتى مع الميزانيات المحدودة، وأن الموسيقى ليست "إضافة" غير ضرورية. في الواقع، إن دراسة آلة موسيقية تعود بفوائد صحية على الفرد من الطفولة حتى التقاعد.

ما تعلمته لنفسي خلال رحلتي في عالم صناعة الموسيقى هو أهمية التوافق الذاتي—وهو شيء لم يعرفه والدي والموسيقيون العظماء الذين عانوا. فعندما تكون متوافقًا مع عالمك الداخلي، تصبح مثل آلة موسيقية في أوركسترا سيمفونية. فيمكنك العيش في علاقة متوازنة مع الموسيقى، عندما تكون منسجمًا مع نفسك ومع الآخرين. أن تكون متصلًا عاطفيًا مع من تكون وأن تمتلك آلة موسيقية مضبوطة بشكل جيد يعني أنك متجذر في اللحظة الحالية لتستمتع

بثروات الحياة وكل تعقيداتها. بدون هذه التجارب الحياتية التي وصفتها في هذا الفصل المتعلقة بالموسيقى والإيقاع والرقص، لما كنت قد تعلمت دروسًا حول كيفية التحمل وكيفية مساعدة عملائي في رحلاتهم من خلال الموسيقى التي ترتبط، حرفيًا، بظروف الحياة والموت، تمامًا كما في حياة المؤلفين.

يمكننا جميعًا تجربة موهبة النغمة المثالية في عالم اليوم من خلال الأمثلة التي قدمها المؤلفون العظماء الذين أدركوا أنه لكي يكونوا متناغمين مع الآخرين، كان عليهم أن يتوافقوا معهم وأن يكونوا واعين للعواطف التي عبروا عنها من خلال النوتات التي كتبوا.

جورج غيرشوين، الذي وجه طاقته العالية نحو تجربته الموسيقية، أعطانا فكرة حول كيفية أن نكون مؤلفين لحياتنا من خلال قوله: "لا يجلس الملحن منتظرًا الإلهام ليأتي ويقدم نفسه ... إن صنع الموسيقى في الواقع ليس أكثر من مسألة اختراع بمساعدة وتشجيع العاطفة". وأضاف غيرشوين هذه الكلمات الحكيمة، "في التأليف نجمع بين ما نعرفه عن الموسيقى وما نشعر به".

الفصل العاشر

دعم طلاب الكلية الرياضية المتفوقين لنقل جهودهم من الفوز بالرياضة إلى الفوز في ميدان الحياة

"لنحيا، ولنرتكب الأخطاء، لنسقط، ولننتصر، ولنعيد بناء الحياة من داخل الحياة..."

~جيمس جويس، من رواية Portrait of the Artist as a Young Man

قاعة العمليات الجراحية

تعرفت في سن الثامنة عشر على قاعة العمليات في حيّ بدائي ذي ظروف قاسية في بروكلين بنيويورك، وقد جرت العادة أن يُوظَّف طلبة التمريض المتدربون في المستشفيات لقاء أجور زهيدة. لذلك، لم يكن غريبًا بالنسبة لي جدولة اسمي للمناوبة في قاعة العمليات خلال وردية مسائية عند وجود حالة طارئة بعد مدة توجيه قصيرة لي في قسم التمريض في غرفة العمليات، وبعد حضور عملية جراحية واحدة لتصحيح فتق إربي، مع العلم أني لم أشاهد أية عملية أخرى إلا عملية الدكتور بن كيسي على التلفاز.

شعرت بالتوتر بسبب تدني المهارات الطبية في غرفة العمليات، أو لنقل بأنها في أدنى مستوياتها، ودعوت الله ألا يحتاج أحد لجراحة تلك الليلة، ولكن ما إن أوشكت الوردية على الانتهاء، حتى نُقل شاب أسود يعاني من جرح جراء تعرّضه

لطلق ناري إلى قسم الطوارئ، وقد دُفع على نقالة بسرعة كبيرة ومثيرة ليعبر أبواب قاعة العمليات.

كان الجراح الطويل المقيم المناوب من الفلبين، وكان يفوقني حجمًا عندما يقف بجانبي في غرفة العمليات. شعرت بسخافة مظهري وأنا أرتدي زي التمريض الفضفاض بأكمامه الملفوفة والكمامة، ولكنني اعتمدت طريقة متقنة خاصة بي للتعقيم أثناء تنظيف ذراعيّ ويديّ في الحوض باستخدام فرشاة ومطهر. كانت هذه أول عملية لي بمفردي دون وجود أيّ مُدرِّب.

عندما دخل الجراح إلى غرفة العمليات رافعًا يديه الجراحية الكبيرة المعقمة فوق خصره لتجنب تلويثها، متوقعًا مني أن ألبسه الزي الجراحي وقفازاته المعقمة. كنت متوترة لأنني لم أتدرب على هذه الخطوة إلا في محاولة تدريبية واحدة مع زميلتي خلال فترة التوجيه قبل أسبوعين، إلا أن هذه الحالة كانت مختلفة لأنها كانت جراحة فعلية، والنتيجة أنني لم أقم بهذا الإجراء بسلاسة مما دفع الطبيب للسخرية مني وهو يلبس قفازاته وزيه الجراحي ويتجه نحو المريض الذي تُسلَّط عليه أضواء غرفة العمليات الساطعة.

كنتُ ممرضة التعقيم المساعدة بجانب الجراح، لذا أعددت صينية جراحية معقمة بجوار الطاولة الجراحية تحتوي جميع الأدوات المعتادة وهي أدوات الجراح التي كنت أعرفها نتيجة تجربتي المحدودة، وقد رتبتها بدقة وإتقان وفق احتياجات الجراح. مدّ الطبيب يده اليمنى في بداية العملية الجراحية وقال: "مشرط" فناولتُه إياه بعناية. ثم طلب "ملقط قطع النزيف" ومن ثم "شاشة امتصاص معقمة"، فسلمتها إليه، ولكن عندما أعاد لي الأدوات بسرعة كبيرة كعادة الجراحين المهرة، لم أتمكن من مواكبة سرعته وتراكمت الأدوات على ستارة المريض الجراحية حيث وضعها.

فشعرت بالإحباط، عندها بادر الجراح الذي كان يشعر بثقل الضغط ومسؤولية إنقاذ حياة المريض التي كانت ملقاة على عاتقه، بنفض الغطاء كما لو كان يضع

بطانية على العشب خلال نزهة في الهواء الطلق، لترتفع الأدوات الموجودة على الغطاء في الهواء بأقصى سرعة ثم تهبط بقوة على أرضية غرفة العمليات مما جعلها ملوثة. حتى أصبحت بعد هذه الحركة لا أملك إلا قليلًا من الأدوات المعقمة لتمريرها للجراح، فأصبت بحالة من الذعر ولم أكن أعرف كيف سأتصرف، فما كان من الطبيب إلا أن انتقد قلة كفاءتي وذكائي مما هزّ ثقتي بنفسي.

في هذه الأثناء، كانت ساعات الصباح الأولى قد حلت، وكانت الممرضة المتجولة قد غادرت غرفة العمليات منذ فترة بحثًا عن الخيوط الجراحية، وكنت هناك متجمدة وحدي فوق المريض على الطاولة مع الجراح وأخصائي التخدير.

وعند هذه النقطة كنت فاقدة التركيز لدرجة كبيرة حتى أنني قصصت أطراف قفاز يدي اليمنى المعقم ذي المقاس الكبير على يدي باستخدام مشرط حاد، وتجنبت بالكاد بتر أصابعي، مما لوّث يدي أيضًا. إلا أنني حاولت التكيف باستخدام يدي اليسرى فقط مثل من يحاول توزيع ورق اللعب بيد واحدة، ولكنني فقدت العد الصحيح لشاشات الامتصاص، وبدأت بالبكاء بصوت مسموع.

لينحني الجراح بعد مدة من بكائي بعد أن شعر بالشفقة تجاهي وربما ببعض الندم، وقال: "لا تبكي أيتها الممرضة"، واعتذر لي أثناء الجراحة. ولحسن حظي وحظ المريض، عادت الممرضة الجوالة القانونية لتقدم مساعدتها، فشعرت بفرحة عارمة.

عملت على تجاوز مخاوفي وترميم عيوبي ريثما تنتهي العملية الجراحية في محاولة لإنهاء عملي. لقد أعادت هذه الجراحة الحياة للمريض ولي بقدرة الله. وبعد أن نال الإرهاق مني، سحبت دلوًا كبيرًا ثقيلًا ذو عجلات من خزانة الصيانة وملأته بالماء والمطهر ونظفت أرضية غرفة العمليات، وطاولة العمليات، والأدوات، والعدادات، كما هو مطلوب ومناسب للطلاب. ثم عدت إلى غرفتي مقابل المستشفى في "الحرم الجامعي" بعد الساعة الثالثة صباحًا ثم سقطت

منهكة على سريري. وبينما كنت أغفو، بدأت كوابيس كارثة غرفة العمليات تسيطر على تفكيري.

استيقظت بحلول الساعة الثامنة صباحًا وكنت مستعدة لتقديم امتحاني وحضور دروس في التمريض الجراحي. وفي الأسبوع التالي، دخل نفس الجراح غرفة العمليات، ورفع يديه الكبيرتين المعقمتين للأعلى فوق خصره، مستعدًا لمساعدة الممرضة له في ارتداء الملابس الجراحية والقفازات ومساعدته خلال الجراحة. وما إن رآني حتى قال: "لا، إنك أنت مجددًا"، إلا إنني عرفت في هذه المرة ما يجب فعله بشكل أفضل. وعلى الرغم من التوتر الذي شعرت به، تعلمت من أخطائي وانطلق نجاحي منها، تمامًا كما يتعلم لاعب كرة القدم من خطئه وتكون دافعه نحو النمو.

تجربتي الحياتية

عند التأمل في الحالة الصعبة التي مررت بها في غرفة العمليات، يتبادر إلى ذهني الذعر الذي شعرت به أثناء محاولتي لتحقيق هدفي بأن أكون ممرضة تعقيم مساعدة ليوم واحد في حي بروكلين حيث ترتفع نسب الجريمة، بعد أن سقط الشاب المريض برصاصة هددت حياته. في ذلك الوقت، كنت عاجزة عن التحدث والدفاع عن حقي ورفض مشاركتي في غرفة العمليات عندما لم أشعر بكفاءتي المناسبة بسبب نقص التدريب، فلم أجرؤ على التعبير عن رأيي خوفًا من أن أكون عرضة للانتقام.

كانت تخضع برامج الدبلوم الممولة من قبل المستشفى لقواعد صارمة يجب على الطالبات الإناث اتباعها، حيث لم يكن هناك طلاب ذكور في مدرستي. الفارق الرئيسي عن برامج الجامعة كان في أنكِ تدفعين رسومًا للمستشفى لتنالي فرصة العمل هناك مجانًا دون أن تحصلي على درجة جامعية أو شهادة جامعية. وإذا لم تستوفِ الطالبة معاييرهم العالية للعلامات الدراسية والأداء السريري، فستطلب منها لجنة المعايير الأكاديمية أن تغادر فورًا دون عودة، وهو ما أرعبني. لذلك،

عندما لم أكن أعمل بتفانٍ كبير في المستشفى، كنت أقضي كل وقتي في الدراسة المتواصلة استعدادًا للامتحانات المتكررة.

كان تعلم الممرضات في الماضي عن طريق المحاولة والوقوع في الأخطاء مرهقًا للغاية؛ فقد كنتُ مضطرة لإثبات مستوى ذكائي الكافي وجدارتي لأن أكون طالبة تمريض. إلا أنني عانيت بسبب الضغط الشديد من طفح جلدي ناتج عن القلق، كما لجأت إلى السجائر لتهدئة أعصابي.

ومع ذلك، نمت في إحدى الحصص على مكتبي من الإرهاق الشديد، فأبلغَ عني مدربي للجنة المرعبة التي ستحدد مصيري وإمكانية فصلي من البرنامج. ولكنني تمكنت من الدفاع عن نفسي عندما طرح المدرب سؤالًا في الصف حول تشوهات القلب الخلقية للرضع، فبادرت بالإجابة عن السؤال الذي عجز عنه الجميع. كما حصلت على جائزة أعلى درجة في مادتي المفضلة، علم التشريح وعلم وظائف الأعضاء.

وقعت حادثة حُفرت في ذاكرتي عندما كنت طالبة في السنة الأخيرة في التاسعة عشرة من عمري، وكنت مسؤولة عن الورديات الليلية في وحدة ما قبل وبعد الولادة المؤلفة من 40 سريرًا بعد مضي ثلاثة أسابيع من دورة في طب النساء والتوليد، وكانت هناك مساعدة ممرضة واحدة لمساعدتي.

أتذكر بوضوح خيال امرأة صغيرة السن متعددة الولادات في حملها الثامن تقترب مني من بعيد قادمة من وحدة مفتوحة مظلمة. كانت تتمايل بمشيتها بغرابة وكأنها تحمل شيئًا ثقيلًا بين ساقيها. عندما فحصتها سريريًا، لاحظت وجود كمية كبيرة من مادة هلامية بين ساقيها فخمّنت أنه حبل سري هابط؛ فقد بدا مثل الرسم التوضيحي الذي لاحظته في كتاب علم التشريح وعلم وظائف الأعضاء. قمت بقياس علاماتها الحيوية ونبض الجنين واتبعت البروتوكول المكون من 4 خطوات الذي يتضمن رفع قدم السرير، وهو الإجراء الذي تعلمته في الصف ودوّنته في ملاحظاتي الدراسية الأسبوع السابق.

اتصلت بممرضة غرفة الولادة القانونية ونقلت المريضة بسرعة على نقالة إلى الطابق العلوي. فبادر الطبيب بفحص المريضة بعد عودتي إلى الوحدة ووجد كل شيء طبيعيًا. وبعد مدة قصيرة، تلقيت اتصالًا من ممرضة غرفة الولادة لتخبرني إنني أخطأت في التقدير، مما أزعج الطبيب. وبتلميح على غبائي سألتني: "ألا تعرفين الفرق بين النزيف العادي والحبل السري الهابط؟" بصراحة، لم أر أيًا منهما من قبل لأنني كنت قد بدأت للتو في دورة الأمومة هذه والتي شملت لاحقًا قسم المخاض والولادة.

ولحسن الحظ، فقد تبرّأت من هذا الاتهام في الصباح التالي قبل نهاية المناوبات، عندما اتصلت الممرضة وأخبرتني أنني كنت على حق؛ فقد وُلد الطفل بحبل سري ملتف حول عنقه، واعتذرت مني. فدعوت الله أن يكون الطفل "بخير" وأن يكون تدخلي المناسب بسبب ذاكرتي البصرية القوية، ورد فعلي الفوري، وملاحظتي الدقيقة قد حماه من الشلل الدماغي.

ومن حسن حظي أنني تمكنت كطالبة تمريض من تطوير مهارات التكيف وتحويلها إلى نجاح سريري، حتى في ظل عدم الدعم، حتى أصبحت في سن الثانية والعشرين مديرة ممرضة ذات كفاءة عالية لوحدة في مستشفى جراحي، ومدربة للأداء الأقصى. كما أفخر بأنني ساعدت الجراحين على اجتياز امتحانات الإقامة بعد رسوبهم فيها سابقًا، كما وجّهت العديد من العملاء خلال الإجراءات الجراحية، مثل العلاج الكيميائي والتلقيح الصناعي من خلال برامجي المبتكرة لمساعدتهم على الشفاء.

لم تكن رحلة نخبة الرياضيين الجامعيين سهلة يومًا

لم تكن رحلتي كطالبة تمريض "رحلة سهلة"، وهي حقيقة واقعة أيضًا اليوم بالنسبة لنخبة الرياضيين الجامعيين المتميزين الذين يفشلون في تحقيق النجاح خلال جائحة ما بسبب نقص مهاراتهم في التكيف، مما قد يدفعهم إلى الانتحار،

والاكتئاب، والقلق الشديد الذي قد يؤدي إلى اضطرابات عقلية خطيرة يتجاهلها المجتمع.

طقوس الانتقال إلى سن الرشد: حدث يحتاج ليوم واحد

أحد عملائي، رياضي جامعي سيبلغ قريبًا الثامنة عشرة من عمره وقد حصل للتو على رخصة القيادة، فاستعار سيارة والده ليلتقي بأصدقائه. وأثناء سفر أصدقائه مستقلين سيارة منفصلة، اقترحوا عليه أن يستمروا في القيادة عبر الطريق المدفوع. وعلى الرغم من أن عميلي قد شعر بعدم الارتياح من طلب أصدقائه هذا، إلا أنه تبع أصدقائه ووصل إلى نقطة تحصيل الرسوم دون بطاقة " Easy Pass" وبدون امتلاكه للمبلغ الكافي من العملات لدفع الرسوم. وبما أنه لا يرغب بالمرور عبر نقطة التحصيل دون أن يدفع، أدخل أوراق الدولارات بدلًا من العملات النقدية المعدنية في آلة الرسوم التي لا تقبل إلا العملات المعدنية.

وبعد عدة أسابيع، تحدث مع والده عن هذه الحادثة في مكتبي لأن والده كان عليه دفع رسوم الغرامة لعبور ابنه نقطة التحصيل دون دفع، وقد كان منزعجًا. سأل الوالد ابنه: "ما الذي دفعك لعبور المعبر؟ هل رأيتني أدفع رسوم العبور من هذه المعابر قبل أن تحصل على رخصتك؟" فنظر الابن إلى والده وشرح له أنه أراد أن يتحمل مسؤولية نفسه، وشعر أن أصدقاءه سيرونه بمظهر الغبي، لذلك اختار دفع الفواتير. فما كان من الأب، بسبب عدم فهمه لضغط الأقران، إلا أن وصف ابنه بالغباء.

يوضح هذا السيناريو أنه خلال عملية نمو المراهقين وتطوير دماغهم وتوسيع الروابط بين الجانب الأيسر والجانب الأيمن الذي يستمر من سن 12 إلى 25، يبرز غياب الوظيفة التنفيذية، مما يدل على عدم نضوج المراهقين ووصولهم إلى مرحلة النضج.

ولتعقيد المشكلة بالنسبة للمراهقين، يتفوق نمو المهارات الاجتماعية في مناطق الدماغ على نمو التفكير المنطقي عالي المستوى، مما يعرّض المراهقين لضغط

الأقران، وهو موضوع ناقشته في فيديو عام 2018 حول "طرق الفوز للمراهقين" (يمكنك الاطلاع على الرابط التالي www.idealperformance.net للمزيد من التفاصيل). يحدث سوء الفهم هذا بين المراهقين والآباء لأن البالغين في مجتمعنا يعتقدون أن الشخص الذي يبلغ 17 عامًا هو "طفلٌ" يتحول إلى بالغ في اليوم التالي أثناء احتفاله بعيد ميلاده الثامن عشر، وكأن الانتقال إلى سن الرشد يحتاج ليوم واحد.

على الرغم من أن هذا الشاب نفسه عند بلوغه سن الثامنة عشر يتحمل المسؤولية أمام القانون ويُحكم عليه بالغرامات كعقوبات، مثلما حدث للشاب عند نقطة التحصيل، بالإضافة إلى قائمة كبيرة من العقوبات المفروضة عليه نتيجة الانتهاكات الأخرى، مع العلم أنه/أنها لا يمتلك/تمتلك القدرة الكاملة على التفكير المنطقي مثل البالغين الناضجين، مما يشوّه سمعة المراهقين والشبان بسبب سلوكياتهم الخطرة. كما يجب الانتباه إلى أن هؤلاء الأشخاص الذين تبلغ أعمارهم 18 عامًا فأكثر والذين يفتقرون إلى المهارات التنفيذية تعتبرهم المجتمعات أهلًا لخوض المعارك العسكرية، مثلما يحدث في أوكرانيا وروسيا حاليًا، حيث نعرضهم لجنون الحرب واضطراب ما بعد الصدمة النفسية.

تطور الجنون بين الشباب في الكليات

انتشرت قبل تفشي كوفيد-19 تقارير تتحدث عن إصابة شبابنا بأزمة صحية عقلية، وقد فاقمت جائحة عام 2020 الأمر كما أظهرت التقارير التالية لهذه الجائحة. ففي مقالة بتاريخ 27 مايو 2015 بعنوان "الطلاب القلقون يشكلون ضغطًا على المراكز الصحية للطلاب في الكليات" في صحيفة نيويورك تايمز، أفاد جان هوفمان بأن ما يقارب طالبًا واحدًا من كل ستة طلاب جامعيين قد شُخّصوا بإصابتهم بالقلق أو عولجوا منه خلال 12 شهرًا.

شهد مركز الإرشاد في جامعة وسط فلوريدا زيادة حادة في إقبال الطلاب عليه بنسبة 15.2% خلال عام، مما اضطر القائمين على المركز إلى توسيع مساحة

المكتب بسرعة لتصل إلى منطقة الخزائن. وقد أشار هوفمان إلى أن جيلًا من طلاب الجامعات كانوا مضغوطين نفسيًا في المرحلة الثانوية وأن القلق العقلي للطلاب كان منتشرًا لدرجة أن الأساتذة كانوا يتغافلون عن الشكاوى المنتشرة المتكررة نتيجة إصابتهم به.

ذكر الدكتور دان جونز، مدير الإرشاد في جامعة آبالاتشيان ستيت في بون في كارولاينا الشمالية، أن طلاب المدارس الثانوية قد اعتادوا على مراقبة الوالدين المفرطة لهم، مما قلل من الحافز لتطوير مهاراتهم الحياتية. وقد بدا العديد منهم عند الدخول إلى الكلية غير قادرين على توجيه أنفسهم، ويفتقرون إلى المرونة والقدرة على تهدئة أنفسهم، وعلى التعامل مع الانتكاسات الشخصية.

وقد سلّط مقال نشرته الجمعية الأمريكية لعلم النفس "APA" في 14 مارس 2019 الضوء على أن نسبة الشبان الأمريكيين الذين يعانون من أنواع معينة من الاضطرابات العقلية قد ارتفعت بشكل كبير خلال العقد السابق دون زيادة في نسبة البالغين الأكبر سنًا الذين يعانون من هذه الاضطرابات. حيث اعتُبرت هذه الميول الاضطرابية ضعيفة أو غير موجودة بين البالغين الذين تجاوزوا سن الـ 26.

في ورقة بحث نشرت في عام 2020 حول "تأثيرات فيروس كوفيد-19 على الصحة العقلية لطلاب الجامعات في الولايات المتحدة: دراسة استطلاعية نتيجة المقابلات"، أفاد العديد من الباحثين، بما فيهم الباحث تشانغون سون في مجلة البحث على الإنترنت في المجال الطبي، أن الجائحة الطويلة التي رافقها الإغلاق زادت من مستوى التوتر والقلق بين طلاب الجامعات، والتي شملت الخوف والقلق حول صحتهم وصحة الآخرين، وصعوبة التركيز، واضطرابات النوم، وتقليل التفاعلات الاجتماعية، وزيادة القلق بشأن الأداء الأكاديمي. كما كشف استطلاع حول تأثير فيروس كوفيد-19 على الصحة العقلية لطلاب الجامعات في جامعة

بن ستيت أن الطلاب الذين طلبوا الخدمات الاستشارية بسبب الجائحة كانوا يعانون من زيادة في الاكتئاب، والقلق العام، والضيق العام.

ذكرت ميغان ليونهاردت في فورتشن ويل في يوليو 2022 أن هناك "أزمة في الحرم الجامعي" نتجت عن تشخيص إصابة 3 من بين كل 5 طلاب جامعيين، أو 60%، بحالات اضطرابات صحة عقلية، مثل القلق والاكتئاب. كما ذكرت الكاتبة أن مراكز الصحة المخصصة للحرم الجامعي كانت للأسف غير مستعدة تمامًا لهذا الضغط الكبير من المرضى. إلا أنه وقبل فترة طويلة من وقوع الجائحة، كانت صحة الطلاب العقلية تتعرض للضغط وتعاني من مشاكل، مثل الانتحار، الذي يُعد ثاني الأسباب الرئيسية المسببة لوفاة طلاب الجامعات، وفقًا لمؤسسة الوقاية من الانتحار الأمريكية.

كما أشارت المعالجة المعتمدة جولي سيريل، ومديرة مختبر الوقاية من الانتحار والتعرض في جامعة كنتاكي، إلى أنه "لا يمكن تمييز علامات الانتحار"، ولكن أظهرت نتائج البحث على الإنترنت حول التحذيرات من الانتحار أن قلة النوم أو كثرته، وتقلبات المزاج، والانعزال عن المواقف الاجتماعية قد تكون علامات على الميول الانتحارية.

إلا أن هذه "التحذيرات" قد تكون سلوكيات طبيعية عادية أيضًا. وقد أفادت الدكتورة سامانثا ميلتزر برودي، رئيسة قسم الطب النفسي في جامعة كارولاينا الشمالية، بأن للانتحار علاقة بتطور الجزء الدماغي المسؤول عن مراقبة الذات، والذي لا يكتمل تمامًا حتى سن الـ 25. كما حذرت ميلتزر برودي من أن العلامات الوحيدة الموثوقة التي يُؤخذ بها هي محاولات الانتحار السابقة، وأنّه على الرغم من النجاحات الظاهرية التي يحققها المراهقون والشبان البالغين، توهمهم أدمغتهم العاطفية غير الناضجة بأن الناس سيكونون أفضل من دونهم.

لا يمكنك الفخر بالموت: شعار انتحاري للطلاب الرياضيين المتميزين في الكليات

أصدر الجراح العام للولايات المتحدة، ونائب الأدميرال فيفيك إتش مورثي الحاصل على دكتوراه في الطب، تقريرًا توعويًا بعنوان "حماية صحة الشباب العقلية" في عام 2021، وقد ناقش الدكتور البحث الذي أجري على 80000 شاب حول العالم، والذي توصّل إلى أن الاكتئاب والقلق قد تضاعف. ففي بداية عام 2021، كانت زيارات قسم الطوارئ بسبب محاولات الانتحار المشتبه بها تزيد بنسبة 51% للفتيات المراهقات وبنسبة 4% للفتيان المراهقين مقارنة ببداية عام 2019.

يعد الانتحار حاليًا ثالث أسباب الوفاة في الأعمار التي تتراوح بين 15 إلى 24 عامًا في الولايات المتحدة. وقد وجّه مورثي الشباب في التقرير التوجيهي الذي يحمل عنوان "ما يمكن للشباب القيام به" لمساعدة أنفسهم، وتعلم وممارسة تقنيات لإدارة التوتر. كما أوصاهم بالعناية "بالجسم والعقل" من خلال الالتزام بجدول زمني، والتغذية الكافية، والبقاء نشطين بدنيًا، والحصول على نوم ذي جودة عالية، والحفاظ على ترطيب أجسامهم من خلال شرب ما يكفي من الماء، وقضاء الوقت في الهواء الطلق. كما وجّه الشباب لتجنب إساءة استخدام المواد، مثل الكحول، والماريجوانا، والفيب، والتبغ.

لم يتم تقديم أي توصيات بشأن كيف يمكن للشباب تحقيق هذه الأهداف كإجراءات وقائية، ولكن ظاهريًا يبدو أن معظم الرياضيين المتميزين في الكليات يسعون جاهدين لاتباع التوصيات للعيش الصحي الموصى بها من قبل الجراح العام بحيث يحافظون بانتظام على ترطيب أجسامهم، ويمارسون التمارين بانتظام، ويحاولون تناول الأطعمة الصحية. ومع ذلك، لم تجد العبارات المأثورة المدرجة في تقرير الدكتور مورثي حول كيفية تجنب الشباب للاضطرابات العقلية والانتحار صدى لدى أربع رياضيات متميزات في الكليات ومنافس ذكر،

فقد أقدموا على الانتحار في مارس وأبريل 2022. إليكم لمحة عن قصصهم بعد جمع معلومات عنها:

كاتي ماير: أفادت شانا مكاريستون يوم 4 مارس 2022 بأن أول انتحار هز الكلية الرياضية الجامعية كان لكاتي ماير، 22 عامًا، وقد أكد والداها وفاتها في الحرم الجامعي.

كطالبة في السنة النهائية، كانت كاتي ماير على قائمة عمداء جامعة ستانفورد في كاليفورنيا وكانت قائدة نجمة لفريق كرة القدم النسائي. وقد لعبت كحارسة مرمى دورًا بارزًا مفصليًا في قيادة فريقها نحو الفوز في بطولة كرة القدم النسائية للدرجة الأولى في عام 2019. كانت لديها أصدقاء يعشقونها وزملاء فريق يحتذون بها. كما عاشت ماير في كنف عائلة متماسكة ومحبة ودرست تخصص العلاقات الدولية.

وقد تحدث والداها معها قبل الانتحار بساعات قليلة. وقد ذكر والدها أنها كانت في حالة مرحة وكانت تبدو بروح معنوية عالية.

عند سماع خبر انتحار ابنتهما، كان والداها مندهشين ومفطوري القلب وتملأ عيونهما الدموع. لم تكن هناك "علامات واضحة" على نيتها الانتحار، إلا أنهما أشارا إلى قلقها بشأن تعرّضها لإجراءات تأديبية محتملة لأنها دافعت عن زميلة لها، وهو السبب الذي اعتقد والداها أنه ساهم في انتحارها.

بذل والداها جهودًا حثيثة لمعرفة ما حدث لابنتهما وما دفعها للانتحار. وبحسب ما ذكرت ستيلا تشان من شبكة CNN، أن أمها جينا قد وجدت عزاءها الوحيد في ارتداء سترة ابنتها الجامعية الحمراء في مقابلة معها، لأنها كانت تشم رائحتها وكانت ترغب في أن تكون قريبة منها. كما أقرت بأن ابنتها شعرت بالضغط لتكون مثالية و"الأفضل" وأن هذا الضغط هو ما قد يكون مقلقًا. وفقًا لجميع التقارير، في 4 مارس 2022، كتبت إيريكا إدواردز وستيفاني جوسك في أخبار الصحة عن وفاة ماير، وكيف أن الحياة كانت تبتسم لها في طريقها نحو النجاح.

سارة شولز: كانت سارة، كما ذكرت شانتال دا سيلفا من " NBC News Digital"، ضحية أخرى لأزمة الصحة العقلية الأمريكية. إنها نجمة جامعة ويسكونسن وعداءتها سارة شولز ذات الـ 21 عامًا. اعتقدت عائلتها أنها انتحرت لأنها أُرهقت في محاولتها لتحقيق التوازن بين الرياضة ومتطلبات الحياة اليومية في "لحظة يأس واحدة".

ذُهلت عائلتها وسيطر عليها الحزن. وقال مدربها في المدرسة الثانوية: "تمتّعت شولز، اللطيفة الحنون، بموهبة فريدة من التركيز الكبير على أهدافها، كما كانت تعاقب نفسها في حال التقصير، وهي تعرف تمامًا ما يلزمها لتحقيق أهدافها. إنها صفات مميزة استشعرها مدرّبها واعتبرها رجاحة عقلية".

وفي نبذة عن شولز، كانت طالبة متفوقة، وابنة محبوبة، بل وشقيقة وصديقة وزميلة، وكان بانتظارها مستقبل واعد؛ حيث حصلت عام 2020 وعام 2021 على تكريمات اتحاد العشرة الكبار للعبة العدو والجري، كما حصلت على منحة دراسية للتنافس في جامعة ويسكونسن ماديسون. وكانت نشطة في مجلس الطلاب، وقد تدرّبت في المجلس التشريعي ولاية ويسكونسن، وكان لديها شغف بالسياسة، وكانت تعتبر نفسها بطلة ومثالًا يُحتذى لكل النساء.

لورين بيرنيت: حدثت الحالة التالية في مجموعة المنتحرين بالكليات في جامعة جيمس ماديسون وذلك حسبما أفادت أليسون برانج في 27 أبريل 2022. كانت لورين بيرنيت ذات الـ 20 عامًا، لاعبة كرة القاعدة ولاعبة صيد أقدمت على الانتحار. ساعدت فريقها في الوصول إلى المترتبة الأربعة النهائية من بطولة العالم للكليات في عام 2021، وكانت ثالثة في الفريق في عدد الأهداف المنزلية والثانية في عدد النقاط المسجلة وفق مقياس RBIs. وقد حققت في الأسبوع الذي سبق وفاتها أربعة أهداف من أربع محاولات مع هومر وهدفين مزدوجين. كما مُنحت يوم الاثنين الذي سبق وفاتها لقب لاعب الأسبوع في الدوري، وقد كانت تدرس علم النفس.

جايدن هيل: أفادت مولي هينسلي كلانسي في مقالها في 19 مايو 2022 عن تعرض الجامعات لسلسلة من الانتحارات، وكانت جايدن هيل، البالغة من العمر 19 عامًا، إحدى المنتحرين، وهي عداءة في الفرقة الثانية في جامعة نورثرن ميشيغان، كانت دائمًا "أول" من يبادر لمساعدة الذين يعانون من مشاكل صحية عقلية، ومع ذلك أقدمت على الانتحار. وأكدت والدتها أن ابنتها كانت ترى نفسها كمدافعة عن الآخرين وأنها كانت تدعم الأصدقاء والغرباء، إلا أنها كانت تتردد في التحدث العلني عن صراعها الشخصي طوال حياتها مع مشاكل الصحة العقلية.

لم ترغب هيل أبدًا في أن تُعتبر ضعيفة، وكانت هذه الفكرة تُرعبها، وكانت تحلم بالمشاركة في الألعاب الأولمبية، وكانت تحتفظ بزي العداء الأمريكي في إطار خارج غرفتها.

ومع ذلك، عندما بدأت في ممارسة العدو في الجامعة، تراجع تدريبها على الجري، وحمّلت نفسها الكثير من الضغط. ووفقًا لتقرير لتوني غارسيا في صحيفة ديترويت فري برس في 7 أبريل 2022، كانت هيل رياضية ملتزمة، ومُجدّة، وشخصًا حميمًا وتعاونيًا، وكانت تطمح لتصبح محامية حقوق مدنية. وعلى الرغم من أن مدربي هيل كانوا داعمين لها، إلا أنها كانت تقلق من تخييب آمالهم وتشعر بأنها عبء على الآخرين وفقًا لما ذكرته والدتها.

روبرت مارتن: كان روبرت مارتن، ذو الـ 24 عامًا، خامس المنتحرين في هذه المجموعة. شعر شون سميث، وهو مدربه السابق في لعبة اللاكروس، وكأنه تلقى ضربة في بطنه عندما علم أن متدرّبه الرياضي السابق قد انتحر في جامعة بينغهامتون - جامعة ولاية نيويورك، حيث كان طالبًا متخصصًا في العلوم العصبية التكاملية.

وبحسب ما أفاد جيمس ماكليندون، كاتب المقال الذي يتحدث عن مارتن في 2 أبريل 2022، كان انتحار مارتن مروعًا لدرجة أن سميث لم يتمكن من النوم لأن فكرة وفاة مارتن لم تُفارق تفكيره. لم يسبق لمارتن أن أخبر مدربه السابق بأنه

كان يعاني من الاكتئاب. رأى سميث مارتن آخر مرة في مباراة تجريبية، وقال إن معنوياته بدت جيدة.

اضطرت عائلة مارتن للانتقال عندما مرضت جدته، لذلك عاش مع عائلة أخرى في المدينة لإكمال دراسته في المدرسة الثانوية وإنهاء مسيرته الرياضية هناك. قال سميث إن هذه الانتقال كان سهلًا جدًا على مارتن؛ فقد كان يتمتع بشخصية اجتماعية وكان ينسجم مع الجميع، وكان المدرب السابق معجبًا بشخصيته لكونه شابًا متميزًا.

حصل مارتن على تكريم الفريق الأول وكان صريحًا، يعبر عن مشاعره بصدق. بصفته حارس مرمى، كان مارتن عضوًا قيمًا في فريقه. في يوم انتحاره، لم يأتِ مارتن، الذي كان يُعرف بأنه عرضة "للحزن"، إلى التمرين، ليجده زملاؤه ميتًا في غرفته.

تفشّي ظاهرة انتحار الرياضيين الجامعيين المتميزين عام 2022

سلّطت مقالة نُشرت في 19 مايو 2022 عن الرياضة الجامعية الضوء على تزايد حالات الانتحار بين الرياضيين الجامعيين، مُشيرةً إلى أن هذه الظاهرة تُمثّل "أزمة" حقيقية وتُجبر الرياضيين على الضغط على الرابطة الوطنية لرياضة الجامعات لاتخاذ إجراءات عاجلة. كما قدّمت الكاتبة مولي هينسلي كلانسي تقريرًا مُفصلًا حول سلسلة حالات الانتحار التي حدثت في عام 2022.

من بين الرياضيين الذين أجريت معهم مقابلات، كانت كيت إنتيل، عداءة جامعية متفوقة في العدو الريفي، والتي أعادت سلسلة الانتحارات هذه ذكرياتها إلى الفترة المُظلمة التي مرّت بها بعد فصلها من برنامج جامعي، حيث شعرت بفقدان تقديرها لذاتها. غَرَس هذا البرنامج في عقلها فكرة أن الفوز هو الهدف الأسمى،

بغض النظر عن الوسيلة. كان شعار هذا البرنامج "النجاح أو الفشل، لا خيار ثالث"، وإذا فشلت، "فسيكون الفشل ذريعًا".

تحدّثت إنتيل عن إجبارها على التدريب رغم الإصابات، وكيف كانت تُجبر شهريًا على الخضوع "لاختبار قياس نسبة الدهون في الجسم" الإلزامي، حيث كان الأطباء يُقيّمون جسدها أمام لاعبي كرة القدم وهي ترتدي حمالة صدر رياضية وشورتًا للجري. تُدير إنتيل الآن برنامجًا جامعيًا آخر، لكنّها تُقرّ بأنّ الانتحار كان هاجسًا مُخيفًا في حياتها، حتى أنها فكرت في الإقدام عليه، وكان والداها قلقين على سلامتها. شعرت إنتيل أنها عالقة في دوامة من التفكير في سلامة الآخرين وكيفية مساعدتهم إذا كانوا يُعانون.

ذكر مقال هينسلي كلانسي أيضًا ماكنزي فيتزباتريك، وهي رياضية تحدّثت عن معاناتها خلال فترة ابتعادها عن ملاعب الكرة اللينة خلال معظم دراستها الجامعية بسبب الإصابة. شرحت كيف كافحت الشعور بالعزلة عن فريقها ووحدتها وخوفها من أن تُعتبر ضعيفة. تحدّثت فيتزباتريك عن انغماسها في دوامة من العمل الجاد دون راحة، وكيف كان يُقال لها إنّ الرياضيين لا يجب أن يستريحوا أبدًا. حتى بعد تعافيها، كان جدولها الزمني مُزدحمًا. في السياق نفسه، وصف بيترو ساسو، الأستاذ المساعد بجامعة ولاية أوستن، ازدحام جداول الطلاب الرياضيين بـ "الضريبة الرياضية" نظرًا لتأثيرها السلبي على صحتهم العقلية.

بعد أسابيع من وفاة كاتي ماير، أدركت فيتزباتريك خطورة أزمة الانتحار، ونشرت منشورًا على انستغرام تُطالب فيه المجتمع الرياضي بإجراء تغييرات جذرية، مُؤكدةً أنّ "الاطمئنان" على الرياضيين لم يعد كافيًا. كما دعت الرابطة الوطنية لرياضة الجامعات إلى بذل المزيد من الجهود لمنع حالات الانتحار. وعندما علم سميث، مُدرّب روبرت مارتن السابق في المدرسة الثانوية، بخبر انتحاره، راح

يتساءل عمّا إذا كان بإمكانه فعل أيّ شيء لمنعه، وحثّ الآخرين على دعم الصحة العقلية في البرامج المدرسية.

الأسباب الجذرية وراء تنامي ظاهرة انتحار الرياضيين الجامعيين المتميزين

صرّح تشاد أسبلند، أخصائي طب الرياضة الذي عمل في برامج رياضية للقسم الأول وأصبح المدير التنفيذي لمجلس الولايات المتحدة لصحة الرياضيين، بأنّ أزمة الانتحار لم تُناقش بما يكفي، والأهم من ذلك، تحدّث عن كيفية تعامل الكليات مع الرياضيين كسلع تجارية قابلة للتصرف، حيث يقوم المدربون والجامعات "باستهلاكهم والتخلص منهم". ويرى أسبلند أنّ التركيز الأساسي في الرياضة الجامعية ينصبّ على النتائج التي يحققها الرياضيون وليس على رفاهيتهم كأفراد.

وفي تقرير هينسلي كلانسي حول الانتحار، أشار أندرو كوبر، وهو ناشط في مجال الصحة العقلية وعداء جامعي سابق، إلى أنّ معظم الرياضيين لا يتقاضون أجرًا رغم بذلهم مجهودًا يعادل وظيفة بدوام كامل. وأكّد على أنّ الرابطة الوطنية لرياضة الجامعات قد خلقت بيئة "يُعامل فيها الرياضيون كالماشية".

ويعتقد المدافعون عن الصحة العقلية، مثل كوبر، أنّ السعي نحو المال والشهرة والضغط المُسلّط على الطلاب الرياضيين للفوز بأي ثمن يدفعهم إلى بذل جهود جبارة والتضحية بصحتهم العقلية والجسدية وعلاقاتهم الاجتماعية. فقدان المنحة الدراسية بسبب أداء سيء في مباراة واحدة يكفي لدفعهم إلى حافة الهاوية. ونتيجة لذلك، تمارس الإدارات الرياضية والمدربون -الذين ترتبط رواتبهم ومكافآتهم بأداء الرياضيين- ضغطًا هائلًا على هؤلاء الشباب للفوز، على عكس الطلاب غير الرياضيين. وصرّح المدافعون عن الصحة العقلية بوجود هيئة توجيه وحماية بتمويل يبلغ مليار دولار تُعنى بتوجيه وحماية الرياضيين الجامعيين. كما زعم كوبر أنّ الضغوط التي يعاني منها الطلاب الرياضيون مرتبطة

بشكل مباشر بصناعة الرياضة الضخمة الرابحة وبالرابطة الوطنية لرياضة الجامعات، خاصة الأقسام العليا فيها؛ حيث يُشجّع على الفوز بأي ثمن، وترتبط رواتب ومكافآت المدربين والإدارات الرياضية بالفرق التي يحقق فيها الرياضيون الانتصارات.

وعلى الرغم من أنّ الرابطة الوطنية لرياضة الجامعات تُلزم الكليات بتوفير خدمات الصحة العقلية للرياضيين، وقد وضعت "أفضل الممارسات" في هذا الصدد، إلا أنّ المدافعين عن الصحة العقلية ينتقدون عدم إصدارها أيّ بيانات رسمية حول انتشار ظاهرة الانتحار، فأضعف الإيمان أفضل من عدم اتخاذ أي إجراء. ويدعم كوبر التغيير الجذري لهيكل وثقافة الرياضة الجامعية لتتماشى مع أهمية الصحة العقلية بدلًا من ترك الرياضيين يصارعون مشاكلهم العقلية حتى الوصول للانتحار.

لكن قبل الانتقال إلى "تصحيح" العيوب في نظام الرياضة الجامعية التي تؤدي بالطلاب إلى الانتحار، دعونا نُلقي نظرة أولًا على النقاط المشتركة بين تجارب حياة الرياضيين الخمسة الذين انتحروا لمنع حدوث مثل هذه المآسي في المستقبل.

النقاط الرئيسية المستخلصة من حالات انتحار الرياضيين الجامعيين تكشف عن عوائق النجاح

من خلال دراسة حالات الانتحار التي حدثت خلال مارس وأبريل 2022، وتحليل معتقدات ومشاعر وأفكار وطموحات هؤلاء الرياضيين المتفوقين الذين أقدموا على الانتحار، توصّلنا إلى مجموعة من النقاط الرئيسية التي شكّلت عقبات في طريق نجاحهم.

تشير النقاط المشتركة بين هؤلاء الرياضيين المتميزين إلى أنهم كانوا جميعًا رياضيين جامعيين موهوبين، يهتمون بالآخرين، ويُقدّمون المساعدة لمن

يحتاجها، كما كانوا قادة في مجالاتهم ومحبوبين من زملائهم، وكانوا طلابًا متفوقين يدرسون مجالات مختلفة مثل العلوم والعلوم السياسية وعلم النفس. ومع ذلك، لم يلجأ أيّ منهم للمساعدة خوفًا من الوصمة الاجتماعية ونظرة الآخرين لهم كأشخاص ضعفاء. وكان لدى اثنين منهم تاريخ سابق مع مشاكل الصحة العقلية والاكتئاب، ولم يطلب أيّ منهم تدريبًا لتحقيق أقصى قدراتهم أو التواصل مع خط ساخن للوقاية من الانتحار.

وقد عانت جميع عائلات وأصدقاء وزملاء هؤلاء الرياضيين من صدمة كبيرة بعد سماعهم نبأ انتحارهم. وتساءل أفراد أسرهم ومدربوهم عمّا كان بإمكانهم فعله لمنع هذه الكارثة، كما تأثر أقرانهم من الرياضيين بشكل كبير. ولكن للأسف، لم يتعلم هؤلاء الرياضيين كيفية تطبيق مهاراتهم في تحقيق الفوز في الرياضة على حياتهم الشخصية، فقد نسوا تحت الضغط كيفية استخدام مهارات المرونة العقلية التي اكتسبوها منذ طفولتهم، مثل التركيز والإصرار والسعي نحو الفوز، والتي استخدموها على مر السنوات لتخطّي الصعوبات. ويمكننا القول أنّهم اختاروا الانتحار هربًا من تحديات الحياة.

عوائق حصول الرياضيين المتفوقين على المساعدة الصحية العقلية

في سبتمبر 2012، نُشرت مقالة بعنوان "العقبات والمساعدون في البحث عن المساعدة الصحية العقلية للشباب الرياضيين النخبة: دراسة نوعية" في مجلة علم النفس السريري BMC، حيث وجدت الكاتبة أميليا جاليفير وزملاؤها العديد من العقبات التي تمنع الشباب الرياضيين المتفوقين من طلب خدمات الصحة العقلية. ومن أبرز هذه العقبات الخوف من الوصمة الاجتماعية والشعور بالإحراج وتأثير طلب المساعدة على علاقاتهم الاجتماعية.

ومن العقبات الأخرى التي ذكرها الطلاب الرياضيون نقص الوعي بالمشكلة التي يواجهونها أو إنكارها، وعدم معرفتهم بالمكان المناسب للحصول على المساعدة،

والخوف من عواقب طلبها، والقلق بشأن تأثير ذلك على أدائهم الرياضي، والقلق من أن يُعتبروا ضعفاء، والاعتقاد بأنّ المساعدة الصحية العقلية لن تفيدهم، ونقص خدمات الصحة العقلية، وضيق أوقاتهم، وصعوبة التعبير عن مشاعرهم.

وتُعدّ هذه العقبات متأصلة في صناعة الرياضة المعقدة، وقد واجهها الرياضيون الجامعيون الخمسة الذين انتحروا، وساهمت في تفاقم مشاكلهم النفسية والجسدية بدلًا من تحسين صحتهم العقلية ورفاهيتهم، وتُمثّل أمثلةً واضحةً على سوء إدارة قطاع الرياضة للشباب وإساءة استخدام السلطة، كما هو موضح في الأمثلة التالية.

تفشّي ظاهرة إساءة استخدام السلطة في عالم الرياضة

كرة القدم: في خضمّ الاحتفاء باتفاقية المساواة في الأجور التي تمّ التوصل إليها في 20 مايو 2022، وتكريم نجمة كرة القدم الأمريكية ميغان رابينو بوسام الحرية الرئاسي في 7 يوليو 2022، انكشفت حقيقة مؤلمة كشفت عنها نتائج تحقيق استمرّ عامًا كاملًا. فقد تبيّن أنّ المسؤولين التنفيذيين في الاتحاد الأمريكي لكرة القدم، ومالكي دوري كرة القدم الوطني للسيدات (NWSL)، والمدرّبين على جميع مستويات كرة القدم الأمريكية، قد أغمضوا أعينهم عن عمد وتجاهلوا سنوات من الانتهاكات وسوء استخدام السلطة التي أُبلغ عنها. وكما كتب كيفين درابر في مقالته التي نُشرت في صحيفة نيويورك تايمز في 3 أكتوبر 2022 تحت عنوان "تقرير يفصّل إساءة المعاملة 'المُمنهجة' للاعبات في كرة القدم النسائية"، فإنّ هذا التقرير جاء بعد عام من رفض لاعبات غاضبات النزول إلى الميدان.

ويبدو أنّ قادة دوري كرة القدم الوطني للسيدات واتحاد كرة القدم الأمريكي، الذين فشلوا في إدراك حجم حالات الانتهاكات وسوء السلوك المُبلغ عنها، كانوا أكثر انشغالًا بالخوف من الدعاوى القضائية أو القلق على الموارد المالية لكرة القدم النسائية المحترفة من الاهتمام بسلامة لاعباتهم. لقد أوجدوا، عن غير قصد، بيئة

خصبة لانتشار المدرّبين المُسيئين، الذين كانوا قادرين على التنقّل بين الفرق بكلّ حرية دون أن يُحاسبوا على أفعالهم من قبل الفرق التي قامت بطردهم. وكما كتبت سالي كيو ييتس، نائبة المدعي العام السابقة، في الملخص التنفيذي للتقرير الذي يقع في حوالي 300 صفحة، فإنّ مثل هذه الانتهاكات في دوري كرة القدم الوطني للسيدات متجذّرة بعمق في ثقافة كرة القدم النسائية، بدءًا من بطولات الشباب، التي "تُرسّخ للتدريب المسيء لفظيًا وتُطمس الحدود بين المدرّبين واللاعبات".

ومن بين الانتهاكات المروّعة التي وقعت، قيام مدرب باستدراج إحدى اللاعبات إلى منزله بحجة مناقشة أدائها ومشاهدة إعادة للمباراة، ليُفاجئها بعرض مواد إباحية وممارسة أفعال فاضحة أمام عينيها. ولم يقتصر الأمر على ذلك، بل قام في مناسبة أخرى بلمس أعضائها التناسلية وثدييها في كلّ مرّة تُخطئ فيها أثناء المباراة كما هو موضح في إعادة لقطات الفيديو! لقد أصبحت اللاعبات أسيرات ثقافة تُجبرهنّ على تقبل التدريب المسيء منذ الصغر، دون أدنى اعتراض أو شكوى.

وفي مقال نشرته صحيفة نيويورك تايمز في 4 أكتوبر 2022 بعنوان "كرة القدم تخذل النساء سواء تحدثن أم لا"، كتب كيرت ستريتر عن تجاهل لاعبات كرة القدم الأمريكية المحترفات. فقد تمّ التقليل من شأن مخاوفهنّ واتهامهّن بمحاولة الإضرار بالدوري عندما حاولن رفع أصواتهنّ. واخترن الصمت مرغمات ليواصلن ممارسة الرياضة التي أحببنها.

ويُشير ستريتر إلى أنّ أصوات اللاعبات قد تمّ إسكاتها وتهميشها، وأنّ المدرّبين كانوا يتحكّمون في مساراتهنّ المهنية. ويصف ستريتر قصة إنكار إنسانية لاعبات كرة القدم بأنّها قصة قوة قاهرة، فقد دوري كرة القدم الوطني للسيدات بوصلته الأخلاقية وتخلّى عن واجبه في حماية لاعباته.

المصارعة: في عام 1998، شاركتُ في ورشة عمل كمدربة للأداء قبل انطلاق بطولة المصارعة الوطنية للمدارس الثانوية في مدينة بيتسبرغ، بولاية بنسلفانيا. وفي الليلة التي سبقت البطولة، أُقيم حفل عشاء حضره جميع مدرّبي المصارعة المشارِكين، بمن فيهم أنا.

وخلال العشاء، تمّ الإعلان عن إعادة تسمية جائزة "المصارع المتميّز" لِتصبح جائزة "جيف ريس" تخليدًا لذكراه.

كان جيف ريس، شابًا يُافعًا لم يتجاوز العمر 21 عامًا عندما وافته المنية أثناء التمرين بسبب انخفاض حرارة الجسم والجفاف، وذلك أثناء محاولته إنقاص وزنه للمشاركة في البطولة. ولم يكن جيف هو الضحية الوحيدة لهذه الممارسات الخطيرة، فقد تُوفي اثنان من مصارعي الجامعات في ظروف مُماثلة خلال نفس الموسم.

وتمّ خلال حفل العشاء عرض فيديو على شاشة كبيرة للحضور يستعرض فوز ريس بالمركز الثالث في البطولة الوطنية السابقة. وكان والداه يجلسان على المنصة، وبعد عرض الفيديو، ألقى والده خطابًا مؤثرًا بكى خلاله وهو يستذكر كيف كان يقوم مع مدرّبي ابنه بحبسه في حمام الساونا أثناء طفولته وهم يظنون أنّ الأمر مُضحك، بينما كان يتوسّل إليهم لإخراجه.

واعترف والده بألم وحُرقة أنّه كان يجهل خطورة ما يفعله، وأنّ ضحكاته السابقة تحوّلت إلى دموع ندامة على فراق ابنه. وكانت زوجته تجلس إلى جانبه تبكي بصوت مسموع، بينما كان العديد من المدرّبين يُحاولون إخفاء شعورهم بالذنب وهم يُشيحون بأبصارهم بعيدًا.

وفي أعقاب هذه الحوادث المأساوية، أصدرت الرابطة الوطنية لرياضة الجامعات (NCAA) عدّة قواعد جديدة تهدف إلى حماية الرياضيين، منها حظر ارتداء البدلات المطاطية لإنقاص الوزن، ووضع حدّ أقصى لفقدان الوزن يبلغ سبعة أرطال، وتقديم موعد وزن المصارعين إلى ساعتين قبل بدء المنافسة.

وتساءل والد ريس في ذلك الوقت عن الصورة الطويلة الأمد لرياضة المصارعة، وحاجة المصارعين إلى الحفاظ على ترطيب أجسامهم قبل المنافسة. وتحدّث عن تفاني ابنه في هذه الرياضة، وحصوله على منحة دراسية بفضلها، وأنّه كان على استعداد لفعل أيّ شيء من أجل مدرّبه. "لم يكن هناك طلب كبيرًا للغاية." وتظلّ ثقافة الفوز بأيّ ثمن متأصّلة في رياضة المصارعة حتى يومنا هذا، كما يتّضح من القضية التالية.

وكما ذكرنا سابقًا في الفصل الثاني، تُوفي جرانت برايس، البالغ من العمر 20 عامًا، وهو مصارع جامعي، في 31 أغسطس 2020، خلال فترة انتشار جائحة كورونا. ففي أول أيام التدريب، طُلب من أعضاء الفريق الركض صعودًا إلى "تلّة العقاب" سبع مرات كعقاب لهم على عدم الوفاء بمتطلبات جمع التبرعات. وقام المدرّبون بتقييد كميات المياه التي يستهلكها اللاعبون خلال التدريب.

وبعد أن أنهى برايس بضع دورات، شعر بالإرهاق وجلس ليستريح. وكان يتناول عقار أديرال، الذي فاقم من حالته مع نقص المياه في جسمه. وكما ذكرت كاتي كامبيون في تقريرها الذي نشرته مجلة بيبول في 24 أغسطس 2021، فإن برايس قد توسّل إلى مدربيه قائلًا: "أحتاج إلى ماء، شخص ما يساعدني... أشعر أنني سأموت". وقال شهود عيان إن رأسه كان يبدو وكأنه سينفجر من شدّته.

وأخبره المدربون بأن يغادر وينظّف خزانته. وحاول أحد زملائه في الفريق لفه بالثلج لمساعدته، لكن المدرب أوقفه. وحاول بريس الدخول إلى المباني المغلقة بحثًا عن المساعدة، بينما كان مدرباه يحاولان جعله أقوى نفسيًا! لكن الإرهاق كان أقوى، فقد فارق الحياة بسبب ضربة شمس وهو يتشبّث بالعشب بالقرب من نافورة مياه فارغة. وقال مدربه السابق في المدرسة الثانوية إنه كان شابًا واعدًا يسير على الطريق الصحيح لعيش حياة سعيدة ومثمرة.

الجمباز: في مقال نُشر في صحيفة نيويورك تايمز في 26 أبريل 2022 تحت عنوان "كان من المفترض أن تكون وفاة لاعبة جمباز بمثابة جرس إنذار. لماذا

استغرق الأمر وقتًا طويلًا؟"، تطرّقت الكاتبة ماجي أستور إلى قصة كريستي هنريش، لاعبة الجمباز الموهوبة. فبينما كانت على أعتاب المشاركة في الألعاب الأولمبية لعام 1988، أُصيبت هنريش بفقدان الشهية الشديد ثمّ الشره المرضي بسبب الضغوط النفسية الهائلة التي تعرّضت لها. واضطرت هنريش إلى اعتزال الرياضة في عام 1991، وتُوفيت في عام 1994، عن عمر يناهز 22 عامًا، بسبب فشل في وظائف أعضاء متعددة ناجم عن سوء التغذية. وصرّحت قبل وفاتها أنّ مدربها كان يُشبّهها بشخصية "بيلسبري دو بوي" للرجال البدناء، ويُجبرها على إنقاص وزنها بشكلٍ مُستمرّ.

وتتذكّر نانسي ثيس مارشال، وهي لاعبة جمباز سابقة، كيف كان مدربها يُسيء إليها لفظيًا وينعتها بـ"الخنزيرة السمينة". وتتذكّر كاثي جونسون كلارك، الحائزة على ميدالية أولمبية عام 1984 والتي كانت تُعاني من اضطراب في الأكل، محادثات زميلاتها في الفريق حول أنواع المسهّلات التي يستخدمنها والمُجاملات التي يتلقّينها عندما يُصبن "بالمرض". وتُشير ماريا راجو، عالمة النفس الإكلينيكي، إلى أنّ الأمر أصبح أشبه بوصف الحيوانات عند التحدّث عن لاعبي الجمباز، حيث يتمّ التركيز على أطوالهم وأوزانهم دون أدنى اعتبار لصحتهم النفسية وإنسانيتهم.

وبعد وفاة هنريش، تعالت الأصوات المُطالبة بإجراء تغييرات جذرية في نظام رياضة الجمباز. وقام الاتحاد الأمريكي للجمباز برعاية برنامج لعافية الرياضيين، لكن تمّ إلغاؤه في عام 2006. وتمّ إنشاء معسكرات تدريب مركزية في مزرعة بيلا كارولي، حيث تمّ الكشف عن ممارسات تعسفية وتجاوزات خطيرة، ومنها قيام طبيب الفريق، لاري نصّار، المُدان بجرائم جنسية في حقّ قُصّر، بالتحرّش جنسيًا بالشابات من لاعبي الجمباز لسنوات.

ولحسن الحظ، لم تُخمد هذه الممارسات أصوات اللاعبات في وقتنا الحاضر. فقد تجرّأت العديد منهنّ، وعلى رأسهنّ سيمون بايلز، على رفع أصواتهنّ في جلسة استماع أمام الكونجرس وكسبن قضيّتهنّ ضدّ الإساءة.

وتقول ثيس مارشال: "يمكن للنساء الآن أن يُمثّلن قدوة للأجيال القادمة ويقلن بكلّ ثقة: 'لن أصمت بعد اليوم على هذه الانتهاكات'. لقد أصبحن أكثر قوة وجرأة للتعبير عن آرائهنّ وحماية أنفسهنّ، لكن لا يزال الأمر يتطلّب إعادة بناء الوعي لضمان دعم صحتهنّ العقلية والحفاظ على إنسانيتهنّ".

أطر التدخل المبكر للصحة العقلية للرياضيين الجامعيين المتميزين

ناقشنا فيما سبق العوائق التي تحول دون حصول الرياضيين الجامعيين المتميزين على المساعدة في مجال الصحة العقلية، ولكن ما هي العوامل التي تُشجعهم على طلب الدعم؟ أظهرت دراسة أُجريت على الطلاب الرياضيين أن التثقيف والتوعية بقضايا الصحة العقلية وخدماتها من أهمّ العوامل التي تُشجعهم على طلب الدعم.

وكانت من بين العوامل المُيسّرة الأخرى التي حازت على تقييم عالٍ:

- تكلفة الخدمات وتوافرها
- وسائل النقل
- موقع مراكز تقديم الخدمات
- الدعم الاجتماعي
- العلاقات الإيجابية
- الاندماج في الحياة الرياضية
- سهولة التعبير عن المشاعر
- وجود تجارب سابقة إيجابية

- توافر الوقت
- الثقة في سرية المعلومات

وفي مقال نُشر عام 2019 في مجلة الطب الرياضي بعنوان "الصحة العقلية للرياضيين المتميزين: تتطلب زيادة الوعي إطارًا للتدخل المبكر للاستجابة لاحتياجات الرياضيين"، أشارت الدكتورة روز ماري بورسيل وزملاؤها إلى أن برامج الصحة العقلية المُقدمة للرياضيين المتميزين كانت في الماضي تُركز بشكلٍ أساسي على بناء ثقافة الصحة العقلية أو التوعية بأعراض الاعتلال النفسي.

ودعا الباحثون إلى وضع نموذج جديد للتدخل وحددوا الركائز الأساسية لإطار عمل شامل يُعزز الصحة العقلية والرفاهية للرياضيين، مع الاستجابة لاحتياجات الرياضيين المُعرّضين لخطر الإصابة باضطرابات نفسية أو الذين يعانون بالفعل منها.

وأكّدت الدكتورة بورسيل وفريقها على أهمية الكشف المُبكر عن أعراض أمراض الصحة النفسية والتدخّل بشكلٍ سريع لعلاجها. وأشاروا إلى أنّ مثل هذه الأساليب تُساعد على بناء ثقافة تُدرك أنّ احتياجات الرياضيين في مجال الصحة العقلية لا تقلّ أهمية عن احتياجاتهم في مجال الصحة البدنية، وأنّ من المرجّح أن يُسهِم كلاهما في تحقيق أفضل أداء للرياضي.

اقترح فريق البحث إطارًا عمليًا يهدف إلى:

- مساعدة الرياضيين على تنمية مهاراتهم في إدارة ذواتهم للحدّ من التوتر النفسي.
- تزويد أصحاب المصلحة الرئيسيين في البيئة الرياضية المتميزة بالأدوات اللازمة للتمكّن من التعرّف على المخاوف المتعلقة بالصحة العقلية للرياضي والاستجابة لها بشكلٍ أفضل.

- تسليط الضوء على أهمية الاستعانة بمتخصصين وفرق متعددة التخصصات لإدارة حالات الرياضيين الذين يعانون من اضطرابات نفسية شديدة أو معقدة.

خطوات عملية لتحسين خدمات الصحة العقلية في الجامعات

في دراسة نُشرت عام 2022 في مجلة خدمات الصحة السلوكية والبحوث بعنوان "تحسين الجهود المبذولة لتعزيز الصحة العقلية في الكليات والجامعات: توصيات لتسهيل استخدام الخدمات والموارد والدعم"، أوصى بريت هاريس وزملاؤه بتطبيق مجموعة من الخطوات، مستندين إلى خبراتهم في العمل مع طلاب الجامعات في جميع أنحاء ولاية نيويورك، وذلك بهدف المساعدة في تغيير ثقافة الحرم الجامعي وزيادة الإقبال على استخدام خدمات الصحة النفسية.

وتمثّلت توصياتهم فيما يلي:

- تحسين التواصل بشأن الصحة العقلية: واقترحوا استخدام شهادات الطلاب وسرد القصص للحدّ من وصمة العار المرتبطة بالأمراض النفسية.
- جعل تعزيز الصحة العقلية والوقاية من الانتحار جهدًا يشمل الحرم الجامعي بأكمله: بما في ذلك مراكز الصحة، وشؤون الطلاب، وأعضاء هيئة التدريس، والموظفين، والمجتمعات الأكبر.
- إشراك الطلاب وأعضاء هيئة التدريس والموظفين في وضع وتنفيذ حملات وخدمات وموارد ودعم في مجال الصحة العقلية: وأكّدوا على أنّ الاستماع إلى أفكار الطلاب وآرائهم وخبراتهم هو أمرٌ في غاية الأهمية لبناء نظام دعم فعّال يلبي احتياجاتهم ويُساعدهم على التغلّب على تحديات الصحة العقلية.
- دمج التدريب على الصحة العقلية في الأنشطة الأكاديمية والحياة الطلابية: وذلك من خلال توفير برامج توعية وتثقيف حول الوقاية من الانتحار كجزء من التدريبات السنوية الإلزامية لأعضاء هيئة التدريس

والموظفين. كما اقترحوا إضافة مادة دراسية إلزامية ومعتمدة حول بناء المرونة في مواجهة الصدمات النفسية للطلاب الجدد.

- التعاون مع المجتمعات الخارجية والمنظمات المتخصصة في مجال الصحة النفسية: مثل المؤسسة الأمريكية لمنع الانتحار والتحالف الوطني للأمراض العقلية.

هل يُعدّ القلق من الأداء السيء اضطرابًا نفسيًا؟

تُعدّ التدخلات المذكورة أعلاه أمثلة على الخطوات التي يمكن للجامعات اتّخاذها لمساعدة طلابها على تحقيق الصحة العقلية والوقاية من الانتحار، لكن لا توجد معايير ثابتة تُلزم جميع المؤسسات التعليمية بتطبيقها. ومع ذلك، فإنّ إحدى التوصيات أكّدت على أهمية النظر في العوامل البيئية الأوسع نطاقًا لتجنّب إطلاق الأحكام المُسبقة على الرياضي واعتباره يُعاني من مرض نفسي، حيث قد تكون هناك عوامل أخرى أكثر تأثيرًا في التسبّب في سوء الحالة النفسية أو استمرارها، مثل العلاقات غير السليمة، وإساءة استخدام وسائل التواصل الاجتماعي، و/أو الضغوط المالية.

ولتوضيح كيفية تجنّب إطلاق مثل هذه الأحكام المُسبقة وتشخيص الرياضيين بشكلٍ خاطئ، أستعرض معكم حالة مورفي. كان مورفي مُصارعًا عملتُ معه عندما كان في السادسة عشر من عمره في المدرسة الثانوية، واستمرّت علاقتنا حتى بعد انضمامه إلى الجامعة. وبعد تخرّجه في أكاديمية البحرية التجارية، انطلق مورفي في رحلته البحرية الأولى. لكنّ الظروف القاسية على متن السفينة أثّرت على صحته بشكلٍ سلبي على جميع المستويات، البدنية والعقلية والنفسية والعاطفية. فقد عانى من الحرمان من النوم وفقدان الوزن الشديد.

ونصحه أحد أفراد عائلته بمراجعة طبيب نفسي. ووفقًا لرواية مورفي، فإنّ الطبيب لم يفعل شيئًا سوى تدوين المُلاحظات، دون أن يُقدّم له أيّ نصيحة أو

دعم نفسي. وفي نهاية جلسات العلاج، تمّ تشخيص حالته على أنّه يُعاني من اضطراب نفسي وأوصى له بتناول بعض الأدوية المُضادة للذهان.

وأعرب مورفي عن استيائه الشديد من هذا التشخيص، حيث لم يكن يعتقد أنّه مريض نفسيًا، ولم يكن يرغب في تناول أيّ أدوية لعلاج الذهان. واتّصل بي عندما تذكّر كيف كنّا نعمل معًا بشكلٍ شامل باستخدام "أدوات" عملية لمساعدته على تحقيق الفوز وتطوير ذاته.

إنّ قضية مورفي تُسلّط الضوء على نقطة في غاية الأهمية، فالدليل الإحصائي للأمراض العقلية لا يعترف بقلق الأداء في حدّ ذاته كاضطراب نفسي إلا إذا كان الشخص يُعاني من "اضطرابات أخرى قابلة للتشخيص" مثل اضطراب القلق العام أو الاكتئاب الإكلينيكي.

هل يجعلك الشعور بالضعف أقوى؟

مورفي شخص عملي يتعلّم بشكلٍ أفضل من خلال التجربة والممارسة، على الرغم من أنّه يمتلك ذكاءً بصريًا أيضًا. وهذا يعني أنّه يتعلّم من خلال حاسة اللمس بشكلٍ أساسي، الأمر الذي ينعكس على قدراته الاستثنائية في فهم ما يدور حوله واستشعار تحرّكات خصمه في الحلبة.

لكنّ مورفي شخص حسّاس يُظهر مشاعره بكلّ وضوح. وبدلًا من التعبير عن نفسه بالكلمات، فإنّه يُفضّل التعبير عن مشاعره من خلال أفعاله. وقد يعترف الرياضيون من أمثال مورفي بأنّهم ليسوا بارعين في التعبير عن مشاعرهم لفظيًا، الأمر الذي قد يكون له تداعيات سلبية عندما يُقال لهم إنّهم يُعانون من اضطراب نفسي وأنّهم بحاجة إلى تناول الأدوية لأنّهم أضعف من أن يقوموا بمهامهم.

إنّها مهمّة شاقّة تقع على عاتق مُقدّمي خدمات الصحة العقلية الذين يعملون مع الرياضيين، إذ يتعيّن عليهم إدخالهم إلى عالم الصحة النفسية وتعريفهم بطرق التعامل مع الاضطرابات النفسية عندما يواجهون مواقف صعبة دون أن يكونوا

مُستعدّين نفسيًا أو يمتلكوا المهارات اللازمة للقيام بذلك. وقد يتساءل البعض: "ألا يُعدّ هذا الكلام إساءة وتعزيزًا لنظرة سلبية حول الأمراض النفسية؟"

إنّها أسئلة مشروعة في ظلّ انتشار شعار "لا بأس ألا تكون بخير" الذي انتشر خلال دورة الألعاب الأولمبية لعام 2020، وذلك بعد أن أعلنت سيمون بايلز، البطلة الحائزة على العديد من الميداليات، انسحابها من المُنافسات بسبب معاناتها من انهيار عاطفي واضطراب في الأداء، وقالت إنّها فعلت ذلك من أجل "صحّتها العقلية". وكانت بايلز قد صرّحت سابقًا عن معاناتها من اضطرابات نفسية مدرجة في الدليل الإحصائي للأمراض العقلية، واعترفت بالخضوع لعلاج نفسي وتناول مُنشّط موصوف طبيًا لاضطراب فرط الحركة ونقص الانتباه.

ونتيجة لأفعالها في الألعاب الأولمبية، تفاجأ الجمهور بتعاطفه معها، وغادرت بايلز الألعاب بعقود ضخمة تجني منها ملايين الدولارات سنويًا، وميدالية فضّية عندما لم تُشارك بشكلٍ كامل في مُنافسات الفريق، وجائزة "أفضل رياضية في العام" مع وضع صورتها على الغلاف الأمامي لمجلة تايم، ووسام الحرية الرئاسي.

ومع ذلك، فإنّ مثل هذه الجوائز والتكريمات نادرة، ولم تُمنح للرياضيين الآخرين في الألعاب الذين أعلنوا أنّهم أيضًا يواجهون تحدّيات في مجال الصحة العقلية، مثل نعومي أوساكا، التي اعترفت في وقتٍ سابق في بطولة فرنسا المفتوحة للتنس أنّها تشعر بالخوف من اللعب أمام الجمهور، وغُرّمت بمبلغ 15 ألف دولار من قبل مسؤولي التنس لرفضها إجراء مُقابلات إعلامية، وفشلت في الجولات المُبكّرة في دورة الألعاب الأولمبية لعام 2020 في الفوز بميدالية. ومنذ عام 2019، تراجع تصنيفها من المرتبة الأولى، لكونها أعلى الرياضيين أجرًا، إلى المرتبة 44 اعتبارًا من 3 أكتوبر 2022.

وينطبق الشيء نفسه على جايمي أندرسون، الحائزة على ميداليتين ذهبيتين في التزلّج على الجليد، والتي احتلّت المركز التاسع وعانت من انهيار عاطفي. ووفقًا لجيري بروير في مقالته التي نُشرت عام 2022 في صحيفة واشنطن بوست

"يمكن للرياضيين الأولمبيين أن يكونوا صرحاء بشأن إخفاقاتهم. لماذا يشعر الباقون منّا بعدم الارتياح إلى هذا الحدّ؟" اعترفت أندرسون بأنّها كانت تمرّ بحالة من التقلّبات العاطفية أثناء مُنافستها، ولم تستطع تحمّل الضغط. وفي وقت المُقابلة، كانت تتطلّع إلى قضاء بعض الوقت في الراحة، وكانت مسؤولة عن خسارتها، وعادت إلى منزلها دون ضجيج.

وقال المراسلون ومُعلّقو التلفزيون ومُختصّو الرعاية الصحية العقلية في الألعاب الأولمبية إنّ الاعتراف بأنّك تُعاني من اضطراب عقلي يجعلك أقوى بدلًا من أن يجعلك أضعف. وأنا أزعم أنّ "التطوّر" قد يكون واضحًا في وقتٍ ما بعد الحدث عندما تكون قد تعلّمت من أخطائك وأصبحت أكثر مرونة. ومع ذلك، فإنّ هذا غير صحيح عندما تكون "في اللحظة الحالية" أثناء أدائك، كما أنّه لم يكن صحيحًا بالنسبة للرياضيين الجامعيين الخمسة المُتميّزين الذين انتحروا.

يُصبح هذا أمرًا واضحًا عندما ننظر إلى الموضوعات الرئيسية المُستخلصة من المجموعة، مثل الخوف من اعتبارهم ضعفاء، الأمر الذي كان بمثابة قبلة الموت بالنسبة لهم لأنّهم قد يفقدون منحهم الدراسية ويفقدون كرامتهم وهويّتهم كرياضيين مُتميّزين. ويرجع ذلك إلى وجود قانون الجذب العالمي، الذي يتحرّك فيه الناس في اتّجاه أفكارهم وصورهم السائدة، سواء أكانت إيجابية أم سلبية. فإذا رأيت نفسك أو شعرت أو تخيّلت أنّك ضعيف وغير جدير بالثقة، فسيُصبح هذا هو واقعك.

قوة الكلمات والصور تُحدّد قوّتنا

في ورشة عمل عام 1997، اجتمعتُ مع مجموعة من مدرّبي المصارعة، ولأُثبت لهم قوة الكلمات والصور على الأداء الرياضي، أجريتُ تجربة عملية في علم الحركة. تطوّع للمشاركة في هذه التجربة مدرّب المصارعة "جرير"، الذي كان يفوقني حجمًا وقوّة. طلبتُ منه مدّ ذراعيه ومقاومة ضغطي عليها، فاستطاع فعل ذلك بكلّ سهولة، مُظهرًا قوّته البدنية الواضحة.

ثمّ طلبتُ منه مرّة أخرى مدّ ذراعه، ولكن هذه المرّة طلبتُ منه أن يُكرّر عبارة "أنا شخص ضعيف وغير جدير بالثقة" عشر مرّات. وبعد أن أنهى تكرار العبارة، ضغطتُ على ذراعه مرّة أخرى، فإذا بها تسقط بسهولة، مما أثار دهشته!

ولأُعيد إليه ثقته بنفسه، طلبتُ منه أن يُكرّر عبارة "أنا شخص قويّ وجدير بالثقة" عشر مرّات. وعندما ضغطتُ على ذراعه هذه المرّة، قاوم بكلّ قوّته، مُثبتًا أنّ ما نُفكّر فيه ونؤمن به يُؤثّر بشكلٍ مُباشر على قوّتنا البدنية.

تُظهر لنا هذه التجربة كيف يمكن للكلمات أن تُؤثّر بشكلٍ سلبي على قوّة الرياضيين البدنية والعقلية عندما يُردّدون عبارات التشاؤم والإحباط أو يسمعونها من مُدرّبيهم. فالكلمات كالماء، تُحيي وتُنمّي إذا كانت عذبة، وتُفسد وتُهلك إذا كانت مالحة.

ولمساعدة المُصارعين على التحلّي بالقوّة النفسية، كتب ستيف فريزر، المُدرّب الأمريكي للمصارعة اليونانية الرومانية والحائز على الميدالية الذهبية الأولمبية لعام 1984، أنّ المُصارعين يجب أن يكونوا مثل المُمثّلين على خشبة المسرح، يلعبون دورهم بإتقان. وقال إنّ أيّ شخص قادر على التصرّف كما لو أنّه يشعر بالحزن أو الغضب، ولكن الأهمّ هو أن يُظهر لخصمه ثقة وقوّة وتركيز للفوز. وشبّه فريزر المُصارع عندما يصعد إلى الحلبة بالجندي المُستعدّ للمعركة، فعليه أن يُظهر لخصمه أنّه قويّ ولا يُهزم، وبهذه الطريقة سيزيد من فرصه في الفوز.

غياب دمج خدمات الصحة العقلية في تدريب الأداء العالي

ومن الأمثلة على غياب دمج خدمات الصحة العقلية في تدريب الأداء العالي حالة بيت هارنيش، وهو رامي بيسبول يبلغ من العمر 28 عامًا. وتُستخلص قصة معاناته مع الاكتئاب من سلسلة مقالات أرشيفية من صحيفة نيويورك تايمز، بدءًا من 13 يوليو 1995.

عانى هارنيش، الذي انضمّ إلى فريق ميتس مُقابل 9 ملايين دولار لمدّة ثلاث سنوات، من الإحباط وخيبة الأمل بسبب أدائه الضعيف في الملعب. وبعد فترة وجيزة من توقيعه مع الفريق في 16 أغسطس 1995، أعلن هارنيش أنّه سيخضع لجراحة منظار المفصل لإصلاح تمزّق في غضروف كتفه. وعلى الرغم من استسلامه لفكرة الجراحة، فقد كان يشعر بالخوف منها.

وفي 23 مارس 1997، استقبل هارنيش أحد عشر ضربة وسبع نقاط في ثلاث جولات. وصرّح بوبي فالنتين، مدير الفريق، أنّ هارنيش كان أقلّ اللاعبين تجاوبًا مع تعليمات مُدرّب رمي الكرة، بوب أبوداكا. وردّ هارنيش بفظاظة أنّ فالنتين له الحق في إبداء رأيه، لكنّه لا يتّفق معه. وأصرّ مُدرّبا فريق ميتس على أن يستخدم هارنيش رميات بطيئة، لكنّه كان مُتردّدًا في تغيير أسلوبه، قائلًا إنّ الأمر صعب التنفيذ. وأشار هارنيش إلى أنّه في الوقت الذي كان يمرّ فيه بفترة سيّئة وكان خصومه يصدّون رمياته، كان المُدرّبون يطلبون منه التغيير، الأمر الذي أثّر على نفسيّته سلبًا.

وفي 2 أبريل 1997، قرّر هارنيش، الذي بدأ مضغ التبغ كطالب جامعي قبل 13 عامًا، الإقلاع عنها بعد جلسة توعوية أقامها فريق ميتس حول مخاطر التبغ. وتوقّف هارنيش عن مضغ التبغ بشكلٍ فُجائي قبل عشرة أيام من يوم الافتتاح، وكاد أن يغيب عنه بعد معاناته من أعراض انسحاب شديدة.

وبعد أن فقد 30 رطلًا من وزنه، قال إنّه شعر بضعف وتحدّث عن أعراض انسحابه من مضغ التبغ قائلًا: "اعتقدتُ أنّني سأستطيع الإقلاع عنها بسهولة. لكن عندما بدأت أعراض الانسحاب في الظهور، شعرتُ بالخوف. إنّه شيء قويّ للغاية. لم أكن أعلم. لقد كان الأمر صعبًا عليّ". وبحلول 8 أبريل 1997، وضع الدكتور ألان لانز، طبيب نفسي في الفريق، هارنيش على قائمة ذوي الاحتياجات الخاصة بسبب قلقه المُتزايد وأعراض انسحابه.

وفي 26 أبريل 1997، قال هارنيش إنّه شعر بالانطواء وعدم الراحة، على عكس شخصيّته السابقة المُنفتحة. ولم يكن يتناول الطعام. وكانت حالته غامضة بالنسبة له حتى أوضحها فحص نفسي بتشخيص إصابته باكتئاب. ولدى تحدّثه إلى الصحافة، أعلن هارنيش بكلّ وضوح عن تشخيصه قائلًا: "لم أعتقد أبدًا أنّني شخص مختلف عن الطبيعي". ووصف له الأطباء مُضادات الاكتئاب كعلاج أساسي دون مُراعاة كيف يمكن أن تُؤثّر نظام الأدوية المُكثّف على سرعة رمياته.

واعترف هارنيش أنّ القلق كان أكبر مشكلة يواجهها، وأنّه كان في مُفترق طرق مع جميع الأدوية التي كان يتناولها. وكان يعتقد أنّ اكتئابه مجرّد اختلال كيميائي، شيء جسدي، ولم يكن قائمًا على العاطفة، على الرغم من أنّه اعترف أنّه سيتعيّن عليه مُراقبة مشاعره بقية حياته.

وتمّ تداوله إلى ميلووكي وأُطلق سراحه في نهاية الموسم. ووقّع مع سينسيناتي ريدز في عام 1998 كلاعب حرّ ولعب بشكلٍ جيّد، فاز بـ 14-7 لفريق كان له سجلّ خاسر وفاز بـ 16-10 مباراة في العام التالي. وقبل إنهاء مسيرته في عام 2001، ناضل من أجل الفوز وأصبح مرنًا. تحية لهارنيش على إصراره وتغلّبه على هذه المِحنة.

وتكمن مأساة قصة هارنيش في أنّ فريق ميتس لم يُعامله كإنسان يحتاج إلى الدعم في رحلته للإقلاع عن التبغ، وهي عادة مُضرّة شائعة بين المراهقين والشباب تسبّبت في وفاة "باب روث" بسبب السرطان. لقد عاملوا هارنيش كأصل مالي يجب استغلاله، ولم يُقدّموا له أيّ دعم نفسي لمساعدته على التغلّب على إدمانه. تمّ تشخيص قلق الأداء الذي كان يُعاني منه بشكلٍ خاطئ على أنّه اضطراب نفسي دون النظر إلى العوامل المُساهمة في حالته. وبعد أن أعلن هارنيش عن معاناته من الاكتئاب، تدهورت مسيرته بشكلٍ أكبر.

قصص نجاح باستخدام التدريب المغناطيسي

في القصص الأربع التالية لـ "ميكي" و "روني" و "بو" و "مورفي"، سأعرض لكم كيف ساعدتهم ليُصبحوا أكثر مرونة وقوّة وكفاءة.

ميكي: في سنته الأخيرة في المدرسة الثانوية، تمّ اختيار "ميكي" للانضمام إلى الفريق الأول في بيسبول. ولكن خلال مباراة، تعرّض لحادث مؤسف عند القاعدة الأولى، حيث ارتدّت الكرة وأصابته في وجهه وأنفه، مما تسبّب له في إصابة خطيرة.

وبعد الحادث، أخبره الأطبّاء بأنّه لن يستطيع لعب البيسبول مرّة أخرى، وأنّ إصابته ستؤثّر على قدراته التعليمية بسبب صعوبات التعلّم التي ستنتج عنها. وعلى الرغم من ذلك، أصرّ "ميكي" على مُواصلة تعليمه في الجامعة وتحقيق حلمه في أن يُصبح لاعب بيسبول مُحترف.

انضمّ "ميكي" إلى فريق البيسبول في الجامعة كرامي كرة، لكنّه لم يكن يشعر بالثقة في قدراته. واعترف بأنّ رمي الكرة لم يكن من نقاط قوّته. ووصل شعوره بالإحباط إلى ذروته عندما ألقى رمية خاطئة أثناء التدريب الداخلي مع زملائه في الفريق، حيث ارتفعت الكرة عاليًا في المدرّجات وسط ذهول الجميع، ثمّ استمرّت في الارتداد على أرضيّة صالة التدريب. وتوقّف الجميع عن الحركة، وحَدّقوا فيه باستغراب، بينما كان المُدرّبون وأعضاء الفريق ينظرون إليه بنظرات استياء.

كان أسوأ شيء بالنسبة لـ "ميكي" أنّه لم تُتح له الفُرصة للمُشاركة في تدريبات الضرب أثناء تدريبات رمي الكرة. وكان هذا الأمر يُحبطه لأنّه كان يعتبر نفسه ضاربًا قويًا، ولكن لم تُتح له الفُرصة لإظهار مهاراته للمُدرّبين. وبعد تلك الرمية الخاطئة، بدأ يفقد الثقة في نفسه وفي إمكانيّة أن يُصبح لاعب بيسبول مُحترف. وحتى أفراد عائلته وأصدقاؤه بدأوا في إحباطه.

عندما التقيتُ بـ "ميكي" لأول مرّة، كان في الـ 21 من عمره، وكان على وشك البدء في سنته الأخيرة في الجامعة. كانت درجاته مُنخفضة، ولم يسبق له أن حصل على درجة "A" في أيّ من الموادّ الجامعية. وكان الجميع يعتبرونه "كبيرًا في السنّ" على لعب البيسبول، وينصحونه بالتخلّي عن حلمه والتركيز على مُستقبله المهنيّ.

ما أنقذ "ميكي" من التخلّي عن حلمه هو أنّه لم يُجرِ عمليّة تجميل لأنفه التي كُسرت في المدرسة الثانوية. وكان يعتقد أنّه سيُجري العمليّة بعد أن يُحقّق النجاح ويلتحق بفريق مُحترف. وقال إنّ هذا كان أمله الوحيد، وأنّ لجوءه إليّ كمدربة للأداء العالي كان مُلجأه الأخير.

كانت أولّ مهمّة عملنا عليها معًا هي إعادة تشكيل أفكاره ومعتقداته حول نفسه وقدراته في لعب البيسبول. بدأ في التساؤل لماذا يُصدّق أقوال المُحبطين الذين يقولون له إنّه لن يُحقّق النجاح أكاديميًا أو رياضيًا.

عملنا معًا على تنمية مهاراته كضارب قويّ، من خلال تعليمه تمارين التنفّس والاسترخاء والتركيز، وتدريبات التخيّل الذهني لكيفية التعامل مع الكرة وضربها بشكلٍ صحيح. علّمته كلمات التحفيز الإيجابيّة لتوجيه تفكيره عندما يشعر بالإحباط. بدأ في ترديد عبارة "انظر إلى الكرة.. اضرب الكرة"، ومع التخيّل، أصبحت الكرة أكبر من حجمها الحقيقيّ في ذهنه، مما جعلها أسهل في الضرب. استخدمنا كتاب "هوم ران" لروبرت بورلي وكتاب "اللعبة العقلية للبيسبول" الصادر عام 2002 لِـ "أ. دورفمان" لفهم طريقة تفكير أعظم لاعبي البيسبول في الماضي، وما كانوا يشعرون به ليُحقّقوا النجاح.

استخدمنا قائمة "ما يجب فعله أثناء الضرب" الموجودة في كتاب "كيف تلعب البيسبول" لـ "آل كامبانيس" الصادر في الخمسينيّات، الذي ورثته عن والدي، وكان "ميكي" يذهب إلى ميدان التدريب بانتظام لتطبيق مهارات الصلابة الذهنية التي تعلّمها. وبعد بضع جلسات، بدأ "ميكي" في رؤية نفسه كلاعب مُحترف،

وتخيّل نفسه يُحرز نقاطًا كضارب قويّ، وقد تحقّق له ما تمناه . ولاحظ الجمهور تحسّن أدائه، فبدأوا في التجمّع حوله لتشجيعه ، وجذب انتباه فتاة بدأ في مواعدتها.

عملنا معًا على تنمية مهاراته الدراسية وقدراته في اجتياز الاختبارات، من خلال تطبيق نفس المبادئ التي استخدمها في ميدان البيسبول لتحسين تركيزه. ونتيجة لهذا الاهتمام، حصل "ميكي" على أول درجة "A" له في الجامعة في مادّة الرياضيات التجارية.

بدأ "ميكي" في التواصل مع كشّافي مواهب البيسبول أثناء سنته الأخيرة في الجامعة، وخضع لاختبارات الانضمام إلى الفِرق المُحترفة. وبعد تخرّجه وحصوله على شهادة البكالوريوس، تمّ اختياره للانضمام إلى فريق من الدرجة الثانية، وأصبح الضارب القويّ الذي وُلد ليكُونه، وحقّق حلمه الذي طالما سعى إليه.

وحصل "ميكي" فيما بعد على شهادة الماجستير في إدارة الأعمال بعد أن اعتزل لعب البيسبول احترافيًا. وقال في شهادته:

"شكرًا لك على كلّ ما فعلته معي عندما كنت أصغر سنًّا، لقد ساعدتني على تغيير طريقة تفكيري ليس فقط في البيسبول، بل في كلّ شيء في حياتي."

روني: روني شابٌّ في العشرين من عمره، وقف على عتبة عامه الجامعيّ الأخير، يحمل في قلبه طموحًا لا حدود له، وإصرارًا يدفعه نحو تحقيق أهدافه. لم يكن المال عائقًا في طريقه، فقد كان يدفع أتعاب جلساتنا من عرق جبينه، من عملٍ صيفيٍّ شاقٍّ، ليُثبت للجميع أنّ العزيمة تُذلّل الصعاب. كان روني نجمًا لامعًا في سماء كرة السلة، بطلًا في الوثب الثلاثيّ أثناء دراسته الثانوية، ولكنّه اختار أن يُكمل مشواره الدراسيّ في جامعةٍ بعيدةٍ عن أهله وأصدقائه، في ولاية تكساس، حيث قلّة من الطلّاب السود، وكأنّما أراد أن يُثبت نفسه بعيدًا عن أضواء مدينته الصاخبة.

كان هدفه واضحًا جليًا، أن يُحسّن من مهاراته في التسديد، وخاصّةً رمياته المُرتدّة، التي كانت سلاحه السريّ في المدرسة الثانوية. أبصرتُ في عينيه بريق الحماس والتصميم، فتبنّيت موهبته وعملت على تنمية مهاراته الذهنية والبدنية. علّمته فنون التنويم الذاتيّ، ليُسيطر على أفكاره ويُطلق طاقاته في اللحظة المُناسبة. ودَرّبته على مهارات الصلابة الذهنية، من تمارين التنفّس الهادئ لتهدئة أعصابه قبل المباريات، والتخيّل الذهنيّ ليُحاكي حركات اللعبة في ذهنه قبل أن يُنفّذها على أرض الواقع، والتذكّر الذهنيّ ليستحضر في ذهنه أجمل لحظات انتصاراته السابقة، والتحدّث إلى نفسه بطريقةٍ إيجابيّةٍ ليقضي على وساوس الفشل والشكّ.

وعلى الرغم من طوله الذي تجاوز المترين، إلا أنّ روني كان يشعر بالدونيّة أمام زملائه الذين فاق طول بعضهم المترين وعشرة سنتيمترات. كان يُؤمن بأنّ الطول سلاحٌ إضافيٌّ في ملعب كرة السلة.

ولِأُزيل تلك الفكرة السلبية من ذهنه، و أُعزّز ثقته بنفسه، أخبرته بقصة "الرجل القصير" التي قرأتها في كتاب "ويليام ميلر" عام ١٩٩٦. قصّةٌ رمزيةٌ تحكي عن رجلٍ أسودَ قصيرِ القامةِ، عاش في أعماق الغابة خائفًا من مُواجهة العالم الخارجيّ، حيثُ تُخيّل له أنّ الحيوانات ضخمة جدًا مثل الأرانب والضفادع، فكان يختبئ خلف الأثاث وتحت السرير كلّما سمع صوتًا غريبًا. ولكنّ الرجل القصير كان يحمل في قلبه حلمًا كبيرًا، حلمًا بأن يُصبح عملاقًا قويًا لا يُقهر ، قادرًا على مُواجهة مخاوفه. قرّر في يوم من الأيّام أن يُغادر مسكنه ويبحث عن طريقةٍ لتحقيق حلمه، ونذر على نفسه ألاّ يعود إلى بيته إلاّ بعد أن يُصبح طوله ثلاثة أمتارٍ كاملة.

قصص نجاح باستخدام التدريب المغناطيسي (الجزء الثاني)

وفي طريقه، التقى بِحصانٍ ضخمٍ نصحه بتناول كميّاتٍ هائلةٍ من الذرة، والتقى بِثورٍ أخبره أنّ سرّ القوّة في تناول العشب والصّراخ بصوتٍ عالٍ. ولكنّ الرجل القصير لم يتغيّر، فما زال قصيرًا كما كان. أصابه اليأس من تحقيق حلمه، وظنّ

أنّه وُلِد ليكون ضعيفًا صغيرًا. وفي طريقه إلى المنزل، التقى بِبومةٍ حكيمةٍ أشارت عليه بالصّعود إلى أعلى شجرةٍ عاليةٍ، فنظر إلى الأشياء من حوله، فإذا بها صغيرةٌ جدًا. وأدرك أنّ النظر إلى الذاتِ نظرةَ دونيّة هي ما تجعلها صغيرةً في أعين الآخرين. عاد الرجل القصير إلى بيته وهو يشعر بالرّضا عن نفسه، فقد أيقن أنّ القيمة الحقيقية للإنسان تكمنُ في شخصيّته وقدراته، لا في شكله أو حجمه.

سألني روني عند انتهائي من القصّة: "هل تُريدين أن تقولي إنّني أنا ذلك الرجل القصير؟". ابتسمتُ وأجبته: "نعم، أنت تُشبهُهُ في خوفك من عدم القدرة على مُواجهة التحدّيات بسبب شعورك بالنّقص، ولو كان في آخر مُباراةٍ لَكَ في كرة السلةِ بعضُ الأساس، لاختبأتَ خلفَه من الخوفِ".

كان هدفي أن أُشعر روني بالأمان والثقة، أنّ الملعب هو بيته الذي يستطيع فيه التحرّك بكلِّ حرّيّةٍ وطمأنينةٍ. كان يحضر كرة السلة معه إلى جلساتنا، ويُمسكُها بكلتا يديه وكأنّه يُريد أن يُرسّخ علاقته بها. وكنتُ أُردّد على مسامعه: "بمجرّد أن تخطوَ داخل الملعب، وأنت تحمل الكرةَ بين يديك، ستشعر بالرّاحةِ والثقة، وستُصبحُ قادرًا على إحراز النقاط". ولكي يُدرك أنّ طوله ليس عائقًا أمام طموحه، جعلته يتخيّل أنّ عضلاتِ ساقيه نوابضُ قويّة تَدفعه للأعلى ليُحرز أهدافه ببراعة.

عملنا معًا على تذليل الصّعوبات الذهنيةِ التي كانت تُعيق تقدُّمَه، واستخدمنا التنويم المغناطيسي لتقوية ثقته بنفسه، وتحليلَ الأداء لتصحيح أخطائه وتحسين مستواه.

وحدّد روني أهدافه بدقّة، وتساءل عمّا يجب أن يفعله ويُفكّر فيه ليُحقّق أحلامه. بل إنّه أصبح قدوةً يُحتذى بها للرّياضيين الطلّاب في المُخيّمات الصّيفية، يُعلّمهم مهارات اللعبة وأسرارها، مُستعينًا بتجربته الشخصيّة كمثالٍ حيّ. لم يقتصر تحسّنه على الوثب عاليًا فقط، بل عملنا معًا على جعله يتنقّل من طرف الملعب إلى الطرف الآخر بكلِّ رشاقةٍ وخفّة، مُستعينًا بصورةِ وثبِهِ الثلاثيِّ، فأصبح كالفهد

الذي ينقضُّ على فريسته بسرعةٍ ودقّة. تدرّب على التّصويبِ من خطّ الرّميةِ الحرّةِ، وعلى المُراوغة وتمرير الكرة بكلِّ إتقان، مُستخدمًا التخيّل الذهنيّ لرفعِ مُستواه في كافة مهارات اللعبة. وبتعلُّمِهِ كيف يشعر بِثقلٍ أكبرَ على قدميهِ، أصبحَ أكثرَ قدرةً على الدّفاعِ أمامَ خصومهِ. وأمّا التذكّر الذهنيّ، فقد ساعده على استحضار ذكرياتِ إحرازه للأهداف في الماضي ليُحفّز نفسه على تكرار ذلك النّجاح. ومع تحسُّن أدائه على الملعبِ، أدركَ روني أنّ طوله كان مُناسبًا، وأنّ ثقته بنفسه هي سلاحه الحقيقيّ في تحقيقِ أهدافه.

وبعد انتهائنا من جميع الجلسات، سجّلتُ له تسجيلًا صوتيًا ليُعيد الاستماع إليها كلّما أراد. وبعد ذلك، لم يعد روني ذلك الشّابَّ الذي يشعر بالنّقص، بل نما في شخصيّته وكَسَب ثقة كبيرة بنفسه. وأصبحَ لاعبًا بارعًا في فريق الجامعة، مُدركًا أنّ طموحَه لا حدّ له، وأنّه قادرٌ على تحقيقِ أحلامِه.

قال روني في شهادته: "لقد كانت تجربتي معكِ رائعة، لقد فتحتِ عينيّ على عالمٍ جديد، عالمِ التطوير الذاتيّ والوعي بالنّفس. تعلّمتُ أنّ النّجاح رحلةٌ مُستمرّة، وأنّ المهارات الذهنية ليست خاصّةً بِملعب كرة السلة فقط، بل تُفيدُ في مُختلف مناحي الحياة".

بو: كان بو في السابعة عشرة من عمره، شابًا ذكيًا ومُصارعًا مُستقلًا. كان على مُفترقِ طرقٍ، يتوجّب عليه اتّخاذ قرارات مصيريّة تُحدّد مسار حياتهِ، وكان في أمسّ الحاجة إلى تطوير مهاراتهِ الذهنيّة والبدنيّة للوصولِ إلى أعلى المُستويات في رياضتِه المُفضّلةِ .

تواصلَ معي بو بِناءً على نصيحة أصدقائهِ، ولكنّه فعلَ ذلك بِمُبادرةٍ شخصيّةٍ دون استشارةِ والديهِ أولًا، الأمرُ الذي يُعدُّ نادرًا بالنسبةِ لِمراهقٍ في عمره، وكأنّما كان يُريدُ أن يُثبت لنفسهِ وللعالمِ أنّه قادرٌ على التصرُّفِ بِاستقلاليّةٍ ونُضجٍ.

كان بو يُعاني من قلّةِ الثقة في النّفس في بعضِ الأحيانِ، وكان يُصاب بالقلقِ وضيقِ التنفُّسِ قبلَ بدايةِ المُباريات المهمّة. كان ذلك نابعًا من تجرِبةٍ قاسية مرّ بِها

في السنةِ السابقة، عندما انتقل إلى مدرسةٍ جديدة وواجه صعوبةً في التأقلم مع فريق المُصارعة الجديد والبيئة الجديدة.

ولكنّ بو كان مُتحمّسًا لبداية جديدةٍ، وَأراد أن يُحقّقَ النّجاحَ في عامه الأخير في المدرسةِ الثانوية. وصفَه والده بأنّه شابٌ ذكيٌ ويمتلك شخصيّة قويّة، قادر على التواصُل بِسلاسة حتى مع الكبارِ. كان بو الطفل الثاني من بين ثلاثةِ توائم، يُشاركُهُم شقيقتانِ. وكان بو يشعر بقُربٍ خاصٍ من والده كونَهُ الذّكر الوحيدَ في العائلة. وقد كان يُدرِك وجود بعضِ التجارِب السلبيّةِ في ماضيه التي تُؤثّر على أدائه في المُصارعة، لكنّه لم يكن يعرفها بشكلٍ واضح.

أثناء جلساتِنا المُشتركة، عملنا على تحويلِ مشاعر بو السلبية إلى إيجابيّةٍ قويّةٍ تدفعه للأمام. ركّزنا على تمارينِ الاسترخاءِ والتّنفُّسِ العميقِ ليتغلّب على التوتّر والقلق ويُصبح أكثر تركيزًا أثناء المُباريات، وَعلّمتهُ أسرارَ التخيّلِ الذهنيّ لِبناء صور ذهنيّةٍ إيجابيةٍ عن نفسهِ وَمبارياته.

قصص نجاح باستخدام التدريب المغناطيسي

وباستخدام تقنيّة "جسر العاطفة"، تمكّنا من الكشف عن تجربتين مؤلمتين من ماضي "بو"، كانتا تؤثّران على أدائه بشكلٍ مُباشر:

الأولى: حادثة وقعت له مع والده في صغره، أثناء رحلة مشي في الغابة في يومٍ شتويّ قارس البرودة. كان والده يشجّعه على إكمال المسير ليصبح أقوى، ولكنّ "بو" لم يستطع مقاومة البرد وأصيب بضيق شديد في التنفّس انتهى بإصابته بالتهاب رئوي. عدنا إلى تلك الحادثة المؤلمة، وساعدناه على التعبير عن مخاوفه ومشاعره بصراحة ووضوح. وعملنا على فصل مشاعر الخوف والضيق التي عاشها "بو" في ذلك اليوم عن أدائه الحالي في المصارعة، ليتمكّن من التنفس بحرّية على بساط المصارعة بثقة وقوة.

أمّا التجربة الثانية، فتتعلّق برغبة والده في جعله أكثر شجاعة، وطلب منه القفز من على صخرة شاهقة إلى مياه البحر. شعر "بو" بالخوف الشديد من ذلك الفعل، وحاول رفض طلب والده، إلّا أنّه خضع لرغبته في النهاية ليُثبت له أنّه ليس جبانًا. تركت هذه الحادثة أثرًا عميقًا في نفس "بو"، وانعكست على أدائه في المصارعة، فكان يتردّد في الهجوم على خصمه لخوفه من الخطأ. وبفضل تمارين التخيّل الذهني والإيحاء الإيجابي، تغلّب "بو" على خوفه وأصبح أكثر جرأة وثقة بنفسه، وتمكّن من تحقيق النقاط في المباريات بكلّ قوّة.

وكما يُقال، فإنّ الخوف من النجاح يُصيب الكثيرين، و"بو" لم يكن استثناءً. كان يعتقد أنّ الفوز المُتكرّر سيزيد من التوقّعات والضغوطات عليه ليواصل الفوز، الأمر الذي كان يُخيفه.

ولكنّ "بو" أثبت قوّته في إحدى المباريات، عندما هزم بكلّ ثقة بطلًا حصل على اللقب ثلاث مرات متتالية. لقد تخطّى "بو" شعوره بالرهبة، وتمكّن من إسقاط خصمه في الثواني الأولى من المباراة، ليُثبت لنفسه وللجميع أنّه قادر على الفوز. استخدمتُ في إحدى جلساتنا معًا قصيدة "طريق لم تسلكه" للشاعر "روبرت فروست" التي تدعو إلى التفكير بشكلٍ مُختلف واتخاذ قرارات جريئة، والمضي قدمًا في الطريق الذي نختاره دون خوف. وهكذا فعل "بو"، اختار طريق النجاح وقرّر المضي فيه بكلّ ثقة.

ولكنّ المشاكل التي واجهها "بو" لم تتوقّف. ففي أواخر الموسم، تعرّض لإهانة كبيرة من قبل مُدرّبه أمام الجمهور وأثناء المباراة التي كان في غمارها، لم يتوانَ المُدرّب عن اتّهامه بالتوحّد، وهو أمرٌ لم يكن صحيحًا. لم يُدافع "بو" عن نفسه في تلك اللحظة، وترك المهمّة لوالده الذي غضب غضبًا شديدًا من مُدرّب ابنه وواجهه بذلك.

وفي مُنتصف الموسم، بلغ "بو" الثامنة عشرة من عمره، وأصبح شابًا بالغًا يتحمّل مسؤوليّة قراراته. وفي بطولة كبيرة للفوز بكأس البطولة، تعرّض "بو" مرّةً أخرى

لهجوم لاذع من مُدرّبه أمام زملائه، الذين تجاهلوا الأمر ولم يُدافعوا عنه. فقرّر "بو" بكلّ شجاعة رفض المشاركة في البطولة، رافضًا تحمّل المزيد من الإهانات.

وبعد أسبوع، عقدنا جلسة خاصّة لمناقشة طرق التعامل مع النزاعات وحلّ المشاكل. كان أمام "بو" ثلاثة خيارات: أن يلجأ إلى والده مرّةً أخرى لحلّ المشكلة، أو أن يتجاهل الأمر كون موعد تخرّجه قد اقترب، أو أن يُواجه مُدرّبه بشكلٍ مُباشر.

اختار "بو" الخيار الثالث بكلّ شجاعة وقوة، بعد جلسة من التنويم المغناطيسي التي زادت من ثقته بنفسه وشجّعته على الدفاع عن حقّه. وبالفعل، تقدّم "بو" بشكوى رسميّة ضدّ مُدرّبه الذي تمّ فصله من عمله بسبب سلوكه المسيء.

وهكذا، انتصر "بو" على مُدرّبه الطاغية كما انتصر على مخاوفه في ميدان المصارعة. أصبح "بو" قادرًا على اتّخاذ قراراته بشكلٍ مُستقلّ، وحقّق نجاحًا أكاديميًا مُلفتًا مكنّه من الالتحاق بجامعة مرموقة. وكان يحلم بأن يُصبح محاميًا في المُستقبل ليُدافع عن المظلومين.

ميرفي: شابٌ في السادسة عشرة من عمره، كان يتمتّع بذكاءٍ لامع، ولكنه كان أصغر حجمًا من أقرانه، الأمر الذي أثر على ثقته بنفسه خاصة في رياضته المفضّلة، المصارعة. لقد لعب المصارعة لمدة عامين، ولكنه لم يُثبت نفسه بعد ليصبح عضوًا في الفريق الرئيسي الذي اتّسم بالمنافسة الشرسة. كان والده ومدربه الخاصّ يؤمنان بموهبته الاستثنائية، ولكنهما شعرا أنه يُخفي كامل إمكانياته، وكأن شيئًا ما يُقيّده.

عندما التقيت بميرفي لأول مرة، وجدته شابًا منفتحًا مستعدًا للتعلّم، وقد لمست فيه شرارة من الحماس والطموح تنتظر من يُشعلها. أخبرني عن هدفه في الانضمام إلى الفريق الرئيسي في الخريف، والمشاركة في بطولة الولاية، كما كان يطمح إلى الالتحاق بأكاديمية البحرية التجارية، الأمر الذي يتطلّب منه تحقيق علاماتٍ مرتفعة في اختبار القبول، بالإضافة إلى اجتياز اختبار التاريخ المتقدّم.

عملنا معًا على وضع خططٍ بديلة للنجاح في مختلف المجالات، من رياضة ودراسة وحياة عامة. ركّزنا على تنمية مهاراته في التعامل مع الاختبارات والدراسة، كما درّبته على مهارات التقديم لمقابلة الكلية، واختبارات القيادة. لم يكن ميرفي واثقًا من قدراته في الرياضيات، ولكنه كان يحلم بأن يُصبح مهندسًا في البحرية، وبفضل التدريب المكثّف، تمكّن من تحقيق علاماتٍ عالية في جميع اختباراته. علّمتُه تقنيات التنويم المغناطيسي والتخيّل الذهني، ليسيطر على أفكاره ومشاعره، ويتغلّب على مخاوفه. وتدرّب على تمارين التنفس الهادئ للتخلّص من التوتّر وتركيز ذهنه أثناء المباريات.

كتب ميرفي في شهادته لاحقًا، وهو يتذكّر تلك الفترة من حياته: "كنت أكافح لأحصل على مكاني في الفريق الرئيسي، ولكنني قرّرت أن أُكرّس نفسي للبرنامج بنسبة ١٠٠٪. بدأت الصور الإيجابية التي ركّزتُ عليها تُصبح جزءًا من قناعاتي حول نفسي".

وهكذا، انطلق ميرفي في سلسلة من الانتصارات، فقد فاز في مباراة التصفيات ليُصبح لاعبًا أساسيًا في الفريق، الأمر الذي أثار استياء زميله الذي حلّ محلّه، وغضب مدربيه. تعرّض ميرفي إلى العديد من المضايقات من قبل مدربيه وزميله، الذين حاولوا تحطيم معنوياته وإبعاده عن الفريق، ولكنه لم يستسلم. شارك في العديد من البطولات، وحقّق نتائج مبهرة، حتى وصل إلى بطولة الولاية.

ولكن أكبر تحدٍّ واجهه ميرفي لم يكن في ميدان المصارعة، بل كان في حياته الشخصية، فقد انفصل والداه بعد خلافاتٍ عنيفة، ووجد نفسه ممزّقًا بينهما. تأثّرت نفسيته سلبًا بتلك الأحداث، حتى أنه فكّر في الانسحاب من بطولة الولاية.

في جلساتنا الأخيرة قبل البطولة، كان ميرفي في حالة من الانهيار العصبي، وغير قادرٍ على التركيز. ولكن إصراره على تخطّي تلك المحنة كان أقوى من أيّ شيء، خاصة بعد أن استحضرت صور جده، الذي كان بطلًا في الملاكمة ومحاربًا قديرًا، ووالده الذي كان ضمن فريق الإطفاء في أحداث ١١ سبتمبر، ليصبح ميرفي كالنار

التي لا تنطفئ. في مكتبي تدرّب على الملاكمة ليُفرّغ غضبه وإحباطه في وسادته، وذهب إلى البطولة وعزيمته لا تلين.

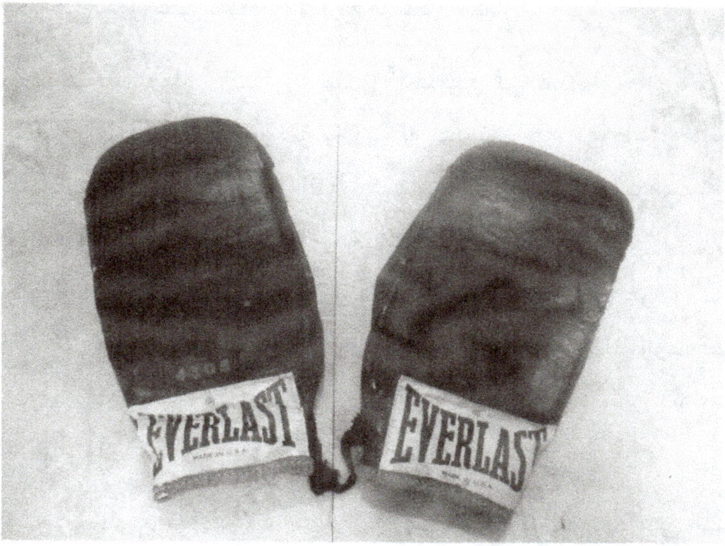

شكل 22. قفازات الملاكمة

حاول مدربّوه وزملاؤه وأقاربه زرع بذور الشك في نفس ميرفي قبل مبارياته الأولى في بطولة الولاية، فقد أخبروه أن قرعة البطولة لم تنصفه، وأن خصمه قويّ جدًا، وكأنهم يُريدون منه الاستسلام قبل أن يخوض غمار التحدّي. أثار ذلك غضب ميرفي وأشعل في قلبه نار العزيمة. خاض المباراة وروحه تتوقّد حماسًا، وفاز بها بكل سهولة ويسر، ليُثبت لكل من شكّ بقدراته أنه قادرٌ على تحقيق المستحيل. وقال ميرفي لاحقًا، وهو يتذكّر تلك اللحظة: "لقد نافست أفضل اللاعبين في البطولة، وأثبتّ لنفسي وللعالم أنني لست أقل منهم".

وبعد فترةٍ من العمل الدؤوب والتدريب الشاق، حقّق ميرفي حلمه وانضم إلى أكاديمية البحرية التجارية، ليبدأ فصلًا جديدًا في حياته، فصلًا من العلم والتحدّي. ولكن القدر كان يُخبّئ له مفاجأةً أخرى، فقد تُوفي جده الذي كان قريبًا من قلبه، ولم يستطع حضور جنازته بسبب ارتباطه بدراسته في الأكاديمية. تأثّر

ميرفي كثيرًا بفقدان جده، وانعكس ذلك على أداؤه الدراسي في العام الأول. ولكنه لم يستسلم للحزن واليأس، بل استجمع قواه وواصل السعي نحو النجاح، وعند تخرّجه حصل على شهادة التخرّج بتقدير امتياز.

ومع بداية حياته العملية، انتظرتْهُ مغامرةٌ جديدةٌ في عالم البحار. ولكن، وفي الليلة السابقة لسفره في أول رحلةٍ بحريةٍ له بعد تخرّجه، تورّط في شجارٍ في إحدى الحانات وأُصيب بكسرٍ في أنفه وكدماتٍ في وجهه. بدأ ميرفي عمله على متن السفينة ووجهه مليءٌ بالجراح والكدمات، وكأنها تذكيرٌ له بأن الحياة ليست سهلة، وأن الطريق إلى النجاح مليءٌ بالتحدّيات. كان العمل في غرفة المحرّكات شاقًا، وكان ميرفي يشعر بمسؤوليةٍ كبيرةٍ تجاه عمله وزملائه على الرغم من صغر سنه وقلة خبرته. كانت الظروف على متن السفينة صعبةً جدًا، من سوء التغذية إلى قلة النوم وشعوره بالوحدة والاكتئاب.

عاد ميرفي إلى الوطن بعد أربعة أشهر، وكان في حالة إنهاكٍ شديدٍ على الصعيدين الجسدي والنفسي. فاستخدمنا نفس الأساليب التي سبق ونفّذناها ليعود إلى كامل نشاطه.

وأثناء فترة راحته بين الرحلات البحرية التي كانت تستمر من أربعة إلى خمسة أشهر تقريبًا، بعضها كان في ذروة انتشار فيروس "كورونا"، وبعضها الآخر كان في مهامٍ عسكريةٍ سريةٍ مع "قوات البحرية الأمريكية الخاصة" أثناء صراعاتٍ دوليةٍ، عملنا معًا على تطوير مهاراته الهندسية، واستخدم التخيّل الذهني لإيجاد حلولٍ لمشكلةٍ فنيةٍ كانت تُؤرّق طاقم السفينة منذ فترةٍ طويلةٍ. ووضع لنفسه هدفًا جديدًا: التخلّص من عاداته السيئة التي اكتسبها في المدرسة الثانوية مثل تعاطي المخدّرات وشرب الكحول ومضغ التبغ. وبفضل التنويم الذاتي ومهاراته في التحكّم بذاته، تمكّن من التغلّب على تلك العادات أثناء تواجده على متن السفينة. وخلال هذه الفترة أيضًا، نال ميرفي رتبة ضابطٍ في البحرية الأمريكية.

وكفنّانٍ موهوبٍ، استغلّ فترة تواجده في البحر للرسم، ليقاوم الوحدة وقسوة البعد عن البر.

وبينما كان ميرفي في عرض البحر، كان يحلم بمستقبله على اليابسة، ويُخطّط لبناء عائلةٍ صغيرةٍ مع شريكة حياةٍ تُشاركه الطريق والأحلام. واليوم، بعد سنواتٍ من العمل الدؤوب والتحدّي، أصبح ميرفي شابًا ناضجًا، يعمل كمهندسٍ ناجحٍ، وسيرتبط قريبًا بفتاة أحلامه. ولا يزال يتردّد إليّ من حينٍ لآخر لمواصلة العمل على ذاته وتطوير مهاراته الذهنية.

قال ميرفي في شهادته: "بفضل مساعدتك لي، تعلّمت كيف أُركّز على ما يجب عليّ فعله لأُحقّق أهدافي، وكيف أتغلّب على توتّر العمل وأجد الطرق للاستمتاع بحياتي البحرية. إنني مؤمنٌ اليوم بقوة العقل الهائلة وقدرتها على تغيير الواقع".

لمن تُقرع الأجراس، تُقرع من أجلك

في روايته عن الحرب الأهلية الإسبانية، كتب إرنست همنغواي: "لمن تُقرع الأجراس، تُقرع من أجلك"، ليس فقط لأن الموت كان يُسيطر على أفكار البطل روبرت جوردان، بل لأن مصير إسبانيا سيؤثر على الجميع. كانت هذه الكلمات نبوئية، حيث كان همنغواي رجلًا يُعاني من الاكتئاب وانتحر في أحد صباحات الأحد المُشرقة كما وصفه كاتب سيرته الذاتية، كارلوس بيكر، في عام 1969. نزل همنغواي إلى قبوٍ رطب ومُظلم وأخرج بندقية مُزدوجة وخرطوشات من غرفة التخزين. أدخل خرطوشتين، وانحنى إلى الأمام، وضغط بالبندقية على جبهته، وسحب الزناد. هذا الوصف القاسي لانتحار همنغواي في الصفحات الأخيرة من السيرة الذاتية يرتبط بكيفية إنهاء حياته، لكن الصفحات الـ 562 السابقة التي تصف حياته بالتفصيل تكشف عن الأسباب وراء ذلك.

على عكس قصة حياة همنغواي، لا نعرف الكثير عن حياة الرياضيين الخمسة الذين انتحروا والذين تم التطرق إليهم في هذا الفصل. لدينا فقط دلائل قدّمها

زملاء العمل، والعائلات، والمدربون، والأصدقاء، وشهادات من الآباء حول ما قد يكون دفعهم لاتخاذ قراراتهم بإنهاء حياتهم. نتيجة لافتقارنا إلى المعرفة وغياب الاهتمام بما يتجاوز قبورهم، نُترك نتكهّن بشأنهم، دون أن نعرف من كانوا كأشخاص، ودون أن نفهم لماذا اختاروا الانتحار بدلًا من الاستمرار في الحياة. وبالتالي، لن نتعلم من تجاربهم، وكيف تؤثر على مستقبل أمريكا وعلى الصحة النفسية لكل فرد.

في المجتمع الأمريكي، بدلًا من مواجهة التحديات النفسية والانتحارات التي يقوم بها الشباب في الجامعات، نقوم بإخفائها كما حدث في جامعة نيويورك (NYU) بين عامي 2003 و2004، عندما انتحر خمسة طلاب بالقفز من الطوابق العليا لمكتبة بوبست. بعد ذلك، قامت الجامعة بتطبيق خط هاتف "صحة نفسية" متاح على مدار 24 ساعة، واستأجرت المزيد من المُستشارين في الصحة النفسية، وقامت بتركيب لوحات من البليكسي غلاس بارتفاع 8 أقدام في ردهة المكتبة، وفقًا لما ذكره أليسا غولدبرغ في مقالها "التاريخ المُستمر للانتحار في مكتبة بوبست" في صحيفة واشنطن سكوير نيوز. وتم استبدال اللوحات في عام 2012 بشاشة جمالية. مما جعل مكتبة بوبست "الأكثر قابلية للتصوير" في مدينة نيويورك، حيث إن نمط أرضية الرخام في الردهة يخلق وهم بصري مُصمم عمدًا لتقليل حالات القفز.

واليوم، لا تزال الأجواء القاتمة لمكتبة بوبست قائمة، كما وصفها أحد الطلاب: "عندما تدخل، يمكنك قطع أوتارك فقط لتقلل من توترك". كما تُوصف الأجواء بالازدحام، حيث يهرع الناس في إضاءة ضعيفة. فلا يرغب أي طالب في التفكير في الانتحار، لكن بالنسبة لأولئك الذين يعرفون تاريخ المكان، تُعتبر الدرابزينات تذكيرًا لهم، كما كتب غولدبرغ.

على الرغم من أن الجامعة قامت بـ"فحص" الطلاب لمنع حالات الانتحار، إلا أنه تم تأكيد حدوث 18 حالة انتحار منذ عام 2003، ويشير العديد من طلاب

الجامعة إلى أنها لم تُوفر خدمات صحية نفسية كافية. حتى مع تاريخ هذه الحالات في جامعة نيويورك، لم تقم الجامعة بتتبّع حالات الانتحار منذ عام 2018. ووفقًا لتقرير غولدبرغ، يتم الإعلان عن حالة انتحار عبر رسالة بريد إلكتروني بسيطة تُخطر الطلاب بالحادثة وتُذكّرهم بالموارد المُتاحة في الحرم الجامعي، دون التركيز على الصحة النفسية.

أرى هنا أنه بطريقةٍ أو بأخرى يشعر الجامعيون الرياضيون المُتميزون اليوم كما شعرت في الجزء الأخير من القرن العشرين، عندما كنت وزملائي ندرس في مدرسة تمريض قديمة، حيث لم يكن لدينا حقوق أو صوت للتعبير عن مشاعرنا أو أفكارنا بينما كُنا نُعامل وكأننا "قطيع من الماشية". في القرن الحادي والعشرين، يعمل الطلاب الرياضيون لساعاتٍ طويلةٍ ولا يتلقون أجورًا سوى المنح الدراسية المرهونة على أدائهم. وقلةٌ منهم يحصلون على عقود رعاية. فهم يصقلون مهاراتهم إلى حد الكمال ويُكرّسون أنفسهم لرياضاتهم.

معظمهم، إن لم يكن جميعهم، لم يشهدوا "عرضًا دمويًا" في قسم التوليد كما رأيت، لكن قد يكونون قد رأوا أو تخيّلوا أصدقاءهم وزملاءهم مُلقين على الأرض، مُغطين بالدماء، بعد أن أقدموا على إنهاء حياتهم. مجازيًا، قد لا يكونون قد رأوا حبل سري حي لكنهم قد يشعرون به مشدودًا بإحكام حول أعناقهم كقبضة الخنق، لتكميم أفواههم.

من ناحية الأداء العالي، فإن المأساة تكمن في أن هؤلاء الطلاب الرياضيين المُتميزين لم يكونوا مُزوّدين بالمهارات الضرورية للتعامل مع الضغوط، ولم يُشجّعوا على استخدام مهارات القوة الذهنية التي أُدرّسها لتحقيق النجاح في الحياة. كانوا بارعين في التركيز على الأهداف والتسجيل، وتنفيذ "عمليات الإنقاذ" في رياضاتٍ مثل اللاكروس وكرة القدم، وضرب الكرات خارج الملعب، وكانوا يقودون فرقهم نحو البطولات.

تم منحهم جوائز تقديرًا لتفوّقهم، لكن لم يستطع أيّ منهم نقل مهارات القيادة والملاحظة، أو شجاعتهم للدفاع عن الآخرين، أو تعاطفهم مع من هم أقل حظًا خارج الملاعب. لم تكن لديهم الكلمات أو الأصوات للتعبير عن مشاعرهم أو للدفاع عن أنفسهم لتحقيق تطوّراتٍ ناجحةٍ. هذا بالتأكيد، يُحد من قدرتهم على الفعل. نتيجة لاختياراتهم السلبية، لم يستطيعوا تحويل هذه الانتصارات إلى نجاحاتٍ في الحياة، وتحقيق طموحاتهم الأكاديمية، وبناء مستقبلهم المهني، واستغلال كامل إمكاناتهم.

السؤال الذي يجب طرحه هو: لماذا يُقال إن 60 في المئة من طلاب الجامعات في الولايات المتحدة يُقرّون بوجود اضطراباتٍ نفسيةٍ، ويعانون من الاكتئاب والقلق والانتحار؟ هؤلاء الشباب، من جيل زي، نشأوا مع هجمات 11 سبتمبر وما أعقبها. فقد عاصروا العديد من عمليات إطلاق النار المُروّعة في المدارس، وكان العديد من الجناة من جيلهم. وإذا لم يتعرضوا لهذه الأحداث شخصيًا، فقد عرفوها عبر وسائل الإعلام، فقد وُلدوا في عصر الحروب العنيفة التي قد يكون البعض قد شارك فيها، وفي وقتٍ تتعرض فيه قيم الديمقراطية الأمريكية للتهديد مع محاولة الإطاحة بحكومتنا، كما أن تغير المناخ يُسبب أضرارًا كبيرةً من خلال الفيضانات والحرائق وارتفاع درجات الحرارة التي تُهدّد استمرار الحياة على كوكب الأرض.

ذكرت جيونغ مي كيم وزملاؤها في مقالهم عام 2022 بعنوان "قلق التوظيف وسلوكيات الاستعداد الوظيفي لدى الطلاب الجامعيين" في مجلة الرعاية الصحية، أن الصحة النفسية في الحياة الجامعية تُعتبر واحدة من أهم الجوانب لأداء دورٍ اجتماعيٍ ناجحٍ بشكلٍ مُستقلٍ. وخلصوا إلى أنه كإجراءٍ وقائيٍ لحل المشكلات، فإن التعليم في إدارة الضغوط ضروري، لكن من أين نبدأ لتحقيق التزامنا تجاه شبابنا؟

أعتقد أنه من خلال وضع أنفسنا في مكان الآخرين، يُمكننا النظر إلى حياتنا الخاصة كشبابٍ لنرى ما كُنا نؤمن به، وما شعرنا به، وما فكّرنا فيه، حتى نتمكن من فهم أفضل لما يعيشه الشباب من جيل زي في القرن الحادي والعشرين.

كانت تجربتي كطالبة تمريض في غرفة العمليات تجربةً قاسيةً. بينما كنت أسترجع ذكرياتي، عدت إلى زمنٍ كنت فيه في الثامنة عشرة من عمري. في تلك الفترة، حلمت بأن أصبح مُمرضة مُسجّلة قبل تخرّجي بوقتٍ طويلٍ، وتصوّرت نفسي أرتدي قبعة المُمرضة المُتخرّجة وزي التمريض الأبيض أثناء تقديم الرعاية للمرضى. كانت تلك الرؤية سندًا لي خلال تلك السنوات. ومن الجيد أن التعليم التمريضي قد انتقل إلى الجامعات، لأنه من غير المعقول أن يختار طلاب جيل زي مثل هذا الإذلال أثناء تعلّمهم مهنة التمريض.

يمكن طرح نفس السؤال فيما يتعلق بفرص العمل المستقبلية: أي من خرّيجي الجامعات من جيل زي يرغب في وظيفةٍ تنافسيةٍ تقليديةٍ في القرن الحادي والعشرين، وهم ينظرون إلى الحياة وما يرغبون في تحقيقه في مجال الأعمال من منظورٍ مُختلفٍ؟

أشارت الكاتبة جان توينج في كتابها الصادر عام 2017 بعنوان "iGen"، إلى أن جيل زي يختلف في طريقة تفاعله الاجتماعي. تتباين مواقفهم تجاه الدين والجنس والسياسة عن الأجيال السابقة. كما أنهم يرفضون المُحرّمات التي كانت تُعتبر مُقدّسة في الماضي. طامحين إلى أكثر مما يطمح إليه البالغون الأكبر سنًا، يُريدون وظائف تُوفر توازنًا أكبر بين العمل والحياة، مع وجود مساحاتٍ للتأمّل وجلسات اليوغا في مواقع العمل، وأسبوع عملٍ مدته أربعة أيام، ووقتٍ للترفيه. نشأوا في العصر الرقمي، ويُعطون القيم أهميةً أكبر من المال، ويسعون إلى وجود معنى في عملهم. كما أوضحت توينج أنهم مُولعون بالسلامة، ويركّزون على التسامح، وليس لديهم صبر على عدم المساواة.

في مقالٍ نُشر في عام 2022 في صحيفة نيويورك تايمز بعنوان "طلاب الجامعات يستعدّون لدخول عالم العمل المُتغيّر"، سألت كورين بورتيل طلاب السنة النهائية في الجامعة كيف يتصوّرون وظائفهم بعد التخرّج. قال أحد الطلاب: "أنا مُتحمّس لرؤية الموظّفين يُعاملون بصورةٍ شاملةٍ، مع الاهتمام باحتياجاتهم العقلية والاجتماعية والبدنية التي تؤثر على أدائهم. سيكون رائعًا أن نرى أماكن العمل تُعزّز من مبادرات... اللياقة البدنية وتقليل التوتّر."

غنى بوب ديلان: "الأوقات تتغيّر"، لذا من الضروري أن تجد الشركات طرقًا لتوظيف أفراد جيل زي والتسويق لهم، وأن تعرف الجامعات كيفية تعليمهم، وأن يفهم أعضاء جيل زي أنفسهم وكيفية التواصل مع الأجيال الأكبر. يعتمد جيل زي، الذي يُمثّل أملنا في الاقتصاد المُستقبلي، على تحسين العلاقات مع البالغين. نحن مدينون لهم وعلينا أن نتعلم الكثير منهم، بعضهم من الجامعيين الرياضيين المُتميزين، ولكن كيف نبدأ حتى لا تُهدر مواردنا البشرية القيّمة؟ أقترح أن نبدأ بجلب أحذيتهم الرياضية من نايك أو أحذية الجري على النحو التالي.

في محاولاتنا لإعادة تعريف أدوارنا كبالغين وآباء ومدرّبين ومُعلّمين ومُقدّمي خدمات الصحة النفسية، يجب علينا توجيه الجامعيين الرياضيين المُتميزين لفهم أنفسهم والتعاطف مع الآخرين. وفي مقالٍ له عام 2003، تناول ل. جون ويرثايم كيف يُواجه المجال الرياضي مشكلة الاكتئاب من خلال دعم الرياضيين المُعرّضين للخطر، مشيرًا إلى أن الضغط النفسي، بعد العوامل الوراثية، هو أبرز أسباب الاكتئاب.

الظهور أمام جمهورٍ يضم الآلاف، وتعرّض عملك للتقييم المُستمر، والتنافس في المجال الرياضي حيث تكون النجاحات والإخفاقات واضحة، أي أنك إما تفوز أو تخسر، يُمكن أن يؤثر بشكلٍ كبيرٍ على العقل والجسد والروح والعواطف. دائمًا ما يكون هناك ضغطٌ بشأن احتمال تأثير ذلك على مسيرتك المهنية أو منحتك الدراسية. فقد يقضي الرياضيون سنواتٍ من التدريب، مع العلم أن خطأ واحدًا قد

يُنهي كل شيء، كما قال ويرثايم. لكن ما هي الخطوات التي يُمكن أن يتخذها الرياضيون والمدربون والمعلّمون والمهنيون لتجنّب الإرهاق؟

اقترح المؤلفون رايتشل دانيلز وآخرون في مقالهم في مجلة الرياضة لعام 2021 بعنوان "أثر تلبية الاحتياجات على إرهاق الرياضيين في الجامعات"، أن المهنيين في مجال الرياضة يجب أن يُركزوا على تلبية احتياجات الرياضيين من الاستقلالية والكفاءة. وقد وجد الباحثون أنه إذا تم تلبية الاحتياجات الأساسية من خلال الرياضة، فإن احتمال ت عرّض الرياضيين للإرهاق قد يكون أقل. وأكّد دانيلز وزملاؤه أن خلق ثقافة فريق تعتمد على اتخاذ القرارات الجماعية وتوفير فرص وفيرة للرياضيين لإظهار قدراتهم يُمكن أن يكون مُفتاحًا في الوقاية من الإرهاق وإدارته.

توجد اثنا عشرة وسيلة يُمكنك، كرياضيّ جامعيّ، من خلالها منع الإرهاق وتمكين نفسك، كما يُدركه كلّ رياضيّ ناجحٍ، من خلال دمج مهارات القوة الذهنية التي أتحدث عنها في هذا الكتاب ضمن "طرقك الفائزة في المعرفة"، مثل: 1) استخدام الضغط كأداةٍ تحفيزيةٍ للفوز؛ 2) معرفة أن الضغط الناتج عن المُنافسة بحد ذاته ليس هو ما يجعلك قلقًا أو مكتئبًا، بل كيفية تعاملك معه؛ 3) الإيمان بنفسك، بغض النظر عن الظروف؛ 4) تجنّب المُقارنات مع الآخرين؛ 5) أن تكون أفضل صديقٍ لنفسك؛ 6) استخدام تحليل حلقات التغذية الراجعة للتحسين؛ 7) تقليد عظماء الرياضة، مثل آرون جادج، الذي حقق 62 انتصار على أرضه في موسم 2022؛ 8) تعلّم أدوات الأداء القوي مثل التنويم المغناطيسي الذاتي، وتمارين التنفس العميق، والحوار الذاتي المُحفّز، والتصوّر كاستراتيجياتٍ للتكيّف؛ 9) رؤية نفسك كفائزٍ بدلًا من خاسرٍ؛ 10) الشعور بالقوة بدلًا من الضعف والتعلّم من أخطائك كفرصٍ للنمو؛ 11) السماح لنفسك بالحلم والطموح إلى ما هو أعلى؛ و 12) تدريب تركيزك وانتباهك كأشعة الليزر لتسجيل النقاط.

يلعب المدربون دورًا رئيسيًا في كيفية تأثير عملهم على الطلاب الرياضيين، وعليهم أن يُدركوا أن القوة الذهنية لا تتحقّق من خلال إجبار الرياضيين على الجري لأعلي "تل العقاب" بدون ماء أو من خلال معاقبة النفس لتحقيق الكمال بأيّ ثمنٍ للفوز. يهدف تدريب الأداء العالي إلى تمكين الرياضيين لمساعدتهم على أن يُصبحوا أفضل نُسخةٍ من أنفسهم. لذا، من المهم أن يُعزّز المدربون الفوائد التي يحصل عليها الجامعيون الرياضيون من المُنافسة على مستوى المُتميزين، مثل الحصول على فرصٍ تعليميةٍ قيّمةٍ، والحصول على منحٍ دراسيةٍ، والتواصل مع مدربين محترفين، والسفر إلى أماكن جديدة، وبناء علاقاتٍ مع أشخاصٍ مُتنوّعين، وتوسيع آفاقهم الثقافية والمهنية.

لتشجيع الجامعيين الرياضيين المُتميزين، ينبغي على المدربين تذكيرهم بأن المُشاركة في الرياضة تُعِدّهم لتعلم مهارات القيادة وإدارة الوقت، والعمل ضمن فرق وتطوير علاقاتٍ مع زملائهم في الفريق، والمدربين، والموظفين الإداريين، والأساتذة. كما تُوفر لهم شبكةً للحصول على التوصيات، وتأمين وظائف جيدة، والتحوّل إلى محترفين، والاستمرار في التعليم العالي.

بالطبع، لمصلحة المجتمع، لن يتم تحقيق هذه الفوائد، إن وجدت، إذا كان الطلاب الرياضيون يفتقرون إلى مهارات التكيّف لتقليل التوتّر، ولتجاوز فترة التعليم الجامعي، أو للحصول على وظائف مُجزية، خاصةً إذا كانوا يُعانون من اضطراباتٍ نفسيةٍ خطيرةٍ وغير مُعالجةٍ تُعيق مسيرتهم التعليمية وتؤدي إلى الانتحار. الخبر السار للمدربين هو أن تدريب الأداء العالي ليس علاجًا نفسيًا. في الواقع، الاعتراف بوجود اضطرابٍ نفسيٍ لا يمنع الرياضيين من النجاح في رياضتهم أو في حياتهم، كما يتضح من قصص مايكل فيلبس وتيري برادشو، اللذين تعلّما كيفية تحقيق الانتصارات من خلال تجربتهما الرياضية.

في مجتمعنا، بدلًا من الاكتفاء بالتركيز على الفشل والاضطرابات النفسية التي يعاني منها الشباب اليوم، من خلال توفير خدمات الدعم والإعانات الدوائية، علينا أن نُركز على تحسين الصحة النفسية لدى الجميع.

في الوقت الحالي، يمكننا إعادة تنشيط جهودنا لنترك بصمتنا في التاريخ. كيف يُمكننا تحقيق ذلك؟ يُمكننا الاستفادة من رياضيين مثل ميغان رابينو وسيمون بايلز، الحائزتين على ميدالية الحرية الرئاسية، من خلال صياغة إعلان تحريرٍ خاصٍ بالشباب. مع انتقالنا من جائحة كورونا إلى عصرٍ جديدٍ، نستطيع تحقيق ذلك من خلال تعزيز التنمية العقلية لدى المراهقين والشباب، وتعليمهم مهارات التفكير النقدي، بالإضافة إلى توجيههم ودعمهم في مواجهة التحديات اليومية، مما يُمكنهم من تعلّم أساليبِ تكيفيةٍ للتفاوض على النزاعات، وحل المشكلات، وتحمل المسؤوليات التي تُعدّهم لمواجهة العديد من تحديات الحياة.

تعرّض همنغواي للإصابة في إيطاليا خلال فترة مراهقته، وتعلّم أن الموت لا يستثني أحدًا. كأخلاقيّ عمليّ، كان هدفه الرئيسي هو اكتشاف كيفية "العيش في الحياة". يُمكننا جميعًا الاستفادة من دروس همنغواي في مسيرتنا كمجتمع مُتطوّرٍ، لنتعرّف على أنفسنا، ونتذكّر التحديات التي واجهناها في صغرنا، ونتعاطف مع أطفالنا والمراهقين والشباب، ونُعير آذاننا لأصواتهم، ونُقدّرهم، ونُعلّمهم من خلال القدوة كيفية التعامل مع الضغوط ومواجهة الصعوبات. وكمردٍ بشريٍ قيّمٍ، يُمكننا أن نُكرّمهم بفخرٍ، ونُعلّمهم كيف يعيشون بحرية. مع هذه المهارات الحياتية، لا نقدّم لهم الأدوات اللازمة لنموهم الحالي فحسب، بل نُعدّهم أيضًا للأجيال القادمة.

الفصل الحادي عشر

الخطة البديلة "ب": الحياة على طريق النجاح

"إذا لم تنجح الخطة أ، لدي بدائل إنها خطة ب، والخطة ج، وحتى خطة د".

~سيرينا وليامز

لا يُمكنني الانعطاف يسارًا

اتصلت بي سارة للمرة الأولى عندما كانت على أبواب الستين عامًا لتطلب مساعدتي في تحسين مهارات القيادة لديها. إنها سيدة مُتزوجة ولديها ابنة واحدة. وعلى الرغم من خبرتها الطويلة في القيادة لسنواتٍ دون مشاكل، إلا أنها فجأةً بدأت تُعاني من عدم قدرتها على عبور المنعطفات اليسارية، دون أن تُدرك السبب الواضح لخوفها من الانعطاف يسارًا. وبسبب هذه المشكلة، أصبحت وجهات سفرها محدودة، ولم يعد بإمكانها التنبؤ بالوقت الذي يستغرقه الوصول إلى وجهتها. وعلى الرغم من غرابة هذه المشكلة، كان لا بد من إيجاد حلٍ لها؛ فقد كانت تعيش في ضاحيةٍ وكانت السيارة ضروريةً لتنقلاتها.

وبسبب مشكلتها هذه وحصر نفسها بالقيادة عبر المنعطفات اليسارية، كانت تضطر قبل السفر بسيارتها إلى رحلاتٍ بسيطةٍ ومباشرةٍ حتى إلى بلدةٍ قريبةٍ، مثل المكان الذي كان مكتبي موجودًا فيه، لوضع خارطة الرحلة بعنايةٍ قبل مغادرة المنزل لتجنّب المرور بالمنعطفات اليسرى، وهو ما كان يؤدي بها أحيانًا إلى

الدوران في دوائر، مما زاد من وقت سفرها ومن خوفها من القيادة والانعطاف اليساري.

تمثّلت أولى خطوات عملي كمدربةٍ للأداء الأقصى في مساعدتها على تعلّم مجموعة مهاراتٍ وهي: "التنفس السهل" والتنويم الذاتي للوصول إلى منطقة اللاوعي لتهدئة قلقها. وهي تقنياتٌ هامةٌ ساعدت في تسهيل استرخائها، مما أدى إلى تحسين تركيزها وانتباهها أثناء القيادة. كما أضفنا مهاراتٍ أخرى لتعزيز قوتها الذهنية مثل التدريب الذهني، إلى جانب الحديث الذاتي الإيجابي واستحضار الذاكرة الذهنية لرحلاتٍ أخرى عبرت فيها منعطفاتٍ يسارية بنجاحٍ دون حوادث.

وبعد بضع زياراتٍ أسبوعيةٍ، حقّقت بعد التدريب تقدمًا وزادت أريحيّتها في القيادة على الطرق التي كانت المنعطفات اليسرى فيها أسرع طريقةٍ للوصول إلى وجهتها، كما تحسّن تفكيرها في القيادة على الطرق السريعة. بالإضافة إلى ذلك، ساعدتُها خلال هذا الوقت في تقديم رعايةٍ قبل العمليات الجراحية، باستخدام برنامجي "عملية الشفاء" إلى جانب توجيهات الطبيب، لتسهيل خضوعها لجراحة تقويم إبهام القدم الأروح ولمساعدتها في تقليل التوتر بسبب الرجفان الأذيني الذي كانت تُعاني منه منذ فترةٍ طويلة.

وفجأةً بدا أن تحسّنها في مهارات القيادة على وشك التوقف، ربما بسبب اعتمادها على زوجها الذي كان يقلّها أحيانًا إلى المدينة. لذلك لجأتُ، بإذنها ومشاركتها، إلى تقنية الجسر العاطفي لمساعدتها على العودة في الزمن وربط عواطفها الحالية بتجارب الطفولة المؤلمة والصدمات الأخرى التي مرّت بها في حياتها السابقة. تمكّنا من خلال هذه التقنية من اكتشاف مرورها بتاريخٍ طويلٍ من القلق الشديد تمتد جذوره إلى الطفولة؛ فقد تذكّرت سارة أن أحد أفراد عائلتها الذي كان طبيبًا كان يصف لها "دواءً سائلًا" على حدّ قولها لتهدئتها. كما اكتشفنا مرورها بظروفٍ صعبةٍ أخرى؛ حيث تُوفي والدها فجأةً عندما كانت في سن الثالثة عشرة، مما اضطر والدتها إلى الاعتناء بخمسة أطفال وإدارة عملٍ تجاريٍ بمفردها. وعلى

الرغم من هذه الصعوبات والظروف القاسية التي ألقت بظلالها الثقيلة عليها في مرحلة نموّها، تخرّجت من الكلية في سن الحادية والعشرين وحصلت على شهادةٍ في تعليم الطفولة المُبكرة.

وبعد تخرجها بفترةٍ قصيرةٍ، دخلت في علاقةٍ غراميةٍ ليفضي الأمر إلى التخطيط لحفل زفافها. وعلى الرغم من تخوّف والدتها من فكرة زواجها وعدم ثقتها بقدرة ابنتها على تحمّل مسؤولية الزواج لكونها شابةً صغيرةً في مقتبل العمر، إلا أنها شاركت ابنتها خطوات التحضير للزفاف، والعناية بالتفاصيل، والتخطيط والبحث عن موقعٍ لحفل الزفاف يناسب ميزانيتها. وبينما كانت ترتيبات حفل الزفاف تجري على قدمٍ وساقٍ، فارقت والدتها التي كانت تُعاني من مضاعفات السكري الحياة دون سابق إنذارٍ بسبب جلطةٍ دمويةٍ رئويةٍ. عندها سيطر على سارة شعور الذنب مُعتقدةً أنها تسبّبت بموت أمها، ومع ذلك أتمّت زواجها واستقرّت في وظيفتها كـ مُعلّمةٍ في مدرسةٍ ابتدائية تُعلّم التلاميذ القراءة.

لم تتوقف الظروف الصعبة عن إيذاءها؛ فبعد سنواتٍ من وفاة أمها أُصيبت بسرطان المريء، وتلقّت العلاج الإشعاعي وغيره من العلاجات التي أنهكتها، لذلك اضطرت إلى التقاعد عن العمل باكرًا. وقد وصفت لي سارة شعورًا انتابها في إحدى المرات وكأنه انفجارٌ داخل صدرها سرّع شفاءها في مرحلة نقاهتها وهي تُواسي نفسها، وتُلملم آلامها، وتتلمّس الراحة برفقة كلبها الحبيب في المنزل.

وأخيرًا تمكّنتُ من التوصّل إلى سبب خوفها وابتعادها عن الانعطافات اليسرى، إنه صدمة وفاة كلبها العزيز، فبعد وفاته بفترةٍ قصيرةٍ وعندما كانت تقود سيارتها عائدةً إلى منزلها، تسبّبت بحادث سيارةٍ أثناء عبورها منعطفًا يساريًا. وما إن أدركتُ أن هذه الصدمة هي سبب قلقها وتوترها الحالي، عملتُ على تحسين ذكرياتها عن تجارب الماضي السلبية بالاستعانة بالتنويم المغناطيسي الذاتي، والصور العلاجية، والسرد القصصي، وقد نجحتُ بتخفيف قلقها أثناء القيادة، لكن فرويد كان مُحقًا عندما قال: "لا تموت المشاعر المكبوتة التي لم نُعبر عنها أبدًا"

.أجراس الزفاف، أم ناقوس الموت؟

زارت سارة خلال السنوات اللاحقة مكتبي بين الحين والآخر لتقليل توترها وقلقها خلال مواقف الحياة المُختلفة. إلا أنها ومع اقتراب زفاف ابنتها وبدء التحضير له، ثارت في عقلها ذكريات وفاة والدتها وما رافقها من ظروفٍ مؤلمةٍ، بدأت تظهر عليها أعراض عودة سرطان المريء.

ومع الأسف فقد أظهرت الفحوصات الطبية التي أجرتها أنها تحتاج إلى جراحةٍ شاملةٍ لاستئصال أجزاءٍ من المريء والمعدة حفاظًا على صحتها على المدى الطويل، لكنها عارضت ذلك بسبب تذكّرها لصدمة وفاة كلبها خلال رحلة علاجها السابقة من السرطان. وعلى الرغم من أنها اعتبرت هذه الجراحة خيارها وأملها الأخير في الشفاء، إلا أنها خافت من فشلها، عندها ستواجه نفقًا مُظلمًا مسدودًا.

كانت عودة السرطان ثقيلةً عليها ولم تتمكّن من امتصاصها بالمعنيين الحرفي والمجازي. ولكنها حاولت بصلابةٍ مُلفتةٍ لاتخاذ قرارٍ مصيري حاسمٍ يُخفّفهُ توترٌ كبيرٌ، أن تصل إلى حلٍ، لذلك عادت إليّ لأن خطتها الأولى لتجنّب الجراحة لم تجدِ نفعًا، وأرادت اللجوء لخطةٍ بديلةٍ قبل أن تُهدّد الانتقالات المُحتملة حياتها.

فما كان مني إلا أن أخذت بيدها وتعاونّا معًا عبر برنامجي لتقديم رعايةٍ قبل العمليات الجراحية في خطوةٍ هامةٍ للتحضير للجراحة، ولإدارة يوم الجراحة بفعاليةٍ، والسيطرة على وضعها بعد الجراحة، وتقليل كمية المُسكّنات التي ستتناولها بعد الجراحة، وتصوّرِ نفسها تمر برحلة الشفاء بسرعةٍ خلال فترة النقاهة. استخدمتُ لتحقيق هذا كُلًا من الاسترخاء بالتنويم، والصور العلاجية، والاستعارة العلاجية، بالإضافة إلى تحرير كُلّ الغضب، والخوف، والتجارب السلبية التي مرّت بها قبل علاجها الأول والجراحة القادمة. وقد استشعرتُ خلال جلساتها بأنها "مُخنوقة" حتى أنها واجهت صعوبةً في التعبير عن نفسها وفي التحدّث أحيانًا، فوجّهتُها نحو الحديث الذاتي الإيجابي مما ساعدها على البقاء على الطريق الصحيح واستبدال العبارات السلبية بأخرى إيجابيةٍ.

وفي رحلةٍ عبر الذاكرة، استرجَعَت سارة ذكريات رحلتها السعيدة مع زوجها في القوارب عبر المضيق عندما كانا شابين في أوّل زواجهما. وبدلًا من التركيز على الأثر السلبي على حادثة السرطان السابقة، أعدنا صياغتها وتذكّرنا كيف تعافت في المرة الأولى. وللوصول إلى عقلها الباطن، استخدمتُ الصوت باستخدام قرصٍ مُضغوطٍ سُجّل عليه. صوتٌ مُكرّرٌ لذوبان الثلج، أما للصور العلاجية، فاستخدمتُ فيلم "The Blob" الذي كان فيلم خيالٍ علميٍ صدر عام 1958 يُصوّر كتلةً ضخمةً مُتحركةً من الفضاء الخارجي تبتلع كُلّ شيءٍ في طريقها، بما في ذلك البشر. ولأن هذا المخلوق كان يُهدّد العالم فقد نُقِل إلى الأراضي القطبية المُتجمدة في القطب الشمالي دون أملٍ له في العودة فتعرّضه للبرد يُضعف قواه. وقد استخدمنا هذه الصور العلاجية لتجميد الكتلة وتفجيرها مما حرّر مخاوف سارة من عودة السرطان

نجحت الخطة البديلة "ب"

عند استيقاظ سارة من التخدير، أخبرها جراحها أنه قد تم التعرّف على نوعٍ جديدٍ من السرطان من عينة النسيج التي تم أخذها منها أثناء الجراحة أو ما يُطلق عليه "القسم المُتجمد". فما كان من سارة إلا أن أُصيبت بالهستيريا عندما سمعت توقعات الطبيب؛ فقد عادت إليها على الفور ذكريات تجربتها السلبية الأولى عند اكتشاف إصابتها بالسرطان قبل سنواتٍ.

زرتُ سارة بعد العملية بناءً على طلبها في مركز علاج السرطان الطبي الكبير في نيويورك لتهدئتها، ولتمشيتها في أروقة الوحدة مع كُلّ الأنابيب وإبر المُعالجة الوريدية الموصولة بها، ولمساعدتها على الشفاء عن طريق تخيّلها لشفائها التام. ولحسن الحظ فلم تحتجَ إلى الكثير من الأدوية بعد الجراحة، وقد شهدتُ على هذا بنفسي عندما رفضتِ المُسكّنات من المُمرضة أثناء تواجدي. وبفضل الخطة "ب" البديلة، كانت سارة تتوقّع نجاح الجراحة وتعافيها التام خلال فترة النقاهة، وبالفعل بدأ توقّعُها يتحقّق ويلامس الواقع.

واصلت سارة استخدام مهارات الصلابة الواعية حتى اليوم وفقًا للخطة "ج" طويلة المدى. وقد اتّصلَت بي مؤخرًا لتخبرني بوفاة شقيقها وابنه بسبب إصابتهما بكوفيد-19، وأن زوجها تعرّض لإصابةٍ خطيرةٍ في الرأس نتيجة سقوطه مما استدعى خضوعه لإجراءٍ جراحيٍ. وعلى الرغم من صعوبات الحياة القاسية وآلامها المُرهقة، تعلّمت كيف تعبر المنعطفات الصعبة وتنطلق نحو النجاح بخطواتٍ ثابتةٍ وبطريقتها الخاصة، ولحسن الحظ فقد رحَل عنها السرطان منذ 16 عامًا.

الحياة هي دورةٌ في حلقةٍ مُفرغةٍ

كما لاحظتم، لم تزُرني سارة في مكتبي لعلاج خوفها من المنعطفات اليسرى فقط. وكحال الكثيرين منا، تراكمت مخاوفها وصدماتها على مرّ السنين لتصل بجذورها إلى الطفولة، مما جعلها تدور بحلقاتٍ مُفرغةٍ تمامًا كما يُطارد الكلب ذيله. وقد استسلمت لمخاوفها هذه دون أن تُحاول مواجهة تجاربها السلبية المُتراكمة منذ الطفولة أو علاج صدماتها في سنوات المراهقة وحتى بلوغها سن الشباب. إلا أن اضطرت للقيام بذلك في محاولةٍ لعلاج السرطان. كادت سياسة رفضها الصارمة للمنعطفات اليسرى والمواجهات الصعبة أن تُكلّفها حياتها.

وضعت سارة مُكرهةً في البداية الخطة "أ" بكثيرٍ من التردّد لخوفها من الموت، إلا أنها أُصيبت بالذعر عندما لم تنجح تلك الخطة. ولكنّني بحمد الله قدّمتُ لها يد المُساعدة من خلال جلسات الاسترخاء بالتنويم المغناطيسي السابقة التي أجريناها، وحضّرتُها من خلالها للتعرّفِ على صدماتها السابقة وتحريرها بفعاليةٍ وأمانٍ. كما تمكّنا من إعادة صياغة عمل مركز علاج السرطان ليُصبح "مركز الرعاية الصحية" فقد قصدتْهُ سارة لاحقًا لإجراء فحوصاتها "الصحية" التي أظهرت نتائجُها شفاءها الكامل وأنها ستواصل الشفاء الشامل على جميع المستويات.

جرَت عادة البالغين على مُقاومة التطوّر في الحياة والمضي قدمًا نحو النجاح، بل الابتعاد عن وضع خطط عملٍ تُحسّنُ رؤيتنا لأنفسنا. وللأسف فإننا لا نُدرك خطورة مُقاومتنا هذه إلا مُتأخرين، حيث نفتَنُ إلى أنه كان بإمكاننا تحقيق إنجازٍ عظيمٍ كالدراسة الجامعية، أو تأسيس عملٍ تجاري، أو الانضمام إلى الرياضيين الأولومبيين، أو حتى أن نُحسّن من أنفسنا، ولكننا منعنا عن أنفسنا هذا الخير وكأننا كُنا مُكبّلين وممنوعين من اتخاذ القرارات الصعبة الصائبة دون أن يكون لدينا خطةٌ بديلة. عندها نُعزّي أنفسنا بإيجاد أعذارٍ واهيةٍ لعدم تحقيق أهدافنا. إن هذه العقلية السلبية العاجزة تحول بيننا وبين إطلاق قدراتنا وتحقيق أهدافنا.

والدتي هي مثالٌ حيّ على تأجيل الرؤية التي كانت تحلم بها. كانت ترغب في أن تُصبح مُمرضة منذ سن الخامسة عشرة ولكن لم تُحقّق هدفها قط. تزوّجت في سنٍ مُبكرةٍ وأنجبت خمسة أطفال أبقوها مشغولةً. هل يبدو هذا مألوفًا لك عندما تستمر الحياة، وتبقى في الظل؟ قبل وفاتها، عبّرت والدتي لي بأنها تمنّت لو أنها آمنت بنفسها لكانت التحقت بمدرسة التمريض، يا ليتها فعلَت. ولكن لحسن الحظ، شهدت خلال حياتها حصولي على شهادة الدكتوراه في التمريض من جامعة كولومبيا. لتشعر بالإنجاز الذي كان من الممكن أن تُحقّقه من خلالي، ورأت فيّ ما كانت تحلم به.

التنويم المغناطيسي: وسيلةٌ لإخراج المشاعر الدفينة وخطوةٌ نحو الشفاء

نعتقد أحيانًا أننا تغلّبنا على صدماتنا السابقة، ويرجع هذا الاعتقاد لأنها مدفونةٌ بعمقٍ في عقولنا اللاواعية فننكر وجودها (مُعتقدين أنها بعيدةٌ عن نظرنا وعقولنا). إن تفكيرنا العقيم هذا يدفعنا لتجاهل صدماتنا واعتبارها غير مهمةٍ ولا تمتُّ لواقعنا الحالي بأيّ صلةٍ، مما يعيق تطورنا وازدهار مستقبلنا.

باءت محاولاتي لعلاج صدمة خضوعي لأربع عملياتٍ قيصريةٍ بدون تخديرٍ فعّالٍ بالفشل. حيث كانت هذه الجراحات مؤلمةً جدًا؛ فقد شعرت وكأن الفحم الساخن يوضع في بطني، في حين كانت ذراعاي مربوطتين على ألواح مع جهاز ضغط الدم وجهاز تغذيةٍ وريدي على كلا الجانبين. وقد وصف طبيب الأطفال الحاضر ما رآه بأنه "وحشي"؛ فقد كنتُ أصرخ وأشعر وكأنني أُصلَب من شدّة الألم، وإذا تساءلتم عن سبب خضوعي لهذه التجربة القاسية، فقد كان من المستحيل استعمال التخدير العام في حالتي لحماية أطفالي من أذاه المُحتمل.

لم أكن مُستعدةً عاطفيًا للخضوع لهذه الجراحات، على الرغم من أنني، بحسب الخطة "أ"، غيّرت المستشفيات، والأطباء، وأطباء التخدير بعد ولادتي القيصرية الأولى وحاربت لإيجاد حلٍ مُجدٍ مع كُلّ حملٍ.

بالنسبة لي، لم يكن هناك "حلٌ سهلٌ"، ولم أجِد خطةً بديلةً قابلةً للتنفيذ. وفي كُلّ مرةٍ كانوا يُخبرونني بأنني سأكون بخيرٍ، ولكنني أتفاجأ بأنني لستُ بخيرٍ دون أن أعرف في ذلك الوقت أني أُعاني من حالةٍ طبيةٍ تؤثر فقط على **1-4** في المئة من الذين لا يستجيبون بشكلٍ فعّالٍ للتخدير الفقري وتخدير فوق الجافية. وقد بحثتُ عن مساعدةٍ مُحترفةٍ ولكنني لم أجِد مساعدةً ولم أجِد إلا ألمي العاطفي الذي احتفظتُ به.

لذلك، وأثناء حضوري مؤتمرًا للتنويم المغناطيسي بعد سنواتٍ من ولاداتي وأثناء حضوري دورةً في إدارة الألم مع مُمرّض تخديرٍ، شاهدتُ فيلمًا لامرأةٍ تُدخل إلى غرفة العمليات لإجراء جراحةٍ بطنيةٍ. لأُصاب فجأةً بالذعر مما دَفَعَني للهروب، فركضتُ خارج الفندق تحت المطر الغزير وكأنني أغسل آلامي وبكيتُ للمرة الأولى بكاءً هستيريًا مريرًا في موقف السيارات، حتى شعرتُ بأنني عاجزةٌ عن التنفس.

ولحسن حظي، فقد رآني مُدرّسي وساعدني على تجاوز حصّة بعد الظهر، وما إن انتهى الدرس، حتى ساعدني في التخلّص من الصدمة المُتجذّرة بعمقٍ في عقلي

اللاواعي، باستخدام تدخلاتٍ علاجيةٍ للصدمة، مثل التنويم المغناطيسي. خلال الجلسة المُكثّفة، بكيتُ بغزارةٍ، بما يكفي لملء حوض الاستحمام، وتمّ شفائي. كانت تلك التجربة خلاصي من ذكرى الألم التي سكنت روحي.

لقد شاركتُ قصصي بصفتي مُؤرّخةً نفسيةً، ومدربةً للأداء الأقصى، وممرضةً، لتوفير فكرةٍ ومعلوماتٍ قيّمةٍ حول ماضي علم النفس وللشفاء من الآثار النفسية العميقة اليوم. ولكنّه قد يمرّ بك سؤالٌ يُحيّرك: ما علاقة السرد والتاريخ الماضي بي؟ كيف يُمكن أن يُوجّهني ويساعدني في مستقبلي؟

كانت كُلّ الأمور على حالها حينها

في نهاية البرنامج التلفزيوني "أنت هناك" في أواخر الخمسينيات من القرن العشرين، قال والتر كرونكايت: "أيّ نوعٍ من الأيام كان ذاك؟ يومٌ مثل باقي الأيام، مليءٌ بتلك الأحداث التي تُحسّن مُستقبلنا وتُنيره... كانت كُلّ الأمور على حالها حينها، إلا أنك كنت تعيش في ذلك الماضي وليس في زماننا اليوم." كان هذا البرنامج يعرض أحداثًا رئيسيةً في تاريخ أمريكا والعالم يتم تصويرها من خلال إعادة تمثيلٍ دراميةٍ شملت "إعدام جان دارك" و"هجوم بيرل هاربر".

ما يُحققه تحليلي التمثيلي ومُعالجتي للأمور من خلال "صورٍ في معرضٍ" في بداية كُلّ فصلٍ في هذا الكتاب، هو وضعك في موقع الأحداث التاريخية الماضية منها والحاضرة التي تشمُلنا وتمسّنا جميعًا. ما سبب هذا برأيكم؟ إنني أُؤكّد أن تجاربي الشخصية من الآلام والصدمات لا تخصّني وحدي وليست حِكرًا عليّ، كما في حالة سارة التي تتبع سياستها الخاصة بعدم الانعطاف لليسار، أما طريقة تعاملنا مع هذه الصدمات هو جزءٌ آخر مُختلفٌ من قصة حياتنا.

في هذا الفصل، سنعود إلى ماضي مُستقبلنا، وأثناء "كونك هناك في الماضي"، سنمرّ بالأخطاء التي حدَثت خلال التاريخ المُضطرب للطب النفسي من العصور القديمة إلى الحداثة والتي ساهمت في أذيّة مُجتمعنا الحالي بينما كان يجتاحنا

مثالٌ على أزمةٍ صحيةٍ نفسيةٍ في هذا القرن؛ حيث قام صبيّ عمره ست سنواتٍ في يناير 2023، بإطلاق النار على مُعلّمته بمسدسٍ بسبب خلافٍ بينهما، وحيث تملأُ اليومَ أدويةُ الناركان ممراتِ مدارسنا لعكس آثار الجرعة الزائدة من المخدرات. سنبحث في أسئلةٍ مثل: ما الذي أدّى إلى تفكّك القوة العقلية الأمريكية في الطب النفسي؟ ما مدى مصداقية الكذب الكبير الذي تُروّج له صناعة الأدوية؟ كيف تم تفنيد فرضيات التفاوت الكيميائي، وما هي النتائج المُترتبة على ذلك؟ هل أخطأنا بوضع ثقتنا في الطب النفسي على الرغم من أنه لا أمل فيه؟ هل نحن جاهزون لتولّي مسؤولية صحتنا النفسية وصحة أطفالنا قبل أن نصل إلى طريقٍ مسدودٍ؟ دعونا نبدأ هنا للإجابة على هذا السؤال: كيف يُمكننا "تحسين زماننا وإنارته"، من خلال وضع خططٍ بديلةٍ "ب"، و"ج"، و"د"، في حال فشَلِ خطتنا الأساسية؟

ضحكنا وسخرنا من المُصابين بالأمراض النفسية؛ من الذي يضحك الآن؟

كانت هناك ملفاتٌ للمرضى النفسيين والطقوس التي يقوم بها الأطباء الكهنة الشامان في مُحاولاتهم لطرد الأرواح الشريرة لعلاج الجنون. ولطالما كان المرضى النفسيون يعيشون بيننا، إلا أنهم غالبًا ما كانوا محلّ سخريةٍ، دون مدّ يد العون لهم وعلاجهم إلا نادرًا. قد يكون بعضهم من أجدادنا، الذين عاشوا في مُجتمعاتٍ بين عائلاتنا، وقد يكون البعض الآخر في السجون ودور الإيواء.

زارت دوروثيا ديكس في عام 1841 أحد السجون، وصُدِمت لرؤية المُعتقلين الذين يُعانون من اضطراباتٍ نفسيةٍ مُقيّدين بالسلاسل إلى الجدران في زنازين قذرةٍ تنبعث منها الروائح الكريهة. وعلى اعتبارها ناشطةً في مجال الصحة النفسية، كانت خطتها البديلة هي السفر عبر أمريكا واتخاذ خطواتٍ فاعلةٍ في بناء مُستشفياتٍ عقليةٍ لاستيعاب هؤلاء المرضى. وكانت سياسة ديكس العلاجية تُركّز على "العلاج الأخلاقي" المُقدّم للأفراد في مُجتمعاتٍ أصغر.

على الرغم من نجاح ديكس في تنفيذ خطتها، إلا أنه كان مُحزنًا أنه بحلول نهاية القرن التاسع عشر، أصبحت هذه المؤسسات العقلية مكتظةً بالناس الذين يُعانون من أمراضٍ عُضويةٍ لا علاج لها. كما تم وضع المرضى، وخاصةً كبار السن، في "أجنحة مرضى سلس البول" بظروفٍ صحيةٍ سيئةٍ، ولم يُغادر أحد المُصحة مُعافًى. كانت المُستشفيات العقلية تقع بعيدًا عن مُراقبة العامّة، وكانت مُكتفيةً ذاتيًا من خلال الزراعة والبستنة حيث كان يعمل حتى 10000 مريضٍ في مُنشأةٍ واحدةٍ، "كخطةٍ علاجيةٍ" ولإبقائهم في المُصحة. كان يشتهر مُشرفو المُصحة برعاية الماشية أكثر من رعاية مرضاهم. وبعد تعرّض هذه المُصحات لهجوم الناس، اضطرّ القائمون عليها للدفاع عن أنفسهم ضد الانتقادات ولكسب بعض السمعة الحسنة، ظهر عصر الأمراض الجسدية ذات المنشأ النفسي تحت غطاء التحقيق العلمي في خطوةٍ أعطت المرضى بارقة أملٍ.

تمّ تشكيل حركة الإيوجينيكس لتحسين النسل في القرن التاسع عشر. حوّلت هذه الحركة النظرية العلمية الناشئة للوراثة إلى أداةٍ قويةٍ للسيطرة الاجتماعية من خلال تعقيم المرضى والذي شمل العديد من المُهاجرين. حدّدت أمريكا معايير تحديد النسل التي اتّبعها هتلر لإبادة اليهود خلال الحرب العالمية الثانية. كانت جمعية الإيوجينيكس الأمريكية لتحديد النسل (1926-1972) تحظى بدعمٍ من المحكمة العليا، والعلماء، والمواطنين الأمريكيين للقضاء على "الأطفال المُصابين"، من خلال إطلاق حملاتٍ تهدف للحفاظ على العِرق النقي.

برزت نظرية العدوى البؤرية للدكتور الطبيب هنري كوتون وتمّ اعتمادها، حيث اقتُلع 10000 سنّ للمرضى من عام 1919 إلى 1921 اعتقادًا منهم بأن الجنون كان ناتجًا عن عدوى تُصيب الأسنان وأعضاء الجسم. وعلى الرغم من أن مُعدّل الوفيات في العمليات الجراحية كان أكثر من 30 في المئة، لم يُعارضها أحدٌ في المجال الطبي. خُدعَ المُجتمع ودُفِع للظنّ بأن هذا العلاج صحيحٌ وأنه بارقة الأمل للبائسين والمرضى المُتألمين.

في الثلاثينيات من القرن العشرين خلال العصر الجسدي (عصر الأمراض الجسدية ذات المنشأ النفسي)، تعرّضت عقول المرضى للعلاج بالصدمة مما تسبّب تقلّصها وانكماشها دون موافقة المرضى. وكانت تجري هذه العلاجات بحجة أنها فعّالةٌ لمُكافحة آفة الجنون. كما انتشرت جراحات قطع الفصوص الدماغية مُتذرّعين بأنها علاجٌ علميٌ مُستندٌ إلى الأدلة.

تمّ خداع المُجتمع وإيهامه بأن هذا الإجراء هو أمل الشفاء. وقد تجرّأ الأطباء على الكذب حول فعالية الإجراء. أذكر بكاء زميلةٍ لي عندما شرحت لي كيف أنها ساعدت كممرضةٍ شابةٍ في غرفة العمليات الأطباءَ أثناء قطع الفصوص الدماغية، ومن ثمّ رعاية المرضى البائسين الذين فقدوا بصرهم نتيجة هذه الجراحة.

الأدوية العصبية: رحلة حريةٍ نحو الخمسينيات

تمّ طرح الثورازين كأوّل دواءٍ عصبيّ إلى السوق العالمية في عام 1952 في خطوةٍ عظيمةٍ مُباركةٍ، إلا أنه كانت لُعنةً مقيتةً في السنوات القادمة. وفي نفس العام وبالتزامن مع هذا العلاج الجديد، تمّ نشر الطبعة الأولى من الدليل التشخيصي والإحصائي للاضطرابات النفسية. كما كانت هذه الفترة التاريخية عصر ازدهار تحليل فرويد النفسي. وعلى الرغم من أن مثل هذا الدواء لم يكن علاجًا، إلا أنه حرّر المرضى من قلقهم إلى حدٍّ وشجّعهم على الإفصاح عن مشاعرهم وأفكارهم الدّفينة.

أحيت أدوية مُضادات الذهان في البدء الأمل للمرضى بالشفاء، كما تخلّصت مُمرّضات الصحة النفسية من نظرة الآخرين لهم كالسجّانات والجلّادات، مثل المُمرضة راتشيد. وحتى ذلك الحين، لم يُسمح لمُمرّضات الصحة النفسية بالتحدّث مع المرضى كما لم يكن لديهنّ معرفةٌ بكيفية التواصل معهم، واستمر ذلك الحال حتى عام 1952، عندما قدّمت هيلديغارد بيبلاو، مُمرضة الصحة النفسية في القرن العشرين، أوّل نظرية تمريض ووضّحت مفهوم العلاقة بين

المُمرضة والمريض. وقد قامت مُمرضات الصحة النفسية بتدريس مبادئ التواصل هذه لاحقًا وتمّ تضمينها في جميع بروتوكولات رعاية التمريض.

في نفس الوقت الذي كانت فيه مُمرضات الصحة النفسية يتعلّمن "العلاج الاجتماعي" ويُحاولن تطبيقه على وحداتهنّ ويقمن بإعطاء الثورازين للمرضى، شاركن في أوّل دراساتٍ بحثيةٍ تمريضيةٍ، وعمِلنَ على تحديث الظروف في وحداتهنّ. فنظرًا لتهالك البنية التحتية القديمة للمؤسسات العقلية، خاصةً بعد الحرب العالمية الثانية، كانت هناك حاجةٌ إلى إصلاحاتٍ شاملةٍ للمباني الضخمة، وهو ما كان يُعتبر عبئًا على الخزينة العامة.

كما بدأ الأطباء النفسيون في مُغادرة المُصحات العقلية نحو سوق العمل الخاصّ الرابح والمرموق ومعامل البحث في الجامعات. ليتولّى الأطباء الأجانب والأقل كفاءةً رعاية المرضى النفسيين. وبعد فترةٍ وجيزةٍ من مُغادرة الأطباء النفسيين الأمريكيين للمُصحات العقلية، بدأت عملية إخراج المرضى من المُصحات العقلية في خطوةٍ أشبه ما تكون بنزوحٍ ضخمٍ نحو بيئات المُجتمع.

فشلت مُحاولات الانتقال إلى رعايةٍ صحيةٍ نفسيةٍ تتكامل مع المُجتمع

وكردّ فعلٍ على نقص مراكز الرعاية الصحية النفسية التي تتكامل مع المُجتمع، وقّع الرئيس جون إف. كينيدي القانون العام رقم 88-164 أو قانون الصحة النفسية المُجتمعية لعام 1963. وهو القانون الذي يهدف إلى تقليل الرعاية الاحتجازية للمرضى، وقد ركّز هذا القانون على توفير تمويلٍ للولايات لبناء مراكز مُجتمعيةٍ، وإنشاء عياداتٍ علاجيةٍ داخليةٍ وخارجيةٍ، وفروعٍ لمراكز علاج الجامعات والمراكز الطبية الكبرى، بالإضافة إلى توسيع التمويل لتدريب مُعلّمي المرضى النفسيين وذوي صعوبات التعلّم.

ذكرت الكاتبة مونيكا كيم في ورقةٍ بحثيةٍ صدرت عام 2016 تحمل عنوان "قانون الصحة النفسية المُجتمعية لعام 1963: استجابةٌ للإيواء وما تبع ذلك" في مجلة أسس القانون والمُجتمع، أن هناك عيوبًا مُستمرةً في القانون، حيث كانت النقطة السلبية في رعاية الصحة النفسية المُتكاملة مع المُجتمع هي أن المرضى النفسيين المُزنين تمّ نقلهم إلى المُجتمعات واضطروا لإعادة إيوائهم في دور الرعاية، والسجون، والمعتقلات، أو تركهم بدون مأوى.

النقطة السلبية الثانية لقانون الصحة النفسية المُجتمعية هي فشله في التمويل الصحيح للرعاية والإسكان التابعة للمُجتمع. تسبّب انقطاع التمويل الفيدرالي والولائي في تفكّك برنامجٍ مُجتمعيٍ قابلٍ للتنفيذ. وكانت النتيجة أن آمال كينيدي لم تتحقّق، خاصةً بعد اغتياله في عام 1963. فذكرت الكاتبة أن الفوضى تعشّش في نظام رعاية الصحة النفسية المُجتمعية في القرن الحادي والعشرين، كما هو الحال في المُجتمع الأمريكي اليوم.

أسباب تفكّك القوة العقلية الأمريكية

في حين فضّلت الطبعة الأولى من الدليل التشخيصي والإحصائي للاضطرابات النفسية في عام 1952 اعتمادَ المبادئ النفسية الديناميكية والتحليل النفسي، فإنه بحلول عام 1968 ومع نشر الطبعة الثانية من الدليل التشخيصي والإحصائي للاضطرابات النفسية، تراجع دعم استخدام النهج التحليلي في علاج المُصابين نفسيًا. وبحلول عام 1980 مع نشر الطبعة الثالثة من الدليل التشخيصي والإحصائي للاضطرابات النفسية، غابت اللغة التحليلية النفسية بشكلٍ ملحوظٍ في المُصطلحات الفنية. وإذا بحثنا عن أسباب تفكّك القوة العقلية هذا، فسنجدها في تاريخ الدليل التشخيصي والإحصائي للاضطرابات النفسية، مما يدفعنا للتساؤل عن سبب إنشائه في الأصل.

كان فرويد وأتباعه مُتمسّكين باعتقادهم بأن النظر في أعماق العقل من خلال تحليل الأحلام هو الطريقة الوحيدة الفعّالة لفهمه، ولم يكونوا مُستعدّين لتغيير

طريقتهم في مُحاولة فهمه وللدفاع عن منهجهم. كما رفضوا الاقتناع بحقيقة أن الباحثين في الجامعات أرادوا إقامة موثوقيةٍ وحيويةٍ في دراستهم، أو حقيقة أنه في محكمة القانون، يجب على الأطباء النفسيين الذي يشهدون في المحاكم على اعتبارهم شهودًا خبراء أن يتّفقوا على التشخيصات ليُعتبروا موثوقين، أو أن الدليل التشخيصي والإحصائي للاضطرابات النفسية كان يُستَخدَم كوسيلةٍ لمُمارسي الصحة النفسية للحصول على مُقابلٍ مالي من شركات التأمين.

كان لجميع المُعتقدات والتغيّرات المذكورة أعلاه في النهج النفسي للمُصابين بالاضطرابات العقلية تأثيرٌ سلبيٌ على مُستقبل الطب النفسي. إلا أنه وفي رأيي، كانت العوامل التالية هي الأسباب الرئيسية لتراجعه.

العامل الأول هو أنه لم يتمكّن الطب النفسي منذ بدايته من التخلّص من ماضيه حيث كان الأطباء الكهنة الشامان يقومون بأداء طقوس "الفودو" على المُختلّين عقليًا لتقليص أدمغتهم. لم ينضج علم الطب النفسي أبدًا ولم يحظَ باحترام الطب لأنه لم يتمكّن من إثبات حقيقة أن المرض العقلي ليس مجرد "مرضٍ" عُضويٍ للدماغ، الذي هو هيكلٌ تشريحيٌ، وتصحيح فكرة أن الأمراض النفسية هي نتيجةٌ لعقلٍ مُضطربٍ لا يملك مكانًا تشريحيًا في الجسم الفيزيائي. لم يستطع علم الطب النفسي أبدًا إثبات تشخيص الأمراض العقلية باستخدام اختبارات الدم في المختبر أو الأشعة السينية، كما يحدث عادةً مع كسر العظم أو انسدادٍ في الأمعاء. كما لم يستطع علم الطب النفسي أن يفهم كيف يتّصل العقل والجسم من خلال رفض نظريات ديكارت، وهو ما ترك أثرًا ضارًا إلى حدٍّ كبيرٍ. لم يتمكّن الطب النفسي من دمج حقيقة أن الوعي واللاوعي هما جزءٌ واحدٌ من العقل تتحكّم فيه وظائف نصفي الدماغ الأيمن والأيسر، وليسا عقلين مُنفصلين.

وبالتالي، لم يستطع علم الطب النفسي أبدًا التوصّلَ إلى حقيقة المرض النفسي أو الصحة النفسية. ولم يتمكّن أيضًا من تطوير نهجٍ يعتمد على الدماغ بشكلٍ كاملٍ ويتماشى مع نهج وأبحاث علماء الأعصاب مثل روجر سبيري وإجرائه الخاص

بتقسيم الدماغ، أو فهم الخرائط العصبية الحالية التي تُوضّح لنا كيفية عمل مناطق الدماغ بشكلٍ فسيولوجيّ وكيف ترتبط تلك الوظائف "بالعقل".

وبدلًا من ذلك، اعتمد الطب النفسي على بيع "ذهب الأغبياء" على شكل الأدوية النفسية الموصوفة مُتذرّعًا بمفعولها الخارق "كالرصاصات السحرية"، كوسيلةٍ رئيسيةٍ لعلاج المُصابين بالاضطرابات العقلية، وتخلّى عن فنّ وعلم التحدّث مع المرضى لمساعدتهم على الشفاء الشامل عاطفيًا، وهو الموضوع الذي تحدّثت عنه في عرضي عام 2006 تحت عنون "كُلّ ذلك مُقابل ذهب الأغبياء" في مؤتمر الجمعية النفسية التاريخية الدولي السنوي في جامعة نيويورك.

وفي الوقت نفسه، اتّبعَ التمريض النفسي نفس الطريق الفاشل من خلال فشله في اتخاذ "المنعطفات اليسرى" أو الخيار الصحيح الصعب، كما شرحت في ورقتي البحثية الرئيسية لعام 2006 "التفاعلات الشخصية العلاجية: ما هو الخروف الأُضحية؟" في منشورات الرعاية النفسية.

هل هناك دليلٌ قاطعٌ لنجاعة الأدوية النفسية الموصوفة على اعتبارها "الرصاصات السحرية" لعلاج اضطراب فرط الحركة ونقص الانتباه والاكتئاب؟

ما المقصود بالدليل القاطع؟ من وجهة نظري كمدربةٍ للأداء الأقصى، فإن الدليل القاطع في مجالي يعني أنه عليّ إثبات قدرة برامجي، مثل "طرق الفوز للمصارعين"، على زيادة فوز اللاعبين الذين يعملون معي. أعتقد أن الأمر نفسه ينطبق على نتائج الأبحاث العلمية التي نأخذها كمسلّماتٍ، دون تحقّقٍ من صحتها أو تحديث معلوماتنا بناءً على الاكتشافات الأحدث.

من خلال النظر بتمعُّنٍ أكبر إلى الحالات التي أبرزتُها هنا من اضطراب فرط الحركة ونقص الانتباه والاكتئاب لدى البالغين، يُمكننا أن نرى كيف تمّ تجاهل النظريات المُفنّدة بسبب الشركات الكبرى في مجال الأدوية والطب، بالإضافة إلى شركات

التأمين، والمنظّمات، والمُمارسين الذين يدعمون النظام الصناعي الطبي من أجل الحصول على المكافآت المالية.

تفنيد فرضية الدوبامين لاضطراب فرط الحركة ونقص الانتباه لدى البالغين

فرط الحركة ونقص الانتباه لدى البالغين: في مقالٍ نُشر في 20 يناير 2012، طرحت ويندي ثورم في موقع SB Nation هذا السؤال، "هل هناك انتشارٌ لاضطراب فرط الحركة ونقص الانتباه بين لاعبي دوري البيسبول الرئيسي؟" حيث حقّقت الكاتبة في سبب وجود نسبة 8 في المئة من لاعبي دوري البيسبول الرئيسي الذين تمّ تشخيصهم باضطراب فرط الحركة ونقص الانتباه مُقارنةً بنسبة 4 في المئة في الفئة السُكانية العامة.

في ذلك الوقت، أعلن دوري البيسبول الرئيسي التغييرات في سياسته المُشتركة لمُكافحة المخدرات، حيث كان يتعيّن على الراغبين في استخدام المُنشّطات، باستثناء "الجرينيز" المُتوفرة بحريةٍ في غرفة تغيير الملابس في الماضي، الحصول على موافقةٍ من لجنةٍ مُكوّنةٍ من ثلاثة خبراء للحصول على استثناءاتٍ للاستخدام العلاجي. انتقد النقاد القواعد المُتعلقة بالحصول على المُنشّطات الموصوفة قانونيًا لكونها مرنةً للغاية، وكان اللاعبون يجدون بسهولةٍ أطباءً يُشخّصون إصابة اللاعبين باضطراب فرط الحركة ونقص الانتباه ويصفون لهم المُنشّطات.

توصّل الطبيب النفسي الدكتور آري تاكمان، المُتخصّص في اضطراب فرط الحركة ونقص الانتباه، بأن نسبة اضطراب فرط الحركة لدى البالغين تصل إلى 5 في المئة. وأكّد الدكتور إدوارد هالويل، الطبيب النفسي للأطفال والبالغين من كلية هارفارد الطبية، أن 80 في المئة من حالات فرط الحركة ونقص الانتباه لدى البالغين لم يتمّ تشخيصها.

اعتقد الطبيبان النفسيان، تاكمان وهالويل، بضرورة وضع قيودٍ على استثناءات الاستخدام القانوني. إلا أنهما اتفقا على أن استخدام الريتالين والأديرال لا يُنتج تأثيرًا فائق التركيز على الأشخاص الذين لا يُعانون من اضطراب فرط الحركة. فقد أوضح هالويل قائلًا: "تعمل تلك الأدوية عن طريق تغيير كيمياء الدماغ"، كما أفاد كذلك: "إذا لم يكن لاعب البيسبول بحاجةٍ إلى تغيير كيمياء دماغه، فمن المُرجّح أنه سيواجه آثارًا جانبيةً غير مرغوبٍ فيها من هذه الأدوية، دون أن يحصل على أيّ فوائد." وأضاف الدكتور تاكمان أنه عندما يتمّ تشخيص الإصابة باضطراب فرط الحركة ونقص الانتباه بشكلٍ مُناسبٍ ويتمّ تناول المُنشّطات حسب التوجيهات، فإن هذه المُنشّطات "لا تمنح شخصًا يُعاني من فرط الحركة أيّ ميزةٍ أكثر مما تُفيد العدسات اللاصقة من يُعاني من قصر النظر."

بعد عامٍ واحدٍ فقط من سؤال ثورم في عام 2012 حول وجود انتشارٍ كبيرٍ من اضطراب فرط الحركة ونقص الانتباه في دوري البيسبول الرئيسي، نشرت ناتاليا ديل كامبو وغيرها ورقةً بحثيةً في عام 2013، بعنوان "دراسة بوزيترون مقطعية انبعاثية لآليات الدوبامين نيجرو-سترياتالية التي تقف وراء الانتباه: الآثار على اضطراب فرط الحركة ونقص الانتباه وعلاجه" في مجلة برين لعلم الأعصاب، حيث اقترحت بيانات الباحثين أن اضطراب الدوبامين بذاته من غير المُرجّح أن يكون السبب الأساسي وراء أمراض اضطراب فرط الحركة ونقص الانتباه الكامنة لدى البالغين.

تمّ دعم هذا الاستنتاج بأدلةٍ على تغييراتٍ هيكليةٍ في الدماغ لدى نفس مجموعة المرضى الذين يُعانون من اضطراب فرط الحركة ونقص الانتباه لدى البالغين. قال البروفيسور تريفور روبنز، المُشارك في الدراسة: "تُثير هذه النتائج تساؤلًا حول الرأي المقبول سابقًا بأن الخلل الرئيسي في وظيفة الدوبامين هو السبب الرئيسي في اضطراب فرط الحركة ونقص الانتباه لدى البالغين". وأضاف روبنز أنه على الرغم من أن المُنشّطات لها تأثيرٌ علاجيٌ لتحسين أداء اللاعبين الذين يُعانون من اضطراب فرط الحركة ونقص الانتباه لدى البالغين، بالإضافة إلى اللاعبين الذين

لا يُعانون من هذا الاضطراب، إلا أنه لا يبدو أنه مُرتبطٌ بالاعتلال الكامن في نظام الدوبامين لدى المُصابين باضطراب فرط الحركة ونقص الانتباه.

في مقال براد بروكر الذي نُشرَ في عام 2014 تحت عنوان "يُعاني دوري البيسبول الرئيسي من مُشكلةٍ في اضطراب قلة الانتباه وفرط الحركة" في أخبار الأطباء، أفاد بأن لاعبي دوري البيسبول الرئيسي كانوا يُعانون من انتشارٍ كبيرٍ لاضطراب فرط الحركة بنسبة 14 في المئة، مُقارنةً بنسبة 3 في المئة في عام 2006. في ذلك الوقت، شكّك بروكر في إمكانية وجود سياسةٍ لمُكافحة المخدرات إذا كان جميع لاعبيها يتعاطون بشكلٍ قانونيّ موادًا كانت ممنوعةً سابقًا. طُرح في عام 2022 سؤالٌ: ما هي الآثار المُترتبة على سياسة منح المُنشّطات بشكلٍ عشوائيّ للكبار والأطفال؟ أفادت كريستينا جيويت، في مقالٍ نُشر في 13 أكتوبر 2022 يحمل عنوان "تُؤكّد إدارة الغذاء والدواء الأمريكية وجود نقصٍ واسع الانتشار في أديرال" في صحيفة نيويورك تايمز، بأن شركةً كبيرةً تُصنّع أديرال وغيرها من الشركات كانت تُعاني من نقصٍ وطنيٍ لعلاج فرط الحركة الذي ارتفعت حالاته، مما أدّى إلى قصورٍ في علاج 70 في المئة من البالغين و40 في المئة من الأطفال.

أفاد الدكتور غودمان، مدير مركز اضطراب فرط الانتباه للبالغين في ماريلاند، الذي تلقّى 18000 دولار مُقابل دوره كاستشاريّ لشركات الأدوية في عام 2021، بأن الوعي المُتزايد حول اضطراب تشتت الانتباه وفرط الحركة يبدو أنه يقود إلى الزيادة الحادة في وصفات حصول المراهقين على الأديرال خلال جائحة كوفيد-19.

سببٌ آخر لزيادة وصفات أديرال هو أن شركات الرعاية الصحية عن بُعد تُسهّل الحصول على الأدوية بشكلٍ أرخص وأسرع. وقد أفادت الصيدليات بصعوبة حصولها على المواد المُقيّدة، مثل المُنشّطات، التي تحظر استخدامها وتتطلّب مُراقبة طلبات الوصفات.

نظرًا لندرة البيانات حول شركات الرعاية الصحية عن بُعد الناشئة، فقد تعرّضت لانتقاداتٍ بسبب وصفها العشوائي للأدوية الإدمانية، مثل الأديرال، وفقًا لما أوردته جويت. إحدى تلك الشركات هي سيريبرال التي يقع مقرّها في سان فرانسيسكو، حيث رفع نائب الرئيس السابق، السيد تروبي، دعوى بالفصل الظالم وادّعى أن هدف الشركة كان توصيل المُنشطات لكافة مرضى فرط النشاط وقلة الانتباه، وهو شيءٌ يُعتبر غير آمنٍ وفقًا لسجلات المحكمة. زعم الموظّف السابق أيضًا أن الشركة كانت تحتوي على مرضى مُكرّرين في قاعدة بياناتها، مما يشير إلى أن البعض كانوا يبحثون عن وصفاتٍ لإعادة بيعها.

تدّعي شركة سيريبال، التي يبلغ قيمتها الآن أكثر من 1.2 مليار دولار، أن السيد تروبي تمّ فصله بسبب أدائه السيّئ. ووفقًا لجويت، تلقّت الشركة استدعاءً من المُحققين الفيدراليين يستعرضون فيه التزامها بقانون المواد المُقيّدة. مع العلم أن سيمون بايلز، لاعبة الجمباز التي اعترفت باستخدامها الطويل للمُنشّطات لمعالجة اضطراب فرط النشاط وقلة الانتباه، كانت في شراكةٍ مع شركة سيريبرال كمسؤولة تأثيرٍ رئيسيةٍ بعد الألعاب الأولمبية، وقد ظهرت مع مديرٍ تنفيذيٍ على التلفاز الفضائي، الذي ادّعى تخفيض تكلفة وصفات وعلاجات الصحة العقلية، بالإضافة إلى إزالة وصمة العار من خلال عدم الكشف عن هوية الذين يطلبون مساعدتهم. وقد انفصلت بايلز عن الشركة منذ ذلك الحين.

إننا نُفنّد فرضية السيروتونين وعلاقته بالاكتئاب

الاكتئاب: استمرّت الأبحاث خلال "عصر الدماغ المكسور" بجديةٍ حتى نهاية القرن العشرين، حيث اعتُقِد أن سبب المرض العقلي كان عُضويًا وبيولوجيًا. ومع ذلك، وصل هذا العصر إلى الشهرة عندما أنشأ الرئيس جورج بوش الأب تسمية "عقد الدماغ" الذي امتدّ من عام 1990 إلى 1999، لتعزيز الوعي العام بفوائد أبحاث الدماغ وللحدّ من وصمة العار التي تُلازم المرضى النفسيين. في ذلك

الوقت، طوّر علماء الأعصاب فرضية السيروتونين وعلاقته بالاكتئاب التي نشرت أُسطورة التفاوت الكيميائي للسيروتونين في الدماغ كعاملٍ مُسبّبٍ للمرض.

منذ ذلك الحين، تمّ تطوير الأدوية النفسية التي تُوصّف بأنها واعدةٌ ولها مُستقبلٌ مُشرقٌ، مما دعم بشكلٍ أكبر تطبيب الطب النفسي، حتى تمّ نشر ورقةٍ بحثيةٍ في مجلة الطب الجزيئي في 20 يوليو 2022 بعنوان "نظرية السيروتونين وعلاقته بالاكتئاب: مُراجعةٌ شاملةٌ منهجيةٌ للأدلة" من تأليف جوانا مونكريف وكتّابٌ آخرون. في تحليلهم الشامل لنتائج البحوث التي دعمت الفرضية المُعتبرة منذ فترةٍ طويلةٍ، لكنها لم تُثبت بعد، وجد الكُتّاب أن المجالات الأساسية لبحث السيروتونين لا تُقدّم أيّ أدلةٍ مُتسقةٍ على وجود علاقةٍ بين السيروتونين والاكتئاب، ولا تدعم الفرضية التي تقول بأن الاكتئاب ينجم عن نشاط سيروتونين مُنخفض أو زيادةٍ في تركيزه. إلا أنه عُثر على أدلةٍ تُثبت إمكانية أن استخدام مُضادات الاكتئاب على المدى الطويل يُقلّل من تركيز السيروتونين.

صدم هذا الخبر الذي نفى فرضية السيروتونين وعلاقته بالاكتئاب العالم صدمةً هائلةً، خاصةً بالنسبة للذين وصفوا أدوية مثبطات استرداد السيروتونين الانتقائية (SSRI) بناءً على هذه الفرضية، بالإضافة إلى مُقدّمي الرعاية الصحية النفسية الذين همسوا بشكوكهم حول صحة تشخيص الدليل التشخيصي والإحصائي للاضطرابات النفسية (DSM) وأدانوا سرًا تخدير أدمغة المرضى كيميائيًا باستخدام الأدوية النفسية. ومع ذلك، أزعجت نتائج بحث مونكريف وغيره من الباحثين بشكلٍ أكبر المرضى الناجين من هذا العلاج الذين تأثّرت حياتهم سلبًا بعلاجاتهم من مُقدّمي الرعاية الصحية النفسية، كما هو موضّحُ أدناه.

ما هو شعور ناجٍ من الطب النفسي بكونه مجهولًا تمامًا، مثل حجرٍ يتدحرج بلا قيمةٍ؟

عبّرت الكاتبتان والناجيتان من الطب النفسي، كارين جيرفرت ومارني ويدليك، عن مشاعرهما وآرائهما في مقالٍ نُشر على مدونة ماد أمريكا في 9 أغسطس 2022، الذي يحمل عنوان: "الخسارة، والحزن، والخيانة: يتحدث الناجون من الطب النفسي عن تأثير دراسة السيروتونين الجديدة". في هذه المرحلة من أبحاثنا في قابلية استخدام الأدوية النفسية، فلنستمع إليهما.

كارين: كانت كارين تعتقد أن نظرية التفاوت الكيميائي تخدم هدفًا اجتماعيًا حقيقيًا، وهو وسيلةٌ فعّالةٌ للسيطرة الاجتماعية، حيث يُمكن من خلالها الربح من مجموعةٍ من الأشخاص الغاضبين الذين يُعانون تحت أنظمةٍ قمعيةٍ، والذين يتمّ إسكاتهم، وزيادة وصمهم بالعار، وتنحيتهم.

تحدّثت كارين عن صدمتها نتيجة حبسها دون إبلاغها في قسم رعايتها وطلبت منا أن نتخيّل كيف كانت حياتها منذ أن كانت في سنّ الواحد والعشرين، حيث لم تكن حُرّةً في التعبير عن غضبها، أو حزنها، أو إحباطها، ولم تكن لديها القوة للتحدّث خوفًا من العقوبة والاحتجاز. حثّت كارين زملاءها الناجين أن يكونوا مُستعدّين للتلاعب النفسي الذي سيتعرّضون له عندما يزورون أطباءهم بعد اكتشافهم للكذبة الكبيرة.

وقد أكّدت كارين، الفنّانة والكاتبة، أنه كان هناك جانبٌ إيجابيٌ يتمثّل في قدرتها على فهم معاناتها بشكلٍ مُختلفٍ. عبّرت عن مشاعرها بالغضب والغيظ عند اكتشافها الكذبة، مما أثار لديها الذكرى الأليمة؛ فقد كانت تجاربها مع الانسحاب من العقاقير النفسية مؤلمةً كأن قنبلةً في فمك، وهو ما يُشبه قنبلة الصدمة، وكان ألمها حقيقيًا، خاصةً عندما أدركت عدم وجود أحدٍ كان يستمع إليها ويهتم بمعالجة جروحها أو حزنها الذي تمّ تكميمه وتجاهله. كانت صدمة انسحاب أدوية مثبطات

استرداد السيروتونين الانتقائية مُروّعةً لدرجة أن كارين سألت: "متى ينتهي هذا الألم؟"

ماري: افترضت ماري في النموذج الطبي البيولوجي، وهي عالمة نفسٍ وناجيةٍ من الطب النفسي ما يلي: "يُجري الطب النفسي البحوث لتأكيد الرواية التي يحتاجها لتبرير وجوده". كما أضافت بأن جميع المسؤولين الثانويين في نظام الرعاية الصحية العقلية يُمكن أن ألا يسمعوا استغاثات الذين تعرّضوا للأذى خلال وقت خدمتهم في نظام الرعاية، لأن تجارب المرضى الحقيقية التي عاشوها بكثيرٍ من الألم لا تتناسب مع رواية مسؤولي الصحة النفسية. تساءلت ماري حول كيف يُفترض بها أن تفهم أفكارها ومشاعرها عندما يُقيّد المسؤولون كُلّ شيءٍ. كما تحدّثت عن وحشية الإكراه المُخفيّ عن الغرباء. وزعمت ماري أن التشكيك في السلطة كان يُعتبر أشبه بمُشكلةٍ سلوكيةٍ تتمثّل في عدم الطاعة، ولم يمضِ وقتٌ طويلٌ حتى اختفت رغبتها في التساؤل.

اعتبرت ماري أن وصمة العار هي نتيجةٌ مُباشرةٌ للحصول على رعايةٍ في نظامٍ يصف الاستجابات الطبيعية والمُتوقّعة للصدمة والمصاعب بالحالة المرضية التي تستدعي العلاج الطبي. شعرت بعدم وجود أحدٍ يرغب حقًا في معرفة سبب اضطرابها الشديد، لذا اعتقدت داخليًا أنها غير مُهمّةٍ ولا تعني أحدًا.

النتائج السلبية للعيش في "وادي الدمى"

ما هي النتائج المُترتبة عن هذه الاكتشافات المُتعلقة بالاستخدام الزائد للمُنشّطات لعلاج اضطراب نقص الانتباه وفرط الحركة الذي كان يُعتبر سابقًا آمنًا مثل ارتداء العدسات اللاصقة لمن يُعانون من ضعف البصر أو تناول مُضادات الاكتئاب، كما في فيلم "وادي الدمى" الذي صدر في عام 1967؟ هل يُخبرنا ذلك بأنه ينبغي وصف أديرال لجميع الذين يُواجهون صعوباتٍ في الانتباه في أماكن عملهم أو الذين يفشلون في التسديد نحو أهدافهم، حتى أصبحنا نُواجه نقصًا فيه؟ هل يعني أن حبوب الأديرال تُوفر "عتبة نجاةٍ" للجميع، ليس فقط للذين يُعانون من

اضطراب نقص الانتباه وفرط الحركة، وأنه بإمكاننا أن نتناول "المُنشّطات" بانتظامٍ؟ هل ينفي الافتراض الخاطئ أن المُنشّطات أكثر أمانًا من الأسبرين بالنسبة للأطفال الذين تبلغ أعمارهم عامين، وهو ما يُعرّضهم لخطر الإدمان مدى الحياة حتى البلوغ؟ بماذا تدافع عن نفسها مُبرّرات زيادة استخدام مُضادات الاكتئاب عندما تمّ نفي فرضية التوازن الكيميائي التي يعتمد عليها، وتعرّض المراهقين للموت بعد أن وُصِف لهم ما يصل إلى 10 أدويةٍ نفسيةٍ سبّبت انتحارهم؟

تُثار الأسئلة: لماذا لا يتّبع لاعبو البيسبول المُحترفون الحلّ الطبيعي للقوة العقلية من خلال تعلّم مهارات الصلابة العقلية التي أُعلّمهم إياها للتركيز والتسجيل والتي هي قابلةٌ للنقل، وفطريةٌ، وسهلةُ الاستخدام، ليس فقط على أرض الملعب وإنما تُساعدهم ليُحققوا النجاح في حياتهم؟ ماذا سيقول المدربون حول "الدليل القاطع"؟ أين الأدلة التي تدعم فرضيات السيروتونين والدوبامين التي خدعت الأمريكيين وصدّقوها والذين يعتمدون الآن على الريتالين؟

إلى ماذا تُفضي التصورات والمواقف والمعتقدات؟ إلى عافية الروح أم إلى عللها؟

تكشف لنا حقيقة كونية جليلة في ثنايا هذه التجارب الإنسانية: ما نضمره في دواخلنا من تصورات، وما نتخذه من مواقف، وما نؤمن به من معتقدات، سلاح ذو حدين. إما أن يُفضي بنا إلى عافية الروح وسلامة النفس، وإما أن يزج بنا في غياهب الضيق والاضطراب. يتوقف ذلك على مدى ما نمتلكه من قدرات على التكيف والتغلب على المحن، وعلى ما نجده من دعم وتمكين ممن حولنا.

التجربة الأولى: وهم النحافة

يسرد الكاتبان آلانيس ثامز وجوناثان أبرامز في مقال نُشر في صحيفة "نيويورك تايمز" بتاريخ 10 نوفمبر 2022، تحت عنوان لافت: "ضغط فقدان الوزن.. سم يتجرعه رياضيات الجامعات"، قصة أودرا كوبمان، الرياضية الجامعية التي وجدت نفسها غارقة في مستنقع معايير جمالية كاذبة. لقد تم تلقينها، بكل أسف، أن فقدان دورتها الشهرية وجوعها المستمر ما هما إلا ضريبة زهيدة في سبيل بلوغ قامة رقيقة تُرضي الناظرين!

وكأن الأمر لم يكن بالغ السوء بعد، إذ أحاطت بها زميلاتها كالهوامش على صفحة حياتها، يتناقلن أحاديث السوء حول أجسادهن، مقارنات لا تُفضي إلا إلى المزيد من الشعور بالنقص وعدم الرضا. لقد أوقعْنَ بها في شَرَك علاقة مشوهة مع الطعام. أما هي، فقد لاحظت أن أداءها لم يتحسن رغم انخفاض وزنها، لكنها، وللأسف، آثرت الصمت على مواجهة مدربها.

ولم تكن كريستين ويلفورد، صاحبة الخطوات السريعة على مضمار ألعاب القوى، بأفضل حال من زميلتها، فقد استحكمت مخالب "البوليميا" في نفسها، تُمنيها بأن فقدان الوزن هو السبيل إلى الرضا عن ذاتها، وأن في "النحافة" سرًا من أسرار التفوق والتميز، لكنها كانت أحلام يقظة لا تلبث أن تتبدد. فكم من كلمة جميلة كانت لتلقيها مسامعُها لو أن أحدهم أثنى على مظهرها بعد زيادة الوزن! لكنها كانت تسمع في كل مرة تفقد فيها بعضًا من وزنها: "كم أنت رائعة يا كريستين". فأصبحت كريستين، وبكل أسف، أسيرة لدوامة التقيؤ المستمر، فقدت معه بريق شعرها وحيويته، وسعت إلى تخدير أوجاع نفسها بحقن المسكنات، إلى أن داهمتها فكرة إنهاء حياتها التي أصبحت جحيمًا لا يُطاق. وفي لحظة صدق مع ذاتها، فَضَت إلى والدتها بسرها الدفين، فكانت الصدمة عظيمة على المدربين حين علموا بأمر اضطرابها الغذائي، ليبدأ فصل جديد من فصول معاناتها، فصل انتهى بإعلان اعتزالها رياضتها المفضلة، أملًا في استعادة عافيتها النفسية والجسدية.

على النقيض من قصص الرياضيات وألعاب القوى، تلوح لنا قصة "شاندلير"، ذلك المصارع اليافع في السابعة عشرة من عمره، يحمل في قلبه حبًا لرياضة المصارعة وشغفًا بعالم الأرقام في صفه المتميز في الرياضيات. غير أن والده، ذلك الرجل الذي أحالته خدمته في سلك الشرطة إلى التقاعد، لم يكن ليدرك حجم طموح ابنه، فقد أثقلته هواجسه حول أداء ابنه في المصارعة، فقد كان يرى أن عليه بذل المزيد من الجهد ليحوز على المجد والفوز، كما لم يُخف قلقه من رغبة ابنه في ترك صفه المتميز في الرياضيات.

وفي داخل شاندلير، كانت تتصارع الأفكار، فقد تساءل في نفسه: "لِمَ العناء في دراسة حساب التفاضل والتكامل المعقد، وإن بوسعي أن أحصل على علامة ممتازة في مسار أسهل؟!". لم يكن شاندلير قد حظي بعد بمكانة رئيسية في فريق المصارعة، فقد كان يتم استخدامه كبديل عند غياب أحد اللاعبين، مما عرّضه إلى ضغط نفسي وجسدي هائل، خاصة مع اضطراره إلى اتباع حمية غذائية صارمة ليحافظ على وزنه متماشيًا مع متطلبات المشاركة في فئات وزنية مختلفة. لقد كان شاندلير على يقين من أنه يبذل جهدًا أكبر من أقرانه لكسب مكانته، ولكنّه كان يشعر بالظلم والإحباط لعدم حصوله على التقدير الذي يستحقه.

لقد عملت مع "شاندلير" بجد واصطحبناه إلى عالم التنويم الذاتي ليكتشف قدراته الداخلية، وساعدته على إتقان فن التمرين الذهني والتحدث مع نفسه بإيجابية لتعزيز ثقته بنفسه، كما أخضعناه لتحليلات خاصة بحلقة التغذية الراجعة لفهم سلوكياته وتصرفاته. ولتحريره من قيود سيطرة والده وتأثير تجاربه الماضية عليه، استخدمنا معه "تقنية جسر التأثير"، مما ساعده على مواجهة والده الديكتاتوري بحزم وثقة عندما عارض عمله في أحد مطاعم الوجبات السريعة مع صديقه.

ذات مرة، كان شاندلير على أتم الاستعداد لخوض مباراة هامة ضد خصم معروف في فئة وزنه، وقد خطط لطرق الفوز ووضع خطة "أ" وخطة "ب" وخطة "ج".

لقد تملكه الحماس لرؤية ثمرات ما تعلمه من مهارات جديدة في التحكم الذهني والقوة النفسية، غير أن مدربه قام في اللحظة الأخيرة بتبديله ليحل محل زميله الذي يُصارع في فئة وزنية أكبر، بحجة أن زميله لديه فرصة أكبر للفوز في بطولة الولاية، وأنه لا يستطيع المخاطرة بهذه الفرصة. وقبل أن يغادر شاندلير مكانه، قال له مدربه: "مهما حدث لا تُدر ظهرك لخصمك". واجه شاندلير خصمه بشجاعة، مدافعًا عن نفسه، ولكنه خسر المباراة في النهاية.

وفي الزيارة التالية، بدا شاندلير محطمًا وهو يصف لنا شعوره بالحرج والضعف بعد هزيمته. لم أرِد أن أطفئ بريق الأمل الذي بدأ يتوهج في عينيه، فأعدنا التركيز على مباراتيه السابقتين اللتين حقق فيهما فوزًا مستحقًا، ورسمنا معًا خطة جديدة ليثبت نفسه خلال فترة الصيف، تشمل المشاركة في البطولات وحصد المزيد من الانتصارات ليكون أحق بمكانه الرئيسي في الفريق. وتمرنّا ذهنيًا على كيفية مواجهة مدربه بحزم وثقة. وإدراكًا منا لموهبته الفذة في الرياضيات، شجعته على إكمال مساره الدراسي في هذا المجال، فقد رأينا فيه عالمًا رياضيًا لامعًا في المستقبل.

ولكن، ما إن دخلنا غرفة الانتظار، حتى فاجأنا والده بسؤال مستعار من كلمات المدرب الشهير كنوت روكني، سائلًا إن كان شاندلير قد أخبرنا كيف أنه "فاز من أجل جيبر" وضحى بفوزه من أجل زميله في الفريق، مشبهًا إياه بـ"جيبر" الذي ضحى بنفسه من أجل فريقه. وبعبارة أخرى، كان والده فخورًا بهزيمة ابنه!

وسط ذهولنا من كلام والده، وجد شاندلير نفسه أمام فرصة للتعبير عن رغبته الحقيقية، فقال لوالده بحزم: "أبي، لماذا تُركز على روعة تلك المباراة التي خسرتها، وتتجاهل انتصاريّ في المباراتين الأخريين؟". وعندما أصر الوالد على رفضه لفكرة عمل ابنه متذرعًا بتأثر دراسته، أجابه شاندلير: "أبي، لقد قدمت طلب توظيف وسأبدأ العمل الأسبوع المقبل، وسأحافظ على مستواي الدراسي، لا خوف على ذلك". ولما كان قد حصل مؤخرًا على رخصة قيادة السيارة، أضاف بثقة:

"أحتاج إلى المال، أبي، لأنني أريد استعارة سيارتك"، ثم سأله بسخرية: "هل تعلم كم يُكلفني البنزين يا أبي؟".

التجربة الثانية: إصابات الرأس بين إهمال وأمل

يُسلط هذا السيناريو الضوء على قضية بالغة الأهمية، ألا وهي التعامل مع إصابات الرأس في ميدان الرياضة، وذلك من خلال قصة "توا تاجوفايلوا"، ذلك اللاعب الشاب في فريق "ميامي دولفينز" لكرة القدم الأمريكية، والذي تعرض، وهو في ريعان شبابه، إلى إصابتين في رأسه، الأولى في الخامس والعشرين من سبتمبر عام 2022، تلتها الأخرى بعد أربعة أيام فقط.

وفقًا لما أورده "بات ليونارد" في صحيفة "نيويورك ديلي نيوز" في الأول من أكتوبر من العام نفسه، فإن إصابة "توا" الأولى حدثت بعد إحدى تمريراته المتقنة في إحدى المباريات، فقد قام من على الأرض، لكنه ما لبث أن سقط على ركبتيه في مشهد أثار الرعب في قلوب المشاهدين، فقد كانت تلك علامة واضحة على إصابته بارتجاج في الدماغ. ولم يستطع "توا" المحافظة على توازنه، فأسرع زملاؤه إلى حمله ونقله إلى غرفة الملابس لإجراء الفحوصات الطبية اللازمة. والمُثير للجدل أن "توا" عاد إلى الميدان بعد أن أعطى الفريق الطبي الضوء الأخضر لذلك، وهو الأمر الذي أثار حفيظة "كريس نوفينسكي"، الرئيس التنفيذي لـ"مؤسسة إرث الارتجاج"، الذي صرح بأن نسبة 90% من الأطباء المستقلين كانوا سيمنعون "توا" من متابعة اللعب.

ولم يكد يمر على تلك الحادثة سوى أيام قليلة، حتى تعرض "توا" لضربة قوية في رأسه أثناء مشاركته في مباراة أخرى، وبالرغم من ذلك، فقد بقي على أرض الميدان لمدة اثنتي عشرة دقيقة كاملة قبل أن يتم نقله على نقالة إلى المستشفى، وكانت ذراعاه تتشنجان وتلتفان بطريقة مرعبة، مما يشير إلى فقدانه للسيطرة على حركته.

وأمام تلك الفاجعة، اندلع جدل واسع حول مدى التزام "فريق ميامي دولفينز" ببروتوكولات السلامة المتعلقة بارتجاج الدماغ، خاصة بعد أن تم فصل استشاري إصابات الدماغ غير المنتمي إلى الفريق بعد يومين فقط من الحادثة. وقد زعم المحامي "براد سون"، المقيم في ميامي، أن هناك ثغرات قانونية في اتفاقية المساومة الجماعية بين "دوري كرة القدم الأمريكية" و"نقابة اللاعبين"، مما يجعل من الصعب محاسبة المقصرين في مثل هذه الحالات. ولعل أكثر ما يثير القلق هو موقف مدرب الفريق "مايك مكدانييل" الذي أكد أنه لم يكن ليعرض لاعبه للخطر لو كان يعلم بخطورة إصابته، ولكنه في النهاية لم يُبدِ أسفًا كبيرًا على ما حدث، فقد كان كل ما يهمه هو أن يعود "توا" إلى صحته ويستعيد صفاء ذهنه، وذلك بعد أن تعرض لارتجاج ثالث في الدماغ خلال إحدى مباريات عيد الميلاد عام 2022.

وفي التاسع عشر من أكتوبر عام 2022، أفاد "جيسون هان" في تقرير له في مجلة "بيبول" عن عودة "توا تاجوفايلوا" إلى الملاعب بعد تعافيه من إصابتيه السابقتين، وتطرق في تقريره إلى مخاوف "توا" من الإصابة باعتلال الدماغ الرضحي المزمن، وذلك بعد أن كشف "توا" أنه فقد الوعي لفترة وجيزة بعد الإصابة الثانية في رأسه، ولم يعد يُدرك ما يدور حوله. ولكن "توا" أعرب عن تفاؤله بأنه أقل عرضة للإصابة بذلك المرض، مستندًا في ذلك إلى آراء الأطباء المختصين الذين أكدوا له ذلك. وعلى الرغم من أنه لا يوجد عدد محدد من الإصابات التي تؤدي إلى الإصابة باعتلال الدماغ الرضحي المزمن، إلا أن إصابات الرأس الطفيفة تزيد من خطر حدوثه. وقد أظهرت دراسة أجريت على لاعبي كرة القدم في المرحلة الثانوية والجامعية، ونُشرت في صحيفة "يو إس إيه توداي" في الخامس من يوليو عام 2022، أن 87% من اللاعبين الذين شملتهم الدراسة أُصيبوا باعتلال الدماغ الرضحي المزمن.

ويمكن أن نشبه قصة "توا تاجوفايلوا"، وهو في ربيع عمره الرابعة والعشرين، بقصة نجم الرجبي السابق "ريان جونز"، الذي كشف في السابع عشر من يوليو

عام 2022 عن إصابته بالخرف وهو في الحادية والأربعين من عمره، حيث قال في تصريح له لصحيفة "الغارديان": "لقد عشت خمسة عشر عامًا من حياتي كبطل خارق، ولكنني لست كذلك. لا أعلم ما يخبئه لي المستقبل".

ولكن على النقيض من تلك التجارب المُرة، نجد لاعب كرة قدم آخر هو "مايرون رول"، الذي استغل ذكاءه وفرصة ثانية ليصنع لنفسه مجدًا مختلفًا في عالم طب الأعصاب. لقد كانت مسيرة "مايرون" كلاعب "أمان" في دوري كرة القدم الأمريكية في طريقها إلى الزوال بعد مواسم غير موفقة، إلى أن تم الاستغناء عنه وهو في الخامسة والعشرين من عمره.

وعندما تم الاستغناء عنه من فريق "بيتسبرغ ستيلرز"، قالوا له: "موهبتك موجودة، ولكننا نُفضل لاعبًا آخر يحتاج إلى كرة القدم لأنها كل ما يملكه، بينما أنت يا "مايرون"، وبحكم أنك حائز على "منحة رودس" في جامعة "أكسفورد"، بإمكانك أن تُصبح أي شيء تُريد، بإمكانك أن تُصبح رئيسًا أو طبيبًا". ولكن "مايرون" شعر بخيبة أمل كبيرة لفشله في تحقيق حلمه كلاعب كرة قدم محترف، وأحس بأنه خيب آمال الناس به.

ولكن والدة "مايرون" لم تدع ابنها يغرق في يأسه وإحباطه، بل سارعت إلى تذكيره بدفتر مذكراته القديم الذي كان يُدون فيه أهدافه في صغره. فتحت الدفتر ونظرت إلى ابنها بفخر وقالت: "لقد حققت هدفك الأول، ألا وهو أن تُصبح لاعب كرة قدم محترف، والآن حان الوقت لتحقيق الهدف الثاني، ألا وهو أن تُصبح طبيبًا". وكانت كلماتها بمثابة نفس جديد لـ"مايرون"، فقد أيقظت فيه الطموح من جديد، ودفعته إلى متابعة حلمه في مجال طب الأعصاب بعزيمة وإصرار.

التجربة الثالثة: معاناة "زاك" مع الصرع

يقدم لنا كاتب المقال "ويليام وان" في عنوانه الصادم: "مراهق مصاب بالتوحد بحاجة إلى رعاية نفسية.. قضى أسابيع في غرفة الطوارئ بدلًا من ذلك"، قصة مفجعة لمراهق يُدعى "زاك تشافوس"، يبلغ من العمر ثمانية عشر عامًا، أمضى 76 يومًا في غرفة الطوارئ في إحدى مستشفيات ولاية ماريلاند، في انتظار سرير شاغر في وحدة للأمراض النفسية. لقد أثرت تلك الفترة الطويلة التي قضاها "زاك" في غرفة الطوارئ على صحته النفسية والجسدية، فقد وصفت والدته كيف أن بشرة ابنها أصبحت باهتة بسبب نقص ضوء الشمس، وكيف أنه كان يعيش في حالة من الضيق والارتباك المستمر.

نُقل "زاك" إلى المستشفى بسبب تزايد سلوكه العنيف بعد انتشار جائحة "كورونا"، فقد كان طفلًا سعيدًا ومحور اهتمام عائلته قبل تلك الفترة. ولكن والديه وجدا نفسيهما في مأزق صعب، إذ كان عليهما البقاء في المستشفى لفترات طويلة لضمان حصول ابنهما على العلاج اللازم، فلو غادرا المستشفى لخسر "زاك" مكانه على قائمة انتظار الدخول إلى وحدة الأمراض النفسية. ولم يكن البقاء في غرفة الطوارئ أقل قسوة على "زاك"، فقد أدى ذلك إلى تدهور حالته بسبب معاناته من التوحد، حيث لم يكن يدرك ما يدور حوله، وكانت قدرته على الكلام محدودة. ونادرًا ما كان يُسمح له بمغادرة غرفته، وكان هناك حارس أمني لمراقبته. وفي غمرة ارتباكه وحيرته، كان "زاك" يُهاجم الأطباء والممرضات بشكل متكرر، مما دفعهم إلى تقييد ذراعيه وساقيه بأحزمة خاصة وحقنه بمهدئات للسيطرة على سلوكه العدواني، ولكن تلك المهدئات كانت تؤدي إلى ارتعاش جسمه بشكل مخيف. لقد كان "زاك" ضحية لنظام صحي منهار لا يوفر الرعاية اللازمة لمن يعانون من أمراض نفسية، فقد كان من المفترض ألا يبقى "زاك" في غرفة الطوارئ لمدة تتجاوز الأربع ساعات، لكن نقص الأسرّة في وحدات الأمراض النفسية أجبره على البقاء في تلك البيئة القاسية لأشهر طويلة.

ولعل أكثر ما يثير الغضب والحزن في هذه القصة هو أن فريق الطب في غرفة الطوارئ كان يجد صعوبة كبيرة في التعامل مع حالة "زاك" النفسية، إلى درجة أن أحد الأطباء صرح بأن حالات الأمراض النفسية أصعب في التعامل معها من حالات جروح الرصاص! وقد برر ذلك بقوله: "يعتقد الناس أن الأمراض النفسية ليست مشكلة تخصهم، إلى أن يأتو إلى المستشفى بألم في الصدر ولا يجدون سريرًا للعلاج".

وبعد أسبوعين من إقامة "زاك" الثانية في غرفة الطوارئ، نصحت إحدى الممرضات والدته بالتوقف عن زيارته، مبررة ذلك بأن وجودها لا يساعد في تحسين حالته النفسية. شعر والدا "زاك" بالكثير من الذنب لتركهما ابنهما وحيدًا في تلك الظروف القاسية، ولكنهما لم يكن لديهما خيار آخر. وفي نهاية المطاف، وصلهم خبر بأن سريرًا قد أصبح شاغرًا لـ"زاك" في وحدة للأعصاب النفسية، ولكن الفرحة لم تكتمل، فبعد عشرة أيام فقط من دخوله الوحدة تلقى والداه نبأ مفجعًا بوفاته بسبب نوبة صرع.

على النقيض من التجربة المروعة التي عاشها "زاك" في غرفة تعذيب معاصرة، تُعيدنا إلى ظلمة العصور الوسطى، نلقي نظرة على عمل الدكتور "ران أنبار"، طبيب الأطفال، في قصته عن "بروس، الصبي الذي يعاني من النوبات" في كتابه الصادر عام 2021، "تغيير حياة الأطفال بالتنويم المغناطيسي". كان "بروس" صبيًا في السادسة من عمره يعاني من نوبات صرع وحمى، ناجمة عن نزيف في دماغه عندما كان رضيعًا، مما تسبب في عدم قدرته على التحكم في درجة حرارته. بدأت نوباته الأسبوعية في الجانب الأيمن من دماغه، حيث كان النزيف. في البداية، كانت عيناه تتحول إلى اليسار ويده اليسرى تنقلب إلى أسفل. طالما بقيت نوباته على الجانب الأيمن، كان "بروس" قادرًا على الكلام. ولكن عندما انتقلت إلى الجانب الأيسر، كان جسده كله يرتجف ويفقده القدرة على النطق.

كان "بروس" مغامرًا ويحب شخصية "سبونج بوب"، لذلك استخدم الدكتور "أنبار" صورًا مستوحاة منه. وأرشد "بروس" إلى أنه عندما يشعر بنوبة قادمة (عاصفة)، يمكنه وضع "سبونج بوب" على رأسه وترك العاصفة تمر عبر ثقوبه. وأوضح "أنبار": "عندما تفعل ذلك، ستهب العاصفة بعيدًا".

بعد أربعة أشهر، لم يُصب "بروس" بأي نوبة منذ موعده الأخير، واختفت الصداع النصفي أيضًا، حتى عندما ظل مخطط كهربية الدماغ لديه غير طبيعي. واصل "بروس" هذه الممارسة لعدة سنوات. في هذه الحالة، استغل "بروس" قدرته على إيقاف نمط عادة سلبية تم التعبير عنها بطريقة خطيرة. تم إيقاف الحمى في النهاية باقتراح الدكتور "أنبار" بتخيل مكيف هواء يُطلق عليه الهواء البارد، مما أكسبه القوة للتحكم في درجة حرارة جسده باستخدام قوته الذهنية الطبيعية. لحسن حظ "بروس"، تم إنقاذه من المعاناة على يد طبيب ماهر استخدم تدخلات علاجية بسيطة وطبيعية بالتنويم المغناطيسي، مما منحه الأمل، بينما ينتظر آخرون، مثل "زاك"، في يأس "علاجهم".

هل نسابق نحو مستقبل رعاية نفسية فعالة أم نحو ماض مظلم؟

تشير لوحة إلى عبارة تقول: "كنت متأخرًا جدًا، لدرجة أنني ظننت أنني الأول". تشير العبارة إلى عداء ماراثون ينظر حوله في نهاية السباق ليجد نفسه وحيدًا، ويظن أنه الفائز بينما هو الأخير في السباق. يمكننا استخدام عداء الماراثون كَمَجاز لكيفية تَذَيُّل الطب النفسي الأمريكي في سباق تقديم الرعاية الصحية النفسية لمواطنيه. فمقارنة بالدول المتحضرة الأخرى، حيث تُقدم خدمات العافية، لا تزال الولايات المتحدة تُسابق نحو الماضي، وفقًا لما ذكره المؤرخ الاجتماعي "أندرو سكول".

في العاشر من مايو 2022، أجرى "توماس كوروين" من صحيفة "لوس أنجلوس تايمز" مقابلة مع "سكول" حول كتابه "علاجات يائسة: سعي الطب النفسي المضطرب لعلاج الأمراض العقلية"، وسأله عن مستقبل الطب النفسي وفشل نموذج الرعاية المجتمعية. أكد "سكول" على ضرورة التوقف عن الادعاء بأن الكيمياء هي السبيل الوحيد للتقدم. وعلى الرغم من وجود أطباء نفسيين يدخلون المهنة ويبدأون في التعبير عن سخطهم، إلا أن "سكول" زعم أن المسارات المهنية في الأوساط الأكاديمية تُبنى على منح مالية ومنشورات، وأن الأبحاث النفسية الاجتماعية قد جفت، بينما يتوق المديرون إلى تدفق العلماء الذين يحاولون إيجاد روابط بيولوجية للأمراض.

وصرح "سكول" قائلًا: "لا يوجد بنسلين للأمراض النفسية". وعلى الرغم من اعتقاده أن الأدوية توفر الراحة للبعض، إلا أنه لا يعني أننا يجب أن نبالغ في قيمتها، في حين أن شركات الأدوية تُحقق ثروات طائلة، وتسوقها بقسوة، وتخفي عيوبها، وتتخلى عن أي محاولة لتطوير علاجات كيميائية جديدة ومحسنة.

وعندما سأل "كوروين" "سكول" عمّا إذا كان هناك أمل لمستقبل المرضى النفسيين، أجاب أنه لا يرى ذلك في الأفق بعد، لكنه أوصى بخطوات يجب اتخاذها لتحسين الآفاق، وتشمل: 1) أن يكون الطب النفسي أكثر صراحة بشأن قدراته المحدودة، وذلك بعدم معاملة البيولوجيا كسبب رئيسي للأمراض النفسية. 2) أن تُلزم الحكومة الفيدرالية والولايات بتقديم الخدمات التي كانت تقدمها سابقًا مستشفيات الأمراض النفسية، مثل الطعام والمأوى والملابس والدعم الاجتماعي، وأن يعمل السياسيون وفقًا لذلك. 3) أن نعطي، كمجتمع، أولوية عالية لتخفيف شدة الألم الذي يعاني منه المرضى وعائلاتهم. 4) أن نكون جميعًا حذرين من الادعاءات الكاذبة والاكتشافات المبالغ فيها في مجال الطب النفسي. وأصر "سكول" على أن الطب النفسي يجب أن "يتوقف عن مطاردة الحلول السحرية".

هل هناك أمل في حل لغز أزمة الصحة النفسية الحالية؟

وسط أزمة الصحة النفسية في الولايات المتحدة، من الصعب الشعور بالأمل لمستقبل الطب النفسي وللأشخاص الذين يعانون من اضطرابات نفسية في مجتمعنا. فقد أكدت هيئة التحرير في صحيفة "نيويورك تايمز" في افتتاحية لها بعنوان: "حل أزمة الصحة النفسية في أمريكا موجود بالفعل"، نُشرت في الرابع من أكتوبر عام 2022، أن نظام الصحة النفسية لا يُبالي بمحنتهم. وزعمت هيئة التحرير أن نظام العدالة الجنائية أصبح، في كثير من الأحيان، الملاذ الوحيد للمرضى النفسيين. ولكنهم أكدوا أن السياسات والبرامج التي يمكنها أن تنهي أزمتنا موجودة منذ مشروع القانون الذي وقعه الرئيس "جون كندي" في عام 1963. وعلى الرغم من أنهم أعربوا عن أسفهم لأن النصف الثاني من مشروع القانون لم يُصبح واقعًا بعد، إلا أنهم يعتقدون أنه لا يزال هناك إمكانية لذلك.

وألقت هيئة التحرير بثقل الفشل على عاتق الجهات المسؤولة، حيث قالت: "إن ما يلفت النظر في هذا التاريخ [البرامج الرعاية المجتمعية] ليس مدى الخطأ الفادح الذي حدث، بل مدى قرب المسؤولين من الصواب". وزعمت هيئة التحرير أن الكونغرس يمكنه أن يُصحح المسار لمساعدة أولئك الذين يعانون من الأزمات اليوم بكتابة مشروع قانون جديد يجمع أفضل ما في تلك المحاولات السابقة ويبني عليها.

ما هي التغييرات السياسية التي يجب أن تحدث لتحقيق هدفنا في إصلاح الرعاية المجتمعية؟

في مقالة رأي نُشرت في صحيفة "نيويورك تايمز" في العشرين من سبتمبر عام 2022، تحت عنوان: "الصحة النفسية قضية سياسية"، قدمت لنا "دانييل كار"، الأستاذة المساعدة في "معهد المجتمع والجينات" في جامعة كاليفورنيا، لوس أنجلوس، بعض الأدلة حول كيفية المضي قدمًا في معالجة أزمة الصحة النفسية،

مطرِحة سؤالًا جوهريًا: "ماذا لو كان علاج أزمة الصحة النفسية الحالية ليس في تقديم المزيد من الرعاية النفسية؟". وتساءلت "كار" عمّا إذا كنا نواجه أزمة في الصحة النفسية بحد ذاتها، أم أننا نواجه أزمة أخرى تؤثر على الصحة النفسية. وللوصول إلى حلول فعالة، طالبت بضرورة طرح سؤال مهم، ألا وهو: "أزمة ماذا؟".

وأوضحت "كار" أن بعض علماء الاجتماع صاغوا مصطلح "التشييء" لوصف العملية التي تجعل من آثار الترتيبات السياسية للسلطة والموارد حقائق موضوعية وحتمية حول عالمنا. وفي الطب، يُمثل "التطبيب" أحد أمثلة "التشييء"، حيث يتم تأطير شيء ما كمشكلة طبية في المقام الأول. وأشارت "كار" إلى أن هذا الإجراء يُغيّر من المصطلحات التي نستخدمها لفهم سبب المشكلة وما يمكن فعله لحلها أو علاجها، فيصبح التركيز على الفرد كجسد بيولوجي بدماغ متضرر (وهو ما يدفع الناس إلى الشعور بأنهم لن يتغلبوا أبدًا على "مرضهم" المتجذر في أدمغتهم والذي لا يمكن إصلاحه)، دون أخذ العوامل النظامية والبنيوية التي تُسهم في الأزمة بعين الاعتبار.

ولفتت "كار" النظر في ورقة بحثية نُشرت في مجلة "لانسيت" عام 2020 إلى أن الباحثين أشاروا إلى أن التوقعات بحدوث تسونامي من مشاكل الصحة النفسية بسبب "كوفيد-19" والإغلاق مبالغ فيها. واعتقد مؤلفو الدراسة أن مشاعر القلق والحزن كانت ردود فعل طبيعية تمامًا لظروف صعبة، وليست أعراضًا لسوء الصحة النفسية.

وأكدت "كار" أن الإشارة إلى تطبيب المشاكل الاجتماعية والسياسية لا تعني إنكار أن تلك المشاكل تُنتج حالات بيولوجية "حقيقية"، ولكنها تعني أننا يجب أن نطرح الآن أسئلة جدية حول ما يسبب تلك الحالات. وقد أقرّت علوم الطب النفسي منذ فترة طويلة بأن التوتر يُعد سببًا مُباشرًا في مجموعة واسعة من

الاضطرابات النفسية، مع وجود نموذج يُدرج حقيقة أن عوامل التوتر تُضاعف من فرص الشعور بالتوتر.

ما هي التغييرات التي يجب أن تحدث في الرعاية الصحية النفسية للأطفال؟

في مقالة رأي نُشرت في صحيفة "نيويورك تايمز" في التاسع من سبتمبر عام 2022، تحت عنوان: "يجب على الولايات المتحدة الاستثمار في الأشخاص الذين يهتمون بالصحة النفسية للأطفال"، تُعبّر "ريبيكا بونانو" عن معاناتها الشخصية كأخصائية اجتماعية إكلينيكية، حيث تصف الشعور المؤلم الذي ينتابها عندما تتلقى اتصالات هاتفية من أمهات يائسات يتوسلن إليها لحجز موعد لأطفالهن، وتضطر إلى رفض طلباتهن بسبب ضيق الوقت وكثرة المرضى.

وتشير "بونانو" إلى أن هناك نقصًا حادًا في عدد المتخصصين في الصحة النفسية في الولايات المتحدة، حيث من المتوقع أن يقل عددهم بـ 10,000 أخصائي بحلول عام 2025، وهو ما يعني أن الأطفال والمراهقين الذين يعانون من ضغوط نفسية لن يحصلوا على الخدمات اللازمة بسبب نقص الدعم المالي ووصمة العار المرتبطة بالأمراض النفسية ونقص المعالجين المدربين على العمل مع هذه الفئة العمرية. وتؤكد "بونانو" أن العمل مع الأطفال يتطلب نهجًا مختلفًا عن علاج الكبار، مثل لعب الأدوار والألعاب والفن، إضافة إلى الحاجة إلى مساحة مخصصة للعلاج تكفي لاستيعاب تلك الأنشطة.

هل العلاج النفسي للجميع؟

في مقالة رأي بعنوان: "لقد بلغنا ذروة 'الصحة النفسية'"، نُشرت في صحيفة "نيويورك تايمز" في 20 سبتمبر 2022، يتساءل "هيو جرين"، وهو طبيب نفسي إكلينيكي، عن مفهوم "الصحة النفسية" الذي يشير عادةً إلى غياب المرض،

ويستغرب من استخدام مُصطلحي "المرض النفسي" و"الصحة النفسية" بشكل متبادل في عالمنا اليوم، معتقدًا أن هذا يؤدي إلى خلط بين حالتي العافية النفسية والضيق النفسي.

ويرى "جرين" أن تركيز معظم النقاشات المتعلقة بهذه القضية ينصب على تحسين الصحة النفسية للجميع وإزالة وصمة العار المرتبطة بالأمراض النفسية، متجاهلة في ذلك أولئك الذين يعانون من اضطرابات نفسية شديدة لا تسمح أعراضها بمشاركتهم في برامج الرعاية النفسية المتاحة. وعلى الرغم من أن "جرين" خاض تجربة العلاج النفسي ويؤمن بفوائده للذين يحتاجونه، إلا أنه غير مُقتنع بأن العلاج النفسي مناسب للجميع. فهناك أشخاص لا يستطيعون تحمل تكاليف العلاج الطويل، أو أن العلاج لا يتناسب مع ثقافتهم أو معتقداتهم الدينية. وإذا كان العلاج النفسي ليس هو الحل للجميع، فما الذي يمكن أن يُعلّمنا إياه خبراء نمو الطفل عن الطبيعة والجينات وأسلوب التربية الذي يساعدنا على فهم أنفسنا وفهم أطفالنا؟

أسلوب الرعاية يؤثر في نمو الطفل بشكل أعمق من الجينات

في كتابه "نمو العقل" الصادر عام 1997، يُناقش "ستانلي غرينسبان"، طبيب الأطفال والمحلل النفسي، الاعتقاد الشائع بأن الصفات التي تنتقل وراثيًا ثابتة لا تتغير، كالبذور التي تُزرع في الأرض. ولكنه يؤكد على أن ظهور الصفات الوراثية يتأثر بالبيئة المحيطة، ويوضح ذلك باستخدام مثل ثلاثة حفن متطابقة من البذور تُزرع في ثلاثة أراض مختلفة.

الأرض الأولى نُحافظ عليها رطبة ومغذية، والأرض الثانية نُهملها، والأرض الثالثة نقدم لها رعاية متوسطة. في الأرض ذات الرعاية المتوسطة، تنمو النباتات التي تحمل الجينات التي تحتاج إلى ظروف مثلى للنمو بشكل متوقف، بينما ترتفع

النباتات الأخرى التي تحمل جينات يمكنها الازدهار في ظروف متوسطة. وفي الأرض المهملة، لا تنمو أي بذرة بشكل جيد، بغض النظر عن الجينات التي تحملها. أما في الأرض المُعتنى بها جيدًا، فإن جميع سيقان النباتات من كلا السلالتين تكون طويلة، لأن الظروف الممتازة تسمح لكل بذرة بأن تنمو جيدًا.

ويعتقد "غرينسبان" أن علم الوراثة السلوكية يُحذرنا من مغالطة شائعة، وهي خلط التأثير الوراثي مع عدم القابلية للتغيير، فوجود مُكوّن وراثي لا يعني أن البيئة لا دور لها في تشكيل السلوك. وقد جعلت خبرة "غرينسبان" مع الأطفال الذين لديهم حالات محددة فسيولوجيًا، مثل التوحد، مُتشككًا في الاعتقاد الذي يفرض قيودًا ثابتة على النمو. ويؤكد على أن الكثير من الشباب يمكنهم الاستفادة من بيئة مُصممة خصيصًا لهم، وأن يكبروا أذكياء ومبدعين ورحماء، وأن يؤدوا جيدًا في المدرسة وهواياتهم ورياضاتهم، وذلك إذا تم تخصيص البيئة في وقت مبكر لمساعدة هؤلاء الأطفال.

كيف يمكننا الموازنة بين الفطرة والتنشئة

يؤكد "غرينسبان" على أن الطفل المُفرط في حساسيته قد يميل إلى الحذر، وأن الطفل قليل التفاعل وذا النبرة العضلية المنخفضة قد يميل إلى الانطواء على نفسه، ولكن أنماط الرعاية التي يحددها مقدم الرعاية للطفل يمكنها أن تُغير هذه الميول بشكل كبير جدًا، لدرجة أن الأطفال الرضع المنطوين على أنفسهم يمكنهم أن يصبحوا ساحرين ومنفتحين في سن العامين، وأن يصبح الأطفال الرضع الحذرون قادة جريئين في سن الطفولة المبكرة. وتظهر أيضًا في هذه التفاعلات المبكرة ميول نحو التكيف الصحي أو المرض النفسي، فالأمر سيان.

ويستخدم "غرينسبان" تشبيه "القفل والمفتاح" لفهم العلاقة بين الطبيعة والتربية. فنُقاط القوة والضعف المميزة للطفل هي كالقفل الذي لن يُفتح إلا إذا تم تزويده بالمفتاح الصحيح. ومساعدة مقدمي الرعاية على إيجاد المفاتيح الصحيحة ستساعد الأطفال على استخدام مواهبهم البيولوجية لإتقان مهام

مراحلهم العمرية. لذلك، فإن أسلوب الرعاية يمكنه دعم الأنماط الفسيولوجية أو مواجهتها.

على سبيل المثال، يشير "غرينسبان" إلى أن النفس - المجموعة من الصفات البيولوجية - يمكنها أن تُجسد مواهب قيمة مثل الشجاعة والتعاطف والفضول والقيادة والإبداع والعزيمة والنظام والمثابرة والثقة بالنفس والأصالة. أو يمكنها أن تكون أساسًا لتطوير الانغماس في الذات والعدوانية والطيش والقسوة والانفصال والتصلب وعدم العقلانية والخوف. ويعتمد ما إذا كانت هذه السمات ستصبح مشاكل أم مواهب على كيفية رعاية طبيعة الأطفال.

وفي الأطفال الذين ينطوون على أنفسهم، يمكن أن تؤدي المشاكل في معالجة المعلومات، مثل الأصوات والكلمات، إلى جانب قلة التفاعل مع بعض الأحاسيس، إلى خلق واقع أقل ثباتًا. وقد يميل هؤلاء الأطفال إلى الضياع في عوالم خيالية، والتمسك بمعتقدات خاصة بهم، أو الشعور بالارتباك حول ما إذا كان الصوت يأتي من الداخل أم من الخارج. وفي أشد أشكالها، وُصفت هذه الحساسيات بأنها فُصام.

لا خط فاصل بين المرض النفسي والصحة النفسية

اكتشف العلماء الآن أن التوحد والاكتئاب والذهان قد لا تكون حالات كلية أو لا شيء. ففي مقال لـ"سيمون ماكين" بعنوان: "طيف الفصام" في مجلة "ساينتفك أمريكان مايند" عام 2015، أفاد بأن معظم الناس شعروا بالاكتئاب أو القلق، حتى لو لم تُصبح تلك المشاعر مُنهكة. وقد يقول الناس: "أنا أعاني من قليل من الوسواس القهري"، ويعرفون بديهيًا أن الأمراض النفسية لديها طيف يتراوح بين الخفيف والشديد. ومع ذلك، فإن الكثير من الناس لا يعرفون ما هو الشعور بالهلوسة أو الأوهام، ويدركون أنك إما مُصاب بالذهان أو لا.

ومع ذلك، فهناك أدلة متزايدة على أنه قد لا يكون هناك خط فاصل واضح، حيث وجد العلماء أن انتشار الهلوسة والأوهام بين عامة السكان كان 7.2%، وهي نسبة

أعلى من نسبة انتشار الفصام البالغة 0.4% التي وُجدت في الدراسات. وأشارت إحدى نتائج البحث بقوة إلى وجود طيف، وأشارت إلى أن العلاج المُعتاد لنوبة نفسية قد يكون مستحقًا لإعادة النظر. بعبارة أخرى، قد يعاني الأشخاص الأصحاء من تجارب ذهانية خفيفة لا تُسبب الضيق، بينما يُصاب آخرون بتجارب ذهانية تؤدي إلى أمراض نفسية خطيرة.

وقد يساعد وجود الذهان على طيف إحصائي في تخفيف وصمة العار المرتبطة بتشخيص الفصام. كما أنه يُسوّي لنا أرض الميدان، حيث أن لدينا جميعًا قدرًا متفاوتًا من السيطرة على ما نفكر فيه وما نشعر به وما نفعله، وأن هذه السيطرة تُمكننا من التحرك نحو تحسين صحتنا النفسية.

ما الذي يُعرّفنا بأننا أصحاء نفسيًا؟

يشير الدكتور "غرينسبان" إلى أن فهم دور العواطف في جذر كل نمو نفسي يساعدنا على تحديد مفهوم الصحة النفسية المبهم بشكل أفضل، الذي هو أكثر من مجرد غياب الأعراض المدرجة كتّشخيصات في الدليل التشخيصي والإحصائي للاضطرابات النفسية.

ويمكن شرح تعقيد تقييم الصحة النفسية بأفضل شكل من خلال النظر إلى حياة "بول" و"سيلفيا" اللذين وصفهما "غرينسبان" على النحو التالي:

بول: عندما بلغ الخمسين من عمره، كان "بول" ناجحًا. وُلد "بول" في أسرة متواضعة الحال، ولكنه اكتشف مواهبه في خلق انطباع جيد داخل دوائر الأصدقاء الأغنى منه. حصل على منحة دراسية وحصل على وظيفة واعدة. تزوج "بول" من امرأة أصبحت حليفة له، وربة منزل، وأمًا لثلاثة أطفال. كان "بول" يُقسّم وقته بين العمل والعطلات والتجمعات الاجتماعية الفاخرة وأنشطة أطفاله.

ولكن في عقده الرابع، أُصيب والداه بمرض خطير وتوفيا بعد مرض طويل. وبما أنه كان قد فقد الاتصال مع عائلته، فقد تُركت رعاية والديه لإخوته. لم يزرهما،

مدعيًا أنه كان في رحلات عمل. وبعد وفاتهما، حاولت زوجته مساعدته على الحزن، لكنه كان يعتقد أن الحزن يُعيق الشخص.

لم يسمح "بول" لنفسه أبدًا بأن يعاني من الكرب أو الخوف أو الحزن أو الفقدان، حيث لم يواجه أي شدة خطيرة. وعندما أُصيبت زوجته بسرطان الثدي، لم يستطع أن يتفهم ما تشعر به. كان "بول" يشعر بالسرور لإنجازات أطفاله المثيرة للإعجاب، ولكنه كان يجد صعوبة في مساعدتهم على التعامل مع الخسائر، مما جعلهم غير قادرين على التعامل مع مشاكلهم العاطفية.

سيلفيا: على عكس "بول"، واجهت "سيلفيا" فترات من الحزن الذي يُوشك أن يتحول إلى اكتئاب. في عقدها التاسع، نظرت إلى حياتها الحافلة بالحذر والسخرية. أمضت سنواتها الأولى كابنة وحيدة في عائلة من سبعة أطفال. كانت الراحة المادية قليلة، لكن تربيتها كانت مليئة بالحب والتفهم. حصلت على درجات جيدة في المدرسة الثانوية، لكنها دعمت عائلتها بدلًا من الذهاب إلى الكلية. تُوفي والداها قبل أن تبلغ الخامسة والعشرين من عمرها، واعتنت بإخوتها حتى تزوجت خلال الحرب العالمية الثانية وربت ثلاثة أطفال.

واستمر ذلك حتى توفيت ابنتاها بسبب أمراض مزمنة عندما كانت "سيلفيا" في الستينيات من عمرها. كان الحزن في ذلك الوقت لا يُطاق، لكن "سيلفيا" حولت تفكيرها نحو الحاضر والمستقبل واعتنت بعائلتها. حولت الحزن إلى عطف عملي وعقلاني، ولم تشعر بالمرارة لفقدانها، على الرغم من أنها اعترفت بفقدانها لأعصابها في بعض الأحيان. استخدمت "سيلفيا" حياتها لمحاربة اليأس في خطتها البديلة، ولاستعادة التوازن، ولاستغلال الفرص للفوز في الحياة.

مَن حظي بحياة أفضل: بول أم سيلفيا؟

وفقًا لمنظور "غرينسبان" حول مفهوم الصحة النفسية، فإن "سيلفيا" حظيت بحياة أفضل من "بول"، إذ أن حياتها تضمنت ملامح تعكس مستوى عاليًا من

النمو العاطفي. فعلى الرغم من أن "سيلفيا" لم تكن بمنأى عن السلوك المرضي، وأن تفكيرها ومشاعرها لم تكن دائمًا مُستندة إلى الواقع، إلا أن "غرينسبان" عرّفها بأنها شخص صحيح النفس لأنها حافظت على عافيتها واستعادتها بعد أن تعرضت للتهديد.

ومن ناحية أخرى، تساءل "غرينسبان" عن كيفية تصرف "بول" لو أن الحياة اختبرته بشدة كما اختبرت "سيلفيا"، لأنه أهمل تطوير قدراته على التأمل والتواصل الحميم مع الآخرين، والتي تُمكن الشخص من تجاوز الأزمات الكبرى. وبما أن "بول" بدا غير قادر على الاعتراف بالمشاعر السلبية بصراحة، فإنه لن يتحمل الأمر جيدًا إذا ما أُصيب أطفاله بأمراض خطيرة، أو إذا ما فقد ثروته أو دعم زوجته، فسيشعر بالعجز وقلة الحيلة.

من رحم الصدمات تُولد المناعة

إن منظور "غرينسبان" للصحة النفسية له تداعيات عميقة علينا منذ الولادة وحتى الشيخوخة. إنه يُبيّن لنا أن المناعة النفسية تُبنى على الفشل وعلى تخطي الصدمات والتجارب السلبية في حياتنا، وكيفية تعاملنا معها على المستوى العاطفي. فجميعنا لديه تجارب حياة سلبية وصدمات مختلفة، إنها حقيقة من حقائق الحياة، وبقدر ما نريد نحن كآباء أن نحمي أطفالنا من التجارب المؤلمة، فإنها أمور لا مفر منها. فبدون التعرض للصدمات، لن يتعلموا كيف يتغلبون على الشدائد. وتُظهر لنا قصة "ماغي" التالية كيف يحدث ذلك.

كيف ساعدت حاسة "ماغي" السادسة وخططها المدروسة على تخطي الشدائد؟

كانت "ماغي" في الثانية والثلاثين من عمرها عندما دخلت مكتبي للمرة الأولى، مُتَمسكة بذراع والدتها للدعم لأنها لم تستطع السير مستقيمة بمفردها. وُلدت

"ماغي" بحذف في الجينات، وكان لديها شق في الحنك وشق في الشفة، كما أنها عانت من عيوب في القلب، وخضعت لعمليات جراحية مختلفة. وغالبًا لا يعيش الأطفال الذين يعانون من مثل هذه التشوهات إلا حتى سن العاشرة.

ولكن "ماغي" تغلبت على الكثير من العقبات لتعيش أطول من ذلك. فعندما كانت في الرابعة من عمرها، أخبرت والدها المُطلّق بأنها ترى وتسمع أشياء لا يستطيع هو رؤيتها أو سماعها، فأسرع بها إلى طبيب نفسي لإجراء فحص عقلي. وأمر الطبيب بإعطائها أدوية نفسية تناولتها منذ ذلك الحين، مما فسّر عدم توازنها الجسدي وعدم ثباتها أثناء المشي.

وفي المدرسة الابتدائية والثانوية، لم تتعلم "ماغي" المهارات الرياضية الأساسية أو قواعد اللغة الإنجليزية. وقال معلموها إنه يجب تأجيل تعليمها اللغة الإسبانية، لغة أسرتها الأصلية، لأن ذلك سيسبب لها ضغطًا نفسيًا. وانعكس ذلك على حياتها عندما بلغت "ماغي" الثانية والثلاثين من عمرها، فلم تكن تعرف كيف تحسب نسبة البقشيش، ولم تستطع الكتابة بشكل صحيح نحويًا. بالإضافة إلى ذلك، تعرضت للإساءة من قِبَل أحد المعلمين الذين كانوا يُنادونها بازدراء بـ"سبيك وَسبان" أمام الطلاب بسبب أصلها الهسباني. وتعرضت "ماغي" للإساءة الجنسية في نظام الخدمات الخاصة من قِبَل مراهق أكبر منها سنًا.

وعندما التقيت بها للمرة الأولى، كانت قلقة جدًا ومكتئبة. بالإضافة إلى ذلك، لم تستطع "ماغي" العمل أو المشي، حتى في مطبخها، وأُصيبت بالسكري بسبب الأدوية التي كانت تتناولها. لم تكن تشعر بالأمان أثناء صعودها السلالم إلى شقتها. في البداية، شجعتها على استخدام عكاز دون التمسك بوالدتها، و طوّرت صورًا ذهنية لإعطائها التوازن والقوة.

أرادت والدة "ماغي" أن تُصبح ابنتها أكثر استقلالية. فوضعنا خطط عمل، الخطة "أ" والخطة "ب" والخطة "ج"، وبدأت "ماغي" في تنمية قدراتها النفسية من خلال حضور دروس خاصة، وحصلت بالفعل على شهادة في العلاج بالتدليك.

وعلّمتها مهارات التحمل والتصميم الذهني، والتي تشمل التنفس بسهولة والتمرين الذهني والتحدث مع النفس بإيجابية واسترجاع الذكريات وحلقة التغذية الراجعة.

ومع زيادة استرخائها وسيطرتها على نفسها، بدأت "ماغي" في صعود السلالم، درجة درجة، ورسم الرسومات والأعمال الفنية، كما أنها بدأت في الكتابة تحت إشرافي. بالإضافة إلى ذلك، حصلت على وظيفة كمعالجة بالتدليك. واستخدمنا "تقنية جسر التأثير" لتتخلص من تجاربها السلبية في الماضي، ولتشاهد وتحس بنفسها وهي تُمارس العلاج بالتدليك.

وبعد أن أنجزت "ماغي" تلك الأمور، تخلى عنها أصدقاؤها على الإنترنت عندما أصبحت ناجحة. أراد مُستشارها أن تلتحق بمنزل جماعي مع أشخاص مثلها. ساعدها طبيبها النفسي الجديد على التخلص من الأدوية، وتساءل عن سبب وصفها لها في المقام الأول. وخلال فترة جائحة "كورونا"، كنت على اتصال بـ"ماغي" التي قالت إنها تُدير أمورها بشكل جيد، لكن تحديات تجاربها السلبية في الماضي لا تزال تترك ندوبًا تُواصل العمل على تجاوزها. وتهدف ماغي إلى إقامة علاقة عاطفية ذات معنى مع شخص ما في المستقبل. وبعد جلسات قصيرة المدى للتدريب بالتنويم المغناطيسي معي، انفتح أمامها عالم جديد من الإمكانيات.

إلى متى سننتظر الطب النفسي لينقذنا؟

لقد سئمنا، في المجتمع الأمريكي، من التحديات التي تفرضها أزمة الصحة النفسية التي تفاقمت خلال جائحة "كوفيد-19". ومع أن الاضطرابات النفسية كانت موجودة قبل الجائحة بفترة طويلة، إلا أننا قد لا نُدرك حجم الأزمة إلا عندما نتلقى تلك المكالمة المرعبة التي تُخبرنا بأن ابننا الطالب في الجامعة قد انتحر، وأنه لا شيء يمكننا فعله.

لقد تمّت برمجتنا، كمعلمين وآباء ومدربين ورياضيين وموظفين في الرعاية الصحية، على الاعتقاد بأن "فارسًا بدروع لامعة" سيأتي لإنقاذنا في شكل بروتوكولات جديدة أو أدوية سحرية، ولكن مواردنا الوطنية غير الكافية غير مُلائمة للقرن الحادي والعشرين في عالمنا المعاصر. السؤال هو: **إلى متى سننتظر الطب النفسي لينقذنا؟**

لا توجد حلول حديثة يمكننا الاعتماد عليها كآباء، كما هو الحال في قصة "زاك"، الشاب المُصاب بالتوحد، الذي تُوفي في الثامنة عشر من عمره أثناء احتجازه في مصحة نفسية، حبيسًا في غرفة بلا ضوء. قد يظن المرء أن فصل العقل عن الجسد، وهو مفهوم فلسفي من القرن السابع عشر، قد أصبح من الماضي في الرعاية الصحية المتكاملة. ولكنني أرى أن هذا يُعيدنا إلى الزمن الذي تحدث عنه "ميشيل فوكو" في كتابه "تاريخ الجنون" والأهوال التي حدثت في المستشفيات النفسية في القرن العشرين.

ومع ذلك، فإن الحدود بين ما هو طبيعي وما هو غير طبيعي تبقى غامضة إلى حد كبير اليوم، خاصة في الحالات التي لا تظهر فيها الأعراض بشكل واضح. ولا تزال الخطوط تُرسم، وقد تجد نفسك على أحد جانبيها. هل أنت مجنون أم مجرد غريب الأطوار؟ هل تتخيل أم أنك تُهلوس؟ وإذا كنت لا تعلم، فمن سيُقرر لك؟ هل سيكون طبيبًا نفسيًا، أم ضابط شرطة، أم حارس سجن، أم المحكمة؟ هل ستحصل على وصفة طبية تجعلك أكثر جنونًا؟ وإذا رفضتها، هل ستُحبس؟

يقول علماء الاجتماع والمؤرخون إنه من الطبيعي أن نتجاهل، كمجتمع، المُشرّدين والمستضعفين والمصابين بأمراض نفسية، لأننا تلقينا وعودًا بالعلاج، وخُدعنا من قِبَل شركات الأدوية الكبرى وقطاع الطب التجاري. إن هذا الأمر مُحبط إلى حد يجعلنا نُصدّق أنه لا أمل، بينما نجلس في الظلام لأننا لا نرى أنفسنا في الآخرين.

يُشكّل إدخال برامج مُركزة على المجتمع وتُعزز الصحة والعافية نقطة ضوء مُشرقة في مستقبلنا كأمة. ولكن هذا ليس كافيًا لشفائنا، لأن الأزمة هائلة في

حجمها وغير مُستدامة، خاصة عندما نعتمد على الحكومة أو الطب النفسي أو المعلمين أو مقدمي الرعاية النفسية أو خطوط الاتصال الساخنة لمنع الانتحار لِوَحْدِها للسيطرة على الوضع. يوجد الكثير من أولئك الذين يهتمون برعاية شبابنا، ولكنهم قليلون جدًا. لذلك، يجب علينا الآن أن نعتبر هذا دعوة للعمل المشترك لتعزيز الصحة النفسية والسعادة التي لا تعتمد على الثروة أو مستوى التعليم أو توفر الموارد أو ما تُخبرنا به حكومتنا لإنقاذ أنفسنا.

إن مواطن ضعف شبابنا تجرّدهم من قوتهم عندما لا تكون هناك خيارات أخرى ولا خطة بديلة. ولن نستطيع تغيير هذا الواقع إلا إذا نشرنا بذور التواصل بيننا من خلال جيناتنا. ينصحنا الخبراء بأن نمارس تسمية المشاعر لمساعدة الأطفال على تطوير حياة داخلية أغنى وإيجاد طرق للتحكم في طاقتهم.

وبفعل دورنا، يمكننا تشجيع الأنشطة البدنية الآمنة والبناءة مثل الرياضة المكثفة. ويمكننا إشراك أطفالنا في التواصل الحميم الذي يُمكّنهم من التفكير والنظر في عواقب أفعالهم وتطوير التعاطف. وبهذه الطريقة، يمكن للشباب، مع هذه العلاقات الداعمة، أن يحصلوا على فرصة أن يصبحوا قادة جريئين وخياليين، كما قال "فرويد": "من مواطن الضعف تنبثق قوتنا".

الفصل الثاني عشر

حُماة الأشجار

"الغابات جميلة، مظلمة، وعميقة، لكن لدي وعود يجب أن أفي بها، وأميال لأقطعها قبل أن أنام..."

~ روبرت فروست

ازرع شجرةً، ازرع أملًا

عندما كنت في الثامنة من عمري، سقطت من أعلى شجرة كانت أزهار التفاح فيها في أوج ازدهارها. كنت جالسًا على فرع منخفض أتحدث مع صديقي، ومددت يدي لأستنشق رائحة الأزهار العطرة، لكنني فقدت توازني وسقطت على الأرض. أفقدني ذلك القدرة على التنفس. بينما كنت ألتقط أنفاسي، اقتربت مني امرأة لطيفة، وجلست على ركبتيها وساعدتني على أخذ نفس عميق. سألتني عن مكان سكني، وأمسكت بيدي وأخذتني إلى منزلي، وطرقت الباب، وشرحت لوالدتي ما حدث.

شعرتُ أن إنقاذي كان معجزةً، لأن شارعي كان نادرًا ما يشهد حركةً أو مشاةً بالغين. لم أرَ تلك المرأة مرةً أخرى، واعتقدت أنها ملاكي الحارس الذي حماني. وفي سن التاسعة، تعرضتُ لارتجاج في المخ بعد أن اصطدمتُ بشجرة كبيرة أثناء اللعب. كان في وجهي جرح دموي كبير، وشعرتُ بالدوار لعدة أيام في المدرسة.

كشخص بالغ، ولعدة سنوات، عشت في منطقة كانت سابقًا غابةً من البلوط في مجتمع ثري، حتى بدأ الجيران بقطع العديد من الأشجار العالية، واستبدل بعضهم

تلك الأشجار بنباتات هوستا الصغيرة. كنت أرى نفسي حارسًا للأشجار ومالكًا للأرض، حيث كنت أعتني بالأشجار بتزويدها بالفيتامينات والمغذيات، وأقوم بزيارات دورية لمختص الأشجار للحفاظ على صحتها، وأقطع الأشجار غير الصحية عند الحاجة.

ومع ذلك، لم يُقدّر الجيران الأشجار وكانوا يخافون منها. كانوا يجتمعون في الشارع أمام منزلي ويتحدثون عن كيفية تدميرها. أطلقوا على الأشجار اسم "وحوش" وهددوني والأشجار، وأدلى بعضهم بتعليقات ساخرة، زاعمين أن أملاكي في نيو جيرسي كانت "غابةً". في الواقع، كانت حديقتي من أجمل الحدائق في الحي والأكثر اهتمامًا.

قال أحد الجيران، بعد أن قطع جميع أشجاره، إنه من النشطاء المناصرين للبيئة مثلي تمامًا! عبّر عن غضبه مني ومن الموقف الذي اتخذته لإنقاذ أشجاري. وكان هذا هو نفس الشخص الذي كنت أعتني بأطفاله الثلاثة مقابل ثلاثة دولارات فقط في الساعة، حتى تتمكن زوجته، وهي معلمة، من العمل بدوام كامل في مدرسة محلية.

على الرغم من أن أعضاء مجلس الأشجار في المدينة زعموا أنهم فخورون بتراثهم في امتلاك أجمل الأشجار، إلا أن ذلك كان مجرد كذبة. كانت القوانين في المدينة تسمح لأصحاب المنازل بقطع خمس أشجار كبيرة سنويًا دون تصريح، مما يعني 25 شجرة لكل ملكية خلال فترة خمس سنوات. لم يهتم جيراني بالأشجار العالية، وعندما سقطت على أو بالقرب من منازلهم أثناء العواصف، استخدموا أموال تأمين منازلهم لبناء إضافات جديدة، وشرفات، وأرصفة.

بنى أحد الجيران الانتقاميين مسبحًا تحت شجرة بلوط على الحدود، بالقرب من ممتلكاتي حيث كانت الشجرة تقف، ثم طلب أن تُقطع الشجرة حتى لا تسقط على المسبح. تم تقليم الشجرة عدة مرات من فروعها المتدلية، مما جعلها تبدو بشكل غريب. بما أنها كانت تنمو مائلةً نحو الشمس ومسبحه، فقد تم فحصها من

قِبَل خبير أشجار مُعتمد وأُثبت أنها صحية. خلال عاصفة، عندما سقطت العديد من الأشجار، سقط فرع صغير على غطاء المسبح الخاص بالجار وأحدث ثقبًا صغيرًا فيه. لم تسقط أي فروع على منزله. جاء إلى باب منزلي وهو في حالة سكر، حين كانت الرياح تعصف بشدة، وسبني بألفاظ نابية، وكاد أن يلكمني، لكنني لم أتراجع. قلت له إن أشجار البلوط ستوفر الأوكسجين لطفليه طوال حياتهم.

قال مفتش البلدة إن لدينا 60 يومًا لقطع شجرة البلوط الطويلة. عندما رفضنا، استنادًا إلى تقرير خبير الأشجار، رفعت البلدة دعوى ضدنا، وهددنا المفتش بفرض غرامة علينا، أو وضع حجز على منزلنا، أو سجننا. كلفت رسوم المحامي وخبير الأشجار في المحكمة 15,000 دولار لإنقاذ الشجرة.

في قاعة المحكمة بالبلدة، جلسنا بين الرجال المعتدين على النساء، وأولئك الذين لديهم سجلات من قيادة تحت تأثير الكحول، ومجرمي المخدرات، والمهاجرين غير الشرعيين الذين كانوا يعملون لصالح بائعي الحدائق في حدائقنا. عندما استدعانا القاضي لعرض قضيتنا، قلنا إننا هناك للدفاع عن حياة شجرتنا. ابتسم لنا وأرسلنا إلى محكمة أخرى. لم يكن "خبير" الأشجار في البلدة يعرف شيئًا عن الأشجار، مثل أن الأوراق الكثيفة في الأعلى تعني أن الجذور قوية في القاعدة. كان يشير إلى شجرتنا على أنها عمود هاتف وليس ككائن حي. اتهموني بالتسبب في اضطراب نفسي لزوجة الجار وأطفاله لأنهم كانوا يشعرون بالخوف من البلوط. استمرت قضيتنا أكثر من ثلاث سنوات، وشجرتنا التي سميتها "الشجاعة" صمدت في وجه العديد من العواصف والعديد من جلسات المحكمة. اليوم، ما تزال "الشجاعة" تقف شامخةً بعد 22 عامًا.

تجربتي الحياتية

قبل عدة سنوات من القضية القانونية، قدمت دفاعي الشفوي بشأن "تاريخ علم النفس في التمريض النفسي" ضمن برنامجي الدراسي للدراسات العليا، حيث خلص أعضاء لجنة الدكتوراه إلى أن نتائج بحثي كانت مجرد خيال من خيالي.

بمعنى آخر، اعتبروا أنني كنت أهذي، وأن عملي غير موثوق. وكانت مبرراتهم أن البحث كان طويلًا للغاية، وأنه كان يُقرأ وكأنه كتاب، وأن نظريتي ومنهجي يفتقران إلى القوة والمصداقية، وأنني كنت أرى دراستي من منظور شخصي، على الرغم من أن الاقتراح قد تمّت الموافقة عليه مسبقًا.

السبب الحقيقي، على ما أعتقد، كان بسبب الوصمة المرتبطة بالطب النفسي، والتاريخ النفسي، وتمريض الطب النفسي، وبسبب إجرائي تحقيقًا في فضيحة حدثت هناك منذ خمسين عامًا تتعلق باتهامات غير مبررة ومؤذية ضد ممرضة الطب النفسي "هيلدغارد بيبلاو"، التي وُصفت بأنها مجنونة ولم تحصل على فرصة للدفاع عن نفسها.

أُخبرت بضرورة تقليص أطروحة الدكتوراه إلى النصف وإهمال الحقائق التاريخية المهمة التي تم التحقق منها مسبقًا في سيرة بيبلاو الذاتية، لأنني "سأتورط في مشكلة"، كما قال أحد أعضاء اللجنة. بالإضافة إلى ذلك، طُلب مني تغيير المنهج والمحتوى والنظرية التي استندت إليها، وإلا فسأفشل وسأضطر للبدء من جديد.

أعضاء اللجنة، باستثناء مشرفي المخلص، طلبوا مني أن أكتب تاريخًا احتفاليًا لتمريض الطب النفسي وأُغير مساره بما يتناسب مع آرائهم. رفضتُ القيام بذلك، وأوضحتُ أن ذلك سيكون مثل قطع جميع أطراف الشجرة وترك الجذع ليموت. بدلًا من ذلك، كتبْتُ أطروحةً جديدةً من 299 صفحة في ستة أسابيع حول تاريخ تطور علم التمريض، والتي شملت مبادئ التمريض الديناميكي النفسي، وتخرجت في الوقت المحدد مع مرتبة الشرف. ونتيجةً لذلك، حصلت على حقوق ملكية من النسخة المحمية بحقوق الطبع والنشر لعملي في مجال علم التمريض، ومنذ ذلك الحين، أُحقق إيرادات من حقوق الطبع والنشر، لأن "الوردة بأي اسم آخر ستظل بنفس الرائحة".

شبكة الإنترنت الخشبية للأشجار وكيفية ارتباطها بالمجتمعات البشرية

في كتابه الصادر عام 2015 "الحياة الخفية للأشجار"، تحدث المؤلف "بيتر وولهلبن"، وهو خبير في الغابات يُدير غابةً صديقةً للبيئة، عن ما تشعر به الأشجار وكيفية تواصلها. وقد شرَحَ كيف أن الأشجار اجتماعية ومهتمة بالشأن العام، إذ أن الأشجار في الغابة تعتني ببعضها البعض. أحيانًا، تذهب الأشجار إلى أبعد من ذلك، حيث تُغذي جذوع الأشجار المقطوعة لعقود بعد قطعها، من خلال إمدادها بالسكريات للحفاظ على حياتها. تقوم الأشجار بذلك لأن الجذوع هي آباء الأشجار التي تُشكل الغابة الحالية. الأشجار في الغابة تتواصل عبر ما يُسمى بـ"شبكة الإنترنت الخشبية" من الفطريات الموجودة في التربة.

تحدث "وولهلبن" عن تدمير الأشجار، قائلًا: "عندما تعرف أن الأشجار تشعر بالألم ولديها ذكريات وأن الأشجار الأم تعيش مع أطفالها، فإنك لم تستطع قطعها وتدمير حياتها باستخدام الآلات الكبيرة" (انظر إلى الخاتمة). الشجرة بمفردها ليست غابةً، ولكن معًا ضمن النظام البيئي، يمكن للأشجار أن تعيش حتى الشيخوخة.

يجب أن يظل مجتمع الأشجار، الذي نشارك فيه 50% من حمضنا النووي، متماسكًا مهما كان، لأن الشجرة التي تقف بمفردها لن تدوم. كل شجرة هي عضو في المجتمع، وهي تعتني بنفسها وتساعد المرضى والضعفاء على الوقوف مجددًا. الأشجار تتواصل من خلال النبضات الكهربائية، والأمواج الصوتية، والبصر، ومن خلال حواسها من الشم والتذوق. يمكنها أن تدافع عن نفسها.

إيقاع حياة الأشجار البطيء يظهر بوضوح عندما يتعلق الأمر بالتكاثر. فعملية التكاثر يُخطط لها مسبقًا، قبل عام كامل. ما إذا كان "تزاوج" الأشجار يحدث كل

ربيع يعتمد على النوع. يجب على الأشجار الحفاظ على توازنها الداخلي وتدبير طاقتها بشكل اقتصادي لتلبية احتياجاتها. لا وجود للإجهاض في عالم الأشجار.

يمكن للأشجار الصغيرة أن تنمو بسرعة، بمعدل حوالي 45 سنتيمترًا في الموسم. ومع ذلك، فإن الأمهات، اللائي يمتلكن غرائز أمومية، لا يوافقن على هذا النمو السريع لأنهن يعرفن أن التربية الجيدة ضرورية لطول العمر. أحيانًا، يتطلب الأمر صبرًا كبيرًا. الأشجار الأم هي السائدة وترتبط ارتباطًا وثيقًا بأشجار أخرى في الغابة. إنها تنقل إرثها إلى الجيل التالي وتؤثر بشكل كبير في رعاية صغارها، كما ذكر "وولهلبن". كيف يؤثر هذا النوع من التربية على تطور الإنسان وعلاقاتنا مع الآخرين في "شجرة الحياة"؟

أنا وأنت: ما الذي تعلمناه من الأشجار عن كيفية تربية أطفال أقوياء

كطالب دكتوراه، كان من المطلوب أن أدرس مادةً في الفلسفة التربوية. كان أحد الواجبات هو قراءة المقال الوجودي الذي كتبه الفيلسوف "مارتن بابر" عام 1923 بعنوان: "أنا وأنت"، والذي يتحدث عن الأشجار.

في صباح يوم المناقشة، بدأ الأستاذ، الذي كان مصارعًا في حياته السابقة، بالقول إن أي شخص يتحدث إلى الأشجار يجب أن يُودع في مستشفى "بلفيو" في الجناح النفسي.

بعد هذا التصريح، رفعت يدي وأخبرته أنني متصل بالأشجار وأتحدث إليها منذ طفولتي. "أنا لست مجنونًا"، قلت للأستاذ، وأخبرته أنني قضيت أسعد أوقاتي في الغابات.

بعد تعليقي، شعر بالإحراج واعتذر بشدة، لكنه طلب مني أن أشرح عمل "بابر" للفصل، لأنه شعر أنني أفهمه بشكل أفضل. وبعد ذلك قال لي الأستاذ: "لابد أنك أخذت العديد من الدورات في الفلسفة." فأجبته: "لا، هذه أول دورة لي".

فماذا قال "بابر" في مقاله؟ طرح رؤيته حول ما يجعلنا حقيقيين بالنسبة لبعضنا البعض، ومن خلالها حصل على رؤية حول معنى الحب والوجود في مجتمعاتنا. قبل عقود من اكتشاف العلماء لما تشعر به الأشجار وكيفية تواصلها، قال "بابر": "الشجرة ليست انطباعًا، ولا لعبةً من خيالي، ولا قيمةً تعتمد على مزاجي: لكنها موجودة أمامي ولها علاقة بي كما أنا بها، لكن بطريقة مختلفة."

علاقتي بنفسي وبالآخرين في عالمي

عندما كنت في الخامسة من عمري، أذكر أنني وقفت في قطعة أرض خالية تقع في نهاية شارعي، وأنا أعلم أنه سيتعين عليّ أن أهتم بنفسي وبمصالحي عندما أكبر، بغض النظر عن الظروف. هذه المشاعر كانت نتيجةً لأن أخي الصغير يحصل على كل ما يريد، حتى على حسابي، وشعرت أن والديّ لا يُحبانِي.

بعد أن قطعت هذا الوعد لنفسي، عدت إلى المنزل وقررت أنه عندما يُحاول والداي مساعدتي، سأقول: "دعوني وشأني، سأقوم بذلك بنفسي." أذكر أن والديّ ابتسما عندما أعلنت استقلالي عنهما، وعملا على تعزيز هذا الشعور طوال طفولتي.

أعتقد أن هذا العهد الذي قطعته على نفسي ما زال مستمرًا حتى اليوم كممارس مستقل. عندما كنت في العاشرة من عمري، كما شرحت، كنت أوجه نفسي نحو الفوز، محققًا بطولات التزلج، باستخدام نفس الأدوات التي أستخدمها اليوم كمدرب للأداء العالي. كثيرًا ما أتساءل كيف كنت أعرف كيفية تحقيق النجاح من خلال قوة العقل في هذا العمر الصغير. ربما يكون هذا دليلًا على أن مهارات الحياة والقوة الذهنية هي مهارات فطرية موجودة منذ الطفولة.

عندما أنظر إلى نموّي العاطفي والروحي وتطوري كطفل، يمكنني الآن أن أرى كيف تطورت إلى الشخص الذي أنا عليه اليوم، تحت إشراف والديّ الحكيمين. تعلمت منذ وقت مبكر أن حارسي كان يعتني بي وأنني لم أكن أبدًا وحيدًا. هذا أعطاني الثقة بأنني كنت محبوبًا بطريقتي الخاصة كفرد. ومع ذلك، هذا لا يعني أنني لم أواجه تحديات أو أنني لم أكن ضعيفًا، لكنني تعلمت ما يجب أن أفعله لمساعدة نفسي، مع فهم كيفية استخدام قدرتي على التعبير عن نفسي كأداة لمساعدة الآخرين على النمو والشفاء في وقت لاحق من حياتي.

رؤية الغابة من بين الأشجار

ماذا يعني أن يقال عن شخص: "لا يرى الغابة من بين الأشجار"؟ يعني هذا أنه لا يفهم أو يُقدّر الصورة الكاملة أو المشكلة الأكبر لأنه يُركز على تفاصيل صغيرة فقط. قد يبدو استخدام تشبيه "حماة الأشجار" مُبالغًا فيه عند الحديث عن التاريخ المُضطرب للطب النفسي في الولايات المتحدة، سواء في الماضي أو الحاضر، حيث تعرضنا للخداع، ووُعدنا بأمل زائف في علاجات للأمراض النفسية، ووُصمنا وعُذبنا على أيدي "أطباء" امتلكوا معرفة عن الحيوانات أكثر من معرفتهم بالبشر، وخُدعنا لنُصدق أننا لسنا مسؤولين أخلاقيًا في مُجتمعاتنا عن تقديم الدعم النفسي والعاطفي لمن استسلموا للأمراض النفسية بدرجات مُتفاوتة.

بدلًا من ذلك، عزلناهم عن المُجتمع في أماكن نائية حتى لا نضطر لرؤيتهم. هؤلاء الأشخاص المُهمشون الذين أتحدث عنهم هنا لهم أسماء ووجوه، لكنهم وُصموا كغرباء، تمامًا مثل شجرة البلوط "الشجاعة". قد يكونون أطفالنا الصغار، أو مُراهقينا، أو شبابنا، لكننا لا نسمعهم ولا نُكلمهم. الأطفال في مُجتمعنا "يُرون ولا يُسمعون". نُلصق بهم تسميات تشخيصية ونُعطيهم أدويةً نفسيةً ومنشطات مُنذ سن الثانية. نتجنب المُتشردين، ومن يفتقرون إلى الموارد والدعم اللازم للبقاء.

قد يكونون كبار السن الأكثر ضعفًا، أجدادنا، الذين يُتركون دون دعم مالي أو معنوي.

في مسقط رأسي، اعترض بعض المواطنين على بناء منشأة رعاية مُخصصة لمرضى الخرف، مُدّعين أن المُقيمين سيتجولون في الحي ويسرقون منهم. مجرد وجود هؤلاء المرضى كان يُعتبر أمرًا مرفوضًا، لأنهم سيؤثرون سلبًا على سمعة المنطقة.

وفي مسقط رأسي أيضًا، أُصيب طالب في المدرسة الإعدادية بشلل دائم بعد أن ضربه زميله في غرفة تغيير الملابس في صالة الألعاب الرياضية. لم يتحمل مجلس التعليم أي مسؤولية، على الرغم من إبلاغ الطالب المُعتدى عليه الإدارة عن التنمّر سابقًا. تجاهل أعضاء المجلس الأمر، مُدّعين أن لديهم سياسة مُمتازة لمُكافحة التنمّر، لكن التسوية التي بلغت ملايين الدولارات لم تُشفِ الصبي.

لذا، ليس من المُستغرب أن نترك المُتشردين في الشوارع، ونتجاهل العنف المُسلح الذي يقتل أطفالنا في المدارس، وأن يكون لدينا سجل مُروع في رعاية الشباب الذين يعانون من اضطرابات نفسية، إلى أن يُصيبنا الأمر شخصيًا، كأن نُصاب بنوبة قلبية ولا نجد أسرّة مُتاحة في غرفة الطوارئ. لا نفهم حجم المشكلة إلا عندما تُصبح مُشكلتنا، ولكن حينها يكون قد فات الأوان!

عندما تتحول الطفولة إلى أمومة

أخبرتني إحدى العميلات، التي بدأت دورتها الشهرية في سن العاشرة، أنها شعرت بالرعب الشديد، ولم تكن مُستعدةً لتُعتبر "امرأةً" قادرة على الإنجاب وتحمل مسؤولية رعاية الأطفال. أصبحت ظاهرة البلوغ المُبكر للفتيات قضيةً عالمية، حيث تبدأ الدورة الشهرية لبعض الفتيات في سن الثامنة، على الرغم من أن مُعدل البلوغ هو 12 عامًا، وهو ما يحدث مُبكرًا مُقارنةً بالذكور.

يُهيئ هذا الوضع فرصةً للمُعتدين جنسيًا على الفتيات الصغيرات، سواء من خلال الاعتداء الجنسي داخل الأسرة، أو الاغتصاب، أو استغلال الأطفال في المواد الإباحية، أو الاتجار بالبشر. يستغل هؤلاء المُعتدون عدم نُضج الفتيات الصغيرات نفسيًا وعاطفيًا وعقليًا.

شهدنا هذا السيناريو مُؤخرًا مع فتاة تبلغ من العمر عشر سنوات تعرضت للاغتصاب من قريب لها وأصبحت حاملًا. عندما طلبت الإجهاض، رُفض طلبها في ولايتها التي تُحظر الإجهاض تمامًا. دعا بعض السياسيين إلى أن تُنجب الفتاة الطفل وترعاه.

استغل العديد من مُؤيدي الإجهاض حالتها للدعوة إلى حقوق الإنجاب لجميع "النساء" والفتيات.

لكن هؤلاء المُدافعين تجاهلوا أن هذه القضية شخصية وسرية تتعلق بالفتاة وعائلتها، وأنها قد تُسبب لها "تجارب طفولة سلبية"، بداية من صدمة الاغتصاب وصولًا إلى الإجهاض وتداعياته العاطفية الخطيرة.

للأسف، لم يُبدِ أحد استياءً حقيقيًا من انتشار إساءة مُعاملة الأطفال والتحرش والاعتداء الجنسي في مُجتمعنا، حتى بين المُرشحين السياسيين وأعضاء الكونغرس والمحكمة العليا، مع أن هذه الممارسات هي السبب الجذري للحاجة إلى الإجهاض نتيجة الاغتصاب والإساءة.

يرتبط بذلك قمع النساء اللاتي يُنجبن أطفالًا، وهو أمر مُستمر مُنذ القِدم دون حلول فعالة. دعونا لا نخلط بين هذين الموضوعين المُختلفين. لن يُساعد أي إجراء أو علاج للفتاة الحامل في سن العاشرة، كما هو مُصرّح به من قِبل الحكومة، على شفائها عاطفيًا من تجارب الطفولة السلبية ما لم يتم اتخاذ إجراءات نفسية مُباشرة ومُبكرة.

يسعى مُؤيدو الإجهاض في الولايات المتحدة إلى مُعادلة حالتين مُختلفتين لأغراض سياسية. يُقارنون تجربة فتاة في العاشرة من عُمرها - التي قد لا تُدرك تمامًا كيف حدث حملها - بالنساء البالغات اللاتي يملُكن إرادةً حُرةً ويتحكمن بأجسادهن، ويفهمن كيفية حدوث الحمل، ويمكنهن اتخاذ تدابير مثل وسائل منع الحمل أو الامتناع عن ممارسة الجنس أو التعقيم لتجنب الحمل في المُستقبل. وهذا يشمل حتى النساء اللاتي ارتكبن خطًا في الماضي من خلال حمل غير مُخطط له. في خلفية قضية حقوق الإجهاض، هناك مسألة غائبة، وهي غياب خدمات رعاية الأطفال الشاملة التي يمكن أن تدعم النساء العاملات، كما هو الحال في الدول الإسكندنافية.

أهمية الأشجار في حياتنا

كما تتجلّى أهمية الأشجار وفائدتها لنا بوضوح كالهواء الذي نتنفسه، كذلك تتجلّى أهمية "التنفس بسهولة" - كأسلوب علاجي أستخدمه مع مرضاي. لكن للأسف، غالبًا ما تُجرّد الأشجار من قيمتها، تمامًا كما يُجرّد الإنسان من إنسانيته، فيُنظر إليها كجمادٍ جامدٍ لا روح فيه. يخشاها البعض كما يخافون نزلاء المصحات العقلية قديمًا وحديثًا، مثل ذلك الشاب الذي أنهكته عواصف التوحد فلم يجد ملجًا سوى جدران باردة، ولم يسمع كلمة طيبة تُسكّن ألمه.

لقد فُقد فن التواصل الحقيقي في زحام الحياة، وأُهملت لغة القلوب والتفاهم، خاصة في عالم الطب النفسي الذي يحتاج إلى رفق وعناية فائقة. وكأننا نستبدل لمسة الإنسان ببرودة التكنولوجيا، فأصبحت الروبوتات والذكاء الاصطناعي هي الصوت السائد في جلسات العلاج!

علاجات تُغفل جذور المشكلة

تنتشر "علاجات" تتشدق بالعلم، كالعلاج السلوكي المعرفي، لكنها تُغفل جذور المشاكل النفسية وتتجاهل صدى صدمات الماضي وتجارب الطفولة المُرّة التي تُكبّل الخُطى. نحن كمن يبني قصرًا على رمالٍ مُنهارة، نُعطي الأولوية للفكر والمنطق في عالمٍ يتعطّش للمشاعر والإحساس. أصبحنا مجتمعًا "مُفكّرًا" بلا رقة، وليس مجتمعًا "شاعرًا" تتفجر فيه مشاعر التعاطف والحنان، ويتربع فيه الذكاء العاطفي على عرش الأفكار.

لو كنا كالأشجار في تكافلها، لمددنا لبعضنا يد العون والإيثار. فالأم تحضن صغارها وترشدهم للطريق القويم، فلا تسمح لأغصانهم أن تنمو بعجلة، بل تُعلّمها الصبر والثبات للوصول للعُلا. لكن أي عُمر لشجرة تواجه فأس الإدمان، وسمّ العنف، وقسوة التجاهل؟! كيف تنمو أغصان الأمل في ظل يباب الإهمال وغياب الحب؟!

لم تُدرك أمريكا بعد أنّ شجرة البلوط - رمز القوة والعدالة والمنعة - ليست غابةً بأسرها، وأنّ الشجرة الوحيدة كالجسد الذي خلت روحه من جسده، وأنّ غرس شجرة هو بمثابة غرس بذرة أمل، تُثمر خيرًا وتُغدق نِعمًا لأجيال قادمة.

جذوري عميقة.. فهل جذوركم كذلك؟

أنا ابنة أرض طيبة، وسليلة عائلة كريمة، ورثت عنها حب العمل والتفاني. كان جدي الأكبر مُزارعًا بسيطًا، وكانت جدتي طباخةً تخدم أطفال المدن الفقيرة بحبٍّ. ونشأت في كنف والِدين كادحين آثرا تعليمي على نفسيهما، فدفعاني بقوة نحو عوالم العلم والمعرفة. كنت أول ممرضة في عائلتي، ونِلتُ شهادة الدكتوراه بفخر واعتزاز.

وأعلم أنكم - كأشخاص عاديين وآباء عاملين - قد لا تُصدقون أنكم تمتلكون قوى عقلية هائلة تُمكنكم من تحقيق المستحيل. قد تستصعبون فكرة الوصول إلى

"قوة العقل" وتسخيرها لتحقيق أهدافكم بيسر، سواءً في إلقاء الخطب أو اجتياز الاختبارات أو حتى مواجهة العمليات الجراحية بثبات. قد تعتقدون أنني أهذي، لكنني أقسم لكم أنني لستُ بغريبة الأطوار! أنا أُدرك جيدًا مدى صعوبة الحياة وتعقيداتها.

السعادة الحقيقية في قلوبكم

قد يُغمركم اليأس ويُحاصركم الهمّ، فلا تعرفون من أين تبدؤون لإنقاذ أنفسكم وأطفالكم. لكن أؤكد لكم أن تربية الأطفال ليست بذلك العلم المعقّد! لستم بحاجة إلى جلساتٍ علاجية طويلة، ولستم بحاجة إلى شهاداتٍ عليا لتتعلموا كيف تُسخرون "قوة العقل" لخيركم وخير أُسركم. وليس السر في كثرة المال وبهرجة الدنيا، فالسعادة الحقيقية تكمن في قلوبكم وتتجلى في أخلاقكم وتصرفاتكم.

كونوا لأطفالكم قدوةً في الحب والحنان والعطاء. لستم بحاجة إلى ثروة مادية لتجدوا السعادة، بل تكمن في تعليم أنفسكم مبادئ التربية السليمة، والتحلي بالصبر والثبات والحب، وتوفير الحضور الدائم لأطفالكم، لتغرسوا فيهم بذور المرونة والقوة والثقة بالنفس.

إن غرستم هذه المهارات العقلية القوية في نفوس أطفالكم مُنذ الصغر، ومددتم لهم يد الحب، وأصغيتم لهم بِاهتمامٍ وتفهم، فستكونون كـ"الشجرة الأم" التي تحمي غابتها، وتُساعد بِأغصانها المُمتدة الآخرين، ليعملوا معًا كفريقٍ واحدٍ يسوده الودّ والتعاون.

تربية المراهقين على يد "الشجرة الأم"

كما تحمل "الشجرة الأم" على عاتقها مسؤولية حماية أشجارها الصغيرة، كذلك نستطيع نحن - كأشجارٍ ناضجة - أن نساعد المراهقين في رحلتهم من عالم الطفولة إلى عالم النضج، لنُعِدّهم ليكونوا أعضاءً فاعلين في مجتمعاتهم.

ولنأخذ مثالًا قصة المراهقة "ب" التي ذكرتها الطبيبة النفسية جيميسون ويبستر في مقالٍ لها بصحيفة "نيويورك تايمز". فبعد أن فقدت "ب" صديقها الذي انتحر أثناء جائحة كورونا، أصبحت تُفكر في الإنتحار. كانت تتحدث بحرارة عن قضايا عديدة كالتغير المناخي والعنصرية والصحة النفسية، وكانت ترى نموها الجنسي تهديدًا لها في بيئة تُفرض عليها قيودًا صارمة.

وشجعت ويبستر "ب" على الخوض في حوارٍ بناء حول هذه القضايا، لأنّ طريقة تفكير المراهقين تُعدّ نافذةً نطلّ منها على جرحٍ غائر في المجتمع. وتطرح ويبستر سؤالًا جوهريًا: "ماذا يحدث عندما نُدرك أنّ السلم الذي ظنناه يقودنا لقمة الحلم الأمريكي كان وهمًا، ولم يعمل بشكلٍ جيد إلا للقلة القليلة؟!"

المراهقون.. مرآة هشاشة واقعنا

تحدثت "ب" عن تعاسة والديها في علاقتهما كزوجين وكوالدين، وكيف كانا يرغبان أن تُكرر هي نفس أخطائهم، رغم عدم وصولهم للسعادة المنشودة. وأمام هذه المفارقة، سألَتْ "ب": لماذا أسعى لما لم يجلب السعادة لوالديّ؟ لماذا أُلقي بنفسي في قالبٍ أعلم أنه لن يكون لي به راحة؟

وتُشير ويبستر إلى نقطة هامة، وهي تغافلنا عن معاناة المراهقين الحقيقية. فنحن نلومهم وننتقدهم، دون فهم لأسباب سلوكهم، ونُلصق بهم تهمة المرض النفسي، ونتهم وسائل التواصل الاجتماعي بإفساد عقولهم. لكن الحقيقة أن المراهقين مرآة لمجتمعاتنا، يعكسون هشاشة واقعنا. يجب أن ننصت إليهم بفهم، وأن ننظر إلى تصرفاتهم على أنها رسالة لنا لنُصلح ما أفسدناه في حقهم. فمرحلة المراهقة ليست مُجرد مرحلة عمرية عابرة، بل فرصة لشفاء مجتمعاتنا بأكملها.

طقوس الانتقال من عالم الطفولة إلى دروب النضج

في أحد الأيام، وبينما كنت أستمع إلى طبيبٍ نفسي يُحاضر عن السلوك المُخاطر للمراهقين، ألقى نكتةً ساخرة قائلًا: "من المثير للسخرية أن يعتقد أحدكم أن للمراهقين عقولًا من الأساس!". ثم سرد قائمةً طويلة بالسلوكيات المرعبة التي يقوم بها المراهقون، مثل إدمان المخدرات والكحول، والحمل المبكر، وجرائم القتل.

وبدا على وجوه الآباء الخوف والهلع، فهم يحضرون مثل هذه الندوات باحثين عن حلول، لكن هذا الطبيب لم يُقدّم لهم سوى التحذيرات، وكان حله الوحيد هو إخضاع المراهقين للتقييم النفسي وإغراقهم بالأدوية. ولم يخطر بباله أن هؤلاء الذين تتجاوز أعمارهم الثامنة عشرة، والذين لا يزالون في مرحلة النمو الدماغي، هم الشباب الذين تُجندهم المجتمعات لحروبها، دون أن تُبالي باحتياجاتهم النفسية.

وخلال سنوات عملي الطويلة، ساعدت الكثير من المراهقين على اجتياز هذه المرحلة الحساسة، وكنت أُفاجأ بسؤال الاختصاصيين: "كيف تعملين مع المراهقين؟ ألا تُخيفك طبيعتهم المُتمردة؟". وأجيبهم بثقة: "إن المراهقين هم أسهل من تعاملت معهم، فعقولهم مثل الأرض البكر، جاهزةٌ لتلقي البذور الطيبة وإثمار الثمار اليانعة. وهم مليئون بالطاقة والحماس، ويمتلكون قدرة هائلة على التعلم. وما إن نوفر لهم البيئة الداعمة، حتى نفاجأ بما يحققونه من إنجازات."

لماذا لم يُخبرنا أحدٌ من قبل عن قوة العقل؟

ما يزيد إيماني بقدرات هؤلاء الشباب انفتاحهم على تعلم التقنيات التي أُقدمها لهم، وسعيهم لتحقيق ذواتهم. وغالبًا ما يقول لي المراهقون: "لماذا لم يُخبرنا أحدٌ من قبل عن "قوة العقل" وكيفية استخدامها؟ إنها رائعة!".

وخير دليل على فعالية برنامجي "طرق رابحة للمراهقين" هي كلمات والدة مراهق ساعدته على تخطي ألمه:

"إنّ الدكتورة سيلفرشتاين لديها موهبة في التعامل مع المراهقين، فقد استطاعت بأسلوبها المُبتكر أن تُنير عقل وروح ابني، وأن تُساعده على أداء مهامه بثقة واجتهاد. وأنا على يقين من أن كلّ مراهق يحتاج إلى مَن يستمع إليه ويهتم به ويُعلمه كيف يواجه صعوبات الحياة. فالمهارات التي يتعلمها من خلال هذا البرنامج ستبقى معه طوال عمره، وستكون عُصاه التي يستند عليها في مسيرته الناجحة."

ما الذي يُنير دروب أبطال الغد بالأمل؟

إنّ ما يغمر قلبي بالفرح ويملؤه تفاؤلًا بمستقبل رياضيينا الشباب هو ذلك التزاوج البديع بين العلم وقوة العقل في صناعة الفارق في عالم الرياضة. فمن خلال الأبحاث العلمية الدقيقة، أصبح بإمكاننا فهم آليات عمل "قوة العقل" وكيفية تسخيرها لتحقيق أفضل النتائج. ولعل خير مثال على ذلك هو فهمنا لكيفية عمل التدريب العقلي في الدماغ، وهو الأمر الذي أثار إعجاب أحد المدربين الذين حضروا ورشة عمل قدمتها، فقال:

"إنّ عرضك وشرحك لـ"قوة العقل" يدلان على فهم عميق وخطة شاملة لهذا المجال. وقد سهل على المدربين فهم محتوى العرض بكل يُسر. ولقد تعلمت خلال عملي في مجال العلوم الرياضية لمصارعة الولايات المتحدة الأمريكية على مدى العشرين عامًا الماضية أهمية تحديد الأهداف، واستخدام التقنيات العقلية، وتقنيات الاسترخاء".

وفي مناسبة أخرى، وأثناء تقديمي لعرض تقديمي لمصارعين في المدرسة الثانوية في بطولة وطنية، واجهت ردة فعل مخيبة من قبل بعض المدربين، حيث بدت عليهم مظاهر التشاؤم وعدم القبول، فكانوا يقاطعونني بتعليقات سلبية

وضحك ساخر. ولكن، من بين ما يزيد عن المئتي مدرب، هنالك مدرب واحد تقدم نحوي بعد انتهاء العرض، وفي يده ورقة مثقبة تحمل مقالًا كنت قد كتبته في زاويتي "الحصول على الأفضلية" في مجلة خاصة بالمصارعة، وكان المقال يتحدث عن "كيف يُصبح المصارعون أكثر قوة عقلية".

ولفت انتباهي وجود ثقوب عديدة في الورقة التي أراني إياها، فسألته عن سبب ذلك، فأجابني بفخر: "لقد أعجبتني كلماتك كثيرًا، ووجدت فيها ما يصلح لفريقي، فقمت بتعليق المقال على لوحة الإعلانات في قاعة التدريب، وأوصيت كل أفراد الفريق بقراءته جيدًا. وكلما قرؤوا المقال، أعادوه إلى مكانه، تاركين أثر الدبوس على الورقة."

تواصل يُثمر أملًا

وبعد مرور أشهر، وأثناء تواجدي في مؤتمر تاريخي في مدينة ميلووكي، فوجئت بذلك المدرب نفسه يطلب مقابلتي، ومعه أحد طلابه الذين يتلقون التدريب على يديه في فريقي المصارعة وكرة القدم. وقد حصل المدرب على موافقة والدي الطالب، وقطع به مسافة طويلة بالسيارة من ميشيغان إلى فندقي، وبقي معه طوال فترة تدريبنا التي استغرقت ساعتين، والتي ركزت فيها على كلٍّ من رياضتي كرة القدم والمصارعة. وبعد انتهاء الجلسة، أعطيت الطالب تسجيلًا صوتيًا، ودفع المدرب رسوم التدريب من ماله الخاص. وبعد ثلاثة أشهر، تلقيت رسالة شخصية من المدرب تحمل كلمات أثلجت صدري وأشعرتني بالسعادة والفخر:

"أردت فقط أن أُطلعك على تقدم "جوش" خلال موسم كرة القدم. لقد حقق فريقنا المركز الثاني في البطولة الوطنية، وكان "جوش" لاعبًا أساسيًا في الفريق. ولقد لعب موسمًا رائعًا منذ أن بدأ التدريب معك. كان "جوش" أفضل لاعب في الفريق من حيث عدد التمريرات الدقيقة، وكان أيضًا مُهاجمًا قويًا. ولا شك في أنّ البرنامج العقلي الذي طورتِه معه أحدث فرقًا كبيرًا في أدائه. في المباراة النهائية،

كان فريقنا هو المرشح الأقوى للفوز. في الشوط الأول، واجهنا بعض الصعوبات، وكان أغلب اللاعبين على وشك الانهيار ويعانون من ضعف معنوياتهم في الشوط الثاني ... ما عدا "جوش"! فقد برز بشكل لافت في الشوط الثاني، فكان أكثر هجومية وقدرة على صنع اللعب. وقد لاحظت الفرق بنفسي".

أنت.. مُمارس مُستقل

لقد كان لطبيعتي المنحازة إلى الحركة والرؤية دور كبير في فهمي لعالم الأحلام ورمزيتها الغامضة. فقد استطعت بفضل ذلك ترجمة لغة الأحلام، وفك رموزها الغريبة من أصوات وقصص وصور واستعارات، إلى لغة يفهمها الجميع، مستخدمة في ذلك الطرق الخمس للدخول إلى العقل الباطن. وأعتقد أنّ هذه الموهبة هي التي ساعدتني على الانتقال بسلاسة إلى عالم تدريب أداء القمة، وتعليم التنويم المغناطيسي للذات، وتقنيات السلوك المعرفي، ومهارات القوة العقلية في برامجي الإبداعية الفريدة من نوعها التي ساهمت في نجاحي.

ولقد شاركت معكم هذه الخبرات والتقنيات لتتمكنوا من إمساك زمام أموركم وأمور أطفالكم النفسية، ولتشعروا بالأمان والثقة، بدءًا من هذه اللحظة، ودون الحاجة إلى الاعتماد كليًا على المتخصصين إلّا عند ضرورة. فتدريب أداء القمة، كما وصفته لكم، ليس بعلاج نفسي، وإنما هو تمكين لكم لتحقيق أهدافكم في مختلف مجالات الحياة. فهنا لا يوجد تشخيص للأمراض ولا وصفات طبية، رغم أنني أعمل بتنسيق تام مع مختلف مقدمي الرعاية الصحية.

وألفت انتباهكم إلى أنّ برامجي التمهيدية للأطفال والمراهقين والشباب هي برامج قصيرة الأمد، تتراوح مدتها بين تسع واثنتي عشرة جلسة ساعة واحدة، كما رأيتم في القصص التي ذكرتها لكم. ورغم ذلك، فإنّ النتائج التي حصلنا عليها كانت مذهلة وواضحة، وخاصة إذا ما أخذنا في الاعتبار قصر الفترة الزمنية للتدريب. فتخيلوا ما يمكن تحقيقه عند استخدام برامجي التي تجمع بين التنويم المغناطيسي والتدريب، والتي تستهدف تعزيز "قوة العقل" لدى الأطفال منذ

الطفولة المبكرة، مع الاستمرار في تعزيز هذه المهارات خلال مراحل نموهم المختلفة وحتى بلوغهم سن الخامسة والعشرين، حين يكتمل نمو أدمغتهم بشكل تام.

وما إن تتعلموا هذه المهارات وتُدمجوها في حياتكم اليومية، حتى تصبح جزءًا لا يتجزأ منكم، كهوائكم الذي تتنفسون. فلن يستطيع أحد سلبه منكم، لأنّها تكمن في أعماق عقولكم وتتجسد في مخيلاتكم الإبداعية. وبهذه الطريقة، ستصبحون مُمارسين مُستقلين كمِثلي، دون الحاجة إلى الاعتماد كليًا على الحكومة أو شركات الأدوية الضخمة أو المؤسسات الطبية الكبرى أو حتى على آراء الطب النفسي وتقلبات المجتمع.

الاستعارات تُغير المَصائر

لقد خططتُ هذا الكتاب لأُريكم كيف تُحوّلون حياتكم وحياة أبنائكم من خلال استخدام قوة عقولكم الفطرية التي وهبكم الله إياها. إنّ مهارات المتانة العقلية التي أُعلّمها قوية وفعّالة، وتصلح لمختلف المواقف، ويُمكن تعلّمها واستخدامها بسهولة، وهي خالية من المخدرات ومنخفضة التكلفة.

وكما شاهدتم في القصص التي رويتها لكم، فإنّني أُعلّم هذه المهارات للأطفال باستخدام أسلوب القصة والصور الخيالية. وأري المراهقين كيف يستخدمون عقولهم النامية بأكمل طاقتها وأُعلّمهم مهارات المتانة العقلية لتمكينهم من تحقيق النجاح في ميدان الحياة كما في ميادين الرياضة.

طُرُق تحقيق أهداف المستقبل والتّحرر من قيود الماضي

إنّ أفضل طريقة لتحقيق أهدافكم هي أن تتخيلوها أولًا. فحفيدي البالغ من العمر ثماني سنوات، وبينما كان جالسًا على مائدة عشاء عيد الشكر، استخدم تقنية، رغم أنّه لم يكن يُدرك ذلك، تُسمى "تقدم الخطى نحو المستقبل"، حيث قال:

"عندما أكبر، أُريد أن أذهب إلى جامعة كورنيل لأنّ لديها فريق مصارعة جيد، لكنني لا أعرف بعد في أية فئة وزنية سأُصارع". لقد كان يرى نفسه هناك بالفعل، وهو لم يزل في الصف الثاني الابتدائي!

وقد أثبتت الدراسات أنّ عندما يتخيل الناس بشكل متكرر شيئًا قد يحدث في المستقبل - كالحصول على ترقية في العمل - فإنّ هذا السيناريو يبدأ في الظهور بشكل أكثر واقعية مع مضيهم في العمل على تحقيقه.

ويشير خبراء أداء القمة إلى أنّ أهم طريقتين للتغلب على الآثار النفسية السلبية للفرص الضائعة وخيبات الأمل والإخفاقات، هي التحدث عن مشاعركم وكتابتها، فكبت الألم وإنكاره يحول دون التعافي التام ويؤدي إلى دوامة من التوتر العاطفي. ولإزالة الحواجز النفسية ومعرفة النفس بشكل أفضل، يُنصح بالتطهير العاطفي باستخدام عدة تدخلات علاجية كالتنويم المغناطيسي والتدريب المدمج معه. ويُعد ذلك أمرًا في غاية الأهمية لجميع الأشخاص، صغارًا وكبارًا، الذين يعانون من آثار تجارب الطفولة المُرّة والصدمات الأخرى.

ومن المهم أن نتذكر أنّ "جميع أشكال التنويم المغناطيسي تنبع من الداخل"، وكذلك هو أمر ذاتي يقوم على التوجيه والإرشاد الذاتي، لذلك يُمكنكم بناء قدرتكم على مقاومة الصعاب من خلال استخدامه. ولكن يُنصح بالعمل مع أحد مُختصي التنويم المغناطيسي المؤهلين عند الخضوع لعملية التطهير العاطفي وإعادة تجربة الأحداث العاطفية المؤلمة للتخلص من شحنتها السلبية بطريقة آمنة عبر التصوير العقلي، وذلك حسب عمق الجراح النفسية وشدتها.

وبعد إتمام عملية التخفيف العلاجي والشفاء بمساعدة مُتخصص، يُنصح بمواصلة الطريق بشكل فردي. وقد يكون هذا الاستكشاف للذات مُفيدًا ومُنيرًا ومُنعشًا عند إعادة تجربة التجارب الإيجابية الماضية أيضًا، كما أفعل أنا عندما أعمل مع الرياضيين. ويُعد ذلك شكلًا من أشكال الوقاية الأولية عند القيام به في وقت مبكر، وخاصة في الطفولة، ولكنْ أيضًا كما في قصة "سارة" التي تعلمت كيف

تتخذ "اللفّات الصحيحة" في حياتها وتشفى من جراحها من خلال المثابرة على تنفيذ خططها.

لا شجرة تقوى وحدها

عندما شرعت في رحلة كتابة هذا الكتاب، أفزعني ما شاهدته من اضطرابات عاطفية تعصف بمجتمعنا والعالم بأسره، حيث تنتشر الحروب وإطلاق النار في المدارس وتفشي مشاعر القلق والاكتئاب وتزداد مُعدلات الانتحار بين الشباب. وما زاد مخاوفي هو اللجوء المفرط إلى الأدوية النفسية التي تؤثر على عقول أطفالنا وتحولهم إلى أجساد بلا روح، بالإضافة إلى تفشي ثقافة اليأس والإحباط التي تقضي على "قوة العقل" في المجتمع الأمريكي. ولكن، وفي مقابل ذلك، ألهمتني شجاعة هؤلاء الشباب الذين عملت معهم، والذين تمكنوا من مواجهة الصعاب وتحقيق الفوز في حياتهم بعد أن تعلموا مهارات المتانة العقلية.

وفي أثناء كتابتي لهذا الكتاب، كنت أستيقظ في بعض الأحيان من كوابيس تتراءى لي فيها وجوه طلاب الجامعات الرياضيين الذين فقدوا حياتهم بسبب الانتحار دون أن يُحققوا أحلامهم وطموحاتهم. وكأنّهم يسألونني: "ماذا تُريدين منّا أن نقوله لقرائك؟ وما هو الدرس الذي يجب علينا تعلمه من قصتنا لنحمي أجيالًا قادمة من وهدة الأمراض النفسية التي تستشري في مجتمعاتنا؟".

ولقد كانت تجربتي الحياتية الشخصية ككاتبة وسريرية ومُدرّبة وممرضة ومؤرخة في كتابة هذا الكتاب تجربة مثيرة ومرهقة في آن واحد. فقد ذقت فيها طعم النصر ومرارة الهزيمة وأنا أشارككم أفكاري ومشاعري الداخلية بكل صدق وشفافية. وأنا لا أدّعي أنني أملك حلولًا سحرية لكافة المشاكل النفسية.

ولكنني أُقدّم لكم، كما ذكرت سابقًا، نهجي النفسي "الذي يستند إلى الحس السليم"، والذي يعتمد على مبادئ عدة نظريات ومدارس فكرية رائدة في علم النفس، كما هو الحال مع "الطريقة التطهيرية" التي أدخلها فرويد عام 1895

للاستفادة من التنويم المغناطيسي، و"حركة الصحة العقلية" التي قادها أدولف ماير في الفترة من 1910 إلى 1950، ونظرية "العلاقات الشخصية المتبادلة" التي طورتها هيلدغارد بيبلاو في عام 1952 لإدراج بُعد الصحة النفسية في مجال التمريض، بالإضافة إلى مفهوم "تعزيز الصحة" الذي أطلقه آرون أنتونوفسكي عام 1979. ويركز نهجي هذا على النظرة إلى الشخص كوحدة مُتكاملة، ويُعطي الأولوية للتركيز على جوانب الصحة العقلية والعافية بدلًا من التركيز على المرض والاضطرابات. ويشمل ذلك أيضًا التركيز على مبادئ أداء القمة في المجال الرياضي التي تُساعد على تمكين الفرد من خلال "قوة العقل"، حيث يُصبح التدريب المدمج مع التنويم المغناطيسي ومهارات المتانة العقلية هي الطريق الأمثل للوصول إلى أقصى إمكانياتكم.

وأشكركم - آباء وأمهات وأجداد وجدات ومعلمين ورياضيين ومدربين ومؤرخين ومتخصصين في الرعاية الصحية النفسية وجمعيع من طالع صفحات هذا الكتاب - على إتاحة هذه الفرصة للقاء بكم. وانطلاقًا من خبرتي الطويلة التي امتدت لثلاثة وعشرين عامًا في البحث في علم النفس وستة وعشرين عامًا كمُدرّبة لأداء القمة، فإنّني آمل أن يُساهم بحثي النوعي المُقدّم في هذا الكتاب في إثراء المعرفة العلمية حول كيفية الوقاية من الأمراض النفسية، وكيفية الحفاظ على صحة عقلية جيدة، وكيفية شفاء المجتمع الأمريكي من جراح أزمة الصحة العقلية التي تفاقمت بسبب الجائحة.

وحيث إنّ لا شجرة تقوى وحدها، فإنّني آمل من قلبي أن أكون قد ألهمتكم، "أنتم حماة الأشجار"، لِتمُدّوا أيديكم إلى مُجتمعاتكم وتُساعدوا أنفسكم والآخرين ليس على البقاء فحسب، بل على الازدهار والتّفوق أيضًا من خلال استخدام "قوة العقل" وفق تعبيري. إليكم ما صرّح به بفخر أحد مُتدربيّ الذين لا تتجاوز أعمارهم السادسة عشر ربيعًا في شهادته:

"أردت فقط إخبارك بأخباري ومشاركتك بإنجازي هذا الموسم. لقد فزت بـ 22 مباراة وخسرت 12 مباراة فقط، مُضاعفًا ذلك عدد انتصاراتي في العام الماضي. وحصلت على المركز الخامس/السادس في البطولة الإقليمية بعد أن عجزت عن الفوز بأي مركز في البطولة المحلية في العام الماضي. ولم تقتصر تحسناتي على حلبة المصارعة فحسب، بل امتدت لتشمل أدائي المدرسي أيضًا. فقد أوصى جميع أساتذتي بانضمامي إلى الفصول المتفوقة. لقد تطورت كثيرًا كمُصارع وكشخص، وأودّ أن أشكرك جزيل الشكر لتعليمي كيف أستخدم عقلي لتحقيق أي شيء أصبوا إليه".

الخاتمة

الفروع الوهمية

بدأت هذه الحكاية في ربيع أيامي، حين كانت الأوراق على أغصاني تتفتح كبراعم زاهية الألوان. كانت الطيور تجد بين أوراقي وفروعها ملجًا آمنًا، "وطنًا" دافئًا، وكانت السناجب تتسلق جذعي بمرح طفولي، تُضفي على صمتي حيويةً وبهجة.

كانت تلك فترةٌ زاخرةٌ بالمرح والسعادة، حين كان الكون بأكمله يبدو كمعجزةٍ ساطعة. كنتُ أستنشق الهواء النقي وأنا أشهدُ الطبيعة تُجدد الأرض من حولي، وأراقبُ بإعجاب وهي تُخرج مولودها الجديد مُزدانًا بأبهى حُلّة. كنتُ أصغي للطيور وهي تُغرد بألحانها العذبة، مُعلنةً عودة الحياة من جديد، ومُنشرين في الأجواء ألحان البهجة والسرور.

هنا، تحت سقف هذا الكون، أشعرُ بأني جزءٌ لا يتجزأ من هذا الوجود. ومع انقضاء النهار و حلول الليل، ومُضيّ الحياة في دورتها الأبدية، حين تشتدّ حرارة الصيف وتودعنا نسمات الربيع، أمدّ يدي وألمسكم بظلي الهادئ، أُشاركَكم ما حَبَاني الله به. أُنتج لكم الأكسجين الذي يُنعش صدوركم، وأُطهر أنفاسكم من كل شائبة.

هنا وقفتُ شامخةً قويةً لسنواتٍ طويلة، فخورةً راضيةً عن حياتي التي عشتها دون خوفٍ أو وجل. هكذا سارت الأيام حتى جاءت تلك الليلة العاصفة، وانهمرت السماء أمطارًا غزيرةً مُصْحِبة برياحٍ عاتية أخذت تلوي فروعي المُتعبة وتعتصرها ألمًا.

كان ثقل قطرات المطر يسحبني نحو الأرض مع كل لحظة، وكأنّها تُريد إغراقي في أحضان التراب. ظننتُ حينها أنّ النهاية قد حانت، وأنّني سأستسلم لقوة هذه العاصفة الهَوْجَة. وفجأةً، مع أزيز ريحٍ شديد، شعرتُ بأحد فروعي الكبيرة ينفصل عنّي بعنف. تردد صدى "انكساره" في أرجاء كياني، وكأنه صرخة تُنْشِد بألم: "أنقذيني، أرجوك، لا أريد أن أضعف، لا تُضحّي بي من أجل قُرب مسكن الإنسان." لكن الفرع المكسور كان قد سقط على الأرض بلا حول ولا قوة، قريبًا جدًا من ذلك المنزل.. فهل بعد هذا الدّوي الكسير من قول؟

بعد لحظات، لمحت رجلين يخطوان بخطىً واثقة. كانا يتهامسان عن غصني المكسور، قائلين: "علينا قطع هذه الشجرة من جذورها. لقد أصبحت هرمة وواهنة، عاجزة عن الوقوف مستقيمة. انظروا إلى هذا الغصن كيف سقط وألحق الضرر بمن حوله؟ إن لم نقطعها، ستسقط هي بالكامل مع هبوب الرياح القادمة." تمنيت لو أملك لسانًا يفقهون، لو أستطيع محادثتهم كالحيوانات والطيور، لأقول لهم: "أنا لست إلا كائنًا حيًا مثلكم، أتنفس الهواء وأساهم في دورة الحياة. دمي يجري في عروقي كما يجري في عروقكم، يساعد على التئام جراحي وتسكين آلامي. جذوري تمتد عميقًا في الأرض، متشبثة بالحياة. فهل أصبحنا بلا قيمة لمجرد أننا شخنا؟ ألم يخطر ببالكم أنكم ستشيخون يومًا ما؟ ولكن عندما تُكسرون، فإنكم تملكون القدرة على التعافي والعودة أقوى من ذي قبل."

للبقاء على قيد الحياة، كان عليّ أن أنبتُ أغصانًا جديدة، هذا ما كان عليّ فعله. لكنهم لم يدركوا ذلك، لم يفهموا حاجتي للنمو.

ولكن، مهما حاولت إيصال صوتي، بقيت محاولاتي تائهة في الفراغ. كانت خطتهم للقضاء عليّ غارقة في قسوتها، فماذا عساي أن أفعل في وجه إصرارهم على إبادتي؟ في خريف عمري، وقفتُ عاجزة، أشاهدُهم يقتربون بحبالٍ غليظة ليُوثقوا بها أغصاني. صرختُ وتوسلتُ إليهم بينما كانوا يُحكمون القيود حول فروعي، كما يفعلون بالخنازير التي يُراد ذبحها، تلك الخنازير الضخمة المُسمنة. بدأوا بالنشر، وكان صوت المنشار يزداد حدةً مع كل قطرة دم تتسرب من جسدي، ومعه يشتد ألمي ويتضاعف.

كيف لهم أن يجروا العملية بدون تخدير؟

عندما أُقطّع إلى أشلاء، هل سيسركم ذلك حقًا؟

حسنًا، لقد تفتّتُ إلى قطع ومُتّ ببطء

ولكن المفاجأة، المفاجأة - ما زلت على قيد الحياة!

هناك في كومة الحطب، أستلقي

كم دفع أحدهم مقابل بقاياي؟

ما هي التضحية المقدمة في سبيل الخطيئة؟

كان ضعفي هو أنني لم أستطع تحمل الثقل،

مثل جان دارك، سأحترق على المحرقة. في يوم شتوي بارد، ستشعلون النار. ستدفئكم جمراتي الحمراء من الداخل. من ذلك الفرع الثقيل، في ذلك التاريخ المشؤوم. الآن، لديّ أمنية واحدة فقط قد تمنحوني إياها، أن أنفخ في النسيم لكي أعيش.

اسمعوا حفيف أوراقي على أطرافي الوهمية،

بينما يتلاشى الربيع إلى الشتاء، ويخفت الصوت داخلنا.

كر وتقدير

أود أن أعرب عن خالص امتناني لزوجي الحبيب، جيف، على تفانيه وإخلاصه في مساعدتي في جمع وإعداد مادّة هذا الكتاب، فقد كان بمثابة أستاذٍ مساعدٍ لي خلال رحلة البحث والتنقيب.

كما أتوجّه بجزيل الشكر والتقدير للسيد جارد روزن من شركة "دريم سكالبت"، على تشجيعه المستمر ودعمه اللامحدود وإرشاده السديد ورعايته الكريمة خلال مراحل كتابة هذا الكتاب ونشره، فَلولا رؤيته الثاقبة منذُ البداية وحتى إتمام العمل، لما كان لهذا الكتاب أن يُبصر النور.

ولا أنسى فضل محررتي المُخلصة، كريستين جونسون، التي لم تقتصر مساعدتها على عملية التحرير فحسب، بل تعدّت ذلك لتقديم نصائح ومقترحات قيّمة حول كيفية جعل الكتاب سهل الفهم للجمهور العام، كما أوضحت لي أهمية نشر هذا الكتاب في هذا التوقيت بالذات لفائدة القراء.

وأتقدّم بوافر الشكر والامتنان للسيدة جولييت كلارك من دار النشر "سوبر براند"، على تنظيمها الدقيق وأفكارها المبتكرة حول كيفية تسويق الكتاب، وعلى توجيهها لي خلال عملية النشر لتقديم كتابي بأفضل صورة ممكنة على مواقع التواصل الاجتماعي وغيرها من المنصّات، وعلى تشجيعها الدائم لي للتقيّد بالمواعيد النهائية المُحدّدة.